AF74440

כתבי האקדמיה הלאומית הישראלית למדעים
החטיבה למדעי הרוח

כתאב אלשהאדאת ואלותֿאיק והוא ספר העדויות והשטרות
לרב סעדיה גאון

מקורות ומחקרים בתולדות המחשבה והדת היהודית

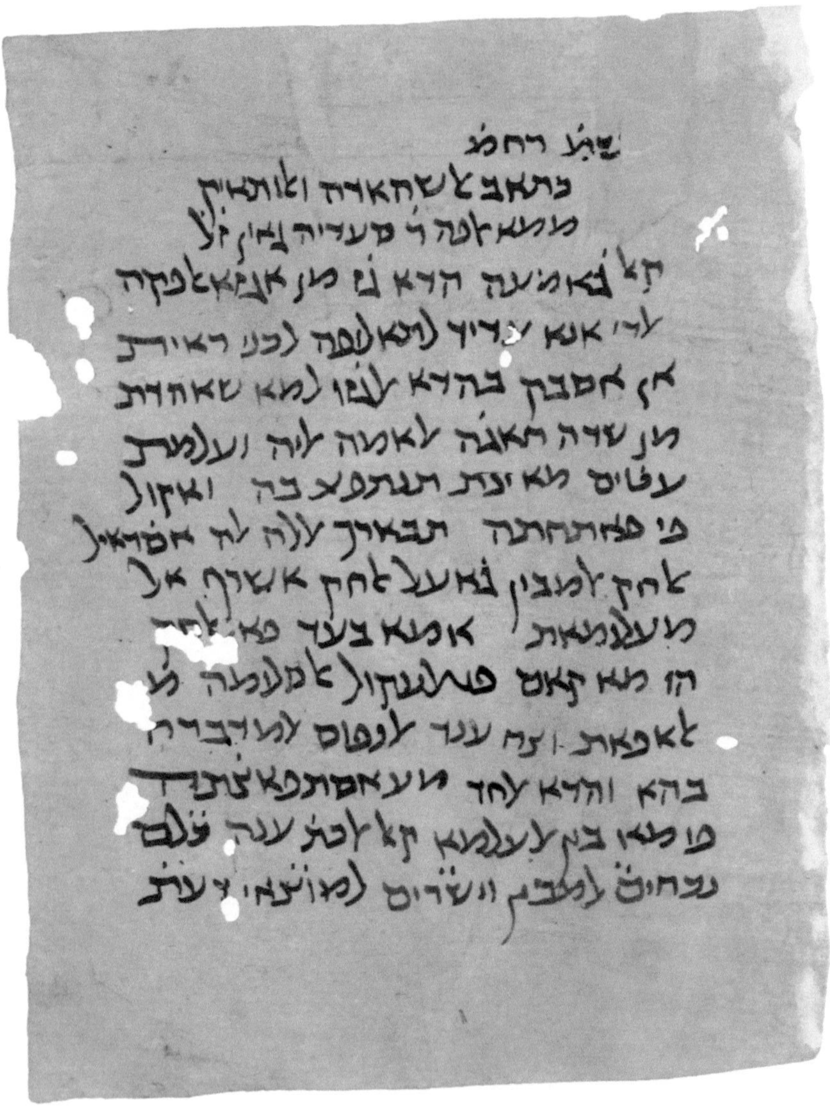

עמוד הפתיחה של 'ספר העדויות והשטרות' לרב סעדיה גאון
בטופס א של החיבור (ראו עמ' 43, 56)
Cambridge University Library T–S 8Fa1.1
Reproduced by kind permission of the Syndics of Cambridge University Library

כתאב אלשהאדאת ואלותֿאיק

והוא

ספר העדויות והשטרות
לרב סעדיה גאון

מהדורה ביקורתית בצירוף מבוא, תרגום, חילופי נוסח והערות

מאת

מנחם בן־ששון וירחמיאל ברודי

האקדמיה הלאומית הישראלית למדעים
المجمع الوطني الإسرائيلي للعلوم والآداب
THE ISRAEL ACADEMY OF SCIENCES AND HUMANITIES

עריכה
צופיה לסמן ונחם אילן

התקנה והבאה לדפוס
צופיה לסמן

הפקה
יהודה גרינבאום

מסת"ב 978-965-208-233-6

©
כל הזכויות שמורות לאקדמיה הלאומית הישראלית למדעים, תשפ"א
סדר: יהודית שטרנברג
הדפסה וכריכה: דפוס כספית בע"מ, ירושלים

תוכן העניינים

רשימת הקיצורים הביבליוגרפיים · מפתחות

פתח דבר

ספר העדויות והשטרות לרב סעדיה גאון היה מספרי ההלכה הראשונים בתקופת הגאונים. במרוצת השנים שעברו מאז התחבר אבד הספר השלם, והוא נודע מעדויות עקיפות על אודותיו ובהן אזכוריו בחיבורי אחרים, מובאות ממנו ותכניו ששוקעו בספריהם של מחברים מאוחרים לו, ובייחוד בספר השטרות של ר׳ יהודה ברזילי הברצלוני. עם חשיפת הגניזה הקהירית החלו מתגלים קטעים של העתקות החיבור, והם ראו אור בבמות פרסום אחרות.

משהתרבו הקטעים שאותרו וזוהו בגניזה התפרסם בשנת תשמ״ו כינוס ראשוני של הקטעים שהיו ידועים עד אז. כבר בשנת תשמ״ה, לקראת ההוצאה לאור של קטעים אלו, החל שיתוף הפעולה בינינו. החומר הרב שנאסף אך כינוסו לא הושלם והציפייה לעוד גילויים חדשים עוררו אותנו לנסות להשלים את המלאכה שהתחלנו בה. ואמנם מאז ועד לשנת תשנ״ה עבדנו יחד כדי לאתר את מרב הקטעים שבגניזות קהיר, להעתיק אותם, לתרגמם ולהניחם בידי הלומדים והחוקרים במהדורה ביקורתית מיטבית.

במרוצת השנים האלה סרקנו את אוספי הגניזה השונים ונעזרנו ברשימות ובקטלוגים שהכינו עמיתים כדי לאתר קטעים מן הספר לקראת התקנת מהדורתו. עזרתו של המכון לתצלומי כתבי עבריים שבבית הספרים הלאומי והאוניברסיטאי שהיה לנו כבית בעת הכנת הספר הייתה רבה. עבודת המחקר במכון סיפקה לנו בסיס חשוב לקראת בדיקת כתבי־היד שערכנו לימים בספריות העולם. בעצם שנות עבודתנו נפתחו גם ספריות רוסיה ויכולנו לבדוק את האוספים העשירים השמורים שם. תודתנו שלוחה אפוא לעובדיו המסורים והמלומדים של המכון וכן לעובדי הספריות שאוספי הגניזה אצורים בהן ולראשיהן על הסיוע שהגישו לנו בעבודתנו ועל הרשות לפרסם את כתבי־היד שברשותן.

קודם למסירת הספר לדפוס, בשנת תשנ״ו, השתדלנו לעדכן אותו מתוך השוואה עם מחקר הנושאים הנדונים בו. לאחר מועד זה עדכון הספר היה מזדמן, ועיקרו התמקד במחקרים ובפרסומים הנוגעים ישירות לספר השטרות של רס״ג.

במהדורה הזאת בא רובו של הספר כמו שהוא עולה מן הגניזות, אבל לא כולו. אנו מניחים כי נתברך בעתיד בברכת עושרן של הגניזות ויעלו מהן הקטעים האחרונים החסרים במהדורתנו.

חרף מאמצינו עניינים מספר נשארו לא פתורים בעינינו מסיבות למיניהן, ובהן הקיטוע של שרידי הספר, חסרונות שניבעו ברצף הפרקים והשטרות, סגנון ההרצאה של החיבור ומגבלות בהבנתנו את ההקשרים שבהם נתונים הדברים הקטועים. העמדנו על הבעיות באותם מקומות מוקשים שעדיין טעונים הסבר מתוך ידיעה שהמשך המחקר יביא לגילוים של טפסים נוספים ושל מקורות שיסייעו להבהיר את הטעון הבהרה ובתקווה שיהיה ביד הלומדים והחוקרים להציע פתרון לקושיות. ריבוי פתרונות והצעות יעיד על כך שספר העדויות והשטרות שב למקום הראוי לו בקהילת הלימוד והמחקר.

במהלך עבודתנו נועצנו במורים ובחברים ובהם הפרופסורים יהושע בלאו ז״ל, ויבל״א חגי בן־שמאי ונחם אילן. האקדמיה הלאומית הישראלית למדעים תמכה במחקרנו כבר בראשית דרכו כשהתקבל בוועדת התכניות בראשות פרופ׳ אהרן ברק כמפעל שלה ולימים כאשר ועדת הפרסומים בראשות פרופ׳ חיים תדמור ז״ל קיבלה אותו לפרסום. נשיאי האקדמיה – הפרופסורים יהושע יורטנר, יעקב זיו, מנחם יערי, רות ארנון ונילי כהן – גילו אהדה למפעלנו ועודדו את פרסומו, וראשי ועדת הפרסומים שלה – הפרופסורים יוחנן פרידמן, יוסף קפלן ומשה בר־אשר – ליוו את החיבור במהלך הבאתו לדפוס בעצה ובחיזוק ידי המזרזים להוצאתו לאור.

הגב׳ צופיה לסמן ערכה את הספר בקפדנות ובמקצועיות שיצאו להן מוניטין בארץ ובעולם, ולא חסכה זמן כדי להביאו לדפוס בצורה המתוקנת ביותר. הגב׳ יהודית שטרנברג השקיעה עמל רב בתנאים מורכבים ובסבלנות לאין שיעור בסידור הספר. היא הייתה שותפה לגב׳ לסמן לעצה על דרכי עיצובו ועל המתכונת הנכונה לצורכי הלומדים והמעיינים בו. תודה מיוחדת נתונה לגב׳ טלי אמיר, מנהלת ההוצאה לאור של האקדמיה.

קרנות המחקר של האוניברסיטה העברית בירושלים סייעו בעבודתנו, תודה לוועדות הקרנות ולעומדים בראשן.

רעיותינו ובני בתינו היו שותפים לגילויים המשמחים שליוו את עבודת ההכנה של הספר כמו גם להמתנה ולהקלה בעת הוצאתו לאור.

מנחם בן־ששון וירחמיאל (רוברט) ברודי

ירושלים, תשרי תשפ״א

מבוא

א. גלגוליו של הספר

׳ספר העדויות והשטרות׳ או בקיצור שמו שבו נודע ׳ספר השטרות׳ הוא מן הספרים שרב סעדיה גאון ציין שהקדים את חיבורם. הנימוק שהביא להקדמת חיבורו של ספר זה היה, כדבריו, ׳משום שנוכחתי בנחיצותו הרבה לאומה וידעתי את גודל התועלת שתפיק ממנו׳.[1] אף על פי שהספר במתכונתו הבשלה במהדורה שלפנינו אינו הספר ההלכתי הראשון של רס״ג, כמו שנראה בהמשך הדברים, הוא נתחבר עוד קודם עלותו לכס הגאונות, בהיותו אלוף בישיבת פומבדיתא.[2] כוונתו המוצהרת של רס״ג הייתה להעמיד ספר שימוש לעדים המעידים על מעשה בשטר (על מגמה זו ראו להלן, עמ׳ 9–10).

על השפעתו של החיבור אפשר לעמוד במידת־מה כבר מעצם הדבר שיש בידנו שרידים של שלושים טפסים שונים זה מזה של החיבור ומהזכרתו ביותר מעשר רשימות ספרים מימי הביניים.[3] חיבור שהועתק באותה העת היה למקור ללימודים בבתי המדרש ובחוגי משכילים כמו שמלמד ספרו של רס״ג. על תפוצתו של ספר השטרות בבבל זמן קצר לאחר כתיבתו אפשר ללמוד מתגובות רב מבשר עליו, מהעתקתו במוצֻל ומן הסמכות שנודעה לו בכתבי רב שרירא גאון.[4] הספר הגיע

1 להלן, שער א, עמ׳ 57. לעניין התועלת שב רס״ג פעמים מספר בהקדמתו ובחתימתה, עיינו להלן, עמ׳ 57, 61 ובתשובתו שהביא הילדסהיימר, תשובות רס״ג, עמ׳ 36–37.

2 ראו להלן, עמ׳ 7, 43.

3 לפרטי ההעתקות ראו להלן, עמ׳ 45–48; לרשימות הספרים ראו אלוני, הספרייה היהודית, עמ׳ 4, שורה 12; עמ׳ 14, שורות 61–62; עמ׳ 45, שורות 112–113; עמ׳ 96, שורה 57; עמ׳ 103, שורה 23; עמ׳ 149, שורות 29–32; עמ׳ 152, שורה 20; עמ׳ 311, שורות 5–6; עמ׳ 313, שורה 21; עמ׳ 328, שורה 9; עמ׳ 337, שורה 66; עמ׳ 373, שורה 6 (אם כי לא כל הדוגמאות בטוחות). ברשימה אחת (אלוני, שם, עמ׳ 208, שורות 8–9) אף צוין מחירו של כתב־היד: 12 דרהם (ואין ללמוד ממחירו על היקפו המדויק של החיבור בשל הרכיבים הרבים שהשפיעו על מחירי ספרים, עיינו אצל בנעט, ׳ספרייה׳; אשתור, ׳מחירי ספרים׳; גויטיין, חברה, א, עמ׳ 196; ב, עמ׳ 228–240). דף השער: כ״י T–S K 6.151 (מאן, יהודים, ב, עמ׳ 339 [מתוארך לשנת 1108]): ׳ספרו של יוסף בר יצחק בית דין של צוען מצרים׳ (והשוו אל סה״ש לרה״ג, מהדורת אסף, עמ׳ 10; ספר השטרות לרב האיי גאון היה בבעלות אביו, יצחק הספרדי, אף הוא דיין במצרים).

4 ראו לדוגמה השגות רב מבשר, מהדורת צוקר, עמ׳ 37–38, 93–94; אוצה״ג, יבמות, סימן תסב, עמ׳ 191–194 (על־פי שע״צ, יח ע״א, סימן יא): ׳מר רב סעדיה [גאון ז״ל] ... חכם גדול היה ואין משנה שלימה ממשנתינו עוברת ממנו׳; אוצה״ג, גטין, סימן קיב, עמ׳ 46–48 (על־פי שע״צ, טו ע״ב, סימן ל), השוו לשטר טז: גט, שורות 35–38 (להלן, עמ׳ 170–171). להעתקה במוצֻל ראו את תיאור טופס א להלן, עמ׳ 43.

לקהילות ישראל במערב והיה שם לעזר לדיינים – שאלות הלכתיות מעשיות שנבעו מן העיון בו עלו בקהילת קירואן וכן אצל שואלים שפנו לרמב״ם.[5]

ואולם כיוון שלא רבים מחכמי ישראל הביאו מן הספר בשמו הסיק שמחה אסף כי 'מספר המחברים שהשתמשו בס' השטרות של רבינו הוא קטן [...] ספרי השטרות הגדולים שנתחברו אחריו, ובעברית [...] דחו מפניהם את ספר השטרות של רס״ג שהדינים שבו כתובים ערבית והשטרות עצמם ארמית, שפות שאינן מובנות ביותר לסופרים ולקהל הנזקקים'.[6] תחושתו של אסף שמספר המשתמשים בחיבורו של רס״ג היה מועט נבעה ממיעוט ההזכרות המפורשות שלו בספרי השטרות המאוחרים יותר. ואולם אין לקבוע את היקף ההשפעה של הספר ואת עומקה על־פי הזכרות מפורשות בלבד, ואין להתעלם מהשפעתו העקיפה על הספרות המאוחרת יותר בתיווכם של ספרי שטרות שנכתבו סמוך יחסית לזמנו (ראו להלן, עמ' 18–28).

ציטוטים ספורים של קטעים מספר זה, המיוחסים למחברו, יש בספרות הראשונים ובעיקר בזו העוסקת בענייני שטרות.[7] משנחשפו ספונות הגניזה הקהירית ניתוספו עדויות על הספר ועל תפוצתו ונתגלו קטעים מן החיבור. עיקר המחקר בחיבורו זה של רס״ג התמקד בזיהוי קטעים שעלו מן הגניזות ובפרסומם. קטעים אלו הביאו אט־אט לשרטוט תמונה של החיבור, של מבנהו ותוכנו. כעשר שנים חלפו למן גילוי הגניזה הקהירית ועד לפרסום הקטע הראשון מחיבור זה של רס״ג: בשנת תרס״ד (1904) פרסם הרטוויג הירשפלד קטע אחד מן ההקדמה לספר. כשלושים שנה לאחר פרסום זה (תר״ץ) הביא אסף קטעים משני שטרות של רס״ג מתוך כתב־

5 בקירואן: הרכבי, תשובות הגאונים, סימן רלא (חלק מקונטרס שנשלח לרב יעקב בן נסים בין שנת 989 לשנת 1004, וראו בן־ששון, קהילה, עמ' 458, מס' 24), והשוו לשטר כז: קיום שטר, שורות 17–19 (להלן, עמ' 196–197); ייתכן שאף השאלה והתשובה שמביא הרכבי (שם, סימנים קצט–ר) התייחסו לספר השטרות (ראו בן־ששון, קהילה, עמ' 477, מס' 10). נוסח מלא יותר של השאלה שהרכבי מביא (שם, סימן קצט) בא בכ״י T–S NS 169.43, ובו אפשר לקרוא: 'אמר אדונינו [=רה״ג] בתשובות שאלה שכ' בפירוש הזהב [...] פירש [=רה״ג] בספר מקח וממכר'; על הקטע הזה עיינו בדברי אברמסון, במרכזים ובתפוצות, עמ' 54, הערה 28 (בלא ציון מספר הקטע); אברמסון, עניינות, עמ' 208, הערה 20 (ושם צ״ל: 43 במקום 93), ואולם עד היום אין בידנו נוסח מלא של השאלה, ובנוסחיה הידועים לנו לא נזכרת עמדת רס״ג. לעמדתו עיינו בדברי אברמסון, עניינות, עמ' 210–211 והערה 41 (על־פי כ״י T–S NS 308.64). על הפנייה לרמב״ם ראו להלן, שטר יג, הערה 8. מקצת ההזכרות של ספר השטרות לרס״ג לוקטו בחיבורים האלה: ספר הירושות לרס״ג, מהדורת מילר, עמ' xxxvii–xxxviii, 145–173 (סימנים א–ד, ז, יב, טו–יז, כא, כב, קט, קיז); הרכבי, תשובות הגאונים, עמ' 362–363; הרכבי, חדשים גם ישנים, עמ' 63–64, 189; אסף, 'סה״ש לרס״ג', עמ' סח–ע.

6 אסף, 'סה״ש לרס״ג', עמ' ע–עא.

7 ספר הירושות לרס״ג, מהדורת מילר (לעיל, הערה 5); אסף, שם, עמ' ע (שם בסעיף 2 יש להוסיף: 'עיטור, כתובת יבמין') - עא.

יד שאין מקורו בגניזה.[8] מִפנה משמעותי בתולדות המחקר התרחש שלוש־עשרה שנים לאחר מכן, בשנת תש״ג. אז כינס אסף תשעה קטעים מספריות בקיימברידג׳, באוקספורד ובניו יורק. בפרסום הזה שרטט אסף את תבנית הספר לשיטתו ושב וסיכם את הידוע עליו מתוך ספרות ההלכה. עוד קטע מספר השטרות הנמצא בגנזי קויפמן שבבודפשט פרסמו אלכסנדר שייבר ויצחק האן בשנת תשט״ז.[9] משנות השבעים ואילך נעזרו מרדכי מרגליות, ש״ד גויטיין (חברה), מ״ע פרידמן, יוסף ריבלין (׳צוואות׳) ויחזקאל דוד בקטעי גניזה ספורים נוספים להשלמת גרסאות קטועות שהביא אסף ולבירור מגוון סוגיות במחקריהם.[10]

בעקבות זיהוי קטעים חדשים מן החיבור בגניזות קהיר ראה אור בשנת תשמ״ו המאמר ׳שרידים מספר העדות והשטרות לרס״ג׳ (בן־ששון, ׳סה״ש לרס״ג׳), ועמו הוכפלה כמות הקטעים שנתפרסמו מן הספר. מקצת הקטעים שראו אור אז נמצאו מקבילים לקטעים שפורסמו קודם לכן, מקצתם היו קטעים חדשים מקבילים זה לזה וקטעים אחרים היו עדי נוסח יחידים לפי שעה. מן החומר החדש היה אפשר לשחזר ביתר דיוק את מבנה הספר וכן לדייק במסורות שיוחסו לרס״ג בספרות המשפטית היהודית לדורותיה. שפע המקורות החדשים שהתפרסם אז עודד את הציפייה כי חיפוש שיטתי בגניזה עתיד להעלות עוד קטעים מן החיבור והם עשויים לשמש בסיס להשלמות, לתיקונים ולחילופי נוסח של החיבור. שיתוף הפעולה בינינו החל כבר לקראת הפרסום בתשמ״ו. כבר אז היינו ערים לחומר הרב שניתוסף ואשר כינוסו לא הושלם. היה ברור לנו אפוא כי הפרסום הזה ראשוני ומחייב עדכון בבוא העת. לפיכך סמוך לצאת המאמר לאור קיבלנו על עצמנו לסרוק את אוספי הגניזה באופן שיטתי ולהכין מהדורה שלמה ככל האפשר של ספר השטרות לרס״ג כדי להעמידה לרשות החוקר והלומד.

המשימה הראשונה שמציבים לפני החוקרים חיבורים העולים מן הגניזות ואשר לא היו מונחים לפני הלומדים במשך מאות שנים היא זיהוי השרידים, פיענוחם ופרסומם. כדרכם של פרסומים אלו גם בפרסומים הראשונים של ספר השטרות

8 הירשפלד, ׳גניזה׳, עמ׳ 299; סה״ש לרה״ג, מהדורת אסף, עמ׳ 67-72 (שם תיאור כתב־היד). אסף קנה כתב־יד זה, כנראה, מידי הרב אברהם אביכזיר ומכרוֹ לבית הספרים הלאומי בירושלים (כיום הספרייה הלאומית) בשנת 1947. סימנו עתה הוא Heb. 8° 1496 (ראו להלן, הערה 159 והדיון בשיוך קטעים ממנו לרס״ג).

9 נראה שמהדורתם (האן ושייבר, ׳מספר השטרות לרס״ג׳) נדחקה מספרות המחקר, עיינו לדוגמה במובאה משערים ה־ז שצוטטה מכ״י T–S Ar. 49.139 (להלן, עמ׳ 90 ואילך, טופס א) – מקבילה לכתב־היד שפרסמו האן ושייבר במהדורתם אך נוסחהּ טוב פחות – באנציקלופדיה העברית, הערך ׳סעדיה גאון׳ (ובטעות הובא שם אסף, תרביץ ט); במאמרו של וייס, ׳שטרות׳, בשני הסיכומים שבפתח הלקטים נשמט הציון לפרסום של אסף, ׳סה״ש לרס״ג׳.

10 ראו את הציונים הביבליוגרפיים של חיבוריהם ברשימת הקיצורים (להלן, עמ׳ 269 ואילך).

לרס"ג, במחצית הראשונה של המאה העשרים, הוהדרו קטעים של נוסח החיבור שנתגלו מתוך נאמנות מרבית לכתבי־היד ובליווי תרגום, אך בלא דיון במבנהו ובמקומו בעולמם של בני התקופה.

בד בבד עם הפרסומים שיוחדו לשחזור החיבורים התפתחה סוגת המחקר הממוקד בנושאי חתך המופיעים בחיבורים ובחייהם של בני התקופה הנידונה. המגמה הזאת באה לידי ביטוי גם בחקר ספר השטרות של רס"ג. היסטוריונים וחוקרי תולדות המשפט דנו, למשל, בנושאי נישואין, גירושין, ערבות ואחריות, מיקח וממכר, מתנות וצוואות ובגרות ומשמעותה. מחקרים אלו לא דנו במבנה הכולל של החיבור הנדון ולא בניסיונות לשחזר את תוכנו. חוקרים שעסקו בנושאים ממוקדים שילבו קטעים משטרות רס"ג בדיונים בסוגיות העיוניות שנידונו בעבודותיהם. לדיונים אלו ערך רב להבנת השפעתו של רס"ג על המחשבה המשפטית של דורו ושל הדורות שלאחריו וכן להבנת ההקשר הנושאי של סוגיות למיניהן בחיבור. בהקשר זה של ספר השטרות יצוינו בייחוד עבודותיהם של מ"ע פרידמן על הכתובה ושל תלמידיו – יוסף ריבלין על הצוואה ויחזקאל דוד על הגט, ותצוין גם עבודתו של גדעון ליבזון על שימוש בית דין.

ב. מבנה הספר

בספר השטרות הקדמה ושמונה שערים (פרקים) העוסקים בדיני העדות והשטרות, וזה סדרם: ארבעת השערים הראשונים עוסקים בדיני עדות באופן כללי, וארבעת השערים האחרונים – עניינם דיני שטרות. השערים החמישי עד השביעי דנים בסעיפים המשותפים לרוב סוגי השטרות. השער השמיני, העוסק בסעיפים המיוחדים לשטרות העיקריים, תופס יותר ממחציתו של החיבור. בשער הזה חמישים וארבעה סעיפים, וכל סעיף מיוחד לשטר מסוים. השטרות מחולקים לפי תדירות השימוש בהם לשלוש חטיבות בנות שמונה־עשר שטרות כל אחת: בחטיבה הראשונה השטרות השכיחים ביותר, בשנייה – השכיחים פחות ובשלישית – השטרות הנדירים יחסית (להלן, השער השמיני, והשוו אל תחילת שטר א ואל תחילת שטר לז). רס"ג אינו מסביר כיצד סודרו השטרות בתוך כל חטיבה, ונראה שהסידור הפנימי של החטיבות מבוסס לאו דווקא על עקרון התדירות. מסתבר שאחד הגורמים שהשפיעו על סידור פנימי זה היה אסוציאטיבי, למשל, שטרי שותפות וחלוקה מובאים זה ליד זה (שטרות ח–י), ושטרי אישות מגוונים מרוכזים בסוף החטיבה הראשונה. אחרי שלוש חטיבות השטרות יש מעין נספח המזכיר, בלא דיון, עשרה סוגים של מסמכים המיוחדים לשימושם של ראשי העם בלי לפרט את תוכנם.[11]

11 עיינו אסף, 'סה"ש לרס"ג', עמ' תרעד. שם הוא מתקן את מה שכתב בעמ' סו–סז, ולפי

להערכתנו, בידנו עתה 80%-90% מן החיבור, ובהם יש ייצוג לכל אחד משערי החיבור, מקצתם מיוצגים בשלמות ומקצתם באופן חלקי. מבין חמישים וארבעה סעיפי השער השמיני (היינו השטרות) בידנו ארבעים ושמונה סעיפים, במלואם או בחלקם. מבין ששת השטרות שהסעיפים אשר יוחדו להם חסרים עניינם של חמישה ידוע: כתובה דמרכסא (שטר כ), מכירת עבד (כא), שחרור עבד (כב), פרוסבול (מב) ואיגרת מזון (מה). שטר אחד (נא) נותר עלום לפי שעה. משטרות הציבור שרד אזכור מפורש של שישה, המאפשר לשחזר את כל העשרה באמצעות מקבילתם.[12]

השטרות באים בספר בצורה אחידה: דיון פותח בערבית, העוסק בהלכות המיוחדות של כל שטר ושטר ובהסתמך על סוגיות התלמוד; ציטוט קטעים מן החלקים המיוחדים לכל שטר בלשון הארמית; והסבר בערבית במקומות שבהם ראה רס״ג צורך להבהיר את נוסח השטר.

זיהוי הקטעים היה כרוך בבחינה משולבת של תוכנם, מיקומם בספר, שיוך השרידים לאזכורים של הספר בספרות ההלכתית וצירופם על־פי נתוניהם הפיזיים לשרידיו של אחד מטופסי הספר שכבר זוהה.

ג. מגמת החיבור ויחסו ל׳ספר ההלכה׳

ספר השטרות הוא היחיד מבין ספרי רב סעדיה בתחום ההלכה שתאריך חיבורו ידוע: הוא נכתב בשנת 926 לספירה, כשהמחבר היה ׳אלוף׳ וכשנתיים לפני שנתמנה לגאון סורא.[13] בתחילת ההקדמה לספר כתב רב סעדיה: ׳זה חלק מחלקי ״כתאב אלפקה״ [= ״ספר ההלכה״] אשר אני מתכונן לחברו, אולם ראיתי להקדים את החלק הזה משום שנוכחתי בנחיצותו הרבה לאומה וידעתי את גודל התועלת שתפיק ממנו׳. מכאן עולה, לכאורה, שרס״ג עדיין לא חיבר את ׳ספר ההלכה׳ המקיף בשעה שכתב

תיקון זה יש לתקן גם בספרו, תקופת הגאונים, עמ׳ קצא. המבנה המוצע כאן שונה מן המבנה שהציע אסף בשני חיבוריו הנזכרים ומזה שהציע בן־ששון, ׳סה״ש לרס״ג׳.

12 את חמשת השטרות האבודים ניתן לזהות על־פי מפתח שהכין אחד המשתמשים בספרו של רס״ג, ראו להלן, עמ׳ 262-265 וכן בן־ששון, ׳סה״ש לרס״ג׳, עמ׳ 160-162. בנוגע לשטרות הציבור, שרס״ג הסתפק ברישומם ולא הביא את נוסחם, רי״ב, לדבריו, שמר בספרו על מניין השטרות הללו ועל סדרם כבספרו של רס״ג אשר שימש לו מקור. יתרה מזו, ההתאמה המלאה בין גרסת רי״ב ברשימת שטרות הציבור ובין גרסתו של רס״ג באותם החלקים ששרדו מרשימה זו בספרו מאששת את נאמנותו של רי״ב למקורו אף בחלקים החסרים אצל רס״ג. על כן השטרות החסרים הם: כתב האריה, כתב חזקה, כתב שיריאתא, כתב שליחותא. ייתכן שרס״ג הביא גם את חמשת השטרות ׳שהם מקל לרדות בהן׳ (סה״ש לרי״ב, מהדורת הלברשטם, עמ׳ 2; מהדורת ריבלין, עמ׳ 28), אך לפי שעה אין להכריע בדבר.

13 לתאריך הכתיבה ראו להלן, שער ה, שורות 28-30; לתאריכי המינויים של רס״ג ראו מלטר, רס״ג, עמ׳ 64-65, 108-109, 426.

את ספר השטרות, והוא משתלב בתכניתו לחבר ספר מקיף כזה בעתיד. למסקנה זו מסייע אף עצם הדבר שבכל הפעמים האחרות שרס״ג מזכיר בחיבורו את ׳ספר ההלכה׳ דבריו מנוסחים בלשון עתיד, מלבד פעם אחת.[14] ככל הידוע לנו, החיבור המקיף המתוכנן לא הושלם מעולם.

בספרות המחקר – אולי כבר מזמנו של הירשפלד, אשר פרסם בפעם הראשונה קטע מן ההקדמה ובו דבריו הנזכרים של רס״ג – היה מקובל לפרש את הדברים האלה כאילו רס״ג התכוון לומר שספר השטרות הוא חיבורו הראשון בתחום ההלכה. ואולם דבריו של הירשפלד בעניין זה אינם חד־משמעיים לגמרי.[15] כעת נדמה שקשה מאוד לקבל פרשנות זו: השוואה לחיבוריו האחרים של הגאון בהלכה מלמדת שספר השטרות עולה עליהם פי כמה בהיקפו, ומה שאולי חשוב יותר – מבנהו משוכלל הרבה יותר מאחדים מחיבוריו האחרים. לדוגמה, אמנם בספר הירושות יש חלוקה לנושאים ולנושאי משנה, אך אין בו חלוקה לפרקים. בספר הפיקדון המצב גולמי עוד יותר: חלקו הראשון של הספר בנוי היטב, אך לאחר מכן מיטשטשת חלוקת החומר, ויש בו גם רשימות מקרים לא ממוספרות לצד רשימות אחרות שזוכות למספר.[16] קשה מאוד להניח שאחרי שכתב חיבורים בנויים למופת ומסודרים כדוגמת ספר השטרות נסוג רב סעדיה בחיבוריו המאוחרים יותר לסידור בראשיתי. (כמו כן סביר, לכאורה, להניח שחיבור רב־היקף כמו ספר השטרות מאוחר לחיבורים מצומצמים, שאפשר לראות בהם ניסיונות חלוציים בכתיבה המונוגרפית, אך טיעון זה נראה מכריע פחות.) נראה כי בדבריו על ׳ספר ההלכה׳ התכוון רס״ג לא למכלול כתביו ההלכתיים אלא לחטיבה מסוימת בתוך חיבורים אלו, וייתכן שהכרונולוגיה האמִתית של כתיבת הספרים היא הפוכה דווקא מזו המקובלת: רק

14 אלה המקרים הבאים בלשון עתיד: שער א, שורה 67; שער ז, שורות 99–100; שטר ח, שורה 2; היוצא מן הכלל: שטר לב, שורה 4. ועיינו גם בשער א, שורה 6.

15 ‘it formed the first in a series of his writings on civil law […]’ (הירשפלד, ׳גניזה׳, עמ׳ 294). מלטר (רס״ג, עמ׳ 345) העתיק לשון זה. אחרים ניסחו בצורה ברורה יותר את ההנחה שספר השטרות היה ספרו הראשון בתחום. כך, למשל, כתב אסף (תקופת הגאונים, עמ׳ קצא): ׳[...] שהגאון הקדים לחבר ספר זה לשאר ספריו ההלכיים, מפני שראה את גודל צורך האומה בו׳. וכן אברמסון (עניינות, עמ׳ 232): ׳אם כן לא היה ״ספר הירושות״ הספר הראשון של רס״ג, אלא ״ספר השטרות״׳. לעומת זאת סברו אחרים – בלי בסיס של ממש – שספר הירושות דווקא היה חיבורו ההלכתי הראשון, ראו למשל גינצבורג, גאוניקה, א, עמ׳ 165 (בעקבות מילר, שהוציא לאור את ספר הירושות). התאוריה שהעלה גינצבורג (שם, עמ׳ 166) וראה בה סיוע להקדמת חיבורו של ספר הירושות (שם, עמ׳ 165, הערה 3) הופרכה זה מכבר, ראו אברמסון, עניינות, שם.

16 התיאור של ספר הפיקדון מבוסס על קטעי גניזה של החיבור שירחמיאל ברודי זיהה וצירף ופרסמם בספרו חיבורים הלכתיים של רב סעדיה גאון. החיבור ותרגומו באים בעמ׳ 146–225, תיאור מפורט יותר של מבנהו בא בעמ׳ 137–140.

לאחר שכתב כמה חיבורים צנועים יותר הגה רס״ג את הרעיון לחבר חיבור משפטי מקיף – אותה התכנית שבה התכוון לשלב את ספר העדויות והשטרות – ואולי לא הספיק לכתוב אלא חלק זה של החיבור המקיף.

מאחר שאין בידנו שרידים השייכים בבירור ל׳ספר ההלכה׳, וכאמור ספק רב אם הגאון הספיק לכתוב את החיבור הזה, נוכל לדון רק בכוונותיו ובתכניותיו כמו שהן מצטיירות מהערותיו בספר העדויות והשטרות.[17] רב סעדיה ציין ארבעה נושאים שמקומם ב׳ספר ההלכה׳:[18] דיני תביעה של מי שנכס מסוים נטרף ממנו (=נלקח ממנו על־פי דין) כלפי מי שנושא באחריות לבעלותו (של התובע) על אותו הנכס שנטרף כגון כלפי מי שמכר לו את הנכס; הסבר האיסור לכתוב שני שטרות על שדה אחד; דיני החלוקה של רכוש משותף; ועניינים הקשורים לסדר הגבייה באדרכתא. במקום אחר[19] נאמר שהדינים של פסולי עדות (שלא בגלל קרבה משפחתית) שייכים ל׳ספר ההלכה׳ ׳משום שאלה עניינים כלליים׳, אך באותו הקשר הודגש גם שידיעת דינים אלו נחוצה לדיין ולא לעדים. במילים אחרות, יש הסבר כפול להחלטת המחבר לכלול את הדינים האלה ב׳ספר ההלכה׳ ולא בספר השטרות: (א) אופיים הכללי, כלומר, היותם שייכים להקשרים רחבים יותר מן ההקשרים הנידונים בספר השטרות; (ב) היותם מיועדים לדיין ולא לעדים. משמע שקהל היעד של ספר השטרות הוא העדים, ואילו הקוראים הפוטנציאליים של ׳ספר ההלכה׳ הם או מקצתם דיינים. בעוד ארבעה מקומות העיר המחבר בנוגע לנושא מסוים שאין צורך לדון בו בספר השטרות, אך לא קבע אם מקומו יכירנו ב׳ספר ההלכה׳: שניים מן הנושאים הם כלליים,[20] ושניים – עניינם שטרות דווקא, ואף על פי כן רס״ג חשב שאין צורך לדון בהם בחיבור זה מסיבות שנעמוד עליהן בהמשך.

כשאפיין את ספרו הדגיש רס״ג שתי נקודות: (א) החיבור נועד להשיג ׳דיוק בניסוח מילות העדים בעדות – בדיבור ובכתב׳;[21] (ב) הוא נועד לשרת את כלל האומה, ולא את המנהיגים (׳הראשים׳) בלבד.[22] הספר נועד להיות מדריך שימושי ולסייע לעדים אשר נתבקשו להעיד על מעשה מסוים לנסח את עדותם (בייחוד בשטר) בצורה מוצלחת, אך אין זה מתפקידו לדון בכל הבעיות העשויות להיווצר אם העדים ייכשלו במשימה זו או בשימוש שיוכלו הדיינים לעשות בעדותם.[23]

17 לאזכורים של ׳ספר ההלכה׳ בחיבורי ההלכה של רס״ג ראו ברודי, שם, עמ׳ כ והערה 32.

18 למראי מקום ראו לעיל, הערה 14.

19 שער א, שורה 6 – אם השלמתנו נכונה, ועיינו שם.

20 דין ארבע אמות שיש לכל יהודי בארץ ישראל (שטר יד, שורות 6–8) ומנהגי הכתובה במקומות שונים או שמא הכוונה לדיון כללי בגדרי המנהג (שטר טו, שורות 20–31).

21 הקדמה, שורות 61–62 (וראו שם, הערה 12); השוו לשער ז, שורות 49 ואילך.

22 ראו שער ח, שורות 15–18, ובנספח, שורות 1–3, והשוו אל תחילת ההקדמה.

23 ראו שער ה, שורות 22–24 והערה 7; שטר א, שורות 10–12.

כמו כן המחבר לא ראה חובה לעצמו להביא הוכחות ממקורות חז״ל לכל הדינים המוזכרים בספר.[24] צִיַּנּוּ כי המחבר ייעד את ספרו זה לאנשים מן השורה שעשויים להתבקש לשמש עדים ולא לבעלי מעמד או תפקיד מוגדר כגון סופרים או דיינים. ההנחה המשתקפת בכמה מקומות בחיבור[25] היא שכל אחד עשוי להתבקש לשמש עֵד, ומן הראוי שיֵדע איך לפעול בנסיבות אלו. אמנם לא ברור עד כמה הייתה זו המציאות במקומו ובזמנו של רס״ג, אך ברור שזו תפיסתו העקרונית. אף על פי כן יש סימנים להתלבטות מסוימת מצדו באשר לקהל היעד של הספר ובכללם העובדה הפשוטה שמובאים בספר טפסים לשטרות מובהקים של בית דין.[26] ההתלבטות באה לידי ביטוי מעניין בשטר מ: פשרה ובו הסביר רס״ג שצירף שטר זה לשטרות הנדירים באופן יחסי מפני שראוי לדיין להשתמש בו לעתים רחוקות בלבד, אף על פי שההמון נוהג להשתמש בַּשטר לעתים קרובות.

ד. מקומו של ספר העדויות והשטרות במסורת השטרות ונוסחיהם

ככל שידיעתנו מגעת ספר העדויות והשטרות של רס״ג הוא ספר השטרות הראשון שנתחבר במסורת היהודית בפרט ובמסורת הארמית־העברית בכלל. ואולם מסורת השטרות הזאת כשלעצמה הייתה מתועדת – אמנם בדילוגים ובהפסקות – במשך יותר מאלף שנים לפני שזכתה לגיבוש הספרותי שלפנינו.

ראשיתו של התיעוד בשטר ארמי (לא יהודי) יחיד מן המאה השישית לפני הספירה, והוא מתרבה במאה החמישית לפני הספירה, ששרדו ממנה עשרות שטרות ארמיים הקשורים לחיל המשמר היהודי אשר הוצב ביֵב (אלפנטינה) שבמצרים העליונה, ליד אסואן.[27] מן המאה הרביעית לפני הספירה שרדו שטרות ארמיים מן השומרון הנוגעים בעיקר למכירת עבדים, אך השטרות האלה סבלו הרבה מפגעי הזמן, ורובם טרם פורסמו.[28] מן המאה השנייה לפני הספירה שרדה טיוטה של שטר נישואין אדומי הכתוב ארמית.[29] לאחר מכן נעלם התיעוד למשך שנים רבות עד

24 ראו בייחוד שטר טז, שורות 24–25; והשוו לשער א, שורות 9–11 וכן אל סידור רס״ג, מהדורת דודזון, אסף ויואל, עמ׳ יא–יב.

25 ראו בייחוד שערים ב–ד וכן שער ז, שורות 59–64.

26 ראו להלן, שטרות יז, כד, כז, כט, לא–לג, לו, מד ועיינו גם בשטרות ח, לה, מח.

27 לפרסום השטר היחיד מן המאה השישית לפני הספירה ראו באואר ומייסנר, ׳שטר׳; לפרסום המעודכן ביותר של השטרות מיֵב ובו ביבליוגרפיה של פרסומים קודמים ראו פורטן וירדני, תעודות ארמיות, ב.

28 ראו קרוס, ׳פפירוס שומרוני׳.

29 ראו אשל וקלונר, ׳מסמך נישואין׳.

למאה השנייה (או אולי עד לסוף המאה הראשונה) לספירה. מתקופה זו שרדו לא מעט שטרות יהודיים במקומות ממקומות שונים במדבר יהודה. מסתבר שרבים מהם נוגעים ליהודים שהגיעו לאזור זה בעקבות מרד בר כוכבא (ואולי כבר בעקבות המרד הגדול).[30] מתקופה מאוחרת קצת יותר ידועים שטרות ספורים, לא יהודיים, הכתובים בדיאלקט הסורי של הארמית.[31] בצד היהודי יש הפסקה ארוכה בתיעוד הישיר (מלבד שטר נישואין יחיד מראשית המאה החמישית), אך מיתוספות עדויות רבות וחשובות, אם כי חלקיות מאוד, בספרות חז״ל.[32]

לאחר עוד הפסקה בתיעוד בת כמה מאות שנים חלה תפנית. תחילת הגיבוש הספרותי של מסורת השטרות ודיניהם באה בחיבוריהם של שני גאונים, רב סעדיה ורב האיי.[33] אמנם מתקופה זו עצמה לא הגיעו לידנו שטרות,[34] אך שטרות רבים מאוד מתקופה קצת יותר מאוחרת שרדו בגניזות קהיר. במקביל החל להיגלות תיעוד מקהילות יהודיות אחרות, בעיקר באירופה, ההולך ומתרבה במרוצת השנים — הן שטרות לעצמם (אם כי מהם שרדו מעטים יחסית) הן גיבושים ספרותיים או ספרותיים למחצה של מסורת השטרות ודיניהם.[35] ספרי שטרות הוסיפו להופיע אף בעת החדשה, ובמאת השנים האחרונות אף ראו אור מחקרים חשובים על היבטים

30 ואלה קובצי השטרות העיקריים: בנואה ואחרים, מערות מרבעאת; ירדני, תעודות צאלים. תעודות יחידות פורסמו ונידונו בכמה מקומות, לביבליוגרפיה ראו ירדני, שם, עמ׳ 105-106. לתיאור קצר של הרקע ההיסטורי ראו בנואה ואחרים, שם, עמ׳ 67-69; לשטרות בני המאה הראשונה לספירה ראו שם, עמ׳ 100-104, ואולי אף השטרות הבאים בעמ׳ 104 ואילך הם בני אותה התקופה (ראו אשל, ׳מסמכים׳).

31 ראו גולדשטיין, ׳שטר המכר הסורי׳; טייחידור, ׳תעודה סורית׳; הנ״ל, ׳שתי תעודות סוריות׳.

32 שטר הנישואין נתפרסם בידי סיראט ואחרים, כתובת קלן. לשאלת תאריכוֹ המדויק עיינו שם, עמ׳ 26-31. לחומרים התלמודיים הרלוונטיים ראו גולאק, אוצה״ש; מ״ע פרידמן, ׳חוזים׳.

33 אם כי ברור שרס״ג חיבר את ספרו לפני עלותו לכס הגאונות (ראו לעיל, עמ׳ 3), ואפשר שהוא הדין אף לרב האיי. בספרות הגאונים שקדמה לרס״ג צוטטו קטעים מתוך שטרות מסוימים, ואף נוסחים של שטרות שלמים מעטים; כמה מן המובאות האלה מצוינות בהערותינו לתרגום החיבור.

34 אך ראו הרכבי, תשובות הגאונים, סימנים תקנה-תקנו. וכן הגיעו לידנו כמה נוסחים לדוגמה של שטרות מתקופה זו, ראו אפטוביצר, ׳שטרות׳.

35 ראו את רשימת קובצי השטרות שערך ריבלין (שטרי אליסאנה, עמ׳ 11; ועיינו במחקריו של ריבלין העוסקים בכמה מן הקבצים הללו: ריבלין, ׳טופסי שטרות׳; הנ״ל, ׳קובץ נוסחי שטרות׳; הנ״ל, ׳שטרי מחזור ויטרי׳; הנ״ל, ׳תיקון שטרות׳). על רשימה זו יש להוסיף את פרק כח בסידור רב שלמה בר נתן (תרגום קרויזר, עמ׳ קפו-קצז; על הוויכוח בנוגע למקום חיבורו של סידור זה ראו שם, עמ׳ 5-6). הקובץ שפרסם ריבלין מבוסס (בעיקר?) על שטרות אמִתיים שעובדו באופן חלקי, ראו שם, עמ׳ 21-22. לשטרות עבריים של יהודי אנגליה ראו שם, עמ׳ 11, הערה 7; לשטרות ספרדיים מן המאה הארבע-עשרה ראו בן-ששון, ׳מקורות ספרד׳.

מסוימים של מסורת השטרות.[36] עם זאת, עדיין נשאר כר נרחב למחקר בתחום זה על הסתעפויותיו המגוונות, ולא באנו כאן אלא לציין כמה נושאים מרכזיים וכיווני חקירה ועיון הממתינים לגואלם.

אחד התחומים שמשך תשומת לב רבה יחסית במחקר הוא ההשוואה בין המסורת הארמית (והעברית[37]) ובין מסורות של כתיבת מסמכים משפטיים בשפות אחרות. למחקר כזה נחוצים לא רק ידע משפטי ושליטה מעמיקה בשפות ובספרויות למיניהן אלא אף שיקול דעת זהיר, בייחוד בכל הנוגע לשאלת ההשפעות האפשריות של מסורת אחת על חברתה. לא תמיד הבחינו החוקרים כדבעי בין קווי דמיון פנומנולוגיים, העשויים להתפתח באופן עצמאי במערכות משפטיות רבות, ובין יסודות משותפים שיש בהם כדי ללמד על קשר היסטורי ממשי, ואף כאשר נדמה שאין לפקפק בקיומו של קשר כזה, במקרים רבים קשה לעמוד על טיבו המדויק, והחוקרים התפתו לעתים לשחזר את התמונה ההיסטורית בדרכים בעייתיות ואף מגמתיות.[38] בהעדר מסמכים משפטיים מן המרחב השמי הצפון־מערבי הקודמים לשטרות הארמיים מראשית תקופת הבית השני ואשר נמצאו במצרים, פנו החוקרים לשתי התרבויות העתיקות של המזרח התיכון שיכלו להשפיע על מסורת זו בהתגבשותה: התרבות המסופוטמית מכאן והתרבות המצרית מכאן. שתי התרבויות האלה היו ותיקות ומפוארות זמן רב לפני שעלו הארמים והיהודים על במת ההיסטוריה, והן

36 ראו בייחוד ירון, משפט הפפירוסים; מופס, עיונים; פישר, שטרות תלמודיים; גולאק, אוצה"ש; הנ"ל, השטרות בתלמוד; רבינוביץ, המשפט העברי; מ"ע פרידמן, נישואין; ריבלין, שטרי אליסאנה; הנ"ל, ירושה; דוד, 'גירושין'.

37 אצל יהודים במזרח נמצאו שטרות מעטים הכתובים עברית במאה השנייה לספירה (ראו למשל בנואה ואחרים, מערות מרבעאת, תעודות מס' 22, 24, 29, 30). בתקופה מאוחרת יותר השימוש בשפה העברית לכתיבת שטרות מצוי אצל קראים דווקא, והוא סימן היכר מובהק לשטרות קראיים בתקופת הגניזה. בשטרות אלו ניכרת השפעה מכרעת של שטרות שהיו מקובלים אצל היהודים הרבניים, ונראה שהשימוש בעברית קשור לתדמית המקראית שביקשו הקראים ליצור ולרצון להתנתק מן המסורת הרבנית. ואולם כל התחום הזה דורש מחקר מקיף, ורק בעת האחרונה התחילו כמה חוקרים לעסוק בו באופן יסודי (ראו אולשובי־שלנגר, כתובות קראיות; הנ"ל, 'המסורת המשפטית הקראית'; מ"ע פרידמן, 'כתובות קראיות'; אלקין, 'שטרי אישות'). שלא כבמזרח באירופה נהגו יהודים רבים להשתמש בשטרות המנוסחים בעברית, כך למשל אצל הברצלוני, בשטרי אליסאנה ובמחזור ויטרי. השטרות האלה אינם אלא תרגומים של דגמים ארמיים, כמו שאפשר להוכיח בין היתר על־פי מילים ארמיות ששרדו בלא תרגום ותרגומי שאילה של מילים אחרות (ראו למשל להלן, עמ' 27–28; 245).

38 הדבר בולט במיוחד אצל י"י רבינוביץ, חוקר בעל ידיעות מרשימות וחשיבה משפטית, שנטה לראות השפעה יהודית בכל מקום ועל כל מערכת משפטית אפשרית (ראו את חיבורו המשפט העברי). אף אצל אשר גולאק דומה שיש בעיות קשות בתחום זה מכמה בחינות (ראו את חיבורו השטרות בתלמוד והשוו לדברינו בהערה 40 להלן).

הוסיפו להתקיים ברציפות־מה עד לכיבושיו של אלכסנדר מוקדון ואף לאחר מכן, אם כי ביטוין היה קלוש יותר. אכן, המחקר גילה דוגמאות משכנעות של השפעות משפטיות של שתי התרבויות האלה, שבאו לידי ביטוי בשטרות הארמיים ממצרים, ואף השפעות שנקלטו – או לפחות תועדו – בזמן מאוחר יותר.[39] ואולם נראה שתחומים השוואתיים אלו עדיין רחוקים ממיצוי.

בתקופות מאוחרות יותר הנסיבות ההיסטוריות מזמינות את בדיקת האפשרות של מגעים בין המסורת הארמית למסורת ההלניסטית[40] במאות השנים האחרונות של תקופת הבית השני ובתקופת חז״ל ובין המסורת הארמית למסורת הערבית בתקופה המוסלמית. אין ספק שההלכה היהודית קלטה יסודות משפטיים מן העולם ההלניסטי, לעתים מתוך שימור שמותיהם היווניים. למקצת היסודות המשפטיים הללו יוחדו שטרות, ולאלה ולאלה אותם השמות (כגון אפותיקי, דיאתיקי, אפוטרופסות). ואולם נראה שהשטרות המתאימים נוסחו באופן עצמאי במסורת הארמית, ואין קרבה מיוחדת בין נוסחיהם ובין נוסחי השטרות היווניים המקבילים.[41] שטרות יווניים מכל הסוגים נמצאו בשפע במצרים ובעוד מקומות במזרח התיכון, ואפשר להשוותם לשטרות הארמיים (והעבריים) המקבילים להם מבחינת תפקידיהם המשפטיים. עם זה אין דמיון רב בין שתי קבוצות השטרות, וכאשר הדמיון מספיק כדי ללמד על קשר היסטורי, נראה שבדרך כלל הקשר עקיף, כגון שהיסוד המשפטי הנידון מתועד במקורות מצריים זמן רב לפני התקופה ההלניסטית.[42] במאה השנייה לספירה היו גם יהודים שכתבו את שטרותיהם ביוונית, ובשטרות אלו יש יסודות

39 ראו למשל ירון, משפט הפפירוסים, פרק אחרון; מופס, עיונים; גולאק, השטרות בתלמוד, עמ׳ 80-78 (וההוספה של קצוף בהערה 29 שם); גלר, ׳מקורות חדשים׳; אופנהיים, ׳צאן ברזל׳.

40 הרושם הכללי הוא שההשפעה הרומית הייתה מצומצמת מאוד ועקיפה – דרך המורשה ההלניסטית (כדרך שמילים לטיניות נקלטו בספרות חז״ל בתיווך השפה היוונית המאוחרת). ראו גולאק, השטרות בתלמוד, עמ׳ 179. נראה שהנטייה של חוקרי תולדות ההלכה לעסוק בעיקר בהשוואות בינה ובין המשפט הרומי (למשל, כהן, משפט יהודי ורומי) קשורה במידה רבה במעמד הבכיר של המשפט הרומי בתחום המחקר המודרני של תולדות המשפט ובקיומה של ספרות משפטית מסודרת בתחום זה. ואולם הרלוונטיות ההיסטורית הישירה של השוואות כאלה (אולי בייחוד בתחום המסמכים המשפטיים) מוטלת בספק.

41 השוו, למשל, את מה שכתב טאובנשלג, משפט הלניסטי, עמ׳ 148-143, אל שטר דיאתיקי (ואל דברי גולאק, השטרות בתלמוד, עמ׳ 155) וכן את מה שכתב טאובנשלג שם, עמ׳ 215-209, אל שטר אפותיקי.

42 ראו בעיקר גולאק, השטרות בתלמוד. שימו לב גם שרבים מן המקורות היווניים שמביאים החוקרים לצורך השוואה הם בני המאה השנייה לספירה ואף לאחר מכן, ויש קושי כלשהו להניח שדברים אשר נתחדשו בתקופה זו במסורת ההלניסטית נקלטו ממנה במסורת היהודית בתוך זמן קצר יחסית.

משפטיים רבים השאובים בבירור מן המסורת היוונית. אך נדמה ששתי המסורות, הארמית־העברית והיוונית, התקיימו זו בצד זו, והמגע ביניהן היה מזערי.[43] בתקופה הביזנטית, בעיקר מן המאה השישית ואילך, ניכרת השפעה ברורה למדיי בכיוון ההפוך: השטרות היווניים מתחילים לקבל גוון של תרגומי שטרות ארמיים (או עבריים), אולי בעקבות התמסדות הנצרות באימפריה.[44] קשרים אפשריים בין המסורת הארמית ובין המסורת המוסלמית כמעט לא נחקרו. במקרה זה סביר להניח מלכתחילה שמגמת ההשפעה העיקרית הייתה מן המסורת הארמית למסורת המוסלמית, שכן בראשית האסלאם אמנם הייתה לו עליונות מדינית, אך תרבותו רק החלה להתפתח.[45] אפשר למצוא קווי דמיון מסוימים בין שטרות ארמיים לשטרות מוסלמיים מקבילים, אך עיון ראשוני מלמד שהקרבה ביניהם אינה רבה.[46] אפשר לשער שאם אמנם המסורת המוסלמית הושפעה מן המסורת הארמית, הדבר אירע בתחילת התקופה המוסלמית, ומפרק זמן זה לא שרד תיעוד של אף לא אחת מן המסורות האלה. עד התיעוד המשמעותי הראשון של המסורת המוסלמית במאה התשיעית לספירה מכאן ועד התיעוד של המסורת הארמית לאחר פסק זמן, במאה העשירית לספירה מכאן הספיקו שתי המסורות להתפתח ולהתרחק זו מזו במידה המקהה את רישומו של המגע המשוער ביניהן.

בבדיקת נוסחי השטרות הארמיים לדורותיהם בולטות שתי מגמות המאפיינות מסורת זו: השמרנות המופלגת מצד אחד והרצון להקיף את כל האפשרויות שהביא לידי ניסוחים ארוכים וגיבוב דברים (ובהם רכיבים המיותרים לחלוטין מבחינה משפטית) מצד אחר.[47] התוצאה של צירוף שתי המגמות האלה היא שרכיבים רבים נשתמרו במשך תקופות ארוכות (אף כשכבר לא היו נהירים לדורות האחרונים), ואולם בדרך כלל אין נוסחו של שטר שלם מתקבע: הוא נשאר חשוף בעיקר

43 ראו בינתיים לואיס, תעודות יווניות, עמ׳ 17–18 (הסעיף המשפטי של המבוא טרם ראה אור, עיינו שם, עמ׳ 1) וכן מאמרים רבים של חנה כותן.

44 ראו בעיקר רבינוביץ, המשפט העברי, עמ׳ 164–181, וכבר אצל גולאק, השטרות בתלמוד, עמ׳ 164; הדברים באמת בולטים לעין אפילו בדפדוף קל באוסף כגון זה של האנט ואדגר, פפירוסים נבחרים.

45 כמו שבזמנו של מוחמד ובדורות הראשונים שלאחריו נקלטו מן היהדות רעיונות דתיים, סיפורי מקרא ואגדות, ראו לדוגמה גויטיין, ׳מוחמד׳; הנ"ל, האסלאם; קיסטר, מחקרים, עמ׳ 99–116.

46 בעיקר על־פי דִבְרֵי כאן, תעודות ערביות, מבוא.

47 עיקרי הדברים כבר נוסחו בבהירות בידי קוטשר (מחקרים, עמ׳ תכט), והוא אף הביא למגמות אלו דוגמאות מובהקות. נראה שמגמות אלו שכיחות אף במסורות השטרות בתרבויות רבות, ולאו דווקא במסורות הקשורות קשר היסטורי למסורת הארמית. לדוגמאות של רכיבים המיותרים מבחינה משפטית ראו להלן, שער ז, הערות 1, 6, 9; שטר יא, הערה 5; שטר טז, הערה 12 (במקצת המקרים רס"ג עצמו ציין שרכיבים אלו אינם נחוצים).

להוספות הן לנוסחו של הסעיף הבודד הן של סעיפים או יסודות משפטיים שלמים. הדוגמה הבולטת ביותר לשימור נוסחים עתיקים בספר השטרות של רב סעדיה באה בסעיף שמקומו בשטר מכר ובו המוכר של נכסי דלא ניידי מתחייב להגן על זכויות הקונה מפני כל ניסיון של צד שלישי לפגוע בהן (defension clause).[48] וזה נוסחו של הסעיף אצל רס"ג:

> דכל דייתי מארבע רוחי עלמא בר וברת אח ואחת קריב ורחיק די יקום ויערער וידון ויזכי עם פלוני דנן או עם ירתיה בתריה על ארעא דא או על ביתא דנן, איקום אנא פלוני וירתאי בתראי ואישפי ואימריק ית זביני אילין מן כל ניזקי והיזקי ואוקים יתהון ביד פלוני דנן וביד ירתיה בתריה [...].[49]

נוסח זה קשור בבירור לסעיף דומה בשטרות ארמיים מֵיב מן המאה החמישית לפני הספירה, כמו שעולה מרשימת המערערים האפשריים על זכויות הקונה. כך כתוב, למשל, בשטר שנועד להבטיח את זכויותיו של בעל נכס מסוים: '[...] לא יכהל בר וברה אח ואחה קריב ורחיק' לפגוע בזכויותיו.[50]

אף המגמה השנייה שהזכרנו, היינו הרצון להקיף את מלוא האפשרויות, באה לידי ביטוי מפורש בכמה מקומות בספר השטרות שלפנינו, ונציין שניים מהם. בסוף הפתיחה של השער השמיני כתב המחבר (בתרגום לעברית):

> ראיתי להביא במילים תמציתיות את מטרת כל שטר ביודעי שלוּ הרחבתי בכל מטרה באופן מרבי, לא הייתי מגיע לסופה. אך כל חכם שיקראהו וירצה להוסיף בכל עניין שבכל שטר מילים שיבחר בהן כדי שתהיינה חיזוק ותוספת לאותו עניין – שיעשה (זאת).

בסעיף של הפרק השמיני שיוחד לשטר השני שבספר, הוא שטר אביזאריה, ניתנה דוגמה יפה לנטייה זו של הסופרים: אחרי פירוט נרחב של סוגי הטענות שכותב

48 סעיף מקביל עם שינויים מסוימים בנוסחו יכול להיכלל בשטרות אחרים כגון בשטר אביזאריה (ראו להלן, שער ז, שורות 21–26). על סעיף זה ראו גרינפלד, 'פִּסקת המגן' (ושם הפניות לספרות קודמת).

49 להלן, שער ז, שורות 26 ואילך.

50 פורטן, יהודים מיב, עמ' 4, והשוו לכתוב שם בעמ' 6, 16, 36, 106. על קשר זה עמדו החוקרים זה מכבר, ראו קוטשר, מחקרים, עמ' תכט, שהִפנה לדיון קודם של בלוי. עם זאת, יש הבדל מהותי בין שני הסעיפים: הסעיף בשטרות יֵב שולל מאנשים מסוימים את האפשרות לתבוע את זה שהשטר נכתב לטובתו ומטיל סנקציות כספיות על מי שיעז לעשות זאת, ואילו הסעיף המאוחר יותר מטיל על כותב השטר וצאצאיו את האחריות לדאוג שתביעה כזו לא תפגע בזכויותיו של הקונה.

השטר מוותר עליהן וניסוחים כוללניים המדגישים שנתבטלו **כל** הטענות האפשריות בין הצדדים ציין רס"ג:

> ומן הסופרים יש המוסיפים [...] את שמות סוגי החיובים וכותבים [...] ומהם יש הרושמים את שמות העונשים [...] ומהם יש הרושמים גם את (סוגי) הרכוש ואומרים [...] ומהם יש המוסיפים לזה את שמות העסקות בערבית, 'ואלספאתיג ואלחואלת ואלדלאלאת ואלברנאמגאת', וכל מה שאין לו שם ברור ומפורש בלשון ארמית ויש בו משהו סתום לציבור הרחב [...].

לפי ניסוחו של קוטשר:

> [...] נוספו על הנוסח המקורי של הסעיף כמה פעלים חדשים מטעמים שונים. אף על פי שביקשו לשמור על הנוסח, הרי נהגו לפי דברי רס"ג: (בתרגומם העברי) '...אבל כל חכם שיקרא אותו וירצה להוסיף באיזה עניין של איזה שטר מלים שבחר בהן, שתהיינה חזקות והוא מוסיף אותן באותו עניין — הרשות בידו לעשות כך'.[51]

הנטייה הזאת יחד עם הנטייה לשמור על הנוסחה המקובלת גרמו לשינויים האטיים המתמידים.

מלבד התפתחויות מקומיות רבות מן הראוי להתעכב על שינוי יסודי אחד שהשפיע השפעה עמוקה על מבנם של רוב סוגי השטרות, והוא מבחין בצורה חדה בין השטרות הקדומים (למן השטרות ממצרים של ראשית תקופת הבית השני ועד לשטרות ממדבר יהודה של תקופת בר כוכבא) ובין השטרות המשתקפים בספרות הגאונים והראשונים והמתועדים בפועל מן המאה האחת־עשרה — ואולי כבר מן המאה העשירית[52] — ואילך. בשטרות הקדומים מתוארים מעשיהם של הצדדים בגוף שלישי, ולעתים קרובות משולבים בתיאור דברים המושמים בפיהם בגוף ראשון. לחלופין הייתה אפשרות לנסח את השטר כולו בגוף ראשון יחיד, בבחינת מסמך המגלם את דברי אחד הצדדים (כגון המוכר, הבעל המגרש את אשתו) המופנים אל הצד שכנגד (כגון הקונה, האישה המתגרשת).[53] ברוב הסוגים של השטרות המאוחרים

51 מחקרים, עמ' תכט (הוא ציטט את הקטע מדברי רס"ג שהבאנו לעיל אך על־פי תרגומו של י' דמתי, שהביא אסף, 'סה"ש לרס"ג'). בהמשך הדגיש קוטשר דווקא את חשיבותם של ניסוחים קדומים שלא הובנו כגורם להוספות ולשינויים. דוגמאות לתופעה זו אינן חסרות, כמו שציינו, אך אנו מייחסים חשיבות רבה יותר לרצון לסתום פרצות אפשריות, וכך לספק הגנה מרבית לאנשים שלמענם נכתבו השטרות.

52 ראו מ"ע פרידמן, נישואין, ב, עמ' 273, 275, 279.

53 ראו ירון, משפט הפפירוסים, עמ' 9–11; מ"ע פרידמן, נישואין, א, עמ' 118–129. האפשרות

הפרטיים (למעט מעשי בית דין[54]) אנו מוצאים ניסוח שונה: העדים מדברים בגוף ראשון רבים, ובתוך דבריהם הם מצטטים את דברי אחד הצדדים, המוצג כאדם המכתיב להם את תוכנו העיקרי של השטר. בדרך כלל השינוי המבני הזה כרוך בעוד שינוי: תפקיד העדים אינו מצטמצם בדיווח על דברי אחד הצדדים, אלא הם משתתפים באופן פעיל ביצירת המצב המשפטי החדש על־ידי ביצוע פעולת קניין שנועדה לתת תוקף משפטי להתחייבויות שהצד ה'מצווה' מקבל על עצמו.[55]

שינוי זה קשור באופן מהותי בעוד התפתחות הלכתית, שאינה מוגבלת לתחום השטרות: השימוש בקניין חליפין סמלי ('קניין סודר'), שאינו נזכר בספרות חז"ל הארץ־ישראלית אך מוכר כבר אצל הדורות הראשונים של אמוראי בבל.[56] הצורה החדשה של השטרות מבוססת ברוב המקרים על קניין כזה, הגורם לשינוי במהות התפקיד של העדים – הם חדלים להיות משקיפים 'ניטרליים' ונעשים למעין שליחים של הצדדים, המעבירים זכויות מצד זה לצד זה. ההרגל לכתוב סעיף שעניינו קניין מצד העדים בשטרות השתרש היטב כבר בתקופת האמוראים בבבל, ואף נוסחו התקבע במידה שיאפשר 'לדרוש' אותו, כמו שבא בסוגיית הבבלי, ב"מ מז ע"א–ע"ב:[57]

> אמר רב ששת בריה דרב אידי: כמאן כתבינן האידנא 'במנא דכשר למקניא ביה'? 'במנא' – לאפוקי מדרב ששת, דאמר קונין בפירות; 'דכשר' – לאפוקי מדשמואל, דאמר קונין במרוקא; 'למקניא' – לאפוקי מדלוי, דאמר בכליו של מקנה; קא משמע לן למקניא ולא לקנויי. 'ביה' – רב פפא אמר: למעוטי מטבע, ורב זביד ואיתימא רב אשי אמר: למעוטי איסורי הנאה. איכא דאמרי: 'ביה' – אמר רב פפא: למעוטי מטבע; 'דכשר' – אמר רב זביד ואיתימא רב אשי: למעוטי איסורי הנאה, אבל מוריקא לא אצטריך.

לנסח את השטר כולו בגוף ראשון מוכרת בעיקר בנוגע לגט (מ"ע פרידמן, שם, עמ' 125), אך ציטוטים רבים בספרות חז"ל, כנראה, מלמדים שהאפשרות הזאת הייתה מקובלת ומן הסתם אף שכיחה גם בשטרות אחרים כגון שטרי מכר. ראו מ"ע פרידמן, שם, א, עמ' 122–123; ירדני, תעודות צאלים, עמ' 33, 36 והערה 14.

54 אפשר לתאר בדרך דומה אף את המבנה של שטרות אלו, אך המדברים בהם הם דיינים ולא עדים, ובהתאם לכך הם המכתיבים את תוכן השטר מתוך התבססות על מעשי הצדדים וטיעוניהם. מפאת העדר תיעוד מן התקופה הקדומה יותר איננו יודעים אם חלו שינויים עקרוניים במבנם של שטרות אלו כמו שאירע לשטרות הפרטיים.

55 ראו להלן, שער ז, שורות 10–13; מ"ע פרידמן, נישואין, א, עמ' 123 והערה 14.

56 ראו מ"ע פרידמן, שם, עמ' 465–466 והערה 60 (המפנה לספרות נוספת), ואת דברי ליברמן שמביא מ"ע פרידמן, שם, ב, עמ' 517.

57 ראו מ"ע פרידמן, שם, א, עמ' 466 והערה 61.

אולם לא בכל שטר יש מקום לקניין כזה. מסתבר שתחילה השתמשו בקניין להעברת בעלות על נכסים ולאחר מכן להעברת זכויות מופשטות יותר (ובייחוד ליצירת שיעבודים) ואף לוויתור על זכויות,[58] אך נשארו שטרות מספר שמהותם שונה, ולפי שורת הדין אין בהם מקום לקניין מעין זה, ובהם מתנת שכיב מרע, שטר פיקדון ושטר זכות. עם זה השימוש בקניין סודר חדר לעתים אף לשטרות אלו, ורס"ג ציין בכמה מהם שמבחינה הלכתית הקניין מיותר אך אינו מזיק. מן התקופה הקדומה יותר אין תיעוד ישיר של שטרות כאלה, וייתכן שאף בתקופה זו הם נוסחו בצורת דיבור ישיר של העדים.

המבנה החדש, המציג את תוכן השטר על־ידי דברי העדים, השתלט על כל סוגי השטרות הפרטיים כמעט. השטר היחיד שנשאר לחלוטין מחוץ לתבנית זו הוא גט הכריתות, ששמר על צורתו הקדמונית כמסמך סובייקטיבי שבו הבעל פונה במישרין לאשתו ומתיר את קשר הנישואין שביניהם. מידת הקיבעון של שטר זה לא רק מצד המבנה אלא אף מצד פרטי הניסוח חריגה, ומסתבר שהיא קשורה במעמדו המיוחד של הגט: שטר זה מכונן מציאות הלכתית חדשה (ואינו מעיד על מציאות שנוצרה בדרכים אחרות), ולא זו בלבד אלא שלא כבמקרים אחרים (כגון מכירת קרקעות) שבהם ניתן לחולל את השינוי המשפטי המבוקש בכמה דרכים חלופיות, במקרה של גירושין הדרך האחת והיחידה להשיג את התוצאה המבוקשת היא השימוש בשטר המתאים.[59] חריגה חלקית מן הנוסח החדש שהתקבל, ובו העדים משמשים פה לצדדים, יש בשטרות אחרים השייכים לתחום של דיני אישות, ובייחוד בכתובה, שפתיחתה שומרת על צורת התיאור האובייקטיבי בגוף שלישי, אף שבשלב מסוים בשטר צצים העדים הדוברים בגוף ראשון.[60]

ככל שידיעתנו מגעת העיסוק הספרותי והשיטתי בתחום השטרות החל עם חיבורו של ספר השטרות והעדויות בידי רס"ג.[61] בדומה לחיבוריו של רס"ג בכמה

58 תולדות קניין זה מחייבות בדיקה נרחבת, שמקומה לא כאן. בכמה מקומות בתלמוד יש הבחנה בין שטרות שיש בהם קניין ובין אלה שאין בהם קניין, וצריך עיון אם הכוונה לקטגוריות נבדלות של שטרות או לאפשרויות שונות זו מזו בתוך קטגוריה אחת. על כל פנים, עד סוף תקופת הגאונים השתלט השימוש בקניין באותן הקטגוריות המתאימות לו.

59 ועוד זאת: יש להביא בחשבון את חומרתם המיוחדת של דיני האישות. השוו לכתוב במחקרים האלה: ל' בלאו, גט; מ"ע פרידמן, נישואין, א, עמ' 125 והערה 19; דוד, 'גט', עמ' 1–11. ציטוטים רבים מנוסח הגט יש כבר במשנה (והשוו למובא אצל בנואה ואחרים, מערות מרבעאת, תעודה מס' 19). אף ההשוואה בין ספרי השטרות מגלה שינויים פעוטים בלבד במסמך זה, ראו להלן, שטר טז והערה 2.

60 ראו להלן, שטר טו, בייחוד שורות 2–6, 17 (והשוו לשטר יח); מ"ע פרידמן, נישואין, א, עמ' 118–130. שטר חליצה ושטר מיאון נחשבים לשטרי בית דין, אך ייתכן שגם בנוסחו של שטר מיאון ניכרים סימנים של שמרנות מיוחדת (ראו שטר כד, הערה 9).

61 אמנם יש שרידים של אוספי שטרות בגניזה (ראו לדוגמה את המובא להלן בהערה 91),

תחומים הלכתיים אחרים גם בתחום השטרות לא היה ספרו של רב סעדיה יחיד בתקופת הגאונים. רב האיי גאון חזר ועסק בתחום זה, וספר השטרות שלו נמצא בידנו בשלמותו, אך כנראה בתרגום בלבד.[62] אולם שלא כבתחומים אחרים אשר רב שמואל בן חפני ורב האיי גאון הרחיבו בהם את היריעה לעומת דיונים ראשוניים של רס״ג,[63] בתחום השטרות רה״ג צמצם דווקא את כמותם: אין מקבילות לפרקים הראשונים בספרו של רס״ג, ובסך הכול מובאים בחיבור המאוחר עשרים ושמונה שטרות בלבד לעומת חמישים וארבעה בספרו של רס״ג. מצב עניינים זה אומר דרשני: מה ראה רה״ג לחזור לתחום שכבר טופל בהרחבה בידי רס״ג ולטפל בו בקיצור יחסי? אין בידנו הסבר מפי רב האיי – ההקדמה לספר השטרות שלו, אם הייתה כזאת, נשמטה כנראה בידי המתרגם – אולם אפשר להעלות השערות מספר מתוך השוואה בין שני הספרים.

מן ההשוואה עולה הבדל מבני בולט אחד: רס״ג לא סיפק נוסח מלא של שטר מסוים במקום אחד כמו שנהגו רה״ג ומחברים אחרים של ספרי שטרות במרוצת הדורות. בהתאם לנטיותיו לכתיבה ׳מדעית׳ בנה רס״ג את ספרו על־פי עיקרון מודולרי: סעיפים סטנדרטיים נידונו בשערים מיוחדים (מן החמישי עד השביעי), ובדיון המיוחד לכל שטר ושטר מובאים רק סעיפיו הייחודיים.[64] אמנם לשיטה כזאת יש יתרונות תאורטיים גם מפאת הדגשת המאחד והמשותף וגם מבחינת

וייתכן שחלקם נערכו עוד לפני ספרו של רס״ג, אך ספק רב אם יש לראות באוספים כאלה ׳ספרות׳, וקרוב להניח שהכינו אותם סופרים לשימושם הפרטי. ככלל הכתיבה השיטתית בתחומי הלכה מסוימים היא חידוש של רס״ג, כידוע. ראו דרורי, ראשית המגעים, עמ׳ 161-160, 178-171.

62 רובו של הספר יצא לאור בידי אסף (סה״ש לרה״ג, מהדורת אסף). חלקים שהיו חסרים בכתב־היד שאסף השתמש בו הביא אסף עצמו ממקורות אחרים (מספרות הגאונים, עמ׳ 40-41), וחלקים חסרים אחרים, אף הם ממקורות אחרים, הביא גרונר (׳ספרי הלכה שלגאונים׳, עמ׳ 31-33). יש להניח שהספר נכתב במקורו בערבית־יהודית, כשאר החיבורים המונוגרפיים של אחרוני הגאונים, ולשון הנוסח שבידנו מרמזת לכך בכמה מקומות (ראו בייחוד סה״ש לרה״ג, מהדורת אסף, תחילת עמ׳ 19 ותחילת עמ׳ 35). לעת עתה לא ברור אם שרדו בגניזה קטעים מן המקור הערבי.

63 הדבר בולט במיוחד בשני תחומים שסופחו לספר הירושות של רס״ג – דיני המתנה, אשר רב שמואל בן חפני, הוא רשב״ח, עסק בהם בספר בן עשרים פרקים, ששרידים ממנו נמצאו בגניזה, ודיני המיקח והממכר, אשר רב האיי ייחד להם חיבור בן שישים פרקים, ובהקדמתו אף התנצל שחזר לתחום שכבר דן בו רס״ג (ראו אברמסון, ׳מן המקור הערבי׳, עמ׳ 297; הנ״ל, עניינות, עמ׳ 233). היחס בין חיבורי רשב״ח לחיבורי רה״ג אינו ברור מאחר שאין בידנו תאריכים ליצירותיהם של גאונים אלו, ואף לא ברור עד כמה היה רשב״ח מבוגר מחתנו (רה״ג נפטר עשרים וחמש שנים אחרי רשב״ח, אך אחד המקורות מוסר שהגיע לגיל 99).

64 רס״ג פעל בצורה דומה בסידור התפילה שלו: הוא פתח בתיאור תפילת היחיד בימי חול,

חסכנות הכתיבה, אך מזווית ראייה מעשית יוצא שכרה בהפסדה: הסופר או העד המעוניינים לכתוב שטר מוגדר אינם יכולים להעתיק טופס מופתי ולהסתפק במילוי פרטים הכרחיים (מקום, תאריך, שמות האנשים וכדומה) בלבד; הם חייבים לאסוף את חלקי השטר מכמה מקומות בספר ולחברם לפי מיטב הבנתם. ברור אפוא שסיבה אפשרית אחת לכתיבת ספר שטרות חדש במתכונת פשוטה יותר הייתה נוחות המשתמשים הפוטנציאליים.

עם כל זה אין לראות בספרו של רה"ג עיבוד לספרו של רס"ג. אמנם יש חפיפה רבה בבחירת השטרות המובאים בשני החיבורים ודמיון רב בניסוחם (או בניסוח רובם), אך גם ההבדלים ביניהם אינם מבוטלים. הבדלים כאלה יש כבר בבחירת השטרות ובארגונם: אם מחבר אחד בחר עשרים ושמונה שטרות הראויים לבוא בספר שטרות, היה אפשר לצפות שהם יהיו בין חמישים וארבעה השטרות שיבחר מחבר אחר. יתרה מזו, היה אפשר לצפות שדווקא השטרות שנראו לרס"ג שכיחים ביותר – כלומר, אלה המובאים בחלקים הראשונים של ספרו[65] – אף רה"ג יכלול אותם בספרו. אף על פי כן למרות המִתאם הרב במבחר השטרות, יש גם יוצאים מן הכלל לכאן ולכאן: שטר משכון, השלישי בספרו של רס"ג, נעדר מספרו של רה"ג, ואילו אצל רה"ג יש כמה שטרות החסרים כליל אצל רס"ג: זביני דעבדי, שכירות דבאתי ושריאתא. ועוד זאת: יש ששני שטרות או יותר שכותרתם אחת אצל אחד המחברים זוכים לטיפול נפרד אצל האחר, וכדומה.[66]

אף כאשר שטר מסוים בא בשני החיבורים, יש תמיד הבדלים בניסוח, מרובים יותר או פחות.[67] יש הבדלים כאלה הן בסעיפים החוזרים ברוב השטרות הן בנוסחים המיוחדים לשטר זה או זה. למשל, אצל רה"ג באה פתיחה כמעט קבועה, 'שהדותא דהות באנפנא', והיא חסרה אצל רס"ג; בסעיף המזהה את הצדדים ובסעיף הקניין סדר המילים בשני החיבורים שונה.[68] באשר לנוסחם של שטרות מסוימים, יש

ולאחר מכן ציין רק את השינויים המתבקשים כשמתפללים בציבור או בימים מיוחדים. ראו סידור רס"ג, מהדורת דודזון, אסף ויואל, עמ' 12.

65 ראו לעיל בדיון במבנה הספר, עמ' 6–7.

66 רס"ג הביא שני שטרי חלוקה – אחד לחלוקה בין אחים ואחד לחלוקה בין שותפים (שטרות ח, י), ואילו רה"ג הביא שטר חלוקה אחד בלבד. לעומת זאת רס"ג הביא את שטר עיסקא כמקרה פרטי של שטר שותפות (שטר ט), ואילו רה"ג ייחד לו שטר נפרד. ראו סה"ש לרה"ג, מהדורת אסף, עמ' 35–36. על עניין זה ראו גם להלן, עמ' 24, 26.

67 ההבדלים מצומצמים מאוד בגט כריתות ובביטול מודעות (שלא זכה לרישום בתור שטר נפרד אצל רה"ג). בשני המקרים יש עדויות נוספות לקיבוע הנוסח בתקופה קדומה, ראו לעיל, הערה 59 ולהלן, שטר כו, הערה 3.

68 מקומה של המילה 'מודינא' בסעיף האנשים שונה אצל שני הגאונים (השוו את גרסת רס"ג להלן בשער ז, שורות 10–13 אל סה"ש לרה"ג, מהדורת אסף, עמ' 20 ועוד); בסעיף הקניין

שאחד המחברים כלל בהם סעיף שלם, והוא חסר אצל חברו.[69] בשטרות אחרים הסעיפים דומים, אך תוכנם המדויק שונה, למשל, יש הבדלים בפריטים המובאים ברשימות כוללניות מקבילות, ובדרך כלל רשימתו של רה"ג ארוכה יותר.[70] ייתכן אפוא שאחד המניעים של רב האיי בחיבור ספרו היה הרצון לתת ייצוג למסורת שונה מזו המשתקפת אצל רב סעדיה. סביר להניח שמדובר במסורת פומבדיתאית לעומת מסורת סוראית, אך אין בידנו נתונים המאפשרים לבדוק השערה זו.[71]

עם סיום תקופת הגאונים, באמצע המאה האחת־עשרה לערך, עבר מרכז הכובד של היצירה הספרותית הרבנית – ובכלל זה העיסוק הספרותי בתחום השטרות[72] – לאירופה. באזור זה נתחברו במרוצת מאות שנים קבצים מספר של נוסחי שטרות – חלקם ליקוטים גרידא של נוסחי שטרות נחוצים וחלקם בעלי אופי ספרותי מובהק.[73] להלן נדון בקצרה אף באוספים ה'שימושיים', אך נתמקד בעיקר בחיבורים הספרותיים השיטתיים, אשר החשובים שבהם הם ספר השטרות של ר' יהודה הברצלוני וספר עיטור סופרים ('ספר העיטור') של ר' יצחק בן אבא מארי.[74] בטרם ניגש לבחינת השטרות גופם נציין שיש הבדל ברור בין ספרים אלו ובין ספרי השטרות של הגאונים כבר במישור המבני־הארגוני: רס"ג קבע במפורש שהשיקול החשוב ביותר שהנחה אותו בסידור השטרות בתוך חיבורו היה מידת שכיחותם, ונראה שעיקרון זה הנחה אף את רה"ג.[75] לעומת זאת, שני המחברים בני המאה השתים־עשרה סידרו את השטרות באופן טכני לפי שמותיהם – ר' יהודה הברצלוני

בנוסחו של רס"ג קודמות המילים 'בכל מה דכתיב...' למילים 'במנא דכשר למקניא ביה...' (להלן, שער ז, שורות 56–57), ואילו אצל רה"ג הסדר הפוך (שם, עמ' 22).

69 אצל רס"ג יש סעיף מיוחד למשכון מיטלטלים בשטר החוב; רה"ג, לעומת זאת, הוסיף סעיף שליטה בשטר מתנת בריא. במקרים אחרים, כגון בכתובה, אף כשהסעיפים משותפים לנוסחיהם של שני הגאונים סדר הבאתם שונה.

70 ראו, למשל, את הרשימות של סוגי הטענות בשטר אביזאריה, של סוגי הפריטים והזכויות שבשטרי מכר ושל זכויות המורשה בשטר הרשאה (אם כי נוסח ספרו של רס"ג לקוי בשתי הרשימות האחרונות, ולכן קשה לקבוע מסמרות בנוגע להשוואת סעיפים אלו).

71 אף על פי שהתפיסה המייחסת לכל אחת מן הישיבות גישות עקיבות ומוסכמות בשאלות הלכתיות אינה מקובלת עלינו (ראו ברודי, גאונים, עמ' 148–149), בענייני נוסחי שטרות ייתכן שהמצב שונה.

72 כמובן, אין הדברים אמורים בשטרות קונקרטיים, המצויים בשפע בגניזת קהיר, וכן במעט קובצי שטרות לשימושי דיינים, אך אלה לא יידונו כאן. ראו להלן, הערה 91.

73 ראו לעיל, הערה 35.

74 לפרטי המהדורות ראו את העיולים סה"ש לרי"ב, מהדורת הלברשטם; סה"ש לרי"ב, מהדורת ריבלין וספר העיטור, מהדורת מאיר יונה שברשימת הקיצורים הביבליוגרפיים.

75 על מבנה ספרו של רס"ג ראו לעיל, עמ' 6–7. רה"ג, לפחות לפי הנוסחים שבידנו, לא הסביר את עקרונות הסידור שלו, אך סדר השטרות נראה מתאים לשכיחותם המשוערת.

בסדר האלף־בית הרגיל ור׳ יצחק לפי סדר האותיות בסימן שבחר לעצמו: ׳תשקף בגזע חכמה׳.[76]

חיבורו של הברצלוני מקיף יותר מספר העיטור מבחינת מספר השטרות, אך מבחינת הדיון בהלכות ספר העיטור עולה עליו. לצורך הבחינה שלנו מספרם הרב של השטרות בספרו של הברצלוני הוא יתרון משמעותי, שכן כמעט כל שטר שנמצא בחיבורי הגאונים כלול אף בו. מצד אחר יתרון מסוים יש לספר העיטור שנוסחי השטרות בו הם בשפה הארמית, ואילו אצל הברצלוני – כמו במקורות אירופיים אחרים – תורגמו השטרות לעברית.[77] פרט להבדל בשפה יש קרבה גדולה מאוד – אם כי אין זהות – בין נוסחי השטרות הבאים בשני הספרים האלה. בסקירה שלהלן ישמש ספר השטרות של הברצלוני, שכאמור מספר השטרות בו גדול יותר, נקודת מוצא.

ר׳ יהודה ציין כבר בפתח ספרו שהכיר את ספר השטרות של רס״ג:

> ומצאנו בחיבור רבי׳ סעדיה גאון ז״ל שהזכיר מנין השטרות ומנאן מ׳ שטרות חוץ מי״ד שטרות אהרות קטנות שהן לצורך תקנות הזקנים (והראשון) [והראשים],[78] ואנן לעניות דעתין מצאנו חשבון כל השטרות והם ע״ג שטרות חוץ מי״ו שטרות אחרות קטנות שהן לזקנים ולחכמים ולראשים לתקן בהן (תקות) [תקנות] ולגדור בהן ומקל לרדות בהן (סה״ש לרי״ב, מהדורת הלברשטם, עמ׳ 1; מהדורת ריבלין, עמ׳ 27).

על אף הרושם העשוי להתקבל למקרא הדברים האלה בדבר עצמאותו של ר׳ יהודה הברצלוני, בולטת תלותו בספרו של רס״ג בנושאים מגוונים, ובהם ביחידה הנספחת, שיוחדה לשטרות של ׳זקנים וחכמים וראשים׳. רס״ג קבע מעין נספח בסוף ספרו, ובו ציין את שמותיהם ואת תפקידיהם של עשרה שטרות שנועדו ל׳ראשים׳ בלבד

76 הצורך להכניס את כל סוגי השטרות ל׳מיטת סדום׳ זו אילץ את המחבר לתת שמות לא מקובלים לשטרות מסוימים כגון ׳פותיקי׳ במקום ׳אפותיקי׳ או ׳בקורת׳ במקום ׳אגרת בקורת׳. מפתחות לשטרות הכלולים בחיבורים אלו באים בהקדמות המחברים לספריהם. שני המחברים אינם מקפידים על סידור אלפביתי מעבר לאות הראשונה בשם השטר, כלומר, השטרות ששמותיהם מתחילים באותה האות אינם מסודרים בהכרח בסדר האלף־בית.

77 ראו לעיל, הערה 37.

78 קביעה זו שגויה: היא מניחה שבכלל 54 השטרות באים גם השטרות המיוחדים לראשים ושמספר השטרות האלה הוא 14. לאמִתו של דבר היו עשרה שטרות כאלה, והם אינם כלולים בסך 54 השטרות (ראו להלן בשער השמיני ובגוף הספר). מאחר שר׳ יהודה השתמש לא מעט בספר השטרות של רס״ג, בין היתר לעניין אותם עשרת השטרות המיוחדים לראשים (ראו להלן בפנים), מסתבר שהטעות במקום זה מקורה במעתיקים, ואף הבלבול בנוגע למספר השטרות של הראשים נראה תוצאה של טעות סופר: סביר שבמקור נכתב יו״ד (=עשרה), ואחד המעתיקים קרא י״ד (ארבעה־עשר).

בלי לפרט את נוסחיהם: 'ואניח לביאור עשרת השטרות האחרונים, מאחר שהם מיוחדים לראשים ואין לזולתם צורך בהם' (להלן, שער ח, שורות 15–16). בקטעי החיבור שבידנו שרדה תחילתה של רשימה זו, הכוללת חמישה פריטים, והפריט האחרון לקוי. אצל הברצלוני, כמו שראינו, כלולים בחטיבה המקבילה שישה־עשר שטרות, והם מחולקים לשלוש חטיבות משנה:

> עשר שטרות אחרות שהן מן הזקנים וההחכמים שכותבין על מי שרואין לעשות בו אחת מהן [...] ועוד יש ה' שטרות של הזקנים וחכמים שהן מקל לרדות בהן [...] נותר עוד שטר אחד, שעושין זקני הקהל והדיינין להשוות ביניהן כמה יתן כל אחד ואחד בכך וכך מס או בכך וכך צדקה, והיא הנקראת שטר ההשוייה (שם, מהדורת הלברשטם, עמ' 131–137; מהדורת ריבלין, עמ' 228–237).

הפריטים הנמנים בתחילת הקבוצה הראשונה אצל הברצלוני חופפים בדיוק לשרידיה של הרשימה בנספח המקביל אצל רס"ג – פרט לשטר אחד החסר אצל רס"ג, כנראה בגלל השמטת מעתיקים – והקבלה זו מאפשרת להשלים את הרשימה החסרה אצל רס"ג. אף ר' יהודה לא מסר את נוסחי השטרות האלה, אלא שהטעם שנתן להשמטתם שונה מהסברו של רס"ג: 'ולא הוצרכנו לכתו' נוסח עשר שטרות אלו כדי שלא להאריך בדבר, כי עושים הזקנים לשון כל אחת ואחת מהן על פי מה שנסכמים ביניהם; אם רצו לגדור ולהחמיר בדבר – מחמירין, ואם רצו להקל – מקילין' (שם, מהדורת הלברשטם, עמ' 131; מהדורת ריבלין, עמ' 228).

ההתייחסות הקבועה לספרו של רס"ג באה לידי ביטוי ברור בעוד מקומות מלבד אותם המקומות המעטים שר' יהודה נקב בהם בשמו של רב סעדיה.[79] אחת הדוגמאות היפות לדבר היא שטר הפיקדון. חשיבותו של שטר כזה מוגבלת מאוד, מאחר שהתלמוד קובע ש'המפקיד אצל חבירו בשטר ואמר לו "החזרתיו לך" נאמן', ואולם רס"ג ראה לנכון לכלול בחיבורו שטר כזה, עם שהוא מתפלמס עם קורא העשוי לטעון שאין טעם להביאו.[80] ואמנם רב האיי לא הביא שטר כזה בספרו, ואילו ר' יהודה הברצלוני ייחד לו סעיף מיוחד, ובו הסביר את אי־נחיצותו של השטר: 'והוי יודע שאין דין שטר זה כשאר שטרות [...] ולכך לא טרחנו לכתוב נוסח דילה' (שם, מהדורת הלברשטם, עמ' 73; מהדורת ריבלין, עמ' 146).

כאשר משווים את נוסחיהם של שטרות מסוימים אצל רס"ג, רה"ג ור' יהודה, מסתמנות כמה תופעות כלליות.[81] ר' יהודה לא היה משועבד לספרי השטרות של

79 ראו סה"ש לרי"ב, מהדורת הלברשטם, עמ' 28 (מהדורת ריבלין, עמ' 65–66; מקום זה מלמד שכנראה בידו של ר' יהודה היה נוסח משובש ואף מקוצר של ספר השטרות של רס"ג, השוו לשטר כד להלן), 53 (מהדורת ריבלין, עמ' 110), 55 (מהדורת ריבלין, עמ' 114).

80 ראו להלן, שטר לד והערה 3.

81 מן הראוי להדגיש כי אין עדות מפורשת שר' יהודה השתמש בספרו של רה"ג (אם כי הוא

שני הגאונים אף לא בנוגע לנוסחי השטרות הכלולים בהם: לעתים קרובות למדיי הוא סטה מן הנוסחים המוסכמים על רס"ג ועל רה"ג או מנוסחי שניהם כאשר יש הבדלים ביניהם.[82] אולם בשטרות רבים בולט הדמיון בין הנוסח שהביא הברצלוני ובין הנוסחים שהביאו שני הגאונים. כאשר גרסאות רס"ג ורה"ג נבדלות זו מזו בנוגע לשטר מסוים יש שר' יהודה נמשך אחרי רס"ג, יש שהעדיף את דרכו של רה"ג[83] ויש שניסה, כנראה, לצאת ידי חובת שניהם. לדוגמה: רס"ג הביא שני שטרות חלוקה נפרדים – אחד לחלוקת השותפים ואחד לחלוקת היורשים (שאף הוא מחולק לשני חלקים – חלוקה מוסכמת וחלוקה שנכפית על־ידי בית דין), ואילו רב האיי הביא רק שטר אחד, 'פלגנא דבאתי', בלי שציין במפורש את הנסיבות שגרמו לבעלות המשותפת על הנכס הנידון. ר' יהודה הביא שלושה שטרי חלוקה – חלוקת השותפין, חלוקת אחים וחלוקת קרקעות – ונראה שביסס את שני הראשונים על ספרו של רס"ג ואת האחרון על ספרו של רה"ג.[84]

במקומות אחרים נראה שר' יהודה השתמש בדברי שני הגאונים באופן סלקטיווי כשבחר סעיפים וניסוחים מנוסחי השטרות שהביאו והוסיף עליהם מתוך הסתמכות על מקורות אחרים או מן הסברה. דוגמה לדרכו זו הוא שטר אביזאריה, אחד השטרות הפופולריים בתקופת הגאונים ובגניזה. תוכנו של השטר הוא הצהרה של אדם שאין לו כל טענות כלפי אדם אחר. השטר יכול להיות מנוסח באופן כוללני, כלומר בלי שתצוין בו עילה מוגדרת לתביעה, או שיוזכר בו במפורש סוג התביעה שכותב השטר מוותר עליה כגון חוב שהיה לו על הצד השני. במקרה שניסוח השטר מפורש הוא עשוי להיות חופף לשטר מחילה או לשטר פשרה. רס"ג ציין את שתי

התייחס לדברים שכתב רה"ג בתשובה, ראו סה"ש לרי"ב, מהדורת הלברשטם, עמ' 8–9; מהדורת ריבלין, עמ' 39–40) כמו העדות שיש בנוגע לספרו של רס"ג. ייתכן אפוא שהמקומות שנציין משקפים שימוש במקור אחר מתקופת הגאונים שמסורתו דומה לזו הבאה לידי ביטוי בספרו של רה"ג, אך איננו יודעים על קיומו של עוד ספר שטרות שנתחבר בתקופה זו.

82 השוו, למשל, את הנוסחים בשלושת הספרים לשטר ערבות (ר' יהודה ייפה את כוח המלווה בצורה קיצונית), למתנת בריא (נוסח השטר אצלו הושפע משטר המכר), לכתובה (הוא נקב בסכומי הכתובה המקובלים במסורת הארץ־ישראלית [מנה ומאתים] שלא כגאונים שנקבו בסכומים 12.5 ו־25 זוזים, על־פי המסורת הבבלית).

83 הוא נמשך אחרי רס"ג, לדוגמה, בחלקים ניכרים של שטר חוב ושל שטר אביזאריה (ראו להלן, עמ' 25); הוא קרוב יותר לנוסח רה"ג בכמה מקומות בנוסחי השטרות הרשאה (אך נוסח רס"ג שבידנו לקוי בו), כתובה וגט.

84 ראו להלן, שטרות ח, י; סה"ש לרה"ג, מהדורת אסף, עמ' 36–38; סה"ש לרי"ב, מהדורת הלברשטם, עמ' 50–52 (מהדורת ריבלין, עמ' 104–108). השוו לאופן טיפולו של רי"ב בשטר שותפות: שלא כרס"ג רה"ג מביא שטר נפרד לעיסקא (לעיל, הערה 66), ואילו ר' יהודה ייחד לשני המקרים סעיף אחד בלבד בספרו (מהדורת הלברשטם, עמ' 112–117; מהדורת ריבלין, עמ' 201–206), אך בסוף הסעיף הביא שני נוסחים נפרדים.

האפשרויות – שטר אביזאריה כללי ושטר אביזאריה ייחודי, ואילו רה"ג הביא רק את האפשרות הכללית אף על פי שקבע כי יש לתאר את נסיבות ההתקשרות בין הצדדים. יש גם הבדלים לא מעטים בין שני הגאונים בנוגע לפרטי הניסוח: רה"ג מביא רשימות ארוכות ומפורטות יותר של סוגי הטענות האפשריות. ר' יהודה הלך בעיקר בעקבות רס"ג, אך שילב גם את הגישה הגורסת שמשתמשים בשטר זה באופן כללי דווקא, וכך גרם לחספוס בהצגת הדברים:

> והשטר הרביעי הוא שטר אביזריא והוא שטר פצוי ואינו יוצא (מכלל שטר) מכלל המחילה, מיהו המחילה הוא על דבר ידוע שעשה לו פשרה ומחל לו, אבל שטר אביזריא היא מחילת כל טענות ותביעות בעולם [...] וזהו נוסח שטר אביזריא: 'יודעים אנו עדים חתומי מטה עדות ברורה שאמ' לנו פלוני [...] ברצון נפשי ושלא באונס כלל [...] אלא בלב שלם ובנפש חפצה ובדעת שלימה'. ואם הוא שטר פצוי זה משטר ידוע או מחוב ידוע יכתבו כך: 'מחמת שהיה לי שטר עליו בכך וכך זוזי והשתא אשתלמיתיה מיניה ונסיבית וקבלית זוזי (יש להון) [כולהון] דהוו כתיבין לי על פלוני דנן מן ידיה עד גמירא ואין לי עליו כלום כי הכל נפרעתי ממנו משלם', ואם הוא מתביעות סתם כותבין הכי 'מחמת שקבלתי ממנו כל חובות ותביעות שהיה לי עליו ולא נשאר לי עליו שום כח משום כל שטר חוב [...] ולא נותר לי אצלו כלום [...] ולא כל הונות שבעולם לא משוה זוז ולמעלה ולא משוה זוז ולמטה כי הכל קבלתי ממנו משלם'. וכותבין 'וכל מי שיבוא מארבע רוחות העולם [...] די יקום ויטעון וישתעי ויערער שום ערעור בעולם על פלוני הנז' מחמת פיצוי זה ואביזריא זו כלום [...] יהיו דברים בטלים ומבוטלים [...]'. ויש נמי גם מי שכותב בשטר ביזריא 'ואחילית ומחילית ליה כל פשרא וכל שלותא וכל טעותא [...]' אבל מי שאינו כותב שם הכי לפי שהוא עושה אותה בלשון פרעון [...] ואם הוא בלשון מחילה הרי הוא והמחילה שוין, אלא שהן חלוקין כאן בחשבון שכתבנו להלכותיהן, שזה לשון פיצוי ופירעון וזו לשון מחילה שמוחל ואפי' מה שלא קיבל ממנו, והוא קרוב משטרי הפשרה.[85]

הנוסח של ר' יהודה שונה לעתים מנוסחי שני הגאונים אף כשנוסחיהם מסכימים, ובייחוד בנוגע לסכום התביעה שכותב השטר מוותר עליה: לפי שני הגאונים מדובר על תביעה 'משוי פרוטה ולעילא', ואילו ר' יהודה מדגיש את הוויתור 'לא משוה זוז ולמעלה ולא משוה זוז ולמטה'.

85 סה"ש לרי"ב, מהדורת הלברשטם, עמ' 8–9 (מהדורת ריבלין, עמ' 39–40; ציוני ההגהה בסוגריים והפסיחות הם מידנו). אין הוכחה שר' יהודה שאל גישה זו מרה"ג דווקא (השוו לדברינו בהערה 81 לעיל).

דוגמה אחרת, שיש בה כדי ללמדנו גם על עניינים אחרים, היא של שטרי השותפות. רס"ג ציין את שטר עיסקא כמקרה מיוחד של שטר שותפות, רה"ג הביא שני שטרות נפרדים (לשני קרא 'שטר כיס'), ואילו ר' יהודה הברצלוני הִקצה למקרים אלו סעיף אחד בלבד, אך הביא בו שני נוסחים נפרדים. כל אחד משלושת המחברים ציין תנאים אחרים כסטנדרטיים וכאפשרויות, ואף שקשה לקבוע בוודאות את רשימת הפריטים שהציע רס"ג בגלל ליקויים בכתבי־היד שנוסחו של שטר זה בא בהם, נראה שברשימתו של ר' יהודה הברצלוני יש יסודות המשותפים לנוסחיהם של שני הגאונים, ויש בה יסודות שמביאים רק רס"ג או רק רה"ג וכאלה שאינם באים לא בנוסחו של זה ולא בנוסחו של זה.

לצורך ההשוואה נרשום תחילה את סוגי התנאים המופיעים אצל שני הגאונים; תנאים המוצגים כאפשרות מובאים בסוגריים.

רב סעדיה גאון (להלן, שטר ט)	רב האיי גאון (מהדורת אסף, עמ' 33–35)
חלוקה שווה בהשקעה וברווחים	תיאור חלוקת התפקידים בין השותפים
פירוק השותפות לפי דרישת כל אחד מן הצדדים	(כל אחד מן השותפים יכול לפעול על דעת עצמו)
(הגבלות על היקף השותפות)[86]	קביעת מועד פירוק השותפות
(חלוקה שונה של הרווחים)	(פירוק לפי דרישת כל אחד מן השותפים)
(עיסקא)	התחייבות לפעול באמונה
(שיעבוד כל הכנסותיו של אחד השותפים לטובת השותפות)	
(נאמנות של אחד השותפים)	(נאמנות של אחד השותפים)

הרכיבים העיקריים אצל ר' יהודה הם: חלוקה שווה של הזכויות בשותפות, שיעבוד כל ההכנסות של השותפים לשותפות, קביעת מועד לפירוק השותפות, התחייבות הדדית לפעול באמונה וקבלת אחריות אגב ד' אמות קרקע.

בהזדמנות זו נדגים אף את הקרבה המופלגת בין נוסחיהם של ר' יהודה הברצלוני ושל ר' יצחק בעל העיטור. נראה שבחירת הרכיבים ומיזוגם זהה אצל שני המחברים, ובנוסחו של ר' יהודה בא תרגום כמעט מדויק של נוסחו של ר' יצחק (ההגהות והפסיחות בשני הנוסחים מידנו):

86 הטקסט לקוי במקום זה (שורות 8–12), ולכן ההגדרה של אופי התנאים הבאים כאן אינה ודאית.

ספר השטרות של הברצלוני
(מהדורת הלברשטם, עמ׳ 116–117)

יודעים אנו עדים חתומי מטה עדות ברורה שאמרו לנו פלוני בן פלוני ופלוני בן פלוני: הוו עלינו עדים [...] ונשתתפ{נ}ו יחד שתוף והטלתי אני פלוני לכיס שיתוף כך וכך דינרין {והטלתי אני פלוני לכיס שיתוף כך וכך דינרין} כדי שנתעסק שנינו בממון ונסחור בכל מיני סחורה שיזמינו לנו מן השמים, בין בממון זה בין בזולתו, בין בים בין ביבשה, וכל מה שיזמין לנו המקום משום ריוח בעולם מכל ממון שנסחור, בין מזה בין מאחר, ואפי׳ מציאה ואפי׳ דורון, נחלוק בשוה בינינו, מחצה על מחצה, לי המחצית ולו המחצית. וכמו כן אם חס ושלום יזדמן שום הפסד, נמלא אותו אם יזמינו לנו מן השמים, ואם לא היינו יכולין למלאתו כל ימי השיתוף היינו חולקין אותו בינינו כמו כן בשוה. וזמן שיתוף זה עד כך וכך שנים מכאן ואילך – אם נתרצו שנינו לעמוד בשיתוף מוטב, ואם לאו נחלוק בשוה כל מה שימצא שם חוץ מן הקרן. ואם חס ושלום לא היינו מוצאין הקרן נמלא אותו בשוה. וקבלנו עלינו אמונת שמים שלא נחמוס ולא נעלים ולא נכסה ולא נטמון כל א׳ וא׳ ממנו מחבירו משוה פרוטה ולמעלה ולא משוה פרוטה למטה, אלא נלך זה עם זה באמת ובאמונה ובתמימות לב, ולכשנפרד זה מעם זה יוציא כל אחד ואחד ממנו הקרן שלו שלם והשאר נחלק בשוה בין טוב בין מוטב. ושטר שיתוף זה שריר ומקויים והגון כראוי. ואחריות שותפות זו וחומרא זו קבלנו עלינו ועל יורשינו אחרינו אגב ד׳ אמות קרקע כהוגן וכתיקון חכמים דלא כאסמכתא ודלא כטופסי דשטרי. וקנינו מפלוני זה לפלוני זה ומפלוני זה לפלוני זה [...]

ספר העיטור
(מהדורת מאיר יונה, א, מג ע״א–ע״ב)

כתב בכך וכך בשבת וכו׳ איך אמר לנא פלוני ופלוני: הוו עלנא סהדי וקנו מיננא וכתובו וחתומו [...] דצבינא ברעות נפשן ואישתתיפנא ויהיבנא כל חד וחד מינן כך וכך למיעבד ביה עיסקא וכל רווחא דאתי לן מן שמיא בממונא דא או בממונא אחרינא בימא או ביבשתא במציאה או במתנ׳ או בדורון כל מה דרחמנא יהיב לן בין באגר בין בהפסד ניפלוג כחדא, פלגא דידי ופלגא דידיה.

וזמן השותפות עד יום פלו׳, ועד ההוא יומא לא יהוי לן רשותא למיפלג חד בלא הרמנא דחבריה, ובתר הכי אי צבינן לאוגודי ההוא שותפותא לחיי, ואי לא יהא רשותא לכל חד מינן לאיפלוגא בעל כרחיה דאידך. וכל חד מינן קביל עליה הימנות׳ דשמיא דלא ליערים ולא ליכסי ולא ליטמר מחבריה שום מידי, אלא בקושטא והימנותא ליזיל כל חד וחד לחבריה.

וחמר שטרא דנן קבילנא עלנא ועל ירתאנא בתרנא אגב ארבע אמות קרקע כחומר כל שטרי וכו׳

ברור שר' יהודה הברצלוני לא תרגם את נוסחי השטרות המובאים בספרו מתוך ספר העיטור, שנתחבר כמה עשרות שנים אחרי שכתב את ספרו.[87] כמו כן יש הבדלים בין שני המחברים הן במישור הכללי הן בנוסחי השטרות הספציפיים: ר' יהודה הברצלוני הביא שטרות רבים יותר ואף נטה לנוסחים ארכניים יותר כמו שמראה אף הדוגמה שלפנינו. מצד אחר, קשה להעלות על הדעת שר' יצחק בן אבא מארי בחר מספר השטרות של הברצלוני שטרות מסוימים, השמיט מהם קטעים שנראו לו מיותרים ותרגם אותם חזרה לארמית צחה. קרוב לוודאי ששני המחברים תלויים במקור משותף בשפה הארמית, ור' יהודה תרגם את השטרות הכלולים בו לעברית.[88] המקור המשותף הזה לא הגיע לפי שעה לידנו, ואף זהותו המדויקת עלומה.[89] אולם מסתבר ששני ספרי השטרות המובהקים אינם ממצים את השפעתו של אותו 'תיקון שטרות' עלום, ועקבותיו מצויים אף בקובצי השטרות האחרים שנערכו באירופה בימי הביניים, בכללם השטרות המובאים במחזור ויטרי ובכתב־יד מינכן של התלמוד ואולי אף בכתב־היד שנכתב באליסאנה בראשית המאה האחת־עשרה לספירה, עוד בחיי הרי"ף.[90] החיפוש אחר חוליה חסרה זו בתולדות השטרות ובירור השפעתה על מסורת השטרות לדורותיה נראים מן האתגרים החשובים הניצבים לפנינו בתחום זה.

87 ראו תא־שמע, זרחיה הלוי, עמ' 38-39.

88 כמו שכבר שיער גולאק, אוצה"ש, עמ' xxvii-xxviii.

89 בנוגע לגט חליצה, נוסחם של הברצלוני ובעל העיטור (כשמתעלמים מטעויות סופרים ספורות) כמעט זהה לנוסח המובא בהלכות גדולות ולאחר מכן אצל הרי"ף. ואולם בשני החיבורים האחרונים באו נוסחים של שטרות ספורים בלבד.

90 בגלל מבחר השטרות השונה בקבצים הנזכרים בדרך כלל אי אפשר להשוות בבת אחת בין כל הקבצים, אך אפשר למצוא קווים משותפים ביניהם בשטר החוב: סה"ש לרי"ב, מהדורת הלברשטם, עמ' 53-54 (מהדורת ריבלין, עמ' 111-112); כתב־יד מינכן המובא אצל גולאק, אוצה"ש, עמ' 208; מחזור ויטרי, מהדורת הורוויץ, עמ' 795-796; ריבלין, שטרי אליסאנה, עמ' 119-120. בנוגע למקרים אחרים אפשר לערוך השוואות בין זוגות קבצים כגון שטר מתנה לחוד: סה"ש לרי"ב, מהדורת הלברשטם, עמ' 56 (מהדורת ריבלין, עמ' 117) לעומת כתב־יד מינכן המובא אצל גולאק, אוצה"ש, עמ' 54; צוואה: סה"ש לרי"ב, שם, עמ' 78 (מהדורת ריבלין, עמ' 155) לעומת מחזור ויטרי, שם, עמ' 794-795; ערבות: ריבלין, שם, עמ' 124-125, 128 לעומת סה"ש לרי"ב, שם, עמ' 68 (מהדורת ריבלין, עמ' 137-138). יש לציין גם את ההרחבה של שלילת תביעות כדי לשלול אף תביעה ששווייה פחות מפרוטה, שהוזכרה לעיל בנוגע לר' יהודה הברצלוני, והיא משותפת לרוב הקבצים האלה, ראו, למשל, מחזור ויטרי, שם, עמ' 797; ריבלין, שם, 157.

ה. חיבורי שטרות בספרות ההלכתית המוסלמית

צורך האומה בספר שטרות ניכר בריבוי ההעתקות שנעשו מן הספר, בחיבור ספרים נוספים בנושא זה ויותר מכול בשטרות הרבים ששרדו בגניזת קהיר מפעילותם של בני קהילות ישראל שבאגן הים התיכון. אמנם בשטרות אלו באים היסודות שחייב רס"ג בספרו, אך נוספו אליהם נויי שטרות ותנאי תנאים לפי המתחייב מאופי המעשים המפורטים בהם, עד שקשה לראות בהם זיקה ישירה לנוסחאות המוצעות בספרו של רס"ג. מלבדם יש להזכיר שטרות שנתחברו בבתי דין בקהילות שונות עוד קודם לתפוצת ספרו של רס"ג, והם ממלאים את הדרישות של הלכות שטרות ושל דקדוקיהם.[91] 'צורך האומה' עשוי להתפרש לא רק כחסך בבתי הדין של הקהילות אלא אף כצורך להתאים את המצוי ביד בני האומה היהודית אל המצוי

91 עיינו לדוגמה בשטרות האלה: פירוט סוגי השטרות – גויטיין, חברה, א, עמ' 10-11; אביזאריה – גיל, א"י, ב, עמ' 15-16, 21-22, 107-110, 479-481, 489-492; שם, ג, עמ' 28-30; הנ"ל, ישמעאל, תעודות 618, 665, 800, 822. שטר חוב – גיל, א"י, ב, עמ' 22-23; הנ"ל, ישמעאל, תעודות 105, 818. אפוטרופוס – גיל, א"י, ב, עמ' 30-31, 106-107, 293, 581-582, 716-720; שם, ג, עמ' 23-26; הנ"ל, ישמעאל, תעודות 649, 818, 819. הרשאה – גיל, א"י, ב, עמ' 414-415, 475-478, 482-488; שם, ג, עמ' 525-527, 532-535; הנ"ל, ישמעאל, תעודות 143, 623. שליחות – גיל, א"י, ג, עמ' 428. מתנה – שם, ב, עמ' 401-402. צוואה – שם, ב, עמ' 458-459, 602-605; שם, ג, עמ' 32-33; הנ"ל, ישמעאל, תעודות 29, 61, 223, 229, 302, 319, 812, 823, 824. שותפות – גיל, א"י, ב, עמ' 721-723; שם, ג, עמ' 340-342; הנ"ל, ישמעאל, תעודות 105, 327, 565, 799, 811. שכירות – גיל, א"י, ג, עמ' 491-496. גט – שם, ב, עמ' 416-427. קיום – שם, ג, עמ' 27-28. מכר – שם, ג, עמ' 345-347. מחילה – שם, ג, עמ' 6-7. מזונות – שם, ג, עמ' 530-532. לצד כל אלה יש להזכיר את עבודותיהם של חוקרים שריכזו תעודות מן הגניזה מסוג מוגדר אחד: חיבורו של מ"ע פרידמן נישואין, העוסק בכתובות; ריבלין, 'צוואות'; דוד, 'גט'; הנ"ל, 'גירושין'; ליבזון, 'שטר שימוש'; יגור, 'זהות דתית', עמ' 301-328 (שטרי שחרור עבדים) וכן סדרת המאמרים של וייס, 'שטרות', שבהם שחזר טפסים של שטרות לפי נוסחיהם של שטרות קונקרטיים.
לו היה עלינו לסדר את השטרות לפי תדירות הופעתם על סמך הסיווג והפירוט שהובאו לעיל, היה הסדר שונה מן הסדר שבו הביאם רס"ג. והדברים טעונים דיון לגופם בעניין המסורות המשפטיות והתאמתן לצורכי המציאות. שטרות רבים, אלה שמשה גיל פרסמם ואשר נמנו בראשית ההערה וכן אחרים, נבחנו בחינה היסטורית, אך טרם נבחנו בחינה הלכתית־משפטית, כבמחקרי החוקרים שהתמקדו בסוגים מסוימים של שטרות כמצוין לעיל.
לאוספי שטרות קדומים ראו מרגליות, הלכות א"י, עמ' א-כו; ה"ג, מהדורת הילדסהיימר, ב, עמ' 143-149, 187-189; לוין, גנזי קדם, ב, עמ' 42; שע"צ, עה ע"א, סימן יד; שם, פו ע"א, סימן טו; גיל, א"י, ב, עמ' 545-552 (ספר שטרות קראי); אפטוביצר, 'שטרות', עמ' 23-51 (השטרות בחיבורו של רס"ג שונים מאלה הבאים באוסף זה, ואף נוסחי שטר אדרכתא [שם, עמ' 27] ושטר אפוטרופוס [שם, עמ' 29-30] המקבילים לאלה שבחיבורו

ביד בני החברה הנכרית המוסלמית, שעמה הם חיו בשכנות, בדומה למניעים של חיבור ספרות הפילוסופיה ושירת החול.[92]

היחס העקרוני החשדני של ההלכה האסלאמית לשטרות היה ידוע היטב לגאוני בבל בזמנם: ׳ואף הגויים הללו חוששין לזיוף ואין מקבלין שטר מכתב ידי עדיו ואף אם באו ואמרו זה כתב ידינו אין מקבלין מהן עד שיאמרו זכורין אנו העדות הזאת שהעדנו׳,[93] וכן ׳משום דאינון לא סאמכין על כתאבי ואין עולין בערכאות שלהן׳.[94] יחס עקרוני זה תואר במחקרים על הספרות ההלכתית המוסלמית בנדון,[95] ואולם בחברה הניידת של האסלאם בימי הביניים המוקדמים הכתיבו תנאי החיים את ההכרח להסתייע במסמכים כתובים. ואמנם הן שרידים כתובים ממעשים של בעלי ההלכה בתקופה זו הן ספרות הלכתית בנדון מאשרים את חיוניות המסמך הכתוב לחיי היום־יום.[96]

בהקשר זה ראויים לציטוט דבריו של אלג׳אחט׳:

> יש שאדם חוקר מקורות ועוסק בפרשנות הקראן חמישים שנה ועדיין אינו נחשב בעל הלכה [=פקיה] ועדיין אין עושים אותו קאצ׳י; אבל מי שיעיין בספרי אבו חניפה או של הדומים לו וישנן את ספרי השטרות [=שרוט] שנה או שנתיים, וכי תעבור על יד פתחו והנה הוא כאחד המושלים, ולא יארכו הימים עד שיעשה שופט באחת הערים.[97]

של רס״ג שונים זה מזה); לשטרות יחידים ראו גולאק, אוצה״ש, עמ׳ xxx-xxxi, 322-324; הופקינס, ׳מסמך קדום׳, עמ׳ 91-93; בן־ששון, ׳משפחה׳; ועיינו גם בכ״י T–S J 3.31

92 על נקודות המפגש בין עולמם של היהודים לעולמם של המוסלמים בהגות עיינו בדברי פינס, פילוסופיה, עמ׳ 22-25; בן־שמאי, ׳כלאם׳; בשירה — פגיס, שירת החול, עמ׳ 7-16; בלשון — אלדר, ׳תורת הקריאה׳, עמ׳ 226-228; ולענייננו עיינו בחיבורים האלה: גויטיין, מוסדות, עמ׳ 270-278 (וראו גם שם, עמ׳ 279-307); יודוביץ׳, שותפות, עמ׳ 35-38; ליבזון, ׳משפט משווה׳; גויטיין, ׳משפט יהודי ומוסלמי׳ (ובפרט עמ׳ 67-68).

93 הרכבי, תשובות הגאונים, סימן רעה (והשוו אל הכתוב שם, סימן עב ובתשובות הגאונים, מהדורת מרמרשטיין, עמ׳ נח). הגאון רצה לומר שאין השופטים המוסלמים מוכנים להסתמך על שטרות כאשר חתימות העדים מוכרות להם, ואפילו לא על שטרות שעדיהם מעידים על חתימת ידיהם, אלא אם כן הם מעידים שהם זוכרים את תוכן העדות (ראו משנה כתובות ב:ג; והשוו לדברי הבבלי, כתובות כ ע״א-ע״ב).

94 הרכבי, תשובות הגאונים, סימן רלט.

95 יודוביץ׳, שותפות, עמ׳ 86 (והפירוט שם בהערה), 96-113, 142-169; ברונשוויג, מחקרים, עמ׳ 183-184; וקין, מסמכים, עמ׳ 1-10.

96 עיינו להלן בסמוך, עמ׳ 31-33.

97 ג׳אחט׳, כתאב אלחיואן, א, עמ׳ 78; עיינו בדברי גיל, א״י, א, עמ׳ 474-475, הערה 797. למעמדם ולהכשרתם של הסופרים ראו גם מקדיסי, מוסדות לימוד, עמ׳ 202, 221-222.

ולימים, משפרצה המחלוקת בין רס״ג ובין רב אהרן בן יוסף הכהן, המכונה גם כ׳לף בן סרג׳אדו, העמיד רס״ג את קוראי ספר הגלוי שלו על מגבלות יריבו:

> אינו מתבלט בין בני האדם אלא בעשר נוסחאות מספרי השטרות [=כתב אלותאיק] שלמדן ברוב ההרגל, כגון שטר החוב ואביזאריה והשותפות והצוואה, ומה שהזמן מביא לידיהם בכל עת. והייתי רוצה לדעת סופר [=וראק] בין המוסלמים היודע בעל פה עשר נוסחאות מספרי שטרות מה יהיה מעמדו ביניהם, היעשה על־ידי כך נאמן [=עדל] או בעל הלכה [=פקיה] או משיב תשובות [=מופתי] או שופט [=חאכם]?![98]

רס״ג הִפנה את קוראיו לחברה המוסלמית כדי ללמוד ממנה דרכים לריפוי ׳המחלה הנואשת׳ של עם ישראל, שיש בו שם וזכר לאנשים כרב אהרן סרג׳אדו. בחברה המוסלמית – לטענת רס״ג – לא יימצא כדבר הזה. הגם שדבריו נאמרים אגב ויכוח ולתכלית ההעמדה על הבלתי אפשרי, החברה המוסלמית שימשה לרס״ג קבוצת התייחסות גם בנוגע למקומם של בעלי ההלכה וסופרי השטרות בה. רס״ג ואלג׳אחט׳ נדרשו לזיקת בעלי ההלכה לסופרים, ומדבריהם כמו גם ממקורות אחרים עולה כי בעלי ההלכה התחשבו במסורות סופרים והתמודדו עמן במקומות שסברו כי הסופרים השרישו טעויות מתוך שהשגירו בתוקף פעילותם נוסחים שגויים.[99]

ראשית הפעילות ההלכתית המוסלמית ולימים מוקד חשוב שלה היו בעיראק, אזור פעילותם של גאוני בבל. מבין ארבע האסכולות הבולטות בהלכה האסלאמית זכתה ספרות השטרות לפיתוח רב באסכולה החנפית. מסורות בעלי הלכה של אסכולה זו בענייני שטרות שבו לדרכי הפסיקה של אבי האסכולה – אבו חניפה עצמו ושל חוג תלמידיו בכופה, ובייחוד לדרכי הפסיקה שבחיבורי הבולטים שבתלמידים – כתאב אלחיל וכתאב אדב אלקאצ׳י של אבו יוסף וכתאב אלאצל של שיבאני ובמיוחד חיבורו על השטרות, המשוקע בחיבור מאוחר יותר. שלהי המאה התשיעית וראשית המאה העשירית התאפיינו במגמה של התמחות בענף הלכה זה. התמחות זו נשענה על מאתיים וחמישים שנות עיסוק הלכתי במעשי בית דין, והיא מסכמת ומכריעה סוגיות ששבו ונדונו במרוצת התקופות שקדמו לה.

98 את המקור (כ״י T–S Ar. 51.99) פרסם שטרן במאמרו ׳ספר הגלוי׳, עמ׳ 141. התרגום הניתן כאן מבוסס על תרגומו של שטרן (שם, עמ׳ 137) עם תיקונים מעטים מידנו. גיל (לעיל, הערה 97) העמיד על סמיכות העניינים, ועיינו במאמרו ׳רב אהרון׳, עמ׳ 12–14. הדוגמאות שרס״ג בחר בהן כאן – שטר חוב, אביזאריה, שותפות וצוואה – הן כולן מן החטיבה הראשונה בספר השטרות, שאותה הגדיר כחטיבת השטרות המצויים לרוב.

99 השוו אל ליברמן, תוספתא כפשוטה, כתובות, עמ׳ 245–247; גולאק, אוצה״ש, עמ׳ xxiv–xxix; סה״ש לרה״ג, מהדורת אסף, עמ׳ 5–6; גויטיין, חברה, ב, עמ׳ 228–234; סולוביצ׳יק, ׳שטר בספר העיטור׳, עמ׳ 323–324 והערה 36 שם.

מן הבולטים בבעלי ההלכה בתחום זה היה בן דורו של רס״ג והמבוגר ממנו, אבו ג׳עפר אחמד אבן מחמד אבן סלאמה אלטחאוי. אלטחאוי כרס״ג היה יליד מצרים שהלך לבקש חכמה בארץ ישראל ובסוריה. הוא שהה בהן זמן־מה וכעבור שנתיים שב למצרים ונפטר בה בשנת 933. עם חיבוריו נמנים כתאב אלמחאצ׳ר ואלסג׳לאת (=ספר הדוחות והרשימות); כתאב אלשרוט אלכביר (=ספר התנאים הגדול), הידוע גם בשם ג׳אמע אלכביר פי אלשרוט (=האוסף הגדול של התנאים); כתאב אלשרוט אלאוסט (=הספר האמצעי של התנאים); וקיצור עבודתו הגדולה – כתאב אלשרוט אלצגיר (=ספר התנאים הקטן), שנכתב קודם לשנת 918. הספר האחרון שרד במלואו. חיבור ספרי שטרות בקרב בעלי הלכה מוסלמים לא פסק בעבודותיו של טחאוי אף על פי שהיו בעלות סמכות מיוחדת לדורות שאחריו.[100]

לענייננו די בעובדה שבעולם המוסלמי כולו, ובייחוד במצרים ובעיראק, זכתה ספרות השטרות והמסמכים הכתובים לתפוצה רבה הן בדיונים עקרוניים הן בלקטים של דוגמאות. דיינים וסופרים הלכו בה והוליכוה, נסתייעו בשטרות קודמיהם וסייעו לבאים אחריהם בחיבור שטרות חדשים. מי שהיה מצוי במתרחש בחברה המוסלמית, ורס״ג היה עירני מאוד למתרחש בה, היה עשוי להסיק ממנה על החסר במוסדות השיפוט בקהילות ישראל – ספרים המסכמים את ההלכות הכרוכות בבית הדין ומביאים דוגמאות של שטרות.

בקביעת לשון החיבור ההלכתי הזה היה רס״ג חלוץ, ואף היא מעידה על בחירה מלכתחילה המושפעת מן התרבות המוסלמית. חיבור הספר בלשון הערבית קשור בהגדרת תכליתו, כלומר עשייתו לספר שימוש לציבור היהודי ברחבי התפוצות. ההכרה כי הערבית נעשתה שפה שהכול צריכים לה חייבה לחבר את ההקדמות ואת הביאורים ההלכתיים בשפה זו.[101]

ועוד זאת, המבנה של ספר השטרות לרס״ג ותוכנו מעידים שאם אמנם הושפע מחברו מן העיסוק התדיר והמתמשך בנושאים אלו בספרות ההלכה המוסלמית, הוא הצליח להביא את חיבורו לרמת חיבורי השטרות המשוכללים ביותר בספרות זו. התעסקות שנתמשכה והלכה בחברה המוסלמית כשלוש מאות שנה מומשה

100 עיינו בסיכום הדברים אצל וקין, מסמכים, עמ׳ 10–29; וכן ראו את מאמרו של כאן, ׳שטרות מוסלמיים׳, עמ׳ 51–55.

101 על השפעתו של רס״ג על השימוש בלשון הערבית בחברה היהודית בארצות האסלאם עיינו במה שכתב י׳ בלאו, התהוות, עמ׳ 39–42, 224–225 והערה 1 שם; על תפקידו של רס״ג במגעים עם הספרות הערבית עיינו בדברי דרורי, ראשית המגעים, עמ׳ 156–178, וכן במקומות רבים אצל ברודי, רב סעדיה גאון. אפשר שאף כותרת הספר ׳ותאיק׳ (ולא ׳שרוט׳) מלמדת על השתרשות המונח הטכני המוסלמי המזרחי לעומת המונח המערבי והמצרי בעולם האסלאם (עיינו על כך אצל וקין, מסמכים, עמ׳ 1, הערה 1; וראו גם אצל מירון, הדין המוסלמי, עמ׳ 52–54; הנ״ל, ׳נקודות מפגש׳, עמ׳ 86–88).

באחת בעבודתו של רס״ג, אשר תכנן למצות נושאים הלכתיים ולערכם במבנים היפים להם,[102] כלומר במונוגרפיות, שלא כחיבורי הלכה של מחברים שקדמו לו, אשר עקבו בחיבוריהם ובהרצאתם אחר מהלך הדיון התלמודי.

מן הספרים הרבים העוסקים בענייני שטרות ועדות שכתבו בעלי ההלכה המוסלמים שנמנו לעיל שרד במלואו רק אחד – הספר הקצר כתאב אלשרוט אלצגיר של טחאוי, בן זמנו המבוגר של רס״ג. השוואת חלקיו ופרקיו לחלקים ולפרקים בספרו של רס״ג אינה מלמדת על קשר ביניהם, שכן מבנה הספרים שונה בתכלית. אמנם בשני הספרים שגורים מונחים טכניים משותפים לא מעטים, אך הדבר הוא תולדה של שפת כתיבתם שהייתה ערבית.[103] אף אם המצוי בחברה המוסלמית לעומת החסר בחברה היהודית דרבנו את רס״ג להקדים את כתיבת ספר השטרות ולהגדיר את דחיפותו כמו שהגדיר, הספר נשאר מושתת על מקורות יהודיים.

ו. לשון השטרות

מחמת קוצר היריעה לא נתאר כאן בצורה מקיפה את הלשון הארמית המשתקפת בנוסחי השטרות שהביא רס״ג, אלא נסקור כמה תופעות בולטות בלבד.[104] תחילה ראוי לעמוד על שני עניינים כלליים שיש בהם כדי להקשות על תיאורה של שפה זו ועל אפיונה:

(1) אי־לכידותם של הטקסטים הנידונים מבחינה לשונית;
(2) חידת הדיאלקטים של הארמית היהודית הבבלית.

בנוסחי השטרות המובאים בחיבור שלפנינו אנו מוצאים בכמה וכמה מקומות תערובת של צורות לשוניות השייכות לרבדים שונים זה מזה של השפה הארמית או לפחות לדיאלקטים נבדלים שלה. בהמשך הדברים נעמוד על הבדלים שזה מקורם בכמה סוגיות מורפולוגיות כלליות, אך תחילה נדגים את גוני הצורות בתיבות אחדות: הצורות ׳דיל־׳ הקדומות יחסית שולטות בלשון השטרות, אבל יש היקרות אחת (שטר מח, שורה 19) של הצורה ׳דיד(יה)׳, שכנראה נוצרה מתוך הידמות למ״ד

102 שכן חיבור זה הוא רק אחד מסדרת החיבורים החשובים בנושאים מגוונים בהלכה שהציבור צריך להם, עיינו לעיל, עמ׳ 7–8. על משמעות ׳כתאב אלפקה׳ והזכרתו ההוזרת בחיבור זה ראו לעיל, עמ׳ 7–10.
103 ראו אצל כאן, תעודות ערביות, עמ׳ 45–53.
104 הערות בנוגע להיבטים מסוימים של לשון השטרות פזורות במקומות רבים, ראו למשל אפשטיין, דקדוק, עמ׳ 13–14; קוטשר, מחקרים, עמ׳ תיז–תל. הדיון הנרחב ביותר בלשון השטרות יוחד לשטרות השייכים למסורת הארץ־ישראלית, ראו מ״ע פרידמן, נישואין, א, עמ׳ 48–87.

לדל"ת;[105] לצד צורות הבנויות על הגזרון 'קדמ־' בא גם 'קמא' (שטר ג, שורה 6), הנובע מהידמות דל"ת למ"ם;[106] לצד 'אית, לית' הקדומות באות אף 'איכא, ליכא', השגורות בתלמוד הבבלי; המילה 'מידעם', הגזורה מן השורש יד"ע, מספקת שלל צורות, החל בצורה המקורית, עבור בצורות כגון 'מידם', המשקפות את התערערות עי"ן, וכלה בצורה 'מידי', המשקפת אף את נשילת מ"ם סופית. צורה אחרונה זו היא הרווחת בחיבורנו כמו גם בתלמוד הבבלי.[107]

אפשר להציע כמה הסברים להיקרותן של תיבות קדומות ומאוחרות יותר גם יחד בלשון השטרות. ייתכן שבחיבור שיצא מתחת ידו של רס"ג הייתה אחידות גדולה יותר מבחינה לשונית, אלא שהסופרים לא נתנו את דעתם במידה מספקת לדקויות לשוניות ושיבשו את צורתו המקורית של הספר.[108] לעומת זאת, אפשר שהשינויים האלה או לפחות חלקם מקורם בזמנים ואולי אף במקומות השונים שנוסחי השטרות נקבעו בהם, ואף בנוסחו של שטר יחיד ייתכן שחלקים מסוימים שלו נקבעו בתקופה קדומה יותר ואחרים נוספו או שונו במרוצת הזמן. כמו כן יש להביא בחשבון את האפשרות שנוסחי השטרות או חלק מהם נרשמו במקומות ובזמנים שבהם נתקיימו זו לצד זו צורות לשוניות מתחלפות בתבניות מסוימות.

ועוד זאת, תולדות הארמית היהודית בבבל מורכבות ובמידה רבה מעורפלות. הנתונים המרכזיים ברורים, אך פרשנותם שנויה במחלוקת. ברובו המכריע של התלמוד הבבלי אנו מוצאים תופעות לשוניות לא מעטות שיש בהן סטייה מן התקן של הארמית הקדומה כמו שהיא מוכרת מכתובות מתקופת הבית הראשון, מן הארמית המקראית וממקורות אחרים. חריגות אלו אינן מיוחדות לארמית התלמודית, אלא הן מאפיינות את הענף המזרחי של הארמית המאוחרת (או הבינונית, לפי מיון אחר). ואולם בחלקים מסוימים של התלמוד – בייחוד ב'מסכתות המיוחדות' (נדרים, נזיר ועוד) – ובספרות הגאונים יש צורות רבות מאוד המתאימות דווקא לדגם הקלסי. זמנן של המסכתות המיוחדות אינו ידוע בבירור, אך ספרות הגאונים בוודאי מאוחרת מן התלמוד, ועם זאת היא מצטיינת בצורות לשוניות 'קדומות' יותר מאלה הנפוצות בתלמוד! נעשו ניסיונות מניסיונות שונים לפרנס עובדה זו ולהסביר את ייחודן הלשוני של המסכתות המיוחדות, אך אין פתרון מוסכם. האם דיאלקט שהיה שולי בתקופת התלמוד נעשה דומיננטי בתקופת הגאונים? האם המסכתות המיוחדות נערכו בתקופה שונה מזו שיצרה את רוב חלקי התלמוד, או

105 ראו אפשטיין, דקדוק, עמ' 27.

106 ראו שם, עמ' 18.

107 ראו הופטיזר ויונגלינג, מילון, עמ' 598–599; אפשטיין, דקדוק, עמ' 19.

108 ייתכן שאפשר להבחין כאן בהשפעת הארמית המדוברת על הלשון המיוחדת של השטרות, ואפשר שזו השפיעה כבר על רס"ג עצמו ולא רק על הסופרים.

הן נמסרו דרך צינורות אחרים? בשנים האחרונות גוברת ההתעניינות בשאלות אלו, ועל פי המחקרים האחרונים מסתבר שהגאונים כתבו לעתים קרובות בשפה ארכאית מלאכותית ושהייחוד הלשוני של המסכתות המיוחדות תלוי במסירתן ולא בעריכתן.[109] לכן כשאנו מוצאים בלשון השטרות צורות קלסיות המתאימות הן לארמית הקדומה הן ללשון הגאונים אך לא לארמית הרווחת בתלמוד הבבלי, קשה לעמוד על המשמעות ההיסטורית של הממצאים האלה. כלום יכולים הם ללמד שנוסחי השטרות נקבעו בתקופה קדומה מאוד ונשמרו תקופה ממושכת אף על פי שהמשתמשים בנוסחים אלו נחשפו לארמית 'צעירה' יותר? או שמא הותאמה לשון השטרות לארמית שהייתה מקובלת בתקופת הגאונים דווקא ואשר מבחינות רבות הייתה זהה לארמית הקדומה? אופְיָם השמרני של השטרות בכלל יכול לסייע במידת־מה להסבר הראשון שהצענו, אך אין בידנו לקבוע מסמרות בעניין זה, למצער לפי שעה, ולכן נסתפק בציון כמה סוגיות מורפולוגיות.

הכינויים

אופייניות להם בעיקר צורות קדומות יחסית. אלה הן בכינויים הפרודים: 'הדין', 'דין' או 'דנן' (ולא 'האי' כרגיל בתלמוד) – 'זה'; 'אינון' (ולא 'אינהו') – 'הם'; 'אילין' או 'הלין' (ולא 'הני') – 'אלה'.[110] בכינויים הצמודים בדרך כלל נשמרת נו"ן סופית של כינויי גוף שני ושלישי רבים '־כון', '־הון', שלא כבצורות המקוצרות הרווחות בתלמוד '־כו', '־הו';[111] הסיומת של גוף שלישי יחיד בזכר הצמוד לשם עצם זכרי ברבים היא בדרך כלל '־והי' הקדומה, ולא '־יה' (הזהה לסיומת המשמשת לשם עצם ביחיד) כרגיל בתלמוד.[112] סימן המושא 'ית' בא לעתים קרובות, ולרוב בתוספת כינויי גוף: 'יתי', 'יתיה' וכדומה.

השם

אחד מסימני ההיכר הבולטים של הארמית המזרחית הוא איבוד הצורות הלא מיודעות של שם העצם (פרט לנסיבות תחביריות מסוימות) והשתלטות הצורות ששימשו ליידוע בארמית הקדומה יותר, למשל, ביחיד בצורת נפרד 'מלכא' לזכר

109 ראו ווייס, התהוות התלמוד, עמ' 114–128; אפשטיין, דקדוק, עמ' 9–16; ריבק, 'לשון נדרים'; מורגנשטרן, 'הארמית הבבלית'; ברויאר, 'כריתות'.

110 ראו אפשטיין, דקדוק, עמ' 24; קוטשר, 'ארמית', טור 964; קימרון, ארמית מקראית, עמ' 68; פולמר, ארמית, עמ' 208–209.

111 ראו אפשטיין, דקדוק, עמ' 124.

112 ראו דגן, ארמית עתיקה, עמ' 57; סגרט, ארמית עתיקה, עמ' 170; קימרון, ארמית מקראית, עמ' 66–67; רוזנטל, ארמית מקראית, עמ' 30; והשוו אל דברי אפשטיין, דקדוק, עמ' 123.

(ולא ׳מלך׳ הבלתי מיודע), ׳מלכתא׳ לנקבה (ולא ׳מלכא׳ הבלתי מיודע). עוד סימן היכר לארמית המזרחית הוא צורה חדשה בריבוי של שמות עצם זכריים (מיודעים ולא מיודעים כאחד) המסתיימת ב׳־י׳ ומחליפה את הצורה הקלסית המסתיימת ב׳־יא׳. בנוסחי השטרות המובאים בחיבורנו אין התנהגות עקיבה של היידוע בשמות עצם בלשון זכר יחיד. נראה שברוב המקומות משמשות הצורות ׳המיודעות׳ אף כאשר המשמעות בהקשר אינה מיודעת, אך יש גם היקרויות לא מעטות של צורות בלא סימן היידוע. באשר לשמות עצם בלשון זכר רבים, הסיומת המזרחית ׳־י׳ שלטת בעליל, והסיומת הקלסית ׳־יא׳ באה לעתים רחוקות בלבד.[113] בשמות עצם מופשטים נקרות הן הסיומת ׳־ו׳ הן הסיומת ׳־ותא׳.[114] ליד צורות סמיכות קלסיות יש כמה היקרויות של ׳סמיכות מפורקת׳ כגון ׳דרתא דפלוני׳ – ׳(ה)חצר של פלוני׳.[115]

הפועל

בסוגיה זו נציין תחילה תופעות אחדות הנוגעות לאמות הנטייה. הסיומת של גוף ראשון יחיד עבר היא בדרך כלל ׳־ית׳ ולעתים ׳־ת׳, כמו בארמית הקדומה, ולא ׳־י׳ הרווחת בתלמוד. בפועלי ל״י הסיומת היא ׳־תי׳.[116] הצורה של גוף שלישי רבים עבר היא לרוב ׳קטלו׳ הקלסית, אך לפחות פעם אחת באה הצורה הבבלית הטיפוסית ׳קטול׳.[117] בתחיליות של גוף שלישי זכר (יחיד ורבים) בעתיד יש עוד סימן היכר של הארמית המזרחית: בארמית הקלסית משמשת התחילית ׳י־׳ בשביל צורות העתיד הרגילות, ולעתים יש בה שימוש מודלי בתחילית ׳ל־׳ כגון במילה ׳להוא׳ שבארמית המקראית, ואילו בארמית המזרחית התחיליות ׳ל־׳ או ׳נ־׳ השתלטו אף על צורות העתיד הרגילות. בעניין זה הארמית של השטרות קרובה לדגם הקלסי, אך הצורות אשר באה בהן התחילית ׳ל־׳ שכיחות בה קצת יותר מאשר בארמית המקראית.[118] בצורות הבינוני נקרית לעתים התחילית ׳קא׳, האופיינית לארמית

113 כנראה, רק בצורות הקפואות ׳מיא׳, ׳שמיא׳ (כל אחת מהן מופיעה כמה פעמים).

114 ׳־ו׳ במילים כגון ׳זפו׳, ׳רשו׳ ׳טעו׳, ׳שגו׳, ׳שלו׳, המופיעות כמה פעמים כל אחת, ואף ׳חירו׳ (שטר כג, שורה 7); ׳־ותא׳ במילים שכיחות כגון ׳רשותא׳, ׳זכותא׳, ׳שותפותא׳ ועוד. השוו אל הכתוב אצל סגרט, ארמית עתיקה, עמ׳ 155–156 ואצל דגן, ארמית עתיקה, עמ׳ 49.

115 ראו שטר ג, שורות 6–7; השוו לשטר מד, שורות 10–11; פולמר, ארמית, עמ׳ 259–325.

116 לדוגמאות של פועלי ל״י ראו שטר יא, שורה 3; שטר יב, שורה 17; שטר יג, שורה 11; שטר יט, שורה 13; שטר כד, שורה 22. השוו אל אפשטיין, דקדוק, עמ׳ 35, 96.

117 ראו שטר כו, שורה 8; אפשטיין, דקדוק, עמ׳ 34–35.

118 ראו קוטשר, ׳ארמית׳, טור 965; אפשטיין, דקדוק, עמ׳ 13–14; דגן, ארמית עתיקה, עמ׳ 106. לדוגמאות של תחילית ׳י־׳ ראו שער ז, שורות 21–23, 26–27, 31; שטר א, שורות 37, 41; שטר ו, שורה 9; שטר טז, שורה 6; לדוגמאות של תחילית ׳ל־׳ ראו שטר ח,

הבבלית.[119] יש לציין גם את הזמנים המורכבים, הבאים בכמה מקומות בשטרות, כגון 'הוה ידענא' – 'הייתי יודעת (מכירה)' (בזמן מסוים בעבר). התצורה הזאת של הטיית הפועל הראשי אופיינית לארמית המזרחית. בארמית הארץ־ישראלית ניטה פועל העזר 'הוה' דווקא, ואילו הפועל הראשי נשאר קפוא.[120]

בנוגע לבניינים בלשונו של רס"ג יש לציין את ההשתלטות המוחלטת כמעט של הבניין אפעל לצד שרידים מעטים של בניין הפעל הקדום כגון בצורות 'הנפק', 'מהודענא', 'הנעילת'. בבניינים פעל ואפעל באות כמה פעמים צורות המקור הבבליות האופייניות 'קטולי' ו'אקטולי' ולידן צורות קלסיות יותר כגון 'קטלא', 'אקטלא'.[121] סימן ההיכר של הצורות הקדומות של הבניינים הסבילים/הרפלקסיביים הוא התחילית 'את־' בעבר, ואילו בארמית התלמודית שכיחה הצורה 'אי־' בגלל הידמות של תי"ו (רפויה) לעיצור הראשון של השורש. בחיבור שלפנינו ההיקרויות של הבניינים האלה אינן מרובות, ומכל מקום הצורה הקדומה משמשת לצד הצורה המאוחרת יותר.[122]

אוצר המילים

בסקירה הקצרה הזאת נזכיר בעיקר מילים השאולות מן היוונית ומן הפרסית.[123] שתי הקבוצות האלה מצומצמות, וכל אחת מונה שש מילים בלבד. כל המילים השאולות מן היוונית מוכרות היטב כבר מלשון התנאים, ורובן שמות של שטרות: אפותיקי, דיאתיקי, סמפון, פיסוס, אפוט(ו)רפא (=אפיטרופוס), שהוא בעיקרו של דבר שם של מוסד משפטי, וכך כונה גם השטר הקשור למוסד זה. גם שמות השטרות

שורה 16; שטר יז, שורות 25, 35; שטר כה, שורה 18; שטר לז, שורה 12; שטר לט, שורה 15; שטר מט, שורה 3.

119 מלבד מובאות תלמודיות נמצאת צורה זו בשער ז, שורה 12; במקומות רבים בשטר כה; בשטר מ, שורה 12; ועוד. ראו אפשטיין, דקדוק, עמ' 90.

120 ראו שטר יט, שורות 6, 11–12; שטר כד, שורות 22–23; שטר כו, שורה 5; שטר מא, שורה 12. על ההבדל הזה בין הארמית הבבלית לארמית הארץ־ישראלית ראו בר־אשר סיגל, 'דקדוק הארמית הבבלית', עמ' 17–22. בנוגע לארמית הקדומה יותר ראו קימרון, ארמית מקראית, עמ' 39–40; סגרט, ארמית עתיקה, עמ' 386; רוזנטל, ארמית מקראית, עמ' 59.

121 לצורות 'בבליות' ראו שטר יד, שורות 11, 12, 15, 16, 18; שטר לא, שורה 16; שטר לב, שורה 9; שטר לו, שורה 18; לצורות אחרות ראו שטר ו, שורות 8–9; שטר יח, שורה 5; שטר לג, שורה 13. השוו לכתוב אצל פולמר, ארמית, עמ' 191–198 ואצל קוטשר, 'ארמית', טור 966.

122 ראו שטר ח, שורה 23; שטר יז, שורה 30; שטר יח, שורה 8; אפשטיין, דקדוק, עמ' 50–52, 54.

123 לעניין צורות המקור והעתיד של הפועל 'נתן' ראו אפשטיין, מחקרים, א, עמ' 99.

האחרים שהזכרנו שייכים בבירור לשאילות בתחום המשפטי. מלבד מילים אלו יש לציין רק את הצורות הגזורות מן הפועל 'כרז', שהתאזרח היטב כבר בלשון חז"ל.[124] בנוגע למילים הפרסיות, על אף מספרן הזעום אפשר להבחין בהן בכמה קטגוריות. המילה 'זיאנא' (הפסד או נזק), הנקרית פעמיים בחיבורנו, מוכרת כבר מלשון התלמוד וממקורות ארמיים קדומים עוד יותר.[125] לעומת זאת, המילה 'הם' במשמעות 'גם כן', ובייחוד בצירוף 'הם הכי', אופיינית ללשון הגאונים דווקא. בחיבורו של רס"ג היא באה בנוסח שטר פסק דין, שטר שנוסחו גמיש במיוחד, ובו מנסחים הדיינים את שיקוליהם ההלכתיים. סביר להניח שהשימוש במילה בהקשר זה משקפת את לשונו של רס"ג, ואין בה ללמד על קליטת המילה ברבדים קדומים יותר של לשון השטרות.[126] המילים האחרות ממוצא פרסי מרוכזות כולן בשטר אחד, שאף שמו שאול מפרסית: שטר אביזאריה.[127] כאן אנו מוצאים את המילה 'אביזאר' (שממנה נגזר שם השטר) ואת המילים הימר, פיקר ואפיקאר (צורת שלילה של המילה הקודמת). ריכוז חריג זה של מילים ממוצא פרסי אומר דרשני, והוא רומז, כנראה, שהשטר נקלט במסורת הארמית בהשראה אירנית. קשה לקבוע בבטחה מתי אירעה התפתחות זו. עניינו של השטר הוא הצהרה חד־צדדית שאין ולא תהיינה למוסר העדות כל טענות ומענות כלפי מקבל השטר, ורס"ג ציין שתי אפשרויות: הדברים נוגעים במפורש לנשוא מסוים, או שהם נאמרים באופן כללי וגורף. תקדימים להצהרות כאלה בהקשר מסוים נפוצים כבר בשטרות מן המאה החמישית לפני הספירה שנמצאו ביֵב – הן כסעיפים בשטרות מכר ומתנה הן כשטרות נפרדים. שטר כזה מכונה 'ספר מרחק', ובו מצהיר אחד הצדדים שהוא 'מתרחק' מנכסים מסוימים, כלומר, מוותר סופית על כל זכות שיכולה להיות לו בנוגע לנכסים אלו.[128] אמנם אין המילים הפרסיות הנזכרות מתועדות באותם 'ספרי מרחק' מיֵב, אך לשון התעודות הארמיות של התקופה משופעת בשאילות אירניות, והיא כוללת למצער מילים הגזורות מלשון 'הימר'.[129] קרוב להניח ששטר האביזאריה התפתח מאותם 'ספרי מרחק' בתקופה הקרובה לזמנם של שטרות יֵב יותר מאשר לתקופת הגאונים.[130]

124 ראו מורשת, לקסיקון הפועל, עמ' 196.

125 ראו הופטיזר ויונגלינג, מילון, עמ' 319, הערך zyny.

126 ראוי לשים לב שהמילה באה במשפט הנוגע להתפתחות הלכתית בתר־תלמודית, ראו שטר כט, הערה 6. על 'הם' בלשון הגאונים ראו הרכבי, תשובות הגאונים, עמ' 353; אפשטיין, פירוש הגאונים, עמ' 2, הערה 14.

127 השטר הזה נזכר בשמו אף בניסוח הדברים של מוסר מודעה בשטר כה.

128 ראו ירון, משפט הפפירוסים, עמ' 33-35, 81-82.

129 ראו הופטיזר ויונגלינג, מילון, עמ' 284-285.

130 מבחינה פונולוגית אין צורותיהן של המילים האירניות שהזכרנו תואמות את הפרסית

ז. מקורות הז"ל בספר השטרות

בספר זה, כברוב חיבורי ההלכה של רס"ג, שזורות מובאות מרובות מספרות חז"ל, בעיקר מן המשנה ומן התלמוד הבבלי.[131] רק ציטוטים מעטים אינם ממקורות אלו: במקום אחד מצוטטת כנראה התוספתא, ובמקום אחד – מסורת בתר־תלמודית. ייתכן שבמקומות אחרים הביא רס"ג מקורות תלמודיים לא במישרין מן התלמוד אלא על־פי ניסוחם בהלכות פסוקות או בהלכות גדולות.[132] בספר זה לא השתמש רס"ג בתלמוד הירושלמי כמו שעשה במקצת חיבוריו האחרים. אדרבה, במקום אחד לפחות נראה שהתעלם מן ההלכות המובאות בו, כנראה מתוך הנחה שאינן מקובלות על התלמוד הבבלי, שיש ללכת בדרכו במקרים של מחלוקת בין התלמודים.[133] כמעט כל המובאות קצרות, ובכל אחת מהן אין אלא אמירה יחידה (לרוב אף היא

העתיקה ולא את זו החדשה, והן מלמדות על תקופת ביניים בתולדות השפה, אך קשה לתחום תקופה זו בצורה חדה. במילה 'אביזאר' כבר השתנו שני עיצורים מאי־קוליים לקוליים (api-car > abizar), ולעומתה במילה 'פיקר' נשמר העיצור k וטרם הפך ל־g (ראו זונדרמן, 'פרסית בינונית', עמ' 144–145; מקנזי, 'הערות', עמ' 20–22).

131 על דרכו בהבאת מקורות חז"ל בחיבוריו בכלל ראו, למשל, ברודי, גאונים, עמ' 255–256; ברודי, חיבורים הלכתיים, עמ' כג–כה, 319. אפשר לומר במידה רבה של צדק, שבמורשה הבבלית נחשבו המשנה והתלמוד הבבלי כמעט יחידה אחת, ראו זוסמן, 'כתבי־יד ומסורות־נוסח'.

132 לתוספתא ראו שטר נ, הערה 4 (והשוו לשטר טז, הערה 7); למסורת בתר־תלמודית ראו שטר לח, הערה 3; לאפשרות של ציטוט עקיף דרך ספרות ההלכות ראו שער ה, הערה 11; לתופעות דומות אצל רשב"ח ראו מבוא התלמוד לרשב"ח, מהדורת אברמסון, עמ' 137.

133 לא ברור אם לדעת רס"ג הבבלי הכיר הלכות אלו ולא קיבל אותן או שהוא לא הכיר אותן, אך אילו הכירן יש להניח שהיה דוחה אותן. ראו שטר לט, הערה 2. ככל הידוע לנו רס"ג היה הראשון בגאוני בבל שהשתמש בתלמוד הירושלמי, ראו אסף, מספרות הגאונים, עמ' 39, הערה 1; תשובות רב נטרונאי, מהדורת ברודי, עמ' 72–73 והערה 30. אין למצוא בכתביו כללים בדבר ההכרעה בין שני התלמודים, אך ברור שהוא העדיף את הבבלי, העדפה שבאה לידי ביטוי מפורש בעיקר אצל רב האיי גאון (ראו את המקורות שציין אסף, תקופת הגאונים, עמ' רמד, סימן סז). במקום אחד מובאת בשם 'ספר שטרות שתקן רב סעדיה זצ"ל' הלכה תמוהה שקידושי קטן בן תשע שנים תקפים אך גִטו אינו תקף, ואלמנתו זקוקה לייבום או לחליצה (ראו אוצה"ג, יבמות, סימן תסב). הלכה זו סותרת לכאורה משנה מפורשת (יבמות י:ח). אולם ספק אם אמנם הלכה זו הייתה כלולה בספרו של רס"ג. (כבר המשיב, רב שרירא גאון, העלה ספקות בעניין זה ואכן, קשה להציע מקום בחיבור שלפנינו שהיה אפשר לשבץ בו את ההלכה הנזכרת, ואף רב מבשר הלוי לא הזכיר הלכה זו כשתקף כמה הלכות בספרו של רס"ג [השגות רב מבשר, מהדורת צוקר, עמ' 37–38, 93–94].) הרשות ביד בעל דין להציע כי פסיקה כזאת מבוססת על הירושלמי (ראו יבמות יא ע"ב [טור 880, שורות 19–27 במהדורת האקדמיה ללשון העברית]), אך היא רחוקה מלהיות מסקנה הכרחית, אפילו על־פי שיטת הירושלמי.

קצרה) המנותקת מהקשרה. רס"ג עצמו ציין שיביא את הראיות מן 'מה שיש אצל האבות בדיבור תמציתי'.[134]

זיהוי המקורות לא תמיד חד־משמעי מסיבות מספר: מצד אחד, כרגיל בכתיבתו בכלל ובחיבוריו המונוגרפיים בפרט, לא נהג רס"ג לציין את המקור שציטט ממנו. בספר שלפנינו לא מצאנו אף לא אזכור אחד של חיבור מספרות חז"ל או מן הספרות הבתר־תלמודית.[135] נוסחאות ההפניה השגורות בפי רס"ג כולן סתמיות, והן באות בתבניות מגוונות (פעליות ושמניות) של הפועל 'קול' (אמר). בתבניות הפעליות יש, לדוגמה, 'כמא קאלו' (כמו שאמרו), 'קאל אלקדמא' (אמרו הקדמונים), 'וקאלו איצֿא' (ואמרו גם כן); בתבניות השמניות אנו מוצאים את 'קולהם' (אֲמָרָם), 'קול אלחכמים' (מאמר החכמים), 'קול אלקדמא' (מאמר הקדמונים), 'קול אלאולין' (מאמר הראשונים) ועוד. לעתים רחוקות נוספת רמיזה להקשרה של אמירה מסוימת כגון 'לקולהם פי אכר אלקצה' (אמרם בסוף הסיפור)[136] או 'לקולהם למר זוטרא' (שטר כח, שורה 11). כמו כן במקרים רבים, כמו שנפרט להלן, יש הבדלים בין הציטוט שבספר השטרות שלפנינו ובין הנוסחים הרווחים של המקור המצוטט – בין שמדובר בגרסה שונה שהייתה לרס"ג לאותו המקור בין שמדובר בניסוח חופשי שלו (או שמא, לעתים רחוקות יותר, אף בטעות שלו או של מעתיקי ספרו).

יש שהמחבר לא ציטט כלל את המקור התלמודי שעליו הסתמך אלא תמצת את תוכנו בלשונו הערבית־היהודית.[137] לעתים הביא חלק מדיון תלמודי בלשונו ושילבו בציטוט ישיר של חלקים אחרים בסוגיה, ובייחוד ממסקנתה.[138] אך גם כאשר הביא רס"ג דברים בארמית או בעברית, והם לכאורה ציטוט ישיר ומדויק מן המקורות, לא תמיד הביאם כצורתם. ברוב המובאות הושמטו שמות החכמים.[139] במקרים מסוימים ציטט רס"ג בדילוג, ויש שצירף מימרות או מסורות זו לזו. פה ופה נראה שניסח את הדברים באופן חופשי במקצת על־פי מהלך הסוגיה.[140]

134 שער א, שורות 9–10. בכמה מקומות מובא מקור יחיד, אך הוא ארוך מעט יותר, ראו שער ג, שורות 23–29; שער ה, שורות 10–15; שער ז, שורות 109–113. בשער א, שורות 56–57 מובא משא ומתן קצר.

135 נוהגו בפסוקי המקרא, המובאים בעיקר בהקדמה, שונה במקצת. שם (שורות 8, 59) מצאנו 'קאל אלכתאב' כלומר אמר הספר (=המקרא), והשוו לשטר כד, שורה 31. בחיבורים אחרים של רס"ג יש עוד נוסחי ציטוט אחרים לחלקים מסוימים של המקרא.

136 שטר כז, שורה 9, והשוו לשטר לה, שורה 6: 'לקולהם אכר אלתחציל'.

137 ראו למשל שער א, הערה 15; שער ג, הערה 6; שער ז, שורות 67–72; שטר יב, הערה 2.

138 ראו שער ב, שורות 22–24; שער ד, שורות 13–18; שער ז, שורות 74–78; שטר כז, הערה 5.

139 לחריגים ראו למשל שער א, שורה 56; שער ד, שורות 5–6, 11; שער ז, שורה 89; והשוו לשטר כח, שורה 11.

140 לדוגמאות של דילוג, כנראה מכוון, ראו שער ו, הערה 3; שער ז, הערה 20; שטר טו, הערה 7; שטר נד, הערה 3. לצירוף מקורות (הקשור לרוב אף בהשמטות) ראו שער א,

תופעות כאלה מצויות אף במקומות אחרים של ספרות הגאונים,[141] אך דומה שהן נפוצות במיוחד בחיבורי רס"ג, כנראה משום שלא ראה לנכון להיכנס בהם לפרטי הדיון התלמודי, והעדיף להסתפק בציון קצר ופשוט ככל האפשר – אף על חשבון הדיוק – למקור שעליו הסתמך.

בגלל אופיים המיוחד של הציטוטים, כמו שתואר לעיל, החומר שהם מספקים אינו רב במיוחד לצורך בדיקת הגרסאות שהיו במקורות אשר שימשו את רס"ג. עם זאת, אפשר לעמוד על כמה וכמה הבדלים בין גרסאותיו ובין הגרסאות הרווחות בנוסחי המקורות שבידנו. התמונה הכללית העולה מבדיקה זו אינה שונה באופן יסודי מזו המצטיירת במקומות אחרים של ספרות הגאונים.[142] שינויים קטנים בנוסח שכיחים מאוד; על רבים מהם הערנו בהערות לטקסט, ואין טעם לרשום אותם כאן. אף על פי שברוב המובאות הושמטו שמות החכמים, במקומות אחדים אפשר לעמוד על חילופי שמות של חכמים בהבאת דבריהם.[143] לפעמים בגרסת רס"ג יש הוספות פרשניות שאינן באות בנוסחים הרווחים של המקורות; ויש שבעדי נוסח אחרים של המקורות התלמודיים – בכולם או במקצתם – באות הוספות פרשניות, ואילו במובאות שבחיבורנו הן חסרות.[144] לעתים מתגלים הבדלים של ממש בניסוח מקור תנאי או מימרה שרס"ג מביא לעומת נוסח הדפוסים, ובכמה מן המקרים האלה נתמכת גרסת רס"ג בנוסחים אחרים של אותם המקורות.[145] אין בחומר שלפנינו עדות לשינויים מבניים בסוגיות התלמוד, אך אין ללמוד הרבה משתיקה זו מאחר שכמעט כל המובאות מצטמצמות לאמירות ספורות כמו שציינו.[146]

רס"ג אף לא דן במפורש בהבנת המקורות התלמודיים שציטט, אם כי לפעמים על-פי השימוש שעשה בהם אפשר לשער כיצד פירש מקורות אלו.[147] סוג מיוחד של פרשנות שנודעת לו חשיבות רבה מבחינת פסק ההלכה נוגע לתיחום הנסיבות

הערה 10; שער ב, הערה 3; שער ז, הערה 27. לניסוחים חופשיים ראו שער ד, הערה 3; שער ז, הערה 23; שטר ה, הערה 4; שטר לח, הערה 5; שטר מח, הערה 3. למקור המובא על-פי הגהת הסוגיה התלמודית ראו שטר טז, הערה 10.

141 השוו, למשל, לכתוב בתשובות רב נטרונאי, מהדורת ברודי, עמ' 73–74.

142 ראו למשל ברודי, 'ספרות הגאונים'; תשובות רב נטרונאי, מהדורת ברודי, עמ' 74–76.

143 ראו שער ד, הערה 1; שער ז, הערה 15.

144 להוספות אצל רס"ג ראו שער ה, הערה 3; שטר מח, הערה 6; להוספה החסרה אצל רס"ג ראו שטר לא, הערה 6.

145 ראו שער ב, הערה 5; שער ג, הערה 5; שטר לד, הערה 5. לדוגמאות אפשריות נוספות, שקשה לעמוד על טיבן המדויק, ראו שער ז, הערה 15; שטר ט, הערה 4; שטר טו, הערה 9; שטר טז, הערה 7.

146 במקום אחד העלינו אפשרות כזאת, אך היא מסופקת מאוד, ראו שער ג, הערה 8.

147 ראו למשל שער א, הערה 5; שטר כח, הערה 5. למקרה חריג של פרשנות גלויה, המציעה הסבר היסטורי להתפתחות הלכתית המוזכרת כבר במשנה, ראו שטר יח, הערה 6.

שבהן ניתן תוקף להלכה מסוימת הבאה במקורות: לעתים הציע רס"ג פרשנות מגבילה ומצמצמת ולעתים – פרשנות מרחיבה, ויש שדימה מקרים שלא נזכרו בתלמוד למקרים שנידונו בו והחיל אף עליהם את ההלכה התלמודית.[148]

שיקולי פסיקה גם הם לא זכו לדיון מפורש בחיבורנו. לכל היותר אפשר למצוא רמז לסמכות המיוחדת של הדברים שבסיום הסוגיה התלמודית הנחשבים ל'מסקנה'.[149] ברוב המקומות שיש בהם מחלוקת, פסיקת רס"ג מובנת היטב על־פי מהלך הסוגיה, אך במקומות מועטים מעוררות פסיקותיו תמיהות.[150] בכמה מקומות הביא, לכאורה בתור הלכה פסוקה, דעות שככל הנראה לא התקבלו להלכה, וכבר תקפו אותו על מקצת המקרים האלה. קרוב להניח שלאמתו של דבר לא הביא את הדברים בבחינת הלכה פסוקה אלא כדוגמאות להמחשת הלכות עקרוניות. בהקשר זה יש לציין שהדוגמאות האלה נמצאות בשערים הראשונים של החיבור, ותפקידן, כאמור, להדגים עקרונות הלכתיים ולא לקבוע הוראות מעשיות. ההכרעה בשאלות כאלה תהיה ביד הדיינים, ואילו הספר נועד להדריך את העדים.[151] בכמה מקומות התייחס רס"ג בבירור להתפתחויות הלכתיות של התקופה הבתר־תלמודית או, למצער, לשיטות שרווחו בתקופה זו ואינן מתועדות בתקופת התלמוד.[152] ייתכן מאוד שהפרקטיקה המשפטית של זמנו ומקומו משתקפת אף בעניינים אחרים שלא מצאנו להם מקור ברור בספרות חז"ל.[153]

ח. הטפסים של הספר

גילוים בעבר של מקצת קטעים של ספר השטרות הבהיר בשעתו כמה סוגיות ביבליוגרפיות העומדות ברקעו: הדחיפות שראה רס"ג לחברו בשל צורך האומה,[154] הזמן והמקום שנתחבר בהם לפחות חלק מן הספר (ראו בסמוך) ומבנה הספר.[155]

148 הנושאים האלה נידונים בהרחבה בהערות על אתר. לפירושים מצמצמים ראו שער ז, הערה 23; שטר נג, הערות 1–2. לפרשנות מרחיבה ראו שער ב, הערה 4; שער ז, הערה 23. להרחבת דינים מעבר למצוי במקורות ראו שער ז, הערה 29; שטר יט, הערה 8. השוו אל תשובות רב נטרונאי, מהדורת ברודי, עמ' 77–78 והערה 66.

149 ראו שטר כז, הערה 4; שטר לה, הערה 3.

150 ראו בייחוד שטר ה, הערה 6, והשוו לשטר יג, הערה 8.

151 ראו שער ג, הערות 2, 8, והשוו לשער א, הערה 14. בנוגע לקהל היעד של החיבור ראו לעיל, עמ' 9–10.

152 ראו שטר א, הערה 16 (ושטר כט, הערה 6); שטר יג, הערה 7; שטר יד, הערה 1.

153 לדוגמאות אפשריות ראו שטר ט, הערה 10; שטר יז, הערה 3; שטר לא, הערה 2 (ושטר לב, הערה 4); שטר לט, הערה 2; שטר נ, הערה 3.

154 הירשפלד, 'גניזה'; האן ושייבר, 'מספר השטרות לרס"ג', עמ' 325–326.

155 אסף, 'סה"ש לרס"ג', עמ' סו–סח, תרעד–תרעו; אסף, תקופת הגאונים, עמ' קצ–קצא, ועיינו לעיל, עמ' 6–7.

תפוצתו הרבה של ספר השטרות לרס"ג, שעמדנו עליה לעיל, נלמדת מן הטפסים הרבים ששרדו ממנו. טפסים אלו נושאים חותם זהות המיוחד לכל אחד ואחד מהם: מצע הכתיבה ודרך הכנתו בידי הסופר, צבע הדיו וכתיבת ידו של הסופר. אלה היו אמות המידה שהנחו אותנו בסיווג הקטעים הרבים של החיבור הפזורים בספריות לטפסים, ובמקצת המקרים תרם לזיהוי הטפסים גם רצף הטקסט.

הטופס המאפשר את תיארוך ספר השטרות כתוב על קלף בכתיבה מונומנטלית מרובעת. בשער החמישי של הספר – השער שנידונות בו דרכי כתיבת התאריך בשטר – הדגים רס"ג את דרך כתיבת התאריך בזמנו. התאריך שצוין שם חל בחיי רס"ג, עוד קודם שנתמנה לגאון בישיבת סורא: בגדאד, י"ט בכסלו, א' רל"ח לשטרות, היינו ד' תרפ"ז ליצירה (28.11.926). מטופס זה שרדו שני גיליונות (שתי כפולות דפים), האחד בספריית האקדמיה ההונגרית למדעים בבודפשט והאחד בספריית בודלי שבאוקספורד. טופס זה סומן במהדורה באות **ס**.

טופס אחר הוא הטופס המלא ביותר ששרד מן החיבור. הוא נכתב על נייר בכתב יד מונומנטלי מרובע. מטופס זה שרדו שבעה־עשר דפים (רובם שלמים) המכונסים בשנים־עשר קטעים, ומהם עשרה שמורים בספריית אוניברסיטת קיימברידג', אחד שמור בספריית בית המדרש לרבנים בניו יורק ואחד בספריית כי"ח בפריז. טופס זה מתוארך על־פי הקטע העוסק בדרכי רישום התאריך, כמו שהדגימם סופר כתב־היד שם: 'כתיבנא הדא בתלתא בשבה דהוא עשרה יומי בירח ניסן דשנת אלפא ומאתן ושבעין שנין למינינא דרגילננא ביה בחיסנא עיבראה מדינתא דעל דגלת נהרא מותבה'.[156] זאת העתקה שנעשתה, כנראה, במוצֻל[157] בי' בניסן שנת ד' תשי"ט (22.3.959), כשלושים ושלוש שנים אחרי כתיבת הספר בידי רס"ג.[158] טופס זה סומן במהדורה באות **א**.

156 ראו במהדורה שער ה, שורות 29–30 גרסת טופס **א**. התופעה שסופרים מעדכנים תאריכים הרשומים בחיבורים שהם מעתיקים מוכרת, וראו לדוגמה הרכבי, תשובות הגאונים, סימן מה; פירוש ר' חננאל לתלמוד, ע"ז ט ע"א; סה"ש לרי"ב, מהדורת הלברשטם, עמ' 139 (השוו למהדורת ריבלין, עמ' 31, הערה 15); ע"ז, מהדורת אברמסון, מבוא, עמ' XII–XXII; אברמסון, פיר"ח לתלמוד, עמ' 38.

157 על מוצֻל כ'חיסנא עיבראה' ראו מאן, מקורות, עמ' 477 (למובא שם בהערה 2 ראו מקבילה מן הגניזה בכ"י T–S Misc. 35.12); סגל, 'צפון מסופוטמיה', עמ' *37 (ושם בהערה 15 דיון בשאלת מקור השם 'מצודת העברים' או 'מצודת עבר הנהר'); גיל, ישמעאל, א, עמ' 509–510. וראוי להוסיף את העדות מן המאה השלישית שהביא שטרן ('ירושלים שבארץ אשור', עמ' 295–297) לזיקת המצודה ליהודים, ומכאן אולי אפשר לשער שמקור השם הוא בתקופה קדומה זו.

158 לפי השערת מאן, בתקופה זו היה דיין העיר אפרים בן יעקב הכהן בן סטיא (נפטר לפני שנת 983) ראש כלה (מאן, מקורות, עמ' 478–479). גם לדעת גיל, המקדים את מינויו של אפרים לתקופת המחלוקת בין רב אהרן ובין רס"ג, ייתכן שהוא היה עדיין הדיין בשנה

הטפסים האחרים, אין בהם סימן זיהוי לזמן העתקתם ולא למקומה. יש שנשתמרו מהם כמה קטעים ויש שנשתמר מהם קטע יחיד (ראו להלן בטבלת כתבי־היד, עמ׳ 48-46). במהדורה זו מיוצגים שלושים טפסים שונים זה מזה שנשתמרו בשישים קטעים, ובהם כתשעים דפים.

קטעים מספר השטרות בתרגום עברי באים בכתב־יד הרב אביכזיר, שהגיע לבית הספרים הלאומי והאוניברסיטאי (היום הספרייה הלאומית), ובמידת־מה הסתייענו גם בו (סימנו במהדורה **ת**). בגרסת הקטעים שבכתב־יד זה מתורגמים לעברית דברי רס״ג הכתובים בערבית.[159]

רשימת טופסי הספר המשמשים במהדורה

כל טופס סומן באות של האלף־בית. כתבי־היד הבאים בכל טופס מצוינים להלן בטבלת כתבי־היד ובה מפורטות יחידות הספר הבאות בכל כתב־יד שבטופס ומספר הדפים שבו. בתיאורי הטפסים המובאים כאן מצוינים מצע הכתיבה, ממדי הדף וכן מספר ממוצע של שורות בעמוד ומספר ממוצע של מילים בשורה בעיצובו המקורי של העמוד. השורות נספרו בעמודים שנשתמרו במלואם, והמילים – בשורות שנשתמרו במלואן או שמספריהן

שבה הועתק טופס זה (גיל, ׳רב אהרון׳, עמ׳ 13–14, הערה 6; גיל, ישמעאל, א, עמ׳ 230, הערה 144). לפי שעה אי אפשר אפוא להראות קשר של ממש בין הדיין ובין טופס ספר השטרות של מוצָל.

159 סה״ש לרה״ג, מהדורת אסף, עמ׳ 67–72; אסף, ׳סה״ש לרס״ג׳, עמ׳ עב (ח), צג–צז. ועיינו לעיל, הערה 8. אסף לא היה יכול להשוות את נוסחי התרגום לנוסח המקורי בערבית כיוון שבזמנו עדיין לא נתגלו קטעי המקור הערבי של ספר השטרות המקבילים לתרגומים שפרסם. כתב־יד הרב אביכזיר הוא ספר שטרות מאוחר המביא שטרות לא מעטים מאוספים קודמים, לפעמים בציון מקורם ולפעמים בעילום שם. לדעת אסף (סה״ש לרה״ג, עמ׳ 67) הספר נערך בקונסטנטינה שבאלגריה בין שנת ר׳ לשנת רס״ה (שנת 1436 מוזכרת בדף 145 ונוסחו של שטר שנכתב בשנת רס״ה מועתק בדף 107). בכתב־יד זה הדיונים ההלכתיים ונוסחי השטרות משולבים במתכונת שטבע רס״ג בספרו. ליחס בין שטר הצוואה בספר השטרות של רס״ג ובין המובא בשמו בכתב־יד זה ראו ריבלין, שטרי אליסאנה, עמ׳ 13 והערה 17; ריבלין, ירושה, עמ׳ 286–288, 309–316. הנוסח החלקי של שטר ב (אביזאריה) המובא בכתב־יד זה צמוד למקור במידה המאפשרת שימוש בו בבחינת עד נוסח, וציינו שינויי נוסח על־פיו (ראו גם בפירוט הטפסים בראש מדור שינויי הנוסח שם). ואולם בנוסחים האמורים לשקף את שטר יג (שטר צוואה) המובאים באותו כתב־יד אי אפשר להשתמש לקביעת נוסח חיבורו של רס״ג, וראו את ההערה בראש מדור שינויי הנוסח לשטר זה. אסף פרסם נוסחים של איגרת ביקורת ושטר מינוי אפוטרופוס מכתב־יד זה (סה״ש לרה״ג, מהדורת אסף, עמ׳ 71–72) אף על פי ששמו של רס״ג אינו נזכר בקשר לשטרות אלו (ראו שם, עמ׳ 68). ההשוואה לשרידי השטרות מג–מד להלן מלמדת שאין לייחס נוסחים אלו לרס״ג למרות דמיון כללי וצפוי בתוכן ביניהם. במקומות שבהם נוסח כתב־היד אמור לשקף את ספר השטרות של רס״ג גרסת כתב־היד היא שאת תאריך כתיבת השטר יש לרשום בסופו, שלא כגרסת רס״ג.

הוסקו מהשוואה לעותקים מקבילים. לעתים שרידי הטופס לקויים עד כדי כך שאי אפשר לספק מקצת מן הנתונים, ולפיכך הם לא נרשמו כלל.

א נייר. ממדי הדף: 26 × 17 ס"מ, 26 שורות, 7 מילים בשורה.

ב נייר. ממדי הדף: 17 × 12 ס"מ, 16 שורות, 5 מילים בשורה.

$ב_1$ נייר. ממדי הדף: 18.5 × 14 ס"מ, 22 שורות, 10 מילים בשורה.

ג נייר. ממדי הדף: 15.5 × 10 ס"מ, 17 שורות, 6 מילים בשורה.

$ג_1$ נייר. 6 מילים בשורה.

ד קלף. ממדי הדף: 22.5 × 18 ס"מ, 22 שורות, 11 מילים בשורה.

$ד_1$ נייר. ממדי הדף: 13.5 × 16 ס"מ, 18 שורות, 11 מילים בשורה.

ה קלף. ממדי הדף: 23 × 17 ס"מ, 23 שורות, 10 מילים בשורה.

ו קלף. ממדי הדף: 19 × 16.5 ס"מ, 27 שורות, 14 מילים בשורה.

ז נייר. ממדי הדף: 21 × 16 ס"מ, 23 שורות, 10 מילים בשורה.

ח נייר. ממדי הדף: 21 × 16 ס"מ, 24 שורות, 11 מילים בשורה.

ט קלף. ממדי הדף: 14.5 × 16 ס"מ, 20 שורות, 9 מילים בשורה.

י נייר. ממדי הדף: 17.5 × 13.5 ס"מ, 17 שורות, 8 מילים בשורה.

כ קלף. ממדי הדף: 14 × 17 ס"מ, 15 שורות, 7 מילים בשורה.

$כ_1$ נייר. ממדי הדף: 16.5 × 13 ס"מ, 14 שורות, 7 מילים בשורה.

ל נייר. 7 מילים בשורה.

$ל_1$ קלף. ממדי הדף: 10 × 11 ס"מ, 15 שורות, 8 מילים בשורה.

מ קלף. ממדי הדף: 16 × 20 ס"מ, 20 שורות, 10 מילים בשורה.

נ נייר. ממדי הדף: 17 × 9 ס"מ, 15 שורות, 3–4 מילים בשורה.

ס קלף. ממדי הדף: 26 × 17.5 ס"מ, 30 שורות, 10 מילים בשורה.

ע נייר. ממדי הדף: 18.5 × 10 ס"מ, 20 שורות, 9 מילים בשורה.

פ נייר. ממדי הדף: 34 × 20 ס"מ, 30 שורות, 11 מילים בשורה.

צ קלף. ממדי הדף: 26 × 18 ס"מ, 26 שורות, 10 מילים בשורה.

ק נייר. ממדי הדף: 18 × 14 ס"מ, 23 שורות, 9 מילים בשורה.

ר קלף. ממדי הדף: 18.5 × 15 ס"מ, 18 שורות, 8–10 מילים בשורה.

ש קלף. ממדי הדף: 19.5 × 17 ס"מ, 30 שורות, 14 מילים בשורה.

$ש_1$ נייר. ממדי הדף: 15 × 9 ס"מ, 23 שורות, 13 מילים בשורה.

ת נייר. ממדי הדף: 19 × 14 ס"מ, 182 דפים.

$ת_1$ קלף. 9 מילים בשורה.

$ת_2$ נייר.

טבלת כתבי־היד

בטבלה זו מפורטים כתבי־היד הבאים בכל טופס וטופס המשמש במהדורה, היחידות הטקסטואליות הבאות בכל אחד מכתבי־היד והשורות המתאימות להם במהדורה. כמו כן ניתן בטבלה מידע על היקפו של כל כתב־יד ומצבו. לתיאור תכונותיהם החומריות של הטפסים שפרטיהם באים בטבלה ראו לעיל.

הטופס	האוסף והסימן בספרייה	היחידות הטקסטואליות	היקף הקטע
א	T–S Ar. 18 (1). 20	הקדמה:46 - שער א:7	דף אחד
	ENA 3349.4	שער א:29-59	דף אחד, לקוי
	AIU IXa 51	שערים ב:51-ג:32	דף אחד, לקוי
	T–S Ar. 49.139	שערים ה:26-ז:6	דף אחד
	T–S 13Fa1.2	שער ז:6 - שטר א:26; שטרות ב:7-ג:5; ט:19-28; י:1-4, 9-12; יא:1-11; יד:1-טו:3	שישה דפים שלמים ושני חצאי דפים
	T–S Ar. 49.146	שטרות א:27-ב:7	דף אחד
	T–S NS 262.6 + T–S NS 308.106	שטרות טז:31-יז:12	דף אחד
	T–S Misc. 10.216 + T–S Ar. 48.300	שטרות יז:12-יח:8	דף אחד
	T–S 8.113	שטרות יח:8-16; יט:5-13	דף אחד, לקוי
	T–S Misc. 7.157	שטרות מז:10-מט:1	דף אחד, לקוי
ב	T–S 8Fa1.1	הקדמה:1-8	דף אחד (רק צד אחד)
$ב_1$	T–S Ar. 47.193	שטרות ז:1-ט:1	דף אחד
	T–S NS 35.24	שטר נב:1 - נספח:7	דף אחד
ג	Mosseri I 48	שטרות טז:1-17, 46-48; יז:1-7, 10-17	גיליון
$ג_1$	AIU IIIB 12	שטר ב:1-21	קרע מדף אחד
ד	T–S Ar. 50.221	שערים א:64-ג:29	גיליון, לקוי
$ד_1$	T–S Ar. 47.230	שטרות ב:15-ג:14; טו:13-טז:15	גיליון
ה	T–S Ar. 47.180	שער ז:35-67; שטרות ב:13-ג:12	גיליון

הטופס	האוסף והסימן בספרייה	היחידות הטקסטואליות	היקף הקטע
ו	T–S Ar. 50.170	שערים א:27-ב:21	דף אחד
	ENA 957.19	שטרות ב:35-ו:19; ח:1-18; לא:3-לב:14; לד:1-לו:4	גיליון, לקוי
ז	Bodl. MS. Heb. d 80 fols. 27–28	שערים א:8-ב:15	שני דפים
ח	T–S NS 262.2 + T–S Ar. 18 (1).95	שטרות ה:7-10; י:1-יא:4, 8-28	שני קרעים מדף אחד
	Bodl. MS. Heb. e 98 fol. 34	שטר יט:1-28	דף אחד, לקוי
	T–S Misc. 36.209	שטרות כז:5-כט:15; לט:11-מא:16	גיליון
	T–S G 1.41	שטרות כט:15-34; לו:1-לט:11	גיליון
ט	T–S J 3.17	שטרות ח:6-ט:8; יב:1-יג:4	גיליון
י	T–S Ar. 18 (1).26	שערים ג:33-ד:9; ז:12-36	גיליון
	ENA 2445.40–41	שערים ד:9-32; ה:40-ז:12	שני דפים
	T–S J 3.9	שטרות ט:16-יא:22	גיליון
	T–S Ar. 48.166	שטרות מו:1-מח:11	גיליון, לקוי
כ	CUL Or. 1080.9.1	שערים ב:14-31; ג:48-ד:16	גיליון
	T–S K 19.21	שטרות כז:1-15; לב:6-לג:7	גיליון
	ENA 2040.1	שטרות לז:1-לח:1	דף אחד
	T–S Ar. 50.20	שטרות לח:1-לט:2	דף אחד
	T–S Ar. 50.30	שטרות מג:1-מד:12	גיליון, לקוי
כ$_1$	ENA 3789.3	שער ה:2-17	דף אחד
ל	T–S NS 312.41 + Mosseri VI 243.4	שטרות ט:9-17, 20-25, 27-28; י:1-5, 8-12; יא:1-3	דף אחד, לקוי
	JRL B 2844	שטר יא:5-32	דף אחד, לקוי
ל$_1$	ENA 2881.1	שערים ג:34-ד:10	דף אחד
	ENA 962.10	שער ח:12 - שטר א:8	דף אחד, לקוי

הטופס	האוסף והסימן בספרייה	היחידות הטקסטואליות	היקף הקטע
מ	T–S Ar. 50.205	שטרות יב:5-יג:13	דף אחד
	T–S 12.647	שטרות יד:21-טו:33	דף אחד, לקוי
נ	Mosseri VII 44	שערים ב:16-26; ג:22-31	גיליון
ס	Budapest M 27	הקדמה:1-45; שערים ה:18-ז:14	שני דפים
	Bodl. MS. Heb. d 48 fols. 30–31	שערים ז:72-ח:6; שטרות טו:16-טז:29	שני דפים
ע	AIU IIIB 69	שטרות יז:28-יח:19	דף אחד
פ	RNL Firkowitch II 1017 (לשעבר)	שטרות לח:2-מא:12	דף אחד
צ	T–S K 18.1a	שטרות כג:1-כו:9	גיליון, לקוי
ק	T–S Ar. 52.190	שטרות כד:14-כה:16; ל:7-לב:5	גיליון
ר	T–S Ar. 18 (1).14	שטרות ט:13-יא:4	דף אחד, לקוי מאוד
ש	T–S G 2.68	שטרות כז:12-לא:12	דף אחד
	Bodl. MS. Heb. d 62 fol. 47	שטרות לא:21-לו:1	דף אחד, לקוי
$ש_1$	T–S K 25.249	שטרות מז:9-מט:10	גיליון (רק דף אחד שייך)
ת	NLI Heb. 8° 1496	שטר ב:4-30; (שטר יג)	דפים 48, 98-99 מתוך כתב־יד גדול
$ת_1$	T–S NS 303.97 + T–S NS 303.98	שטרות מז:5-15; מח:4-16; מט:1-13; נ:1-15	גיליון, לקוי מאוד
$ת_2$	JRL B 7062	שטרות כה:31-36; כו:3-8; לא:16-20; לב:1-5	גיליון, לקוי מאוד

רשימת הקיצורים של שמות הספריות והאוספים הבאים בטבלה

AIU = Alliance Israélite Universelle, Pairs
Bodl. = Bodleian Library, Oxford
Budapest = Magyar Tudományos Akadémie Könivtár (Hungarian Academy of Sciences Library)

CUL = Cambridge University Library
ENA = Elkan Nathan Adler Collection, Jewish Theological Seminary of America Library, New York
JRL= The John Rylands Library, The University of Manchester
Mosseri = The Jacques Mosseri Genizah Collection at Cambridge University
NLI = The National Library of Israel (formerly The Jewish National and University Library, Jerusalem)
RNL = Russian National Library, St. Petersburg
T–S = Taylor–Schechter Collection, CUL

ט. תיאור המהדורה

המהדורה המובאת כאן מבוססת על כל קטעי החיבור הידועים לפי שעה, ומקור כולם בגניזה הקהירית. עשינו שימוש אף במובא בשם רס״ג בכתב־היד של הרב אביכזיר שאין מקורו בגניזה, אך חשיבותו מצומצמת ביותר, כאמור לעיל.[160] כל הקטעים שפורסמו בעבר נבדקו מחדש לצורך התקנת מהדורה זו, וכלולים בה עוד עשרות קטעים שטרם ראו אור. כמעט כל הקטעים נבדקו במקומות הימצאם מלבד בדיקות חוזרות ונשנות של תצלומיהם.[161] חלוקת הטקסט במהדורתנו זהה לחלוקתו בידי מחברו חוץ מן השער האחרון. כמו שציינו לעיל בתיאור מבנה הספר, השער הזה במקורו כלל פתיחה קצרה ואחריה דיונים בחמישים וארבעה שטרות ואזכורים של עוד עשרה שטרות המיוחדים לשימושם של ראשי העם. כאמור בראשית דברינו, רס״ג חילק את חמישים וארבעה השטרות לשלוש קבוצות בנות שמונה־עשר שטרות כל אחת (תחילה השטרות השכיחים ביותר, אחריהם השטרות שתדירות השימוש בהם נמוכה יותר ולבסוף השטרות אשר מבין אלה שכלל בספרו היו הנדירים ביותר) ומִסְפֵּר בנפרד את השטרות שבכל קבוצה. מטעמים של נוחות השימוש הוספנו לשטרות האלה בבחינת כותרות מספרים שוטפים וכן את שמות השטרות בעברית או בארמית. השמות שאובים בדרך כלל מלשונו של רס״ג בתחילת כל שטר. את הכותרות רשמנו בסוגריים מרובעים כפולים. גם את אזכורי השטרות המיוחדים לראשי העם הבאנו ביחידה נפרדת וכינינו אותה

160 פרטים על כתב־היד ועל השימוש בו במהדורה המובאת כאן ראו לעיל, עמ׳ 44 והערה 159. מלבד המקורות הנזכרים יש עוד שני ציטוטים מן החיבור הבאים בספר השגות רב מבשר הלוי על רס״ג (מהדורת צוקר, עמ׳ 37–38, 93–94), וראו להלן בתרגום, שער ג, הערות 2, 8. לא רשמנו שינויי נוסח על־פי ציטוטים אלו.

161 לא בדקנו במקור את שני הדפים השמורים בספריית האקדמיה ההונגרית למדעים בבודפשט (לפרטים ראו טופס ס בטבלת כתבי־היד, לעיל, עמ׳ 48), שתצלומים טובים שלהם נדפסו במאמרם של האן ושייבר, ׳מספר השטרות לרס״ג׳ (עמ׳ 240–243).

׳נספח׳. אלה אפוא יחידות החיבור במהדורה המובאת כאן: הקדמה, שערים א-ח (בשער ח באה, כאמור, רק הפתיחה הקצרה של יחידה גדולה זו), שטרות א-נד (במספור שהוספנו לשטרות פסחנו על מספרי השטרות החסרים לפי סדרם כ-כב, מב, מה, נא) ונספח. בשולי היחידות האלה, בראש רשימת שינויי הנוסח של כל יחידה ויחידה, ציינו אילו חלקים של אותה יחידה באים באילו טפסים, אילו מן הטפסים באים בנוסח היסוד, ואילו מהם שימשו להשוואה ולרישום שינויי הנוסח (הטפסים מזוהים על־פי הסימנים הרשומים בסעיף הקודם; טבלה המפרטת את הקטעים ששרדו ואת חלקי הספר שהשתמרו בכל קטע ששרד לפי חלוקה לטפסים ראו לעיל, עמ׳ 46–48). אף הערנו שם בקצרה על ליקויים בקטעים מסוימים שהגבילו את יכולתנו לנצלם, אם כי לא ירדנו לפרטים בתיאורים אלו. מובן מאליו שבכל מקום נתון השיקול העיקרי בבחירת כתב־יד מסוים לנוסח יסוד היה איכות הנוסח ורציפותו מתוך שאיפה שהתיקונים בנוסח המובא בפנים המהדורה והתערבות המהדירים בו יהיו מינימליים.

בההדרת הטקסט נשארנו צמודים באופן כמעט מוחלט לכתבי־היד המשמשים בסיס למהדורה. אף במקומות שבהם הנוסח שבכתב־היד המשמש יסוד לקטע נתון נראה לנו בבירור משובש לא סטינו מגרסתו בלי לציין זאת בציונים טיפוגרפיים מיוחדים המוסברים להלן, וכך נהגנו גם בענייני כתיב (ובכלל זה השימוש הבלתי עקיב בנקודות דיאקריטיות). כמו כן הבחנו בין מקומות שניכרים בהם בבירור סימני דיו אך פיענוחם אינו ודאי ובין מקומות שבהם כתב־היד עצמו לקוי (היינו קרוע או מחורר) או מטושטש (היינו הנייר או הקלף אינם פגומים, אך שכבת הדיו פגועה עד כדי כך שאי אפשר לקרוא את הכתוב), ולכל אחד מן המקרים יוחד סימן (ראו להלן ברשימת הסימנים המשמשים במהדורה). בהשלמות ובהוספות (גם אלה שיש להן ביסוס בעדי נוסח מקבילים) השתדלנו לנקוט את הסגנון הנוהג בנוסח היסוד של הקטע (היינו כתיב חסר או מלא, נו״ן או מ״ם בסיומת הרבים וכיו״ב). כל הקיצורים שבנוסח היסוד הושלמו והשלמתם צוינה בסימן מיוחד. את יחידות הטקסט חילקנו לפי שיקול דעתנו לפסקאות ענייניות לנוחיות הקוראים.

בחטיבת שינויי הנוסח הבאנו את כל הגרסאות הבאות בעדי הנוסח המקבילים ושאינן מסכימות עם נוסח הפנים. הגרסאות החלופיות נרשמו בהשוואה אל נוסח הפנים כנתינתו בגוף המהדורה על כל ההוספות, ההשלמות והתיקונים שבו. שאפנו לרשום את שינויי הנוסח בדיוק מרבי ובכלל זה חילופי כתיב ונקודות דיאקריטיות. באופן כללי לא ציינו את הסכמתם של העדים המקבילים עם נוסח הפנים אלא אם כן הצגנו בגוף המהדורה נוסח שונה מגרסת כתב־היד המשמש יסוד באותו המקום והנוסח שאימצנו בפנים (הוספה, השלמה או תיקון) מתועד בעדי הנוסח המקבילים.

את הסכמתם של העדים האלה לנוסח שאימצנו ציינו על־ידי רישום סימנם מיד אחרי הסימן המפריד בין הלמה לגרסאות החלופיות. עוד עלינו להדגיש שלא ציינו דבר במדור שינויי הנוסח גם במקומות שעד נוסח המקביל לנוסח היסוד לקוי בהם או שקריאתו במקומות אלו מסופקת ולא ברור אם גרסתו שם היא כגרסת נוסח הפנים אם לאו. מצד אחר ציינו במפורש שעד נוסח המקביל לנוסח הפנים לקוי או מטושטש במקום שמתועדים בו שני נוסחים או יותר השונים זה מזה, אך מחמת הפגם באותו העד אין לדעת מה נוסחו ואי אפשר להסתייע בו להכרעה בין הנוסחים.

תרגום לעברית מידנו נדפס מול הנוסח בערבית־יהודית של ספר השטרות במהדורה המובאת כאן. קטעים של הספר תורגמו ופורסמו בעבר. בעת הכנת התרגום שלנו בדקנו את דיוק התרגומים האלה ואף הסתייענו בהם. ניסינו להיצמד אל נוסח המקור עד כמה שיכולנו בלי לשבש את בהירות הנוסח העברי. כמו כן תרגמנו מארמית לעברית את ציטוטי לשון השטרות המשובצים בתוך הטקסט, אך את הציטוטים מספרות חז״ל הבאנו כלשונם וכנתינתם בטקסט בלא תרגום. על הקורא לדעת שהתרגום הוא של נוסח הפנים על ההוספות, ההשלמות והתיקונים שאימצנו במהדורתנו בלא שציינו מקומות אלו בגוף התרגום. במקומות שאנחנו סבורים שאפשר לשחזר באופן מדויק למדי את תוכנו של קטע החסר בכל עדי הנוסח הבאנו בסוגריים מרובעים את תרגומו לעברית של הנוסח הערבי המשוער. לכן המבקש לקבוע על־פי התרגום שרס״ג כתב דבר מסוים חייב להשוותו גם אל נוסח המקור בפנים המהדורה וגם אל שינויי הנוסח אם ישנם. הציונים להערות התוכניות באים רק בתרגום וגם הוספנו בו בסוגריים ובאות קטנה מראי מקום למובאות מן המקרא ומספרות חז״ל.

מתווה המהדורה וסימניה

חלוקת הטקסט ליחידות תוארה לעיל (עמ׳ 49). במִפתח הספר מובאים בעמוד הימני הטקסט בערבית־יהודית מחולק ליחידות ומותקן לפי כללי ההדרה שתוארו לעיל. לכל יחידה טקסטואלית (הקדמה, שער, שטר) מובא פירוט הטפסים המשמשים בה אם בבחינת נוסח יסוד אם בבחינת עדי נוסח מקבילים. הטפסים רשומים לפי רצף שורות היחידה ובאים בראש מדור שינויי הנוסח הנוגעים לאותה היחידה. לשם נוחות ההפניה ורישום שינויי הנוסח ניתן מונה־שורות לכל יחידת טקסט. כמו כן צוין בשולי המהדורה סימנו של הטופס המשמש נוסח יסוד בכל קטע וקטע. במדור שינויי הנוסח מובאים כל השינויים הנוגעים לשורה נתונה, לפי סדר הטקסט: אחרי מספר השורה מובאות המילים מתוך נוסח הפנים שיש להן גרסאות חלופיות ובהמשכן סימן הפרדה; אחריו רשומות גרסאותיהם של עדי הנוסח המקבילים

בלוויית סימני הטפסים המתאימים. בין שינויי הנוסח לגרסאות פנים שונות זו מזו שבאותה שורת טקסט מפריד קו. ציינו את המספר הסידורי של היקרותה של מילה החוזרת יותר מפעם אחת בשורה רק כאשר מרצף שינויי הנוסח לשורה אין לדעת לאיזו מן ההיקרויות הכוונה.

בעמוד השמאלי בא תרגום הטקסט לעברית ובשוליו הערות שמוספרו בנפרד בכל יחידה ויחידה. ואולם לעתים מחמת אילוצי העימוד ההערות מתפרשות על שני צִדי המִפתח – ראשיתן בעמוד הימני מתחת למדור שינויי הנוסח והמשכן ממול, בעמוד השמאלי בשולי התרגום. השתמשנו בסימני ההדרה בתרגום במקרים חריגים בלבד.

רשימת סימני הטפסים של כל עדי הנוסח המשמשים במהדורה באה לעיל בעמ׳ 45.

הסימנים המשמשים במהדורה

א̊	אות שקריאתה מסופקת
.	אות לא קריאה
·	נקודה מרכזית, סוף פסקה עניינית
(( ))	המובא בסוגריים מחוק או סומן למחיקה בכתב־היד
( )	המובא בסוגריים מיותר ויש למחקו
( ) [ ]	המובא בסוגריים העגולים משובש ויש לתקנו בהתאם למובא בסוגריים המרובעים
[ ]	חסר בכתב־היד מחמת ליקוי או טשטוש. גודל המקום הריק כמספר המשוער של האותיות החסרות
[אאאא]	השלמת החסר במקום לקוי או מטושטש בכתב־היד
[אאאא?]	השלמה מסופקת של חסר במקום לקוי או מטושטש בכתב־היד
[···]	חסר גדול בכתב־היד
⟦ ⟧	כותרת מיד המהדירים שאינה בעדי הנוסח ואינה באה במניין השורות של היחידה
{ }	הוספת המהדירים (על־פי מקור מקביל או סברה) שאינה בגדר השלמה למקום לקוי
< >	הוספה בין השיטין או בגיליון של כתב־היד
⌜ ⌝	השלמת קיצור בידי המהדירים
א°	גרסת עד הנוסח א פגומה או מטושטשת בחלקה
אאאא°	המילה בגרסתו של עד נוסח מקביל פגומה או מטושטשת בחלקה

הסימנים המשמשים בתרגום

[ ]	במקביל לציון במהדורה: חסר בכתב־היד מחמת ליקוי או טשטוש או מילה קשה לפיענוח
[אאא]	השלמה משוערת רק בתרגום בהעדר עדי נוסח
[···] [אאא···]	לקונה גדולה, השלמה משוערת בלא עדי נוסח בתוך לקונה גדולה
( )	הוספה או השלמה ברצף הטקסט לשם הבהרתו
(=אאא)	פירוש לכינויים רומזים והסברים שאינם באים ברצף טקסט
(...?)	ספק אם נדרשת עוד הוספה מיד המהדירים

כתאב אלשהאדאת ואלותֿאיק

ספר העדויות והשטרות

ס כתאב אלשהאדאת ואלותאיק

קאל גאמעה הדא גז מן אגזא כתאב אל פקה אלדי אנא עדיד תאליפה לכני ראית אן אסבק בהדא אלגזו למא שאהדת מן שדה חאגה אלאמה אליה ועלמת עטים מא תנתפע בה·

ואקול פי פאתחתה תבארך אללה אלאה אסר׳איל׳ אלחק אלמבין גאעל אלחק אשרף אלמעלומאת אמא בעד פאן אלחק הו מא קאם פי אלעק‹ו›ל אלסאלמה מן אלאפאת וצח ענד אל נפוס אלמדברה בה והדא אלחד מע אסתפאצתה פי מא בין אלעלמא קאל אלכתאב ענה כלם נכחים למבין וגו׳מר׳ ווגדת אול מה יוגבה אלחק הו אעתקאד אן למחיט אל עאלם ומרכזה כאלקא פעלמת אן מן אגל דלך קאל וייי א׳לה׳ים אמת הוא א׳לה׳ים חיים ומלך עולם תם אן אמרה ונהיה אלעקליין ואלמסתחסן מוגובהא ואל מסתקבח ממנועהא איצא חקא ולדלך ‹קאל› ראש דברך אמת תם שראיעה אלסמעיה אלמעלומה בתוסט אלרסל כלהא חקא ולדלך קאל קרוב אתה ייי וכל מצותיך אמת ואנחו מן אלשראיע אלסמעיה נחו אל אחכאם לאני ראית אלכתאב יתוכא פי תסמייתהא חקא אכתר מן סאיר אלשראיע כקו׳לה׳ כה אמר ייי צבא׳ות׳ לאמר משפט אמת שפטו וג׳ומר׳·

המקורות לנוסח היסוד: לשורות 1–45 (אלאוקאת) טופס ס; לשורות 46 (עלי)–75 טופס א.

המקור המקביל: לשורות 1–8 (וגו׳מר׳) טופס ב.

1 אלשהאדאת ואלותאיק] אלשהאדה ואלותאיק ממא אלפה ר׳ סעדיה גאון ז״ל ב 2 גז] גֿז ב ׀ כתאב] ליתא ב ׀ אל פקה] אלפקה ב ׀ תאליפה] לתאליפה ב 3 אלגזו] אלגֿזו ב ׀ חאגה] חאגֿה ב 5 אלאה] אלה ב ׀ גאעל] גֿאעל ב 6 אלמעלומאת] אל מעלומאת ב ׀ אלסאלמה] אלסלימה ב 7 אל נפוס] אלנפוס ב ׀ בה] בהא ב 8 אלכתאב] אלכת׳ ב ׀ וגו׳מר׳] וישרים למוצאי דעת ב 11 אלעקליין ואלמסתחסן] אולי יש לקרוא אל עקליין ואל מסתחסן ס

---

1 למשמעות פסקה זו ראו לעיל, עמ׳ 7–10.

2 כמו שנהגו המחברים המוסלמים כן הגאון פותח בשבחי ה׳. סיום הקטע הזה, שכאן הוא קצר מאוד, מצוין במילים ׳אמא בעד׳, ואחריו המחבר מגשר בין דברי השבח הכלליים ובין נושא חיבורו. השוו אל ספר הירושות לרס״ג, מהדורת מילר, עמ׳ 1–8; ברודי, חיבורים הלכתיים, עמ׳ 12–23; ספר האמונות והדעות לרס״ג, מהדורת קאפח, עמ׳ א; לוין, ׳ספר השותפות לרשב״ח׳, עמ׳ 43–45.

ספר העדויות והשטרות

[הקדמה]

אמר מאספו: זה חלק מחלקי 'כתאב אלפקה' (='ספר ההלכה') אשר אני מתכונן לחברו, אולם ראיתי להקדים את החלק הזה משום שנוכחתי בנחיצותו הרבה לאומה וידעתי את גודל התועלת שתפיק ממנו.[1]

ואומַר בפתיחתו: יתברך האל, אלוהי ישראל, האמת הברורה, העושה את האמת לנכבדה בידיעות. אולם אחר כך (=ולעצם העניין):[2] האמת היא מה שנקבע בשכלים הנקיים מן הפגמים והתאמֵת בעיני הנפשות הנוהגות על־פיה. ועל הגדרה זו, שאמנם היא נפוצה בקרב החכמים, (בכל זאת) אמר הכתוב: 'כלם נכחים למבין' וגו' (מש' ח:ט).[3] ומצאתי שהדבר הראשון שהאמת מחייבת הוא האמונה כי להיקף העולם ולמרכזו יש בורא, והבנתי כי משום כך אמר (הכתוב): 'וייי אלהים אמת הוא אלהים חיים ומלך עולם' (יר' י:י). ועוד (מצאתי) שמצוות העשה והלא תעשה שלו השכליות וחיוב הדברים המשובחים ומניעת הדברים המגונים גם הם אמת,[4] ולפיכך אמר (הכתוב): 'ראש דברך אמת' (תה' קיט:קס). ועוד (מצאתי) שמצוותיו השמעיות, הידועות באמצעות הנביאים, כולן אמת, ולפיכך אמר: 'קרוב אתה ייי וכל מצותיך אמת' (תה' קיט:קנא).[5] ומן המצוות השמעיות אפנה אל המשפטים משום שראיתי כי הכתוב נוהג לכנותם 'אמת' יותר מאשר את שאר המצוות, כאמרו 'כה אמר ייי צבאות לאמר משפט אמת שפטו' וגו' (זכ' ז:ט).[6]

---

3 כלומר, מקורות השכל והמסורת מאשרים זה את זה. השוו אל הדיון של רס"ג בהקדמתו לספר האמונות והדעות, מהדורת קאפח, עמ' יד-כג, וראו וידה, 'עיונים ברס"ג'.

4 למרכזיותו של רעיון זה באסלאם ראו קוק, סור מרע.

5 רס"ג מפרש את 'ראש דברך' כיסודות מוסריים שכליים, ואילו את 'מצותיך' הוא מפרש כציוויים 'באמצעות הנביאים', היינו מצוות שמעיות.

6 בעניין ההבחנה בין מצוות שמעיות לשכליות, שהיא הבחנה מרכזית בפילוסופיה הדתית בימי הביניים (ובהגות היהודית שורשיה נעוצים כבר בספרות חז"ל), השוו אל ספר האמונות והדעות לרס"ג, תחילת המאמר השלישי (מהדורת קאפח, עמ' יד-כג); פירושי רס"ג לבראשית, מהדורת צוקר, הקדמה, עמ' יח-כג; סקלר, רשב"ח, עמ' 148-152. אף על פי שעצם הצורך במשפטים המסדירים את היחסים בין אדם לחברו הוא 'שכלי' רס"ג מסווג כאן את המשפטים בגדר מצוות שמעיות שכן תוכנם הספציפי שרירותי במידה רבה. גם בספרות חז"ל 'משפטים' נתפסים כדברים הקרובים לשכל, וראו למשל אורבך, חז"ל: אמונות ודעות, עמ' 283 והערה 16.

פאקול אן אלנאט̇ר פי הד̇א אלכתאב יתעגב מן תסמיתה חקא עגבא טוילא פיקול כיף והי מוצ̇ועה קואעדהא עלי כלאם אלכצום דאירה אקטאבהא עלי מקאל אלשהוד ומא מן כצם יתכלם בדעוי או בגואב ענהא אלא וימכן אן יכון לם יחכם אלעבארה בלפט̇ה עמא פי נפסה וכדלך מא מן שאהד אן יחכי מא חצ̇רה אלא וימכן אן יקצר פי אל חכאיה או יתסע חתי יכרג ען חד אלשי אלמחכי פאדא כאן הדאן אצלהא פכיף תכון פרועהא חקא בל פי אמר אלשהוד אפה אעט̇ם ממא נצף מן קלה אלבצר באלחכאיה והו אנהם ימכן אן יכון אט̇הרו צ̇ד מא אסרו פאלחאכם יט̇ן אנהם צאדקין והם כאדבין פי אלחקיקה והדא ממא יזיד אלחכם בעדא מן אן יכון חקא·

פאוגבת אן אתבת פי צדר הדא אלגז אלכשף ען הדה אלשבה אלתי תכאמר קלוב אלנאט̇רין ואקול אן אלחכים תבא˹רך˺ ותעאלי ‹לם› ילזם אלחכאם אלאעתקד אן מא שהד בה אלשהוד חק לכנה אלזמהם אמצ̇א אלחכם בשהאדה שאהדין והם מע דלך מעתקדין אנהמא פי אלממכן אן יכונא כאדבין (במא) [כמא] פיה אן יכונא צאדקין ואן אלחכים מע דלך לא יאמר באמצ̇א אלחכם̊ עלי קולהמא אלא וקד תצ̇מן לל מחכום עליה תעויצ̇א מן מאל לעלה אן יגרמה בקולהמא ונעימא פי אלדאר אלתאניה מן אכתראם (מזהדה) [מן הדה] אלדאר לעלה אן יגרי עלי אידיהמא פעלי אלחאכם אן ימצ̇י אחכאם אללה כמא אמר ויעתקד אן ואצ̇עהא לא בד מן אן יפעל מא תוגבה אלחכמה להא·

ואנמא צאר אלחכם בשהוד לא בד מן כונה פי אלאצל לתוסט אלכלק ו(א)לאכתיאר אלסו פיקע מנהם אלגחוד ללסואלף מן אלאמור פוגב אן יכון בינהם חאל מנצפה ואלאמר פי תחדידה עלי מקדאר מא לל ר̊אד לה או אלמתבת פאכתצר עלי וצ̇עהא ((עלי)) בשאהדין פאן ראם ראים תגייר הדה אלכמיה אלי זיאדה ואלי נקצאן כאן מא יטען בה פיהא מוגודה̊ פי כל כמיה יאתי בהא חתי תתכאפא אלכמיאת ותרגח הדה אלכמיה באכתיאר אלחכים להא·

28 אלאעתקד] אולי יש לקרוא אלא י̊עתקד ס

---

7 עד כאן עסק רס״ג בפער שבין האמת הצרופה ובין פסיקת הדיין, ועתה הוא פונה לשאלת האפשרות שפסיקה המבוססת על נתונים שגויים תפגע בזכויות הצדדים. שאלה זו היא פן של שאלת הצדק האלוהי שאף היא מרכזית בהגות הדתית. עיינו, למשל, בספר האמונות

ואומַר שהמעיין בספר זה ישתומם השתוממות רבה מכינויו (של המשפט) 'אמת' ויאמר: הכיצד? הרי יסודותיו מושתתים על דברי בעלי הדין וציריו סובבים על דברי העדים! ו(הרי) אין בעל דין אשר יטען טענה או יענה עליה בלי שתעלה האפשרות שאינו יודע לבטא היטב במילים את אשר בנפשו. וכמו כן אין עֵד אשר יספר מה שנכח בו בלי שתעלה האפשרות שמא קיצר בסיפור או הרחיב עד שחרג מגבולות הדבר המסופר (=שהוא מעיד עליו). וכאשר שני הדברים האלה הם שורשיו (של המשפט), כיצד יהיו ענפיו אמת? יתר על כן, בעניין העדים יש פגם חמור יותר ממיעוט היכולת לספר (את הדברים) שתיארנו, והוא: ייתכן שהם (=העדים) יבטאו כלפי חוץ את ההפך ממה שהסתירו (בלבם), והדיין יהיה סבור כי הם דוברי אמת ולמעשה הם מכזבים. ודבר זה מוסיף להרחיק את המשפט מלהיות אמת.

(לכן) אני צריך לקבוע בפתיחת החלק הזה את פתרון הספקות הללו, המקננים בלִבות המעיינים, ואומַר: החכם (=ה') יתברך ויתעלה אינו מחייב את הדיינים להאמין כי מה שהעידו העדים אמת הוא (בהכרח), אך הוא מחייבם לפסוק את הדין על־פי עדות שני עדים – אף על פי שהם (=הדיינים) מאמינים כי ייתכן ששניהם מכזבים כמו שייתכן שהם דוברי אמת – ו(להאמין) שעם זאת ה' לא היה מצווה לפסוק את הדין על סמך דברי שניהם אלא אם כן כבר ערב למורשע בפיצוי על ממון, שאולי ייקנס בו על סמך דבריהם, ובנועם בעולם הבא למי שיוכחד מן העולם הזה, שמא ייגרם (לו עוול) בידי שניהם (=העדים). על הדיין לפסוק את משפטי האל כמו שהצטווה ולהאמין כי מי שקבע אותם (=האל) פועל בהכרח על־פי מה שמחייבת אותו חכמתו.[7]

ואולם מן ההכרח שקביעת הדין על־פי עדים תהיה עיקר בשל בינוניות הבריות והבחירה (שלהם) ברע,[8] שבגללן הם מכחישים לעתים מאורעות שאירעו, ו(לכן) חייב להיות ביניהם מצב מבורר. והציווי להגבילהּ (=את העדות) למכסה (קצובה) למי שסותר אותו (=את בעל הדין או את התובע) או מאמתו הרי הצטמצם בקביעתה (של המכסה) לשני עדים. ואם ירצה מישהו לשנות מכסה זו, להוסיף או לגרוע, הרי כל מה שיטען נגדה נמצא בכל מכסה שיביא עד שישתוו המכסות (מצד עצמן) ותועדף מכסה זו (של שני עדים) משום שהחכם (=ה') בחר בה.[9]

והדעות לרס"ג, מאמר רביעי, סעיף ה (מהדורת קאפח, עמ' קנט-קסא); פחרי, פילוסופיה מוסלמית, עמ' 61–71; בן־שמאי, 'חלוקת המצוות'.

8 ראו ספר האמונות והדעות לרס"ג, מאמר רביעי, סעיפים ג-ו (מהדורת קאפח, עמ' קנה-קסח; ולעניין האדם הבינוני השווה אל עמ' קפח שם).

9 לסוג זה של טיעון השווה, למשל, את דברי הרמב"ם במורה הנבוכים ג:כו.

וגעל אחצ̇ארהמא עלי אלמטאלב לאנה ידעי שיא כאן וכצמה יקול אן דלך אלשי לם יכון ומא יקאל אנה כאן יצח במשאהדה דלך אלוקת ומא יקאל אנה לם יכן לא יצח עלי הדא אלסביל אלא במשאהדה גמיע אלאוקאת [ויחסן אן
א יוגב אלמטאלב] עלי אחצ̇אר קום פי וקת דפעה אלמאל אלי[ה] חתי ישהדון באנה קד קבצ̇ה ואנה קד דפעה מן כצמה עלי אחצ̇אר קום ישהדון אנהם לם יפארקוה פי ‹טול› תלך אלמדה חתי צח להם [אן] מטאלבה לם ידפע אליה מאלא·

ואמא מא יכו[ן] פי אלקלוב מן קלה בצר אלכצמין בחכאיה מא יקצדאן אליה פאן הדא לו חתי יכון כדלך לם י‹נ›קדח מנה פי אלחכם שיא לאן אלחאכם אנמא יחכם עלי מא יט̇הר לה מן אלקול לא עלי מא בטן ענה איד ליס דלך פי אלטאקה וינבגי אן ינזל כל מתכלם פי מגלס {מ}חכמה מן כצם ושאהד מנזלה אלעארפין אלעאלמין פאן כאנו הם בעלם ומערפה יתכלמון סלם ללמטאלב מאלה וללשאהד דינוה ‹ואן כאנו עלי גיר כסר אלמטאליב מאלוה ואלשאהד דינוה› אלא אן כפארה אלשאהד אעט̇ם בעט̇ם כטר אלדין עלי אלמאל ו{ל}דלך אן סאהלו אלכצום ולם יחקקון אלפאט̇הם כמא ינבגי פליס יגוז ללשהוד יסא(י)[ה]לוהם איצ̇א לאן אלאיך מבאח להם אלתסאהל פי מאלהם והאולי מחט̇ור עליהם אלתסאהל פי דינהם ולדלך קאל אלכתאב ואעידה לי עדים נאמנים אוגב אן יכונא אומנא מאמונין עלי דינהם ועלי גירהם·

ואיד קד סוקת אלכלאם אלי הדא פינבגי אן אקול אן גרץ̇ הדא אלכתאב הו תחקיק חכאיה ((אל)) אלפאט̇ אלשהוד לל[שאה]דה פי קול ופי כתאב ואלאחאטה באתצ[אל] [א]ל[א]מרין תתבית ח׳ אבואב פאדכר א[ו]ל̊[א] אסמאהא תם שרוחהא והו גמיע הדא אלכתאב פיכון הדא אלכתאב יסירא מקדארה כבירא מנפועה·

---

10 מתברר שכאשר מצרפים את טופס **א** לטופס **ס** החסר בשורות 45–46 בטקסט מצומצם מאוד, ואפשר להשלימו כמו שהצענו כאן או באופן דומה לזה.

11 כלומר, אף אם כתוצאה מכך יפסוק הדיין בניגוד להלכה שהיה עליו לפסוק על־פיה אילו ידע את כל העובדות, אין בדבר משום פגם עקרוני לא במערכת המשפטית בכלל ולא במשפט המסוים שבו פסק כך בפרט.

ו(ה') הטיל את הבאת שניהם (=העדים) על התובע מפני שהוא טוען לדבר־מה שהתרחש ובעל דינו טוען שדבר זה לא התרחש. ומה שנאמר עליו שהתרחש מאומת באמצעות עדות על אותו הזמן, ומה שנאמר עליו שלא התרחש אינו מאומת בדרך זו אלא באמצעות עדות על כל הזמנים. ועדיף לחייב את התובע[10] להביא אנשים בזמן שהוא מוסר לו (=לנתבע) את הממון כדי שיעידו שהוא (=הנתבע) קיבלוֹ ושהוא (=התובע) מסרוֹ מ(לחייב את) בעל דינו להביא אנשים שיעידו כי לא עזבו אותו לאורך התקופה ההיא כדי שיאומת להם שהתובע אותו לא מסר לו ממון.

ובאשר ל(חשש) המצוי בלבבות בדבר מיעוט הבנת בעלי הדין בְּסיפור מה שהם מתכוונים אליו, גם אם כך הדבר, לא ייגרע בגללו דבר מן המשפט,[11] שכן הדיין דן רק על־פי מה שנגלה לפניו מן הדיבור, לא על־פי מה שנסתר ממנו, שכן דבר זה אינו אפשרי. ועל כל המדבר במושב בית דין, בעל דין או עד, להיות במדרגת המכירים והיודעים, (שכן) אם ידברו מתוך ידע והכרה, יינצלו ממונו של התובע ודתו (=והתנהגותו על־פי הדת) של העד. ואם הם (ידברו) מתוך אי (ידיעה והכרה) יפסיד התובע את ממונו והעד את דתו, אלא שכפרת (עוונו של) העד קשה יותר בה במידה שחשיבות הדת רבה מ(חשיבות) הממון. ולכן (אף) אם הקלו בעלי הדין ולא דייקו בדבריהם כראוי, אסור לעדים להקל בהם (=בדברי העדים) גם כן, שכן הללו (=בעלי הדין) מותר להם להקל בממונם, והללו (=העדים) אסור להם להקל בדתם, ולכן אמר הכתוב: 'ואעידה לי עדים נאמנים' (יש' ח:ב) — עליהם להיות מהימנים ואמינים בדתם ועל זולתם.

מאחר שכבר הובלתי את הדיבור ל(נקודה) זו, עליי לומר שמטרת הספר הזה היא (להשיג) דיוק בניסוח מילות העדים בעדות — בדיבור ובכתב.[12] וכדי להגיע לשני העניינים הללו ב(מלוא) היקפם יש לקבוע שמונה שערים. ואזכיר תחילה את שמותיהם ואחר כך את ביאוריהם, וזהו כל הספר הזה.[13] וספר זה יהיה אפוא מועט בכמותו ומרובה בתועלתו.

12 מטרת הספר היא להדריך מלכתחילה את העדים בדינים הנחוצים להם כדי שעדותם תהיה תקינה, ואין מטרתו לדון בכל המצבים הבעייתיים העשויים להיווצר בדיעבד. השוו אל האמור לעיל בעמ' 7-10. אמנם עיקר הספר מיוחד לעדות בכתב (=שטרות), אך חלק ניכר מן הדינים המובאים בשערים הכלליים, ובייחוד בארבעת השערים הראשונים, חלים אף על עדות הנמסרת בעל־פה.

13 למשמעות הדברים ראו לעיל, עמ' 6-7.

אסמא אלאבואב

אלבאב אלאול מערפה אלשאהד בנפסה הל יצלח אן יש[הד] ללמשהוד לה ועליה אם לא
אלבאב אלתאני מערפה אלשאהד באלמשהוד עליה
ואלבאב אלתאלת מערפה אלשאהד באלנכת אלתי תקע עליהא אלשאהדה
ואלבאב אלראבע מערפה אלשאהד כיפייה אלשהאדה
ואלבאב אלכאמס ואגאבת אלזמאן אלמשהוד פיה
ואלבאב אלסאדס ואגאבת אלמכאן אלמשהוד פיה
ואלבאב אלסאביע אלאגראץ̇ אלעאמיה לגמיע אלותאיק
ואלבאב אלתאמן אלאגראץ̇ אלכאציה לכל כתאב מנהא·

שמות השערים

השער הראשון: הכרת העד את עצמו, אם יכשר להעיד למי שהוא מעיד בעדו וכנגדו אם לאו

השער השני: הכרת העד את מי שהוא מעיד עליו

השער השלישי: ידיעת העד את הפרטים אשר העדות נוגעת אליהם

השער הרביעי: ידיעת העד את אופן העדות[14]

השער החמישי: חיובי הזמן שבו מעידים

השער השישי: חיובי המקום שבו מעידים

השער השביעי: המטרות הכלליות של כל השטרות

השער השמיני: המטרות המיוחדות של כל אחד מן השטרות

14 עד כאן עסק המחבר בדינים הקשורים לעדות בכלל (בכתב ובעל־פה), ומכאן ואילך הוא יעסוק בעניינים הקשורים בשטרות דווקא. חלוקה זו מתאימה לשם הכפול שנתן לחיבורו: 'ספר העדויות והשטרות'.

שרח אלבאב אלאול מערפה אלשאהד בנפסה הל יצלח אם לא יצלח לישהד

עלי צ̇רבין אמא לא יצלח לישהד שהאדה בתה מן אגל עיב פי גסמה מתל חרש שוטה סומא ומה אשבה אם פיעל גיר מרצ̇י מן אפעאלה מתל מלוה בריבית ומסור וגזלן ומשחק בקוביה וסאיר מא פי אלהלכה פאן דלך אלי אלחאכם ושרח דלך דאכל פי גמלה [כתאב] אלפיקה איד הדה אמור עמאייה ואמא אלא יצלח לישהד תלך אלשה[אדה] [···]

ז [···] האולי אלמנאזל ת֯ד֯ד֯ [ ].ה כ֯תאנ֯י֯ מע תאלת פפי֯ תאלת מע תאלת ו֯מ֯א ורא דלך [ ] אן אתי במא פי אל אב֯א֯ מן אל דלי֯ל עלי הדא בק֯ו֯ל מכתצר וכדלך אל֯..ע בכל מא בעדה באכתצאר ואקול אן גא [ראשו]ן בראשון וש֯ני בראשון ושני בשני ושליש֯י֯ בר֯אשון פסולין שלישי בשני כשר וה֯ד֯ה֯ בי֯אנא הדה אלארבעה מנאזל בלגת אלאשכאץ֯ אלמתפרעה מנהא תמאני֯ן שכצא אלג֗ד ללאב ואכיה וא[כ]ת֯ה מן אביה ואכיה ואכתה מן אמה ואל ג֗ד ללא֯ם ואכיה ואכתה מן אביה ואכיה ואכתה מן אמה ואלג֗דה ללאב ואכי֯הא ‹ואכתהא› מן אביהא ואכיהא ואכתהא מן אמהא ואלג֗דה ללאם ואכיה֯א ואכתהא מן אביהא ואכיהא ואכתהא מן אמהא ואלאב נפסה [ואכיה מן אביה ואבנה ואבנתה ואכתה] מן אביה ואבנהא ואבנתהא ת֯ם֯ ו֯אכיה מן אמה ואבנה ואבנתה ואכתה מן אמה ואבנהא ואבנת֯ה֯א֯ ו֯אל֯אם נפסהא ואכיהא מן (אבנהא) [אביהא] ואבנה ואב֯נ֯תה ואכתהא מן אביהא

המקורות לנוסח היסוד: לשורות 1–7 טופס א; לשורות 8–26 טופס ז; לשורות 27–71 טופס ו.

המקורות המקבילים: לשורות 27–71 טופס ז, לקוי, בייחוד בשורות 47–49; לשורות 29 (אל קום) - 59 (הדה) טופס א, לקוי ומטושטש במקצת; לשורות 64 (אכרי) - 71 טופס ד.

---

1 לא ברור מה רצה הגאון לכלול במילים 'והדומה לזה' – אולי את האישה והקטן? לפסול חרש, שוטה וסומא ראו משנה גטין ב:ה; בבלי גטין כג ע"א.

2 ראו בעיקר משנה סנהדרין ג:ג ובבלי סנהדרין כד סע"ב - כז ע"ב. בדבר אופי הפסול של משחק בקובייה נחלקו האמוראים אם הוא נחשב לגזלן או יש בו פסול מסיבה אחרת, ונראה שהסוגיה נוטה למצוא בו פסול אחר, ועיינו שם, כד סע"ב - כה רע"א. לעניין מסור השוו אל מה שכתבו הרמב"ם, משנה תורה, הלכות עדות יא:י ונושאי כליו שם.

3 ספר זה, אף על פי שכותרתו מקיפה, נועד לעסוק בדיני עדות אך לא באופן ממצה אלא בעיקר באותם הדינים שיש להם חשיבות בשביל הציבור הרחב העשוי לחתום על שטרות,

ביאור השער הראשון: הכרת העד את עצמו, אם יכשר או לא יכשר להעיד

(זאת) בשני אופנים: או שלא יכשר להעיד עדות כלל בשל מום בגופו, כגון חרש, שוטה, סומא והדומה לזה,[1] או (בשל) מעשה בלתי רצוי ממעשיו, כגון מלווה בריבית ומסור וגזלן ומשחק בקובייה ושאר הדברים ש(נזכרו) בהלכה,[2] וזאת ל(הכרעת) הדיין, וביאור (עניין) זה כלול ב'כתאב אלפקה' (='ספר ההלכה') משום שאלה עניינים כלליים;[3] או שלא יכשר להעיד עדות זאת [דווקא, וזה יהיה מאחת משתי סיבות. הסיבה הראשונה היא קרבת משפחה בין העד ובין אחד מבעלי הדין או העד השני. ונסביר כאן את סוגי הקרבה שיש בהם לפסול את העד···][4]

[···] הדרגות האלה [ ] כשני בשלישי ושלישי בשלישי ומה שמעבר לזה [ ] אביא את ההוכחה שיש אצל האבות בדיבור תמציתי, וכמו כן [ ] בכל מה שאחריו בתמצית. ואומַר: אם בא ראשון בראשון ושני בראשון ושני בשני ושלישי בראשון, פסולין; שלישי בשני, כשר.[5] וזה ביאור ארבע דרגות אלו בלשון (=בפירוט) האנשים, שמסתעפים מהן שמונים פרטים: הסב מצד האב ואחיו ואחותו מצד אביו ואחיו ואחותו מצד אמו;[6] והסב מצד האם ואחיו ואחותו מצד אביו ואחיו ואחותו מצד אמו; והסבתא מצד האב ואחיה ואחותה מצד אביה ואחיה ואחותה מצד אמה; והסבתא מצד האם ואחיה ואחותה מצד אביה ואחיה ואחותה מצד אמה; והאב עצמו ואחיו מצד האב ובנו ובתו ואחותו מצד אביו ובנה ובתה, ואחר כך אחיו מצד אמו ובנו ובתו ואחותו מצד אמו ובנה ובתה; והאם עצמה ואחיה מצד אביה ובנו ובתו ואחותה מצד אביה

ואילו דיני העדות האחרים נחוצים לדיינים בלבד, ומקומם בחיבור אחר. ראו מה שכתבנו לעיל בעמ' 7–10.

4 אפשר להעריך את שיעור החסר בטקסט במקום זה (שבין שורה 7 לשורה 8) על־פי טופס א: מסתבר שבכתב־יד זה חסר דף אחד (והוא מקביל לקטע במהדורה שמסוף שורה 7 ועד 'אל קום' שבשורה 29). כיוון שבדף ממוצע של כתב־היד יש כ־340 מילים נראה שבנקודה זו חסרות כמאה מילים, ובהן פתיחת ההסבר הכללי של פסול קרובים לעדות.

5 רוב הדינים האלה ברורים ומוסכמים, ורק בנוגע לעדות של שלישי בראשון נחלקו הפוסקים. מחלוקת זו תלויה בעיקר בפרשנות הסוגיה בבבלי ב"ב קכח ע"א - קכט רע"א (ראו גם בבלי סנהדרין כח ע"א). השוו, למשל, אל תוספות לב"ב קכט ע"א, ד"ה 'אי לאפוקי מדרבא'; אוצה"ג לסנהדרין, סימנים תקכט-תקלג; ה"ג, מהדורת הילדסהיימר, ג, עמ' 23 והערה 4.

6 לעניין פסולי עדות משום קרבה, שלא כבדינים מסוימים (כגון ירושה וייבום), אין הבדל בין קרבה מצד האב ובין קרבה מצד האם (בבלי סנהדרין כח ע"א).

ואבנהאْ ואבנתהא תם ואכיהא מן [א]מْהא ואבנה ואבנתה ואכתהא מן אמהא ואבנהא ואבנתהא ואלאך מן אלאב ואבנה ואבנתה וא[ב]ן אבנْה ואבנה אבנה ואבן אבנתה ואבנה אבנתה ואלאך מן אלאם וْאבْנْה ואבנתה ואבן אבנה ואבנה אבْנה ואבן אבנתה ואבנה אבנת[ה] [ואלאכת מן א]לאْבْ [ו]אבנהא ואבנתהא ואבן אבנהאْ [ואב]נה אבנהא [ואבן אבנתהא ואבנת] אבْנْהאْ ואלאכת מן אלאם ואבנהא ואבْנْ[תהא ואבן אבנהא ואבנה אבנהא ו]אבן אבْנתהא ואבנה אבנתהא [ואבנה ואבנה ואבנתה ואבנתה] ואבْנْהא ואבנתהא פדלך [···]

ו [···] אלב' אלאולין כ[צ]הם פי מנזלה אול מע תאלתْ ומן אלאבאْ (אْלאْ אלאך כאלאכוין) [אלי אכר אלאכוין] הנאך {פ}פי מנזלה אול מע ב' והם י' וכל אבן ואבנה הנאך פפי מנזלה ב' מע ב' והם יוْ' ומן אלאך אלי אכיר אל קום כל אך הנאך פפי מנזלה אול מע אול והם ד' וכל (דאלך) [ולד] פפי מנזלה אול מע ב' הם י' וכל ולד ולד פפי מנזלה אול מע ג' והם כ'.

אלחאצרין פי מנזלה אול מע ג' מ' שכץ כ' מן פוק כ' מן אספל ופי מנזלה אול מע ב' כ' שכץ י' מן פוק י' מן אספל ופי מנזלה אול מע אול ד' ופי מנזלה ב' מע ב' ו'י' ועלי אלפ' אלמדכורין אסתתני אנהם אן שהדו פי אמר אלכרוג וגבْו כאצה.

29 ב' מע ב'] תאני מע תאני ז ׀ יוْ'] סתה עשר ז ׀ אכיר] אכר ז ׀ אל קום] אלקום אז 30 פפי] פי א ׀ ד'] ארבעה אז ׀ [ולד]] אז + הנאך ז 31 ב'] תיני א תאני ז ׀ י'] עשרה אז ׀ ולד[2]] אלולד ז ׀ ג'] תאלת אז ׀ כ'] עשרין א עשْרון ז 32 אלחאצרין] אלחْאْצל א ׀ ג' מ'] תאלת ארבעין אז ׀ שכץ] שכצא ז ׀ כ'] עשْרון ז ׀ פוק] אספל א ׀ כ'] וכ' א ועשרון ז ׀ אספל] פוק א 33 ב'] תיני א תאני ז 34 ב'[1]–ו'י'] תיני מע תינ[י] י'ו' א תאני מע תאני סתה עשר ז ׀ אלפ'] אלארבעין (!) ז ׀ אסתתני] איסתתני א ׀ שהדו] שהדוא ז ׀ אמר] אמור ז ׀ אלכרוג] אלפרוגׄ אז 35 וגבْו כאצה] כאצה וגב אלגט א וגׄב כאצה ז

ובנה ובתה, ואחר כך אחיה מצד אמה ובנו ובתו ואחותה מצד אמה ובנה ובתה; והאח מצד האב ובנו ובתו, ובן בנו ובת בנו, ובן בתו ובת בתו; והאח מצד האם ובנו ובתו, ובן בנו ובת בנו, ובן בתו ובת בתו; והאחות מצד האב ובנה ובתה, ובן בנה ובת בנה, ובן בתה ובת בתה; והאחות מצד האם ובנה ובתה, ובן בנה ובת בנה, ובן בתה ובת בתה; ובנו ובנו ובתו, ובתו ובנה ובתה. וזה [מניינם בקיצור לפי שיטת מניין השמות, וכעת נעבור למניינם לפי דרגות הקרבה···]

[···] שני הראשונים עצמם הם בדרגת ראשון בשלישי, ומן האבות ועד אחרון האחים שם; ובדרגת ראשון בשני הם עשרה, וכל בן ובת שם; ובדרגת שני בשני הם שישה־עשר, ומן האח עד אחרון האנשים כל אח שם; ובדרגת ראשון בראשון הם ארבעה; וכל ילד בדרגת ראשון בשני הם עשרה; וכל ילד (של) ילד בדרגת ראשון בשלישי הם עשרים.[7]

הנכללים בדרגת ראשון בשלישי הם ארבעים אנשים, עשרים מלמעלה ועשרים מלמטה; ובדרגת ראשון בשני – עשרים אנשים, עשרה מלמעלה ועשרה מלמטה; ובדרגת ראשון בראשון – ארבעה; ובדרגת שני בשני – שישה־עשר.[8] ועל שמונים (האנשים) הנזכרים אסייג שאם העידו בעניין ההתרה (של העגונה?) בלבד, (עדותם) תקפה.[9]

7 להבנת חישובים אלו יש להסתייע בדברי רשב״ח כמו שסיכמם המהר״ם, וראו אוצה״ג לסנהדרין, סימן תקיב. בדרגת 'ראשון בשלישי', לדוגמה, מנה הגאון עשרים פסולים מזווית ראייתו של הנכד: לכל אחד משני הסבים ושתי הסבתות יש להוסיף עוד ארבעה – אח ואחות מצד האב ואח ואחות מצד האם – כך מגיעים לעשרים ($4\times5=20$); ובדרגת 'שני בשני' הוא מנה לכל הורה ארבעה אחים ואחיות כאלה ופסל את הבן והבת של כל אחד מהם, ובסך הכול מניינם שישה־עשר ($2\times4\times2=16$). כמובן, אין זו מנייה של קרוביו של אדם במציאות אלא של סוגי קרבה בכוח (ראוי לשים לב שכמחצית מן הקרובים האלה הם נשים, הפסולות ממילא להעיד). וראו גם את ההערה הבאה.

8 העיקרון הוא שאם מדובר בקרבה בין אנשים השייכים לדורות שונים, יש להכפיל את המספר הבסיסי של פסולי הקרבה שמנה רס״ג בפסקה הקודמת. לדוגמה: אדם פסול להעיד על עשרה קרובים השייכים לדור הוריו בתור 'שני בראשון', ובמקביל הוא פסול להעיד על עשרה אנשים השייכים לדור בניו בתור 'ראשון בשני'.

9 ראו משנה יבמות טו:ד; משנה גטין ב:ז.

{ו}אלמצאהרת תזיד פי עדדהם אלצ̇עף (ד̊) תגעלהם (קכ) [קס] שכצא ודאלכ באן אזואג האולי אלפ׳ מן דכר ואנתי לא תקבל להם ולא עליהם שאהדה לקולהם הבעל כאשתו והאשה כבעלה וכדאלכ אלרגל אלמוצ̇וע הו פי נפסה לא יגוז אן ישהד לפ׳ שכצא קראבאה זוגה(א) כמא אנהא לא תוקבל להא שהאדה (לאזואג) אלפ׳ שכצא אקראב בעלהא ולא תרד אלשהאדה לאזואג פ׳ שכץ קראבאת אמראתה כמא אן שהאדאת מן צ̇ל̊ח̊ מן אזואג פ׳ שכץ אקרבאה הי מקבולה עלי זוגתה מא כלא סלפה וחדה פאנה ועלי אנה זוג אכת מרתה פשהאדתה לה ועליה גיר מקבולה לקו̇להם̇ וגיסו לבדו פאן כאן פרק אלמות או אל טלאק בין אלאצהאר כלהם קבלת אלשהאדה לקו̇להם̇ היה קרוב ונתרחק כשר׃

ואל[ס]בב אלב׳ אלמאנע ללשאהד מן אלשהאדה הו אתצאלה בהא ואנתפאעה מנהא וליס [אח]תאג אמתל כל גליל מן הדה אלבאב כמתל אלשריך לשריכה ואלכליט לכליטה [לכני] אדכר מנה אלרקיק ומא יכאד אן יכפה ואקול (ומן) [אן מן] באע צאחבה עקאר [פנז]ע אלמשתרי פיה מנאזע לא תקבל שהאדה אלבאיע פיה אד עליה אלדרך ומן [באע] צאחביה מתאע פנאזעה פיה מנאזע פשהאדת אלב‹א›יע מקבולה פיה אד [ליס עלי]ה דרך לקולהם מכר לו בית מכר לו שדה אן מעיד לו עליה מפני [שאחריו]תה עליו מכר לו פרה מכר לו טלית מעיד לו עליה מפני שאין אחר{י}ותה [עליו]׃

36 {ו}אלמצאהרת] ואלמצאהרה א ואלמצה̊ארה ז ׀ פי] ליתא ז ׀ (ד̊)] אולי מילוי ו ליתא אז ׀ תגעלהם] פתגעלהם א ותגעלה ז ׀ [קס]] א° מאיה וסתין ז ׀ ודאלכ] ודלך אז 37 באן] אן אז ׀ ולא – שאהדה] שהאדה ת̊ ולא עליהם א 38 לקולהם] לק׳ א לקו׳ ז ׀ וכדאלכ] וכדלך אז ׀ אלמוצ̇וע] אלמוצ̇יע א° ׀ הו פי] ליתא א 39 לפ׳] לתמאנין ז ׀ שכצא] שכץ א ׀ קראבאה זוגה(א)] אקארב זוגתה א°ז ׀ אנהא] + הי אז ׀ תוקבל] תקבל אז 40 (לאזואג)] ליתא אז ׀ אלפ׳] תמאנין ז ׀ שכצא] שכץ א ׀ אקראב] אקארב אז ׀ אלשהאדה] שהאדתה א°ז ׀ פ׳] תמאנין ז 41 שכץ] שכצא ז ׀ קראבאת אמראתה] אקארב מרתה א אקרבא אמרתה ז ׀ שהאדאת] שהאדה א°ז ׀ פ׳] תמאנין ז 42 הי] ה̊יה א ׀ מרתה] אמראתה̊ ז לקוי א 43 לקו̇להם̇] לקול׳ א 44 לקו̇להם̇] לק׳ אלחכ׳ א 46 אלב׳] אלתאני אז° ׀ ואנתפאעה] ואנ‹ת›פאעה א 47 [אח]תאג – הדה] נחתאג אן נמתיל באלגליל מן מן (!) הדא א 48 [לכני]] א ׀ אדכר] אדכו̊ר א ׀ יכפה] יכפא א 49 [אן מן]] אז° ׀ צאחבה] ליתא ז צאחיבה א ׀ [פנז]ע] ז פנאזע א 50 עליה אלדרך] אלדרך עליה א ׀ ומן] פמן ז ׀ [באע]] אז° ׀ צאחביה] ליתא ז צאחיבה א ׀ מתאע] מתאעא א 51 מקבולה פיה] פיה מקבולה א ׀ [ליס עלי]ה דרך] ליס עליה̊ [דרך] א ליס דרך אלדרך̊ ז ׀ לקולהם] לק׳ א 52 אן] אין א ׀ [שאחריו]תה] שאריותה (!) א

הקרובים על־ידי נישואין מכפילים את מספרם ועושים אותם מאה ושישים פרטים; וזאת משום שבני הזוג של אותם השמונים, זכר ונקבה – לא תתקבל עדות (של אדם) בעדם או נגדם, כאמרם 'הבעל כאשתו והאשה כבעלה' (סנהדרין כח רע"ב).[10] וכן האדם הנדון עצמו, אסור שיעיד לשמונים איש קרובי אשתו כשם שלא תתקבל בעבורה העדות של שמונים הפרטים קרובי בעלה. ולא תיפסל העדות (של אדם) לזוגות של שמונים האנשים קרובי אשתו כשם שעדות הכשרים מזוגות שמונים האנשים קרוביו על אשתו מקובלת – פרט לגיסו בלבד, שלמרות היותו הבעל של אחות אשתו עדותו (של אדם) בעדו או נגדו בלתי מקובלת, כאמרם 'וגיסו לבדו' (סנהדרין כח ע"ב).[11] אך אם הפרידו המוות או הגירושין בין כל הקרובים על־ידי נישואין, תתקבל עדותם, כאמרם 'היה קרוב ונתרחק – כשר' (סנהדרין ג:ד).[12]

והסיבה השנייה המונעת את העד מ(להעיד) עדות היא היותו קשור אליה והתועלת (שיפיק) ממנה. ואין צורך שאדגים כל דבר גדול מסוג זה, כגון השותף לשותפו ובעל העניין לחברו,[13] אך אזכיר דברים דקים ממנו (=מסוג זה) ומה שכמעט נעלם מן העין. ואומַר שמי שמכר לחברו קרקע ומישהו נאבק עליה עם הקונה, לא תתקבל עדות המוכר עליו (=על הנכס), שכן יש עליו אחריות. ו(אולם) מי שמכר לחברו מיטלטלין ומישהו נאבק אתו עליהם, עדות המוכר עליהם מקובלת, שכן אין עליו (=על המוכר) אחריות, כאמרם 'מכר לו בית, מכר לו שדה – אֵין מעיד לו עליה, מפני שאחריותה עליו; מכר לו פרה, מכר לו טלית – מעיד לו עליה, מפני שאין אחריותה עליו' (ב"ב מג רע"ב).[14]

10 בבבלי סנהדרין כח רע"ב נאמר: 'בסורא אמרי: בעל כאשתו, בפומבדיתא אמרי: אשה כבעלה'. הגאון צירף שתי מסורות אלו, שכנראה אין מחלוקת ביניהן, למובאה אחת, וראו מה שכתבנו לעיל במבוא, סעיף ז.

11 עיינו שם בסוגיה. מן ההקשר כאן משתמע לכאורה שהמילה 'לבדו' רומזת שפסול הגיס חריג מאחר שהקרבה בין השניים תלויה בשני קשרי נישואין, אך בהקשר המקורי של הסוגיה ברור שהמילה מציינת שרק הגיס פסול ולא אנשים אחרים שקרבתם מסתעפת ממנו כגון בנו וחתנו.

12 בנוסח הדפוסים 'הרי זה כשר', אך ראו ד"ס לסנהדרין כז ע"ב, אות ב.

13 הגאון רומז כאן לקשר בין הצדדים שבו גלוי לעין שהעד עשוי להרוויח או להפסיד אם תתקבל עדותו, ואולם לא ברור לאיזה סוג של קשר הוא התכוון, וצריך עיון.

14 הגאון מסביר את הברייתא כפשוטה, ואינו מגביל את דין מכירת המיטלטלין בהתאם לאוקימתות שהוצעו בסוף הסוגיה, ועיינו שם, מג ע"ב - מד ע"ב וגם לעיל במבוא, סעיף ז.

[ו]תקבל שהאדת אלאכאר ⟨אריס⟩ אן הדה אלצ̇יעה לאסתאדה מא ליס חאמלת תמר פאן כאנת חאמלת תמר (פלא) [פלה] מנתפע מן ש⟨ה⟩אדתה ולא תקבל לקו̇להם̇ א̇מר̇ שמואל אריס מעיד והא תניא אינו מעיד לא קשיא הא דאיכא פירי בארעא הא (דאיכא) [דליכא] פירי בארעא·

ומן אקרץ̇ צאחבה קרצ̇ה תם נאזע [אלמ]קתרץ̇ פי צ̇יעתה מנאזע פאן כאן לה עקאר אכר (יפע) [יפי] מתל דאלכ אלקרצ̇ה סוא הדה אלצ̇יעה פלתיקבל שהאדת אלמקרץ̇ עליהא ואלא פלא·

וכדאלך אלצ̇אמן תכון חאלה פ[י] שהאדתה ללמצ̇מון ענ̇ה וכדאלך משתריין מן באיע ואחד תכון חאל אלמשתרי אלאול פי ר̇ז̇אמה אלשהאדה ללמשתרי אלתאני באן {אלצ̇יעה אלתי אשתראהא מן אלבאיע להמא לה פאן כאנת ללמשתרי אלתאני צ̇יעה אכר[י אשתרא[ה]א̇ מן אל]באיע להמא [כפי בתמן]} אלצ̇יעה אלדי אשתראהא מנה אלמשתרי א[ל] אול פשהאדתה מקבולה ואלא פלא לאן אלחכם יוגב ללמשתרי אלאול אלרגעה ענד כרוג אלצ̇יעה מן ידה בחכם מא עלי אלמשתרי אלב׳ (במא) [כמא] סאש[ר]ח פי כתאב אלפקה לקו̇להם̇ ערב מעיד ללוה והו דאית ליה ארעא (ד)אחריתי לוקח ראשון מעיד ללוקח שיני והוא דאית ליה ארעא אחריתי פעלי הדה אלאצול [כ]ל שאהד לה נפע פי שהאדתה תלך אמא עאגלא ואמא אגלא פלא [נקבלהא ו]הו יסמא נוגע בעדותו·

54 ⟨אריס⟩] גלוסה ו ליתא אז ׀ אלצ̇יעה] ליתא ז ׀ ליס] לם אז 55 חאמלת] תכן חאמלה א חאמלה ז ׀ תמר[1, 2]] תמאר ז ׀ [פלה]] אז° ׀ מנתפע – ש⟨ה⟩אדתה] מן שהאדתה מנפעה א 56 תקבל] + שהאדתה א ׀ לקו̇להם̇] לקו׳ ז° לק׳ א ׀ א̇מר̇] אמ׳ ר׳(!) א ׀ אריס] עריס א ׀ והא תניא] והתניא ז 57 [דליכא]] א 58 צאחבה] צאחיבה א ׀ [אלמ]קתרץ̇ – מנאזע] [מנאז]ע פי צ̇יעתה א° 59 [יפי]] ז לקוי א ׀ מתל] מאל א° כמתל ז ׀ דאלכ] תלך א דלך ז ׀ סוא] סוי א 59–60 אלצ̇יעה – עליהא] אל צ̇יעה פלתקבל שהאדה אלמק̇תרץ̇ עליה ז 61 וכדאלך] וכדלך ז 62 אלאול] אל אול ז ׀ ר̇ז̇אמה] כ̇יאמה ז ׀ אלשהאדה] אל שהאדה ז 63–64 {אלצ̇יעה – בתמן]}] ז ההשלמות ד נשמט בטעות, כנראה מחמת הדומות ו 65 אלדי] אלתי דז ׀ א[ל] אול] אלאול ז ׀ מקבולה] מקבולא ד 67 אלב׳] אלתאני ד ׀ [כמא]] ד ׀ אלפקה] אלפקהין° וכדלך משתריין מן באיע ואחד תכון חאלת אלמשתרי אלאול פי ר̇י̇אמה אלשהאדה ללמשתרי אלתאני פאן כאן אלצ̇יעה אלתי אשתראה [ ]ד̇ה̇ אל [מ]שתר[י] אלאול אחרי ׳אלפקהין׳ חזר והעתיק בטעות שורות 61–65 ובהמשך מטושטש ז 68 והו] והוא ד ׀ (ד)אחריתי] ד 69 שיני] שני ד ׀ אלאצול] אלאצל ד 70 נפע] נפעא ד ׀ עאגלא] עאגל ד ׀ אגלא] אגל ד ׀ [נקבלהא ו]הו] ז מב̇לה והו ד ׀ יסמא] ליתא ז יוסמא ד 71 בעדותו] בעידותו ד

ו(כיוצא בזה) מתקבלת עדות האריס ששדה זה שייך לאדונו כל עוד אינו מניב פֵּרות, ואם הניב פֵּרות, יש לו תועלת מעדותו ולא תתקבל, כאמרם 'אמר שמואל: אריס מעיד. והא תניא אינו מעיד? לא קשיא, הא דאיכא פירי בארעא הא דליכא פירי בארעא' (ב"ב מו סע"ב).

ומי שהלווה לחברו הלוואה ואחר כך מישהו נאבק עם הלווה על שדהו – אם יש לו קרקע אחרת פרט לשדה זה שיפרע (ממנה) את סכום ההלוואה ההיא, תתקבל עדות המלווה עליו, ואם לא, לא.

וכיוצא בזה יהיה מצבו של הערב בעדותו למי שערב בעבורו (=הלווה). וכיוצא בזה יהיה מצב הקונה הראשון בהעברת (=במתן) העדות לקונה השני – (כאשר יש) שני קונים ממוכר אחד – שהשדה שקנה מן המוכר לשניהם שייך לו: אם יש לקונה השני שדה אחר, שקנה אותו מן המוכר לשניהם, המספיק לשווי השדה שקנה ממנו הקונה הראשון, עדותו מתקבלת, ואם לא, לא.[15] שכן הדין מעניק זכות לקונה הראשון – כשיוצא השדה מידיו במשפט כלשהו – לחזור אל הקונה השני, כמו שאבאר ב'כתאב אלפקה' (='ספר ההלכה'),[16] כאמרם 'ערב מעיד ללוה, והוא דאית ליה ארעא אחריתי.[17] לוקח ראשון מעיד ללוקח שיני, והוא דאית ליה ארעא אחריתי' (ב"ב מו סע"ב). ועל־פי עקרונות אלו, כל עד שיש לו תועלת מעדותו זו, אם מיד אם לאחר זמן, לא נקבל אותה (=את עדותו), והוא נקרא 'נוגע בעדותו'.[18]

15 דינים אלו מובאים מיד בהמשך הסוגיה שהגאון מצטט להלן, אבל כאן הוא מסתפק בפרפרזה בלבד, בלי להביא את התלמוד כלשונו.

16 לעיקר הדין שהגאון מזכיר כאן ראו בבלי ב"ק ח ע"א. לעניין ההפניה אל 'כתאב אלפקה' ראו לעיל, עמ' 7–10.

17 מסתבר שהדין השלישי הבא במקור התלמודי – 'מלוה מעיד ללוה, והוא דאית ליה ארעא אחריתי', המשתקף בניסוחו של רס"ג לעיל (שורות 58–60) – נשמט כאן מחמת הדומות, ואולם ייתכן גם שסדר הדינים היה שונה בגרסתו של המחבר.

18 הגאון מזכיר את המונח התלמודי 'נוגע בעדותו' (בבלי סנהדרין כג ע"ב, לד ע"א), החל על מקרים מסוג זה, אולי מתוך הנחה שביטוי זה מוכר לרבים מן הקוראים.

ד ושרח אלבאב אלתאני אלדי הו אלמערפה באלמשהוד עליה

וינבגי למן סים אלשהאדה עלי אנסאן אלא ישהד על[יה] אלא אן [תכון אלמ]ערפת קד וקעת לה בה מן קבל וקת אלשהאדה חתי [תכון שהאדתה באן הדא פל]אן אלפלאני עלי חקיקה וחתי אדא חצר בי[ן ידיה פי וקת (א)[ה]דא אלשהאדה קטע] עליה אנה הו ואמא אן כא[נת] אלמע[רפה בה לם תקע מן קבל וקת] אלשהאדה פלא ינפעה אלתפר[ס פי ח̇יל̇יתו̇ה̇ ופי עלאמאת אן כאנת] פיה לאנה ליס יאמן אלאנסאן אלתש‹א›בה מ̇. מא... לו אמנה] לם יגוז לה אן ישהד בעלאמה לקוולהם עילו [בתרי ואמרי פל˹וני˺] קטל נפשא דהכי והכי סימנאה לא קטלינן ליה וק[אלו טביעות] עינא עדיפא מסימנא· פאן דפעתהמא אלי שה[אדה] קום לא יערפון אלרגל פליתערפה ממן יערפה אנה [הו] בשאהדין וליס ינפעהם [ד]לך לישהדו עלי שכצה ל[ ] וצפנא לכנה ינפעהם [אן יכת]בו עליה כתאבא ויכתמה ויצדרון פיה ב[לפט? ו]אשתמודענו[הי] דהוא פל˹וני˺ בר פל˹וני˺ בעינ̇[יה] ולא בד מן אן י[תע]רפאן בשאהדין יקום בהמא אלחכם פי כל שהאדה מא כלא אלחל[יצה פא]נה יגוז אן יתערפאה בקול מרה או קריב לה לקולהם ואשתמודע[נוהי ל]הדין פל˹וני˺ דהוא אחוהי דפל˹וני˺ מיתא דמן אבוהי אפילו אשה ואפילו [קרוב]· פלמא כאן הדא הו אלאצל אלמוצוע וגב אן יכון מן וגדנא כתמתה [עלי]

המקור לנוסח היסוד: טופס ד.

המקורות המקבילים: לשורות 1–21 (שהאדתה) טופס ו; לשורות 1–15 (בקול) טופס ז, לקוי ומטושטש, ומטופס זה ומטופס ו שאובות רוב ההשלמות לשורות אלו אלא אם כן צוין אחרת; לשורות 14 (יגוז) - 31 (שלמתא) טופס כ, וממנו שאובות כל ההשלמות לשורות אלו אלא אם כן צוין אחרת; לשורות 16 (אפילו) - 26 (להם) טופס נ. משורות 51–53 שרדו מילים ספורות בטופס א, ואין הבדל בינן ובין הנוסח המודפס.

1 אלתאני] אלב׳ ו | באלמשהוד] באלשהוד ו 2 סים] סום ו° | על[יה] אלא] אלי ו מטושטש ז 4 חצר] צהד ו° 6 פלא] פלן ו | ח̇יל̇יתו̇ה̇] א̇ליתי̇ה ז 7 ליס] לא ו | מ̇. – אמנה]] מ̇ע לא אנה לא אנסאן ז° 8 אן] ליתא ו | לקוולהם] לקולהם ו 9 סימנאה] סימניה וז | וק[אלו] [ו]קאלוא ז 10 פאן – ממן] לאן אלעלאמה̇ פ̇י̇ שהאדה אלת[ ]ה̇ ל̇א̇ ת̇כ̇ון אל.עלבל ז° | פאן – שה[אדה]] ‹אן›° ד̇פ̇עית אלשהאדה ו | ממן] במן ו 11 יערפה] יערפוה ז | וליס] לם וז | שכצה] שכצא ו 12 לכנה] [לכ]ן̇ ז | ויכתמה] ויכתמון עליה ו | ב[לפט?] לקוי ו מטושטש ז 13 פל˹וני˺[1, 2]] פל׳ ז | מן אן] .מא ו | י[תע]רפאן] יתערפאה ו 14 יגוז] יג̇וז ז 15 אן] ליתא וז | קריב – לקולהם] קרוב ו | ל]הדין] דהו‹א› כ 16 דפל˹וני˺] דפל׳ ו | מיתא] מיתנא וכ | אפילו] אפלו נ | ואפילו] אפילו ו ואפלו נ 17 הו] ליתא ו | אלמוצוע וגב] אלמוצ̇וע יגב נ | וגדנא] וגדנה ו | כתמתה] כתאמתה כנ

ביאור השער השני, אשר הוא הכרת מי שמעידים עליו

מי שנדרש להעיד על אדם צריך להימנע מלהעיד עליו אלא אם כן כבר לפני זמן העדות הכירו כך שעדותו כי זה פלוני אלמוני תהיה נכונה וכך שכאשר יעמוד לפניו בזמן העדות הזאת יקבע שהוא הוא. אך אם לא הכירו לפני זמן העדות, לא יועיל לו הזיהוי על־פי תיאורו ועל־פי סימנים אם היו בו, לפי שאין אדם בטוח [מפני טעויות] הדמיון, ואפילו אם הוא בטוח, אסור לו להעיד על־פי סימן, כאמרם 'עילו בתרי ואמרי: פלוני קטל נפשא דהכי והכי סימנאה – לא קטלינן ליה' (חולין צו ע"א), ואמרו: 'טביעות עינא עדיפא מסימנא' (שם).[1]

ואם נמסרה עדות זו לאנשים שאינם מכירים את האיש, יכיר אותו (כל אחד מהם) על סמך הודעת שני עדים שהוא הוא. וזה (=הודעת שני העדים) לא יועיל להם כדי שיעידו על אדם כמו שתיארנו, אך (זה) יועיל להם כדי שיכתבו עליו שטר ויחתמו עליו ויתחילו אותו בלשון 'והכרנוהו שהוא פלוני בן פלוני עצמו'.[2] ומן ההכרח שיכירו (אותו) על־פי שני עדים (כשרים) שהדין ייקבע על־פיהם בכל עדות פרט לחליצה, ש(במקרה) זה מותר להכיר אותו על־פי דיבור של אישה או קרוב שלו, כאמרם 'ואשתמודענוהי להדין פלוני דהוא אחוהי דפלוני מיתא דמן אבוהי, אפילו אשה ואפילו קרוב' (יבמות לט ע"ב).[3]

וכיוון שזה הוא העיקר שנקבע מתחייב שמי שמצאנו את חתימתו על

1 שני המאמרים מובאים בשינויים קלים יחסית לעומת הנוסח שבדפוסי התלמוד, והשוו אל ד"ס על אתר, אותיות ל–מ.

2 צריך עיון בכוונת דבריו: האם רצונו לומר שאף כי ידיעתם של העדים אשר הושגה בדרך זו על זהותו של אדם אינה מאפשרת להעיד עליו בגינה (למשל, במשפט פלילי), בכל זאת אפשר לכתוב עליו שטר שייאמר בו כי העדים מכירים אותו? השוו אל המשך הדברים.

3 את המקור התלמודי הגאון מביא כאן כבמקומות אחרים (ראו לעיל, עמ' 40–41) בדילוג: קודם הביא קטע מנוסח שטר החליצה ואחר כך את מסקנת הסוגיה בנוגע לפירוש הקטע, שהאמוראים נחלקו בו. נוסחו במובאה משטר החליצה שונה מזה שבדפוסי התלמוד, 'ואשתמודענוהי דאחוה דמיתנא מאבא ניהו', והשוו אל ד"ס ליבמות (ליס) על אתר והערה 66 שם, ואל שטר יז להלן, שורות 25–26.

כתאב תם קאל אנה שהד עלי (מא) [מן] לם יערפה לם נקבל מנה לאן פי אצול אלאחכאם {אן} אלמכתום עלי (אלכאתב) [אלכתאב] כמן חצ֗ר ענד אלחאכם ואדי שהאדתה לקו֗להם֗ עדים החתומין על השטר נעשו כמי שנחקרה עידותן בבית דין וחכם כל מן אדי שהאדתה לא [נקב]ל נקצ֗אהא לקול֗הם֗ איצ֗א כיון שהגיד שוב אינו חוזר ומג[יד אללהם] אלא אן יכון אלמשהוד עליה אמראה ואלשאהד מן אלכואץ֗ פאנה רבמא לם יתקצי פי נדרה כקצה רב ירמיה בר אבא וחכם אלחאכם צורבא מרבנן לאו ארחיה ל[מידק]· [ואמא אלקטע אנה עאקל צחיח פלא ילזמהם אן יבאלגו פיה חתי יכון] אצח אל [אצחא ואעקל אלעקלא ואנמא] ו֗עליהם אן [יכון לם] יטהר להם בה מרץ֗ ⟨ממא⟩ ימכן אן יכון קד אפסד] עקלה [ולא יכון מערופא בגנון או {ב}בלה אעני] מן לא יכון לה תחציל ואמא אדא לם יתבין [להם שי ממא וצפנא] פי אלטאהר פלישהדו עליה עלי מא [יערפונה כמא בינ]ת הד[א אלקול] ו֗לו אחתאגו אן יכתבו איך פלוני ב֗ר֗ פלוני [אמר לנא] לא בשגו ולא בטעו אלא בלב{א} שלמא ובדעתא שלמתא [פכי]ף אד לם תגרי אלסנה באן יכתבו כדא ואנמא יכתבון אמר לנא [פלוני] דמודינא קדמיכון לא ב[שג]ו ולא בטעו ולא בשלו אלא בלבא [שלמ]א ובדעתא שלמתא פאנ[הם אנמ]א יח֗כון קולה הו להם [א]לא אן יגדוה מריצא ב..[ ].אש פמהמא יסמעון [כל]אמה ובאטנה גיר מק֗צרין פליס יה֗[ ]ת֗נ֗וה פאד קצרת ותכוופו אן יכון פי עקלה אצ֗טראב פלימתחנה ב֗מ֗[ס]אליתה ען אל תמאר אלדי פי דלכ אלאואן ומא אשבה דלכ לקול֗הם֗ אומרין [לו דבר]ים שלימות החמה בימות החמה ושלימות הגשמים

18 [מן]] ונ | אצול] אצל ו° | [אלכתאב]] כתאב וכנ 19 {אן}] ו | עלי] פי ו | 20 ואדי] ואדא וכנ | לקו֗להם֗] לקול׳ נ | החתומין] החתומים ונ | כמי] כמו ו כמה נ | עידותן] עדותן נ 21 אדי] אדא ונ | [נקב]ל] כנ + מנה כ | נקצ֗אהא] נקצ֗הא כנ | לקול֗הם֗] לקול׳ נ לק׳ כ | איצ֗א] איצא כ 23 אלכואץ֗] אלכ֗ואץ נ | לם] לא נ | יתקצי] יקתצי כ יתקצא נ | נדרה] אלנדרה כ 24 אבא] אבה נ | צורבא] צרבה כ | ארחיה] אורחיה כנ 25 אנה – יבאלגו] פלא יבאלגון נ 26 אל [אצחא] אלאצחא נ | ו֗עליהם] עליהם כנ | יטהר] יצ֗הר כ יט֗הר נ | מרץ֗] מרץ כ 29 ו֗לו] לו כ 30–31 אלא בלב{א}] אילא בליבא כ

שטר ואחר כך אמר שהעיד על מי שלא הכירו – לא נקבל ממנו (=את דבריו), משום שבעיקרי הדינים (נקבע) שהחתום על השטר הוא כמי שעמד לפני הדיין ומסר את עדותו, כאמרם 'עדים החתומין על השטר נעשו כמי שנחקרה עידותן בבית דין' (כתובות יח ע"ב). ודין כל מי שמסר את עדותו שלא נקבל את סתירתה, כאמרם גם כן 'כיון שהגיד, שוב אינו חוזר ומגיד' (שם ומקבילות), אלא אם כן זה שמעידים עליו היה אישה והעד – מקרב הנכבדים, כי (אז) אולי הוא לא התבונן היטב, כסיפורו של רב ירמיה בר אבא, ו(שם) פסק הדיין 'צורבא מרבנן לאו ארחיה למידק' (ב"ב קסח רע"א).[4]

ובאשר לקביעה שהוא בריא, אינם חייבים להפריז בכך עד שיהיה הבריא שבבריאים ובר הדעת שבין בני הדעת. ואין עליהם חובה אלא שלא יראו בו חולי כזה שיכול לפגוע בשכלו ושלא יהיה ידוע בשיגעון או בטיפשות, כלומר אדם חסר הבנה. אך אם לא התברר להם דבר ממה שתיארנו בבירור, יעידו עליו על־פי מה שהם יודעים על אודותיו, כמו שהסברתי דבר זה. ולוּ הצטרכו לכתוב 'איך פלוני בן פלוני אמר לנו לא בשגיאה ולא בטעות אלא בלב שלם ובדעת שלמה' (היו רשאים לעשות זאת) ועל אחת כמה וכמה (מאחר) שאין המנהג לכתוב כך אלא רק לכתוב 'אמר לנו פלוני שאני מודה לפניכם לא בשגיאה ולא בטעות ולא בשגגה אלא בלב שלם ובדעת שלמה', והם רק מוסרים את מה שהוא אמר להם, אלא אם כן ימצאו אותו חולה [ ]. וכל עוד הם שומעים שדיבורו ומצבו הנפשי אינם לקויים, אין [ ]. ואם הם לקויים והם חוששים שיש הפרעה בשכלו, יבחנו אותו בשאלות על הפֵּרות של העונה ההיא וכיוצא בזה, כאמרם 'אומרין לו דברים שלימות החמה בימות החמה ושלימות הגשמים

4 קודם בדבריו הביא רס"ג את ההלכה שעדים החתומים על השטר, עדותם כאילו נחקרה בבית דין ופירש שמשום כך אין העדים יכולים לטעון שחתמו בלי להכיר את האדם שהעידו עליו בשטר (השוו אל בבלי כתובות יח ע"ב - יט ע"ב). בבחינת יוצא מן הכלל הוא מביא את הסוגיה בתלמוד (הנזכרת כאן) שמדובר בה על האפשרות לקבל את עדותו של תלמיד חכמים החתום על השטר והתקשה אחר כך לזהות את האישה המתחייבת על־פי אותו השטר. הגאון, כנראה, מרחיב את הדין המיוחד של תלמיד החכמים גם לאפשרות שהוא חתם על שטר בלי לזהות בבירור את האישה המתחייבת על־פי אותו השטר.

בימות הגשמים ו[אן לם ימכן יתכ]לםׄ ואחתיג אלי אכדׄ אמרה פי טלאק מרתה פלימתחן אולא [בג׳ מסאיל] עׄןׄ אשיא יסתחק גואבהא נעם וען אשיא יסתחק גואבהא [לא ויגוב עליהא ב]אשארתה בראסה פאדא תבין תחצילה אנה צחיח אלעקל .. ימתתל דלך לקו˹להם˺ נשתתק {ו}אמרו לו נכתב גט לאשתך הרכין בראשו בודקין אותו שלשה פעמים אם אמר על לאו לאו ועל הין הין הרי אלו יכתב[ו] ויתנו ותחריר דלכ [ ] לקולהם [ ] תׄסהד אל[ ] יׄוׄם כאנא .... [ ] זׄאיד או בשרף או .. [כיצד יעשו ישלשו היו משולשים] יכתבו סימן היו מס[ומנים יכתבו כהן]קדׄיתין פקד אסתגניא בהדא [ ] בהם חאגא אלי אן ירוה ולא ישהדו עליה [ ] ונסבה וצחה עקלה לקול˹הם˺ כותבין שטר ללוה ואף על פ[י שאין המלוה עמו] וקאלו איצׄא כותבין שטר למוכר ואף על פי שאין ה[לוקח עמו] ׳

בימות הגשמים' (גטין ע ע"ב).[5] ואם איננו יכול לדבר וצריך לקבל את אישורו לגירושי אשתו, ייבחן תחילה בשלוש שאלות על דברים שתשובתם הנכונה 'כן' ועל דברים שתשובתם הנכונה 'לא', וישיב עליהן בניענוע בראשו. ואם מתבררת הבנתו, שהוא בריא בשכלו, יעשו כדבריו על כך, כאמרם 'נשתתק, ואמרו לו: "נכתב גט לאשתך?", הרכין בראשו. בודקין אותו שלשה פעמים: אם אמר על לאו לאו ועל הין הין, הרי אלו יכתבו ויתנו' (גטין עא ע"א). ובירור זה [ ] כאמרם [

] תעיד [

] יום שהיו שניהם [

] תוספת או כבוד [ ] כיצד יעשו? ישלשו. היו משולשים, יכתבו סימן. היו מסומנים, יכתבו כהן' (ב"ב י:ז)

[ ] ובכך נעשה מיותר [

] בהם צורך שיראו אותו,[6] ואינם מעידים עליו [ ] ו(על) ייחוסו ו(על) בריאות שכלו,[7] כאמרם 'כותבין שטר ללוה ואף על פי שאין המלוה עמו' (ב"ב י:ג), ואמרו גם כן 'כותבין שטר למוכר ואף על פי שאין הלוקח עמו' (שם).

5 בדפוסי התלמוד: '[...] דברים של ימות החמה בימות הגשמים ושל ימות הגשמים בימות החמה', ולעת עתה לא מצאנו חבר לגרסת הגאון. מן הפרפרזה הקודמת להבאה מסתבר שאכן, כך גרס, והנוסח שלפנינו אינו טעות סופר.

6 לא ברור אם יש לתרגם 'יראו אותו' (משורש רא"י) או 'יספרו אותו' (משורש רו"י).

7 ניתן לשער שתוכן שורות 49–51 היה בקירוב זה: אינם צריכים לראות את ביצוע הפעולה שעליה הם מעידים, בתנאי ששומעים עליו מן הצד המתחייב (ואין בדבר פגיעה בזכויות של צד שלישי) כשהוא בריא ושפוי (כמו שמשתמע מן הדברים המובאים בהמשך).

א ושרח אׄלבׄאב אׄלתׄאלׄת והו מערפה אלנכת [אלמשהודה עליהא]

פׄלׄיׄסׄ אלחאגה איׄצׄאׄ אן אקול לאׄ בדׄ מן אןׄ [י]כון אׄלׄשאהד בׄצירא [ב]מא תחת כל אסם מן אלמעאני אד הדא הו [ ]נׄה ואצלהא וסימא אדא הו נקל אלכלאם מׄן לגה לׄ[ל]אכרי כמא תפעל אלאומה פי זׄמׄאננא הדא אן ישהדו אלכתירין מנהא [שה]אדהׄ בלגה אלערבייה וינקלוהא אלי לגה [אלתרגום] אלכסדאני פאנה לא בד מן אן [יכון בצירא במא] ינקלה מן אללגתין גמׄיׄעׄ [אעני אלמנקול מ]נׄהא [ואלי]הא ולכׄןׄ אלחאגהׄ [הי אן יער]ףׄ אלנכת אלתי תכץ [צׄ]רׄבׄ מן [אלשה]אדׄה חתי יעקדה בהא אלחאכם אוׄ [ ]חׄלה מתלא אקול כאן אלשהאדה פי מתנה פׄיׄגב אןׄ יעלם אןׄ אלמעול עליה פי לגה אלערב [לפ]טׄה אלהבה ואללאחק בהא קול אלואהב [יאכד] וׄיסתׄוׄגׄב ויחוי וימלך לק׳ולהם׳ יטול יזכ[ה יחזיק יקנה] כולם לשוןׄ מתנה הםׄ·

וכדלך פי סאיר אלשהאדאת לכל מראד אלפאטׄ תחקיקה פאדא אחכמהא אלשאהד [חפטׄ בהא אלאמואל ודל]ך אן יכון אדא תביׄןׄ [ ] אן יריׄד אלתצחיח [ללמשהוד ‹בה› עׄלׄיה הו] .. ילפטׄ בׄאלפאטׄ [ ] פהיׄ .. אלחכם קאל לה [ ] עליׄ לפטה כדי וכדי ויגבֿ אן יׄפׄרׄק ביןׄ קול אלקאׄ[יל] יעטא פלאן כׄדׄ[י] וׄכׄדׄיׄ [ובין] קׄוׄלה לא יעטא פלאן אלא כדי [וכדי אד] בינהמא פי אלחכם פרק כמא קאׄ[לו האומר] תנו שקל לבני ((שקל)) בשבת וראוין לתת להן סלע (ואם) נותנין להם סלע ואםׄ [אמר] אל תתנׄוׄ אילא שקל אין נותנין [ל]ה[ם] אילא שקל ויחפטׄ רׄתב אלמשהוד לה [ ] גהה ולא יבאׄ.הׄ בהא עלי אכרי [כמן] יוצי באלף דרהׄםׄ לראובן ואלף לשׄ[מעון] ואלף ללוי בין אןׄ ידכרׄ אסמאהׄםׄ [עלי] מא דכרת

המקורות לנוסח היסוד: לשורות 1–32 טופס א; לשורות 33–49 טופס י.

המקורות המקבילים: לשורות 1–29 טופס ד, לקוי מאוד, ועל־פיו ההשלמות בשורות 5–8, 15, אלא אם כן צוין אחרת; לשורות 22–31 טופס נ; לשורות 34–48 טופס $ל_1$; לשורה 48 (ותחריר) טופס כ.

4 הו[2]] ליתא ד 6 בלגה אלערבייה] בלוגה אלערביה ד 7 גמׄיׄעׄ] גמיעא ד 9 אוׄ [ ]חׄלה] אדׄ יחׄלהׄ ד 10 אלמעול] אל מ[עול] ד 12 לק׳ולהם׳] לקול׳ ד 19 להן] להם ד 21 יבאׄ.הׄ] יבאלי ד ׀ [כמן]] ד 22 ואלף] + דרהם נ ׀ לשׄ[מעון]] דנ ׀ ואלף] + דרהם דנ ׀ [עלי]] נ

ביאור השער השלישי, והוא ידיעת הפרטים שמעידים עליהם

ואין גם צורך שאומַר כי מן ההכרח שהעד יבין מה מן העניינים נכלל בכל שם (=ביטוי), שהרי זה [עצם תפקידו] ועיקרו, ובייחוד אם הוא מתרגם את הדיבור משפה ל(שפה) אחרת – כמו שעושה האומה בזמננו זה, שרבים ממנה מוסרים עדות (לעדים) בשפה הערבית ו(העדים) מתרגמים אותה אל לשון התרגום הארמי – מן ההכרח שיבין מה שהוא מתרגם בשתי השפות גם יחד, כלומר זאת שמתרגמים ממנה וזאת שמתרגמים אליה.[1] ואולם הצורך הוא שידע את הפרטים המיוחדים לסוג העדות, כדי שהדיין ייתן או ישלול תוקף על־פיהם. אומר, למשל, אם העדות הייתה על מתנה, צריך שידע שבשפה הערבית מה שלשון המתנה נשענת עליו ומושגת באמצעותו (הוא) אמירת הנותן ׳יטול׳ או ׳יזכה׳ או ׳יחזיק׳ או ׳יקנה׳, כאמרם ׳יטול, יזכה, יחזיק, יקנה – כולם לשון מתנה הם׳ (ב״ב קמח סע״ב).

וכן בשאר העדויות: לכל כוונה יש מילים קולעות, ואם העד יודע אותן היטב, הוא שומר באמצעותן על הממונות (=הזכויות הממוניות), וזה כאשר יתברר [ ] שהוא רוצה לאמת את מה שמעידים עליו הרי הוא יבטא במילים ברורות [ ] שהם [ ] הדין ייאמר לו [ ] בלשון ׳כזאת וכזאת׳. וצריך להבחין בין אמירת האומר ׳יינתן לפלוני כך וכך׳ ובין אמירתו ׳לא יינתן לפלוני אלא כך וכך׳, שכן יש בין שתיהן הבדל בדין, כמו שאמרו ׳האומר ״תנו שקל לבני בשבת״, וראוין לתת להם סלע, נותנין להם סלע. ואם אמר ״אל תתנו אילא שקל״, אין נותנין להם אילא שקל׳ (תענית כא ע״א ומקבילות).[2] וישמור את קדימות זה שמעידים לטובתו [על כל] פנים, ולא ישנה אותה (=את הקדימות הזאת) לאחרת, כגון מי שמצווה (לתת) אלף דרהמים לראובן ואלף לשמעון ואלף ללוי – בין שהזכיר את שמותיהם כמו שהזכרתי

1 הגאון מניח שדברי הצדדים נאמרים בערבית, אך השטרות מנוסחים בארמית, ולכן מוטל על העדים לדייק בתרגום משפה לשפה, שכן להבדלים קטנים בניסוח יש משמעות מכרעת מבחינה הלכתית. השוו אל הערות 6-7 להלן.

2 רב מבשר (השגות רב מבשר, מהדורת צוקר, עמ׳ 37–38, 93–94) תוקף את רס״ג על השימוש במאמר זה, שלפי מסקנת הסוגיה בבבלי כתובות סט ע״ב - ע ע״א אינו מקובל להלכה. קשה להניח שמקבילה זו נעלמה מעיני רס״ג. ייתכן שהוא הבחין בין המקרה של ׳יינתן לפלוני׳ (אדם זר) לזה של ׳תנו לבני׳ (כהצעת אסף שצוקר מביא במהדורתו, שם, עמ׳ 94, הערה 152) או שהביא עניין זה רק כדי להדגים עיקרון שרצה להדגיש ולא כדי לפסוק הלכה על־פי הדוגמה המסוימת הזאת (עיינו שם, הערה 155).

וْבין אן יגעל בינْ כלْ [אסם ל]פטה ת[ם אן] בעْדْ[ה פרק כמא קאלו שכב מרע שאמר תנו מאתים זוז לפלוני ושלוש] מאות לפלْ[ני וארבע מאות לפל׳וני׳ אין אומרים] כל הקודם בْ[שטר זכה לפי כך יצא] עליו שטר חْ[וב גובה מכלם אבל אם אמר] תנו מאתים זו[ז לפל׳וני׳ ואחריו שלש מאות לפל׳וני׳ ואחריו] ארבע מאות [לפל׳וני׳] אומْ[רים {כל} הקו]דْםْ [בשטר] זכה לפי כך [יצא] על[יו שטר חוב גובה מן] האחْרْון אין לו גובה משלפניו אין לו גובה משלפני פניו ·

ויגב אן יסקטון אלתאויל מן שהאדאתהם ויעמלון עלי אלטٔאהר מתלא אקול כמן יוצי אן יועטא גרימה אלף דרהם לא יתאלון אלשהוד [ ] הי דונה בْל ישْרْחْ [שכיב מרע שאמר תנו מאתים
י זוז לפלוני בעל חובי כראוי לו נוטלן ונוטל חובו ואם אמר] בחובו אין לו אילא חובו וכדלך אלקול פימא יוציה לזוגٔתה ולהא עליה כתובה אלא אנה אן קאל והי כתובת[הא] וכאנת אלכתובה אקל פאלבאקי הבה להא מא ליס כדאך פי אלגרימْ וכדלך א{ל}קול (אן) [פי] אלאבן אלבכר ·

וינבגٔי אן יפתקד אלחרוף אלתי תותר אתרא פי אל חכם מתלא אקול כרגל יוצי לאבנתה אלף דרהם פאן הו קאל לכתבתהא פהי אלף תאמה ואן הו קאל פי כתובתהא פהי אלף מכתובה עלי רסם כל (ולד) [בלד] ואצלהא נאקץ מן אלף כמ׳א׳ קא׳לו׳ אי אמר לכתובתה ארבע מאה זוז דאינון תמאני מאה ואי אמר בכתובתה ארבע מאה {ד}אינון מאתן פאלפצל בין בי ולמד ·

23 בינْ] ליתא נ ׀ [אסם ל]פטה ת[ם] דנ ׀ אן]] דנ ׀ שכב] דנ 24 לפלוני ושלוש]] לפלני ושלש ד ׀ לפלْ[ני] לפל׳ נ ׀ לפל׳וני׳] לפלני ד 25 אומרים]] [אומ]רין ד ׀ בْ[שטר] + הזה ד 27 [לפל׳וני׳]] לפלני ד ׀ אומْ[רים] [אומ]רין ד 28 מן] האחْרْון] ((משלפניו)) מן ⟨האחרון⟩ נ 32 הי דונה] אולי יש לקרוא הידונה א 33 ונוטל – אמר]] ל$_1$ 34 אילא] אלא ל$_1$ ׀ לזוגٔתה] לזוגתה ל$_1$ 36 [פי]] ל$_1$ ׀ אלבכר] אלבכור ל$_1$ 37 וינבגٔי] וינבגי ל$_1$ ׀ יפתקד] יתפקד ל$_1$ ׀ כרגל] + אן ל$_1$ 38 לכתבתהא] לכתובתהْ ל$_1$ 39 [בלד]] ל$_1$ 40-41 קא׳לו׳ – מאתן] קאלו או אמא לכתובתא ארבע מאתן ההשמטה מחמת הדומות ל$_1$ 41 פאלפצל] + הו ל$_1$ ׀ ולמד] ולאם ל$_1$

---

3 יש כמה הבדלים קטנים בין נוסח המובאה שלפנינו ובין הנוסחים שבדפוסי התלמוד בשני המקומות.

4 את החסר כאן במהדורה בין ׳לא יתאלון אלשהוד׳ ובין ׳שכיב מרע׳ (בשורה 32) יש להשלים בערך כך: [שכוונתו לסכום חובו ולא] שהוא בלעדיו, אלא יפרשו (=ירשמו בדיוק) [את דבריו, כאמרם].

5 הנוסח בדפוסי התלמוד בנוגע לאפשרות השנייה הוא ׳נוטלן בחובו׳, אך גרסת הגאון ידועה ממקורות רבים, ראו ד״ס על אתר, אות ש; ה״ג, מהדורת הילדסהיימר, ב, עמ׳ 533.

ובין שׁשָּׁם בין כל שֵׁם (ושם) את המילה 'אחריו' (יש) הבדל, כמו שאמרו 'שכיב מרע שאמר "תנו מאתים זוז לפלני ושלש מאות לפלני וארבע מאות לפלני", אין אומרין כל הקודם בשטר הזה זכה. לפיכך יצא עליו שטר חוב – גובה מכולם. אבל אם אמר "תנו מאתים זוז לפלני ואחריו שלש מאות לפלני ואחריו ארבע מאות לפלני", אומרין כל הקודם בשטר זכה. לפיכך יצא עליו שטר חוב – גובה מן האחרון, אין לו – גובה משלפניו, אין לו – גובה משלפני פניו' (גטין נ ע"ב, ב"ב קלח ע"א).[3]

ו(העדים) צריכים לזנוח את הפרשנות בעדותם ולפעול על־פי (המשמעות) הגלויה. אומר, למשל, כמי שמצווה שיינתנו אלף דרהמים לבעל חובו, אל יפרשו העדים [ ] שהוא בלעדיו (=מלבד החוב), אלא יפרשו[4] [ ] 'שכיב מרע שאמר "תנו מאתים זוז לפלוני בעל חובי כראוי לו", נוטלן ונוטל חובו. ואם אמר "בחובו", אין לו אילא חובו' (ב"ב קלח ע"ב).[5] וכן הדבר בנוגע למי שציווה לאשתו, ויש לה עליו כתובה, אלא אם כן אמר 'והיא כתובתה', והכתובה היא פחות (מן הסכום שנקב), ואז ההפרש הוא מתנה לה, מה שאין כן בבעל חוב.[6] וכן הדבר בנוגע לבן הבכור.[7]

וצריך לבחון את אותיות (השימוש) המשפיעות על הדין. אומר, למשל, כאדם המצווה לבתו אלף דרהמים. אם אמר 'לכתובתה' – הרי הם אלף שלמים, ואם אמר 'בכתובתה' – הרי הם אלף הכתובים (בכתובה) על־פי מנהג המקום, ועיקרם פחות מאלף, כמו שאמרו 'אי אמר "לכתובתה" – ארבע מאה זוז דאינון תמאני מאה. ואי אמר "בכתובתה" – ארבע מאה דאינון מאתן' (ב"מ קד ע"ב), וההבדל הוא בין בי"ת ללמ"ד.[8]

---

6 על־פי הברייתא (בבלי ב"ב קלח סע"א-רע"ב) 'ושכיב מרע שאמר "תנו מאתים זוז לפלונית אשתי כראוי לה", נוטלתן ונוטלת את כתובתה. אם אמר "בכתובתה", ידה על העליונה: רצה נוטלתן, רצה נוטלת כתובתה'. וזאת, לפי גרסת הגאון, שלא כדין בעל חוב, וראו בהערה הקודמת לזו.

7 היינו דין הבן הבכור דומה לדין האישה על־פי תחילת הברייתא (שם, סע"א): 'שכיב מרע שאמר "תנו מאתים זוז לפלוני בני בכור כראוי לו", נוטלן ונוטל את בכורתו. אם אמר "בבכורתו", ידו על העליונה: רצה נוטלן, רצה נוטל בכורתו'.

8 ההנחה במובאה היא שהסכום שנכתב בכתובה הוא פי שניים מערכה האמִתי של הנדוניה. ואולם ניסוחו של הגאון כאן כללי יותר בגלל הבדלי המנהגים בין המקומות בנוגע לרישום הסכום בכתובה, ודברי המצווה צריכים להתפרש בהתאם למנהג מקומו. השוו אל שורות 20-22 בשטר טו שלהלן. הדגש על 'אותיות' בדוגמה זו מתאים לנוסח הארמי דווקא. אף כאן (בדומה למקרה הנזכר לעיל בהערה 2) דברי רס"ג מנוגדים לכאורה למסקנה שמסיק התלמוד – 'ולא היא...', ורב מבשר מבקר את רס"ג על כך (השגות רב מבשר, מהדורת צוקר, עמ' 38, 94). ייתכן שמסקנה זו לא הייתה בגרסת התלמוד של רס"ג, אך אין הנחה זו הכרחית כלל (השוו להערה 2 לעיל).

ויפתקד תקדים אלכלאם ותאכירה כשריך באע חצתה או מן חצתה לג֗ריב פאן קאל קד בעתך נצפא לי פי צ֗יעה פהו נצף ואן ק[אל] קד בעתך נצפא פי צ֗יעה לי פהו אלרבע [כמא] ק[א]לו פלגא דאית לי בארעא פלגא באר[ע]א דאית לי רבעא ·

ושרח הדא אלבאב יתסע אלי מא לא אחציה ולכן קד אעטית פיה אלמתאלאת ואלנמודג֗את פעלי הדה אלתחדְיראת יג֗ב אן יחוט אלשאהד מא אשהדוה ויצ֗ע כל נכתה פי מוצ֗עהא וחקיקתהא בבצר ותחרְיר ·

42 ויפתקד] ויתפקד ל$_1$ ׀ מן חצתה] מן בעא חצתה ו'בעא' תוקן אל 'באב' ל$_1$ 43 לי – פי^{2}] מן ההשמטה מחמת הדומות ל$_1$ 44 פלגא^{3}] דפלגא ל$_1$ 47 ואלנמודג֗את] ואלנמודגאת ל$_1$ ׀ אלתחדְיראת יג֗ב] אלתחרידאת יגב ל$_1$ ׀ אשהדוה] אשהדה ל$_1$ 48 ותחרְיר] ותחרז כל$_1$

ויבחן את המוקדם והמאוחר בדיבור. (ואומר) כמו שותף שמכר חלקו או (מקצת) מחלקו לזר. אם אמר 'מכרתי לך מחצית שיש לי בשדה' – הרי זו מחצית (השדה), ואם אמר 'מכרתי לך מחצית בשדה שיש לי' – הרי זה רבע (השדה), כמו שאמרו 'פלגא דאית לי בארעא – פלגא, פלגא בארעא דאית לי – רבעא' (ב"ב סב סע"ב).

וביאור שער זה רחב מכדי לפרטו, אך כבר הבאתי בו משלים ודוגמאות, ולפי אזהרות אלו על העד לשמור על מה שהעידוהו עליו, ולהציב כל פרט במקומו ובאמיתותו בתבונה ובדייקנות.

ואלבאב אלראבע אלדי הו מערפה כיפיה אלשהאדה

יגֹב אן יעלם אן אלכלאם אלמסמוע מן בין קום לא תקע בה שהאדה מתלא אקול בראובן יקול לשמעון אליס לי קבלך אלף דרהם פיקול לה נעם וכאן קד אגֹלס לה שהודא ורא סתארה חתי סמעוה פלא יגֹוז ללשהוד אן ישהדו עלי שמעון בשי חתי יקול להם אשהדו עליי לקו֗ל֗ אלחכמ֗ים֗ אמ֗ר֗ רב יהודה אמ֗ר֗ רב וצריך שיאמר אתם עידי וסוא עלי אלשהוד קאל להם אלמשהוד עליה אשהדו עלי או קאל להם אלמשהוד לה אשהדו עליה פאמסך אלמשהוד עליה או קאל אלמשהוד לה ללמשהוד עליה הודא האולי ישהדון עליך פאמסך ענדהא פכיף אן הו קאל נעם גמיע הדה אלוגֹוה אלשהאדאת צחיחה לקו֗להם֗ לא (שנו) [שנא] אמ֗ר֗ ליה לוה ולא שנא (ו)אמר ליה מלוה ואשתיק לוה אללהם אלא אן יקול אלמקר לא לקולהם אמ֗ר֗ רב נחמן הא קאמא לא·

ולו חתי יכון אלשהוד ורא סתארה פיקול אלרגל למן קד אקר לה פישהד עליך מן באל חצרה פיקול נעם או ימסך פהי איצֹא שהאדה לאנה קד צייר פי והמה אן באלחצֹרה קום ישהדון עליה לקו֗להם֗ פי מן כאן קד אכפא שהודא פי כלה וקאל לצאחבה עירי ושכבאי להון עלך שהדי ואכר֗ אכפאהם פי מקברה וקאל לצאחבה חיי ומיתי להון עלך שהדי פקאל כל ואחד מנהמא לא פקאל אלחאכם טעמה דאמר לא הא אשתיק הכי נמי·

מא כלא אלמריץ פאנה אן לם יקול אשהדו עליי ולא קאל אחד בחצֹרתה

המקור לנוסח היסוד: טופס י.

המקורות המקבילים: לשורות 1–16 (אכפאהם) טופס כ; לשורות 1–10 (לקו֗להם֗) טופס ל$_1$, לקוי, בייחוד בשורות 8–10.

1 ואלבאב אלראבע] ושרח אלבאב אלד׳ ל$_1$ ׀ מערפה] המילה תלויה כ + ((שהאד)) ל$_1$ 2 יגֹב] יגב כל$_1$ ׀ בה] פיה ל$_1$ 3 בראובן] כראובן כל$_1$ 4 אגֹלס] אגלס כ אקעד ל$_1$ ׀ לה] ליתא כל$_1$ ׀ סמעוה] סמעוהמא כל$_1$ ׀ יגֹוז] יגוז כל$_1$ 5 עליי] עלי ל$_1$ ׀ לקו֗ל֗ אלחכמ֗ים֗] לקול אלקדמא כל$_1$ ׀ אמ֗ר֗ רב] אמ׳ רב ל$_1$ אמר ר׳ כ 6 וצריך] צריך ל$_1$ ׀ עידי] עדי כל$_1$ 7 או] אן כ° 8 או] אן כ° ׀ ללמשהוד] למשהוד כ 9 אלוגֹוה אלשהאדאת] וגוה אלשהאדאת כ [שה]אדתْה ל$_1$ 10 לקו֗להם֗] לק׳ כ לקוי ל$_1$ ׀ [שנא]] כ ׀ אמ֗ר֗] אמ כ ׀ (ו)אמר ליה] אמ כ 11 לוה] ליה כ ׀ אלמקר] אלמוקר כ ׀ לקולהם] לק׳ כ ׀ אמ֗ר֗ רב] אמ ר׳ כ 12 קאמא] קא אמ כ 14 באל חצרה] הו באלחצֹרה כ ׀ פהי איצֹא] הי איצא כ ׀ צייר] צור כ 15 קום – לקו֗להם֗] מן יסמע כלאמהמא וישהד בה לקולהם כ 16 כלה] כלוה כ ׀ ושכבאי להון] ושכבי ליהוו כ ׀ שהדי] סהדי כ

השער הרביעי, אשר הוא ידיעת אופן העדות

צריך לדעת שהדיבור הנשמע בין האנשים, אין להשתית עליו עדות. אומר, למשל, אם ראובן אומר לשמעון ׳האינך חייב לי אלף דרהמים?׳ והוא אומר לו ׳כן׳, ו(ראובן) כבר (קודם לכן) הושיב לו עדים מאחורי וילון כדי שישמעו אותו (=את שמעון) – אזי אסור לעדים להעיד על שמעון מאומה עד שיאמר להם ׳העידו עליי׳, כמאמר החכמים ׳אמר רב יהודה אמר רב: וצריך שיאמר "אתם עידי"׳ (סנהדרין כט ע"ב). ומבחינת העדים אין זה משנה אם אמר להם זה שמעידים עליו ׳העידו עליי׳ או שאמר להם זה שמעידים בעבורו ׳העידו עליו׳ וזה שמעידים עליו שתק, או שאמר זה שמעידים בעבורו לזה שמעידים עליו ׳הנה אלה יעידו עליך׳ ועל זה שתק (השומע), וכל שכן אם אמר ׳כן׳ – כל אופני העדות האלה כשרים, כאמרם ׳לא שנא אמר ליה לוה, ולא שנא אמר ליה מלוה ואשתיק לוה׳ (שם). אכן כן, אלא אם כן יאמר המודה ׳לא׳, כאמרם ׳אמר רב נחמן: הא קאמא לא׳ (שם).[1]

ואפילו היו העדים מאחורי וילון, והאיש אומר למי שכבר הודה לו ׳יעיד עליך מי שנוכח׳, ו(המודה) אומר ׳כן׳ או שותק, אף זאת עדות (תקפה), לפי שהוא כבר העלה על דעתו שנוכחים אנשים שיעידו עליו, כאמרם על מי שהסתיר עדים בכילה ואמר לחברו ׳עירי ושכבאי להון עלך שהדי׳. ו(אדם) אחר הסתירם בבית קברות ואמר לחברו ׳חיי ומיתי להון עלך שהדי׳, ואמר כל אחד משניהם ׳לא׳, ואמר הדיין: ׳טעמה דאמר "לא", הא אשתיק הכי נמי׳ (שם).[2]

פרט לשכיב מרע – אם הוא לא אמר ׳העידו עליי׳ ואיש לא אמר בנוכחותו

1 המאמר הראשון הוא המסקנה של ׳רבינא ואיתימא רב פפא׳ מן המקרים המתוארים בפסקה הבאה, ונוסח הגאון שונה במקצת מנוסח דפוסי התלמוד. המאמר השני חוזר פעמיים בסוגיה, פעם בשם רב כהנא ופעם בשם ר׳ שמעון או ריש לקיש. ייתכן שרס"ג גרס ׳רב נחמן׳ באחד משני המקרים האלה. לעת עתה לא מצאנו גרסה כזאת, אך במקומות אחרים נמצא החילוף בין ׳רב כהנא׳ ובין ׳רב נחמן׳.

2 בדפוסי התלמוד: ׳טעמא דאמר לוה לא, אבל אי שתיק – הכי נמי׳. השוו אל ד"ס על אתר, אות ר; ה"ג, מהדורת הילדסהיימר, ג, תחילת עמ׳ 80.

אשהדו עליה לכנה קאל יעטא פלאן כדי (חֹולה) ויעטא פל˹אן˺ כדי פקט פ{א}לשהאדה מסתקימה לקו˹להם˺ שכב מרע שהודה אין צריך לומר אתם עידי·

ואנמא יחתאג̇ אלשהוד אלי אן יקאל להם אשהדו אדא {לם} ישאהדו דפע אלמאל לכנהם סמעו אלאקראר בה ואמא אן שאהדו דפע אלמאל מן יד ראובן אלי יד שמעון ועלי אנהם לא יעלמו עלי אי ג̇הה דפעה אליה הל הו קרצ̇ה או קצ̇א דין או פי רסאלה או לינתקדה פלישהדו במא ראו פאן שהאדתהם תותר פי אלחכם אתרא אדא קארנהא ג̇חוד אלכצם כמ˹א˺ ק˹אלו˺ ראיה בלא ידיעה וידיעה בלא ראיה·

{פאן} יקול אלקאיל מן תלקא נפסה לשהוד אן לפל˹אן˺ ענדי כדי לא יסאוי שיא אד ימכן אן יכון אראד אן יתפאקר לקו˹להם˺ אדם עשו{י} (שלו) [שלא] להשביע את עצמו ולו חתי יקול מתל דלך והו עליל מהמא לא יצם אלי קולה הדא פידפע אליה או יקול לה פי מוצ̇ע שהאדה אד ימכן איצ̇א [···]

׳העידו עליו׳, אלא הוא אמר (רק) ׳יינתן לפלוני כך ויינתן לפלוני כך׳, העדות תקפה, כאמרם ׳שכִב מרע שהודה אין צריך לומר ״אתם עידי״׳.[3]

ואולם העדים צריכים שייאמר להם ׳העידו׳ רק אם לא היו עדים למסירת הממון אלא שמעו את ההודאה בה. אך אם היו עדים למסירת הממון מיד ראובן ליד שמעון, אף שאינם יודעים באיזה אופן מסרו לו – אם כהלוואה או כפירעון חוב או בשליחות או כדי שיבדוק אותו – יעידו על מה שראו, ועדותם תשפיע במשפט, אם תצטרף הכחשה מצד בעל הדין, כמו שאמרו ׳ראיה בלא ידיעה וידיעה בלא ראיה׳ (שבועות לג סע״ב).[4]

ואם יאמר האומר ביזמתו לעדים ׳אני חייב לפלוני כך וכך׳, אין זה שווה דבר, שכן ייתכן שרצה להיראות עני, כאמרם ׳אדם עשוי שלא להשביע את עצמו׳ (ב״ב קעה ע״א). ואפילו אמר כך כשהוא שכיב מרע, (אין להעיד עליו) כל עוד לא הוסיף למאמרו זה ׳ויימסר לו׳ או אמר (את מה שאמר) לו (=לשומע) בתור עדות, שכן ייתכן גם [שרוצה שבניו ייראו עניים (ב״ב קעד ע״ב)...][5]

3 ניסוח חופשי של דברי רבא בבבלי ב״ב קעה סע״א. עיינו שם והשוו אל דברינו לעיל בעמ׳ 40-41. הלכה זו מבוססת על ההנחה ש׳אין אדם משטה בשעת מיתה׳.

4 את תיאור המקרה ראו שם, ולפרטי הדין ראו בבלי שבועות לד סע״א-רע״ב.

5 יש להשלים על-פי דברי ר׳ חייא ׳כשם שאדם עשוי שלא להשביע את עצמו, כך אדם עשוי שלא להשביע את בניו׳ (בבלי סנהדרין כט ע״ב); השוו גם אל בבלי ב״ב קעד סע״ב.

[ואלבאב אלכאמס אלדי הו ואגבאת אלזמאן אלמשהוד פיה]

כ$_1$ [···] במאל ולם יחקקא תאריכה פאכרג שמעון עלי ראובן כתאב בראה מורך פקאל ראובן אני אקרצתך הדא אלמאל בעד הדא אלבראה וקאל שמעון בל קבל אלבראה אקרצֿתני ופיתך וכתבת לי הדה אלבראה פאלואגב אדא לם יומן אן תכון אלבראה בעד אלדין (או) [אן] יכון אלדין סאקטא באלבראה ולא יכון עלי אלמקתרץֿ סוי אלימין כאנה כרג שטר חוב פי ניסן סתם ולם ידכר אי יום מנה וכרגת בראה מכתובה בחמשה בניסן יוכד אלחכם עלי אן אלשטר פי חכם אלמכתוב באחד בניסן ואלבראה בעדה פאן כרג ללוי עלי שמעון שטר מורך יום עשרה בניסן [וראובן דינה?] וללוי אלאסתיפא יקדם שטר לוי עלי שטר ראובן ויגעל חכם שטר ראובן חכם מא כתב פי אכר ניסן כק͞ולהם͞ הנהו תרין שטארי דאתו לקמיה דרב יוסף חד הוה כתיב ביה בה{׳} בניסן וחד הוה כתיב ביה בניסן סתמא אוקמיה רב יוסף לההוא דחמשה בניסן בניכסי אמ[ר] ליה אידך ואנא איפסוד אמ͞ר͞ ליה אנת ידך על התחתונה דילמא בר עשרין ותשעה בניסן אנת אמ͞ר͞ ליה וניכתוב לי מר טירפא מאייר ואילך אמ͞ר͞ ליה אמור בר חד בניסן את והניחו לך מקום לגבות המנו ולא יסל אלחאכם אלשהוד עןׄ שי לא יותר פי אלחכם בל לא [ ] ענהם דלך עלי וגֿה אלתעויל עליה ולו כאן [···]

ס [···] פלא יעלם מן אלטריד לכתאב דינה חתי יתסלם מנה דון אלבאקין ולכל שך יקע פי הדא אלתואריך אחכאם עלי ג׳ צֿרוב אלאול אן יכון אלשך פי אלתאריכין גמיעא ואלב׳ אן יכון אלשך פי אחדהמא לכנה ינתהי אלי זמאן לא ישך פיה ואלג׳ אן יכון אלשך פי אחדהמא מן אול אלמדה אלי אכרהא

המקורות לנוסח היסוד: לשורות 2–17 טופס כ$_1$; לשורות 18–49 טופס ס.

המקורות המקבילים: לשורות 26 (הו) – 49 טופס א; לשורות 40 (פיכון) – 49 טופס י.

18 אלטריד] אולי יש לקרוא אל טריד ס

---

1 ראו להלן, שטר א, שורות 29–46.

2 היינו שבועת היסת כדין כופר הכול, ראו בבלי שבועות מ סע״ב ומקבילות.

3 הנוסח בדפוסי התלמוד: ׳אמר ליה: יכלי למימר לך: את בר חד בניסן את׳, ותו לא. אך הוספה מעין זו שבגרסת הגאון ידועה ממקורות נוספים, ראו ד״ס לכתובות (הרשלר) על אתר, והערה 6 שם.

4 רצונו לומר: אם הלווה מכר כמה נכסים, צריך לברר אילו מהם נמכרו לאחר מועד ההלוואה,

השער החמישי, אשר הוא חיובי הזמן שבו מעידים

[...] בממון ולא ציינו השניים (=העדים) במדויק את תאריכו, והוציא שמעון שטר פיצוי מתוארך כנגד ראובן, ואמר ראובן 'אני הלוויתי לך את הממון הזה אחרי (שכתבתי לך) שובר זה', ואמר שמעון 'לא, הלווית לי לפני השובר, ופרעתי לך, וכתבת לי שובר זה' – מה שמתחייב, אם אין לו (=למלווה) נאמנות,[1] שהשובר מאוחר לחוב, (ו)יתבטל החוב מפני השובר, ולא יהיה על הלווה אלא להישבע.[2] אם, למשל, יצא שטר חוב (שתאריכו) ניסן סתם, ולא נזכר באיזה יום בו, ויצא שובר שנכתב בחמישה בניסן, יהיה דינו של השטר כדין (שטר) שנכתב באחד בניסן, והשובר מאוחר לו. ואם הוציא לוי כנגד שמעון שטר שתאריכו יום עשרה בניסן וראובן (הוציא כנגד שמעון את שטר) חובו (שתאריכו ניסן סתם), אזי זכות הגבייה ללוי – שטרו של לוי יקדם לשטרו של ראובן, ושטרו של ראובן יידון כאילו נכתב בסוף ניסן, כאמרם 'הנהו תרין שטארי דאתו לקמיה דרב יוסף, חד הוה כתיב ביה "בה' בניסן" וחד הוה כתיב ביה "בניסן" סתמא. אוקמיה רב יוסף לההוא דחמשה בניסן בניכסי. אמר ליה אידך: ואנא איפסוד? אמר ליה: אנת ידך על התחתונה, דילמא בר עשרין ותשעה בניסן אנת. אמר ליה: וניכתוב לי מר טירפא מאייר ואילך! אמר ליה: אמור בר חד בניסן את והניחו לך מקום לגבות המנו' (כתובות צד סע"ב - צה רע"א).[3] ולא ישאל הדיין את העדים על דבר שאינו משפיע על פסק הדין, יתרה מזו, לא [ ] מהם את זה על דרך ההישענות עליו. ואפילו היה [...]

[...] ולא ידוע איזה מהם מאוחר לשטר חובו כדי שיגבה ממנו זולת האחרים.[4] ולכל ספק שייפול (בנוגע ל)תאריכים האלה (יש) דינים (באחד מ)שלושה אופנים: הראשון, אם הספק הוא בדבר שני התאריכים גם יחד; והשני, אם הספק הוא בדבר אחד משניהם, אולם הוא (=טווח הזמן המוטל בספק) מסתיים במועד שאין בו ספק;[5] והשלישי, אם הספק הוא בדבר אחד משניהם, מראשית הזמן ועד סופו.[6]

שהרי מובן מאליו שאין השיעבוד חל על נכסים שהיו שלו בעבר ונמכרו בטרם קיבל את ההלוואה.

5 כאן מדובר במקרה שבו יש ספק בנוגע לתאריך של אחד השטרות, אך ברור שהוא נכתב לפני מועד מסוים, לדוגמה, באחד השטרות צוינה השנה, אך חסר תאריך מדויק. במקרה כזה ייתכן שתאריך השטר השני מוקדם או מאוחר בבירור לתאריכו של השטר שזמנו מסופק. ואולם ייתכן גם שהספק נשאר בעינו, לדוגמה, כאשר התאריך של השטר השני הוא באמצע אותה השנה אשר במהלכה נכתב השטר הראשון.

6 כלומר באחד השטרות התאריך חסר לחלוטין.

וכדלך ללקא אלכתאבין אלדי יכון פיהמא אהמאל תאריך אלאחכאם ליס הדא מוצׄע אדכר פיה שיא מנהא לאני אנמא אלפת הדא אלכתאב לתצחיח אלכתב ואלשהאדאת·

פאקול פי הדא אלבאב אלכתב תורך בד׳ עלאמאת מן אל זמאן כם פי אלאסבוע ואי יום פי אלשהר ומן אי שהר מן אית סנה {[···] הו אנקטאע אלנבויה ודלך מן סנה} מ׳א׳ לבני אלבית אלב׳ וואפק אן כאן דלך אל וקת מלך אלאסכנדר אלמסמי (דא) [דו] אלקרנין פיכון מא יכתב מתלא עלי מא אורך ליומנא הדא בתלתא בשבא דהוא תשעה עשר בירח כסליו לשנת אלפא ומאתן ותלתין ותמני שנין למניינא דרגילננא בה ואמא סאעאת פלם יכון דלך קט אלא פי ירוש᾿לים᾿ פקט לקו᾿להם᾿ כך היו כותבין בירוש᾿לים᾿ שעות·

פאן הדה אלד׳ חדוד אלתאריך אן לם יחפטׂוהא אלשהוד פלידעוה ויורכו אלכתא᾿ב᾿ ביום אל כתבה ויערׄפׄ[ון אן] יום אלשהאדה כאן אסבק וינסכון מא עלמו מ[נה לק᾿ולהם᾿ צ]ריכין למכתב שטרא דנן הוה מן קדמת דנא וׄאׄ[נחנא] דׄאחרנוהי·

וכדלך מן שהד עלי מריץׄ פי סבת אוׄ עׄיׄדׄ או כפור כמא הו גאיז אן ישהד עלי אלמריץׄ כאצה פליכתב בעד יום ‹אל›קדש אן אלשהאדה כאנת מתלא בעשרה בתשרי וכתׄבׄ[א] דנן כתבנוהי בחד עשר בתשרי ולא יצׄר דלך שׄיׄאׄ·

פאן כתב כתאב יום אלאחד מתלא ולם ילחק אלשהוד אן ישהדהם פי יום אלאחד פקט פיכון פי לילה אלאתנין פדלך יגוז מא כלא אלגט פקט וסימא

27-26 {[···] – סנה}] א כנראה, נשמט מחמת הדומות ס 27 מ׳א׳] אחד וארבעין א ׀ אלב׳] אלתאני א ׀ אל וקת] ליתא א ׀ אלאסכנדר] אלכסנדרוס א 28 [דו]] א ׀ אורך ליומנא] ממא יורך כתיבנא ((ב)) א 29 בתלתא בשבא] בתלתה בשבה א 30-29 תשעה – בה] עשרה יומי בירח ניסן דשנת אלפא ומאתן ושבעין שנין למינינא דרגילננא ביה בחיסנא עיבראה מדינתא דעל דגלת נהרא מותבה א 30 יכון דלך] יורך דלך אלרסם א 31 לקו᾿להם᾿] לקול׳ א 32 פאן] פאי א° ׀ אלד׳] אלארבע א ׀ אן] ליתא א ׀ יחפטׂוהא] חפטה א 33-32 פלידעוה – כתבה] פלידעה וידכרו יום אלכתאבה א 33 וינסכון] וינסבון א 34 מ[נה – צ]ריכין] א ׀ דנא] דנה א 35 דׄאחרנוהי] דאחרינוהי א 36 עׄיׄדׄ] פי עיד א ׀ אן ישהד] ליתא א 37 ‹אל›קדש] אלקודש וישרח א יש מקום מטושטש אך קטן מכדי להשלים את 'וישרח' ס 38 וכתׄבׄ[א]] וכתאבא א 39 ישהדהם] ישהדו א 40 פיכון] לכן אי ׀ מא כלא] אלא פי י

7 כלומר מטרת הספר היא להדריך מלכתחילה את העדים בכתיבת שטרות כתקנם ולא לדון בכל הסיבוכים האפשריים שעשויים להיווצר, אם לא ייכתבו כשורה. השוו אל מה שכתבנו לעיל בעמ׳ 9-10.

8 הכוונה למניין הסלווקי, שהשתמשו בו לתיארוך בארצות המזרח במרוצת ימי הביניים. מניין זה התחיל בשנת 312 לפני הספירה, עם עליית השושלת הסלווקית (ולאו דווקא עם הכיבוש

וכיוצא בזה בצירוף שני שטרות שבשניהם הושמט תאריך העניינים הנידונים, אין זה המקום להזכיר בו דבר על אודותיהם, שכן חיברתי את הספר הזה רק כדי לתקן את השטרות והעדויות (מלכתחילה).[7]

ואומַר בשער זה: את השטרות מתארכים בארבעה סימנים של זמן – היום בשבוע והיום בחודש והחודש והשנה [החל בשנת···] הוא הפסקת הנבואה, וזה משנת מ״א לבניית הבית השני,[8] המתאימה לזמן שבו מלך אלכסנדר (מוקדון), המכונה ׳דו אלקרנין׳.[9] כך, למשל, ייכתב על מה שמתוארך היום: ׳בשלישי בשבת, שהוא תשעה־עשר בחודש כסליו לשנת אלף ומאתיים ושלושים ושמונה שנים למניין שאנו רגילים בו׳.[10] ואולם (ציון) השעות – זה לא היה מעולם אלא בירושלים בלבד, כאמרם ׳כך היו כותבין בירושלים שעות׳ (כתובות י:ה).

ואם העדים אינם זוכרים את ארבעת סימני התאריך האלה, יניחו לו (=לתאריך המקורי) ויתארכו את השטר על־פי יום הכתיבה, ויודיעו שיום העדות קדם לו, וירשמו את מה שהם יודעים עליו, כאמרם ׳צריכין למכתב: שטרא דנן הוה מן קדמת דנא ואנחנא דאחרנוהי׳ (ב״ב קעא סע״ב).[11]

וכן המעיד על שכיב מרע בשבת או בחג או (ביום) כיפור – כמו שמותר להעיד על השכיב מרע בלבד[12] – יכתוב אחרי יום הקודש שהעדות הייתה, למשל, ׳בעשרה בתשרי, ושטר זה כתבנו אותו באחד־עשר בתשרי׳, ואין זה פוגם כלל.

ואם כתב שטר, למשל, ביום ראשון ולא השיג את העדים להעידם ביום ראשון בלבד אלא בליל (יום) שני, הרי זה מותר, פרט לגט בלבד. ובמיוחד

של אלכסנדר – כמו שכותב רס״ג – שקדם לה בכתריסר שנים). הקביעה שראשיתו של מניין זה הייתה בשנה ה־41 לבניין הבית השני מתאימה עקרונית לכרונולוגיה המקובלת בספרות חז״ל, ראו תבורי, ׳התקופה הפרסית׳, בייחוד עמ׳ 68–71.

9 שיטת התיארוך המרובע רווחה במזרח (השוו, למשל, אל סה״ש לרה״ג, מהדורת אסף, עמ׳ 17; מ״ע פרידמן, נישואין, א, עמ׳ 89–99) שלא כשיטה המתוארת בתוספתא ב״ב יא:ב. הכינוי ׳דו אלקרנין׳ בא בקוראן, ורוב הפרשנים מסכימים שהכוונה לאלכסנדר מוקדון. ראו (*EI*, s.v. ‘al-Iskandar’, by M.W. Watt (vol. 4 , p. 127

10 השנה המצוינת כאן היא 926 לספירה והיא שנת חיבורו של ספר השטרות. וראו גם לעיל, עמ׳ 7–8. בטופס א ציין המעתיק את המקום ואת תאריך ההעתקה – מוצַל 959 (ראו את שינויי הנוסח לשורות 29–30).

11 בדפוסי התלמוד הנוסח הוא ׳דאמר להו ר׳ אבא לספריה: כי כתביתו שטרי מאוחרי כתבו הכי: שטרא דנן לא בזמניה כתבניה, אלא אחרנוהו וכתבנוהו׳. לעת עתה לא מצאנו חבר לגרסת הגאון. השוו אל ד״ס על אתר, אות ד; ה״ג, מהדורת הילדסהיימר, ב, עמ׳ 537, שורות 15–16; ואל המקבילה בה״פ, מהדורת ששון, עמ׳ סז, שורה 8.

12 ראו בבלי ב״ב קנו ע״ב: ׳אמר רבי לוי: קונין (קנין) משכיב מרע ואפילו בשבת, ולא לחוש לדברי ר׳ אליעזר, אלא שמא תטרוף דעתו עליו׳, והשוו אל הכתוב שם בדפים קנו סע״ב - קנז רע״א.

אלכתבאת פאנה באלחרי אן תכון גאיזה לקו֗להם֗ כתובתיה דחייא בר רב איכתיב ביממא ואיחתים בליליא הוה רב התם ולא אמ֗ר֗ להון ולא מידי אללהם אלא אן ינקצ̇י אלליל ויבתדי נהאר אליום אלתאני·

פאן כאן לם ישהד פי אלכתאב אחדא פלירמי בה פאנה לא יצלח לשי ואן כאן קד שהד פיה ואחד או אתנין או מא זאד אנחנו חתמנו ביום פל֗וני֗ בכך וכך לחדש פל֗וני֗ על פל֗וני֗ בר פל֗וני֗ בכל מה דכתיב בשטרא דנן ויכתמון אלשאהדין או מא זאד פליורך אלבאקין דון כ̊תאמתא ת‹א›ריכא תאניה יקולון פיה נחן שהדנא פי אליום אלפלאני בגמיע מא פי הדא אלכתאב וישהדון·

41 אלכתבאת] אולי יש לקרוא אל כתבאת ס אלכתבתאת י ׀ פאנה באלחרי] באלאחרי י ׀ לקו֗להם֗] לק׳ א 42 דחייא] דחייה אי איכתיב] אי כתיב א° אכתיב י ׀ ואיחתים] ואי חתים א ואחתים י ׀ אמ֗ר֗ – ולא] אמלהו אי ׀ מידי] מדי א 43 אלא] אילא א ׀ אלליל] אליום א ׀ אליום] אולי יש לקרוא אל יום ס יום אי ׀ אלתאני] אולי יש לקרוא אל תאני ס אלב׳ א 44 אלכתאב] אולי יש לקרוא אל כתאב ס ׀ אחדא] אחד אי ׀ יצלח לשי] יסאוי שיא א 45–47 או¹ – אלשהאדין] ליתא, השמטה מחמת הדומות אי 47 פליורך אלבאקין] פליוריך אלבאקיין א ׀ כ̊תאמתא] כתאמתה אי 48 תאניה] תאנייא א תאניא י ׀ פיה] פ‹י›ה י ׀ נחן] ונחן אי 49 וישהדון] ליתא י

הכתובות – על אחת כמה וכמה שהן מותרות (בכגון זה), כאמרם 'כתובתיה דחייא בר רב איכתיב בִּימָמָא ואיחתים בליליא. הוה רב התם, ולא אמר להון ולא מידי' (גטין יח סע"א). אכן כן, אלא אם כן הסתיים הלילה והחל להאיר היום השני.[13]

ואם לא העיד (אף לא) אחד בשטר, יושלך, שכן לא יצלח למאומה. אך אם העיד בו אחד או שניים או יותר 'אנחנו חתמנו ביום פלוני, בכך וכך לחודש פלוני, על פלוני בן פלוני, על כל מה שכתוב בשטר זה', וחתמו שני העדים או יותר, אזי יתארכו (העדים) הנותרים (אם ישנם) תחת חתימתם תאריך שני, ובו ייאמר 'אנו העדנו ביום פלוני על כל מה שבשטר זה', ויעידו.[14]

13 דין הגט שנחתם בלילה נמצא במשנה גטין ב:ב (לפי תנא קמא). דין הכתובה יוצא מסוגיית התלמוד בבבלי גטין יח ע"א: 'אמר שמואל: [...] אף כתובה נכתבת ביום ונחתמת בלילה', ורס"ג פוסק כמותו אף על פי שהסוגיה תירצה את שתיקתו של רב בהנחה שעדיין היו 'עסוקין באותו ענין'. אם אמנם רב סבר כך, נראה שאף על פי כן יש מקום לפסוק כשמואל לפי הכלל התלמודי (בבלי בכורות מט רע"ב, אך יש מקום להניח שכלל זה, החסר בקטע גניזה אחד של סוגיית בכורות [כ"י אוקספורד Bodl. MS. Heb. c 17, דף 94], אינו מקורי בתלמוד [ראו מילגרם, 'הילכתא'], והשוו למשל אל דברי רא"ש למסכת גטין, פרק ב, אות ז). הגאון מדמה את שאר השטרות לכתובה וסבור שפסול הגט הוא אחת החומרות המיוחדות של שטר זה.

14 לכאורה יש סתירה פנימית בדברי הגאון בנוגע לאפשרות שעד אחד בלבד חתם על השטר בזמנו. אף מצד העניין לא ברור איזה תוקף יהיה לחתימתו של עד אחד, וצריך עיון. אולי הכוונה לעניינים כגון אלה המוזכרים במשנה גטין ט:ד ובבבלי ב"ב קסה ע"א-ע"ב.

ואלבאב אלסאדס אלדי הו ואגבאת אלמכאן

שרחה אנה יגב אן ירסם פי אלכתאב אסם אלמדינה אלתי כאנת פיה{א} אלשהאדה ואלנהר אלדי הו מגאור להא מתאל דלך כמא נכתב אלאן במדינה בגדאד דעל דיגלת רבה מותבה וכדלך אן כאן פי אלמדינה או אלקריה חאראת וקטאיע מכתלפה פינבגי אן יכתב איצ̇א אסמאיהא וכדלך אסמא אל̇אנהאר אלמגאורה להא ולא יתסהל פי דלך לקו˹להם˺ אמ˹ר˺ להון רב לספריה כי יתביתו בשילו כתבו בשילו וכי יתביתו בהינו כתבו בהינו ועלי אן ליס פי מא בין אלמוצ̇עין אלא קראח ואחד·

המקור לנוסח היסוד: טופס ס.

המקורות המקבילים: טפסים א, י.

1 ואגבאת] שרח ואגבאת א ואג̇באת י 2 יגב] יג̇ב י ׀ פיה{א}] אי 3 מגאור] מגאורה א מג̇אורהא י ׀ להא] לה אי ׀ מתאל] מתל י ׀ במדינה] במדינת אי 4 בגדאד] בג̇דאד י ׀ דיגלת] דגלת נהרא אי ׀ רבה] ליתא י רבא א ׀ אלקריה] פי אלקריה א 5 פינבגי] ינבגי א פינבג̇י י ׀ אן] + ((יתר)) א ׀ אסמאיהא] אסמאהא אי 6 אלמגאורה] אולי יש לקרוא אלמג̇אורה י ׀ יתסהל] יתסאהל אי ׀ פי] פיהא פי א ׀ לקו˹להם˺] לק' אלחכ' א ׀ אמ˹ר˺] אמ' אי ׀ להון] ליתא י להו א 7 יתביתו] תביתו י ׀ כתבו] כתובו א°י ׀ וכי – בהינו] וכיתכיתו בחינו י ׀ כתבו] כתובו אי ׀ בהינו] בחינו י ׀ ליס] לם י ׀ פי מא] ליתא אי 8 קראח] + אן א

השער השישי, אשר הוא חיובי המקום

ביאורו: שצריך לרשום בשטר את שם העיר אשר בה הייתה העדות[1] ואת (שם) הנהר הסמוך לה. כך, למשל, אנו כותבים כעת: 'בעיר בגדאד שעל חידקל הגדול מושבה'.[2] וכן אם יש בעיר או בכפר רבעים או שכונות שונים, יש לכתוב גם את שמותיהם וכן את שמות הנהרות הסמוכים להם, ואין להקל בכך, כאמרם 'אמר להון רב לספריה כי יתביתו בשילו כתבו "בשילו", וכי יתביתו בהינו כתבו "בהינו"' (יבמות קטז ע"א ומקבילות)[3] – אף שאין (מפרידה) בין שני המקומות אלא חלקה אחת.[4]

1 מסתבר שהכוונה למקום כתיבת השטר ולא למקום התרחשותו של האירוע שמעידים עליו, ראו בבלי יבמות קטז ע"א ומקבילות (ואת תוכן המקורות ראו להלן בהערה 3). הנוהג לרשום את מקום הכתיבה קדום מאוד, והוא מצוי דרך קבע כבר במאה השנייה לספירה. אף על פי שהסיבות לציון מקום הכתיבה בשטר ברורות פחות מן הסיבות לתיארוכו, נראה שהרישום עשוי, למשל, למנוע בלבול בין אנשים ששמותיהם זהים והם גרים במקומות שונים זה מזה. השווה אל הכתוב להלן בשער ז, שורה 7.

2 הנוהג לציין את הנהר הסמוך למקום נרמז כבר בתלמוד (בבלי גטין כז ע"א ומקבילות) ונפוץ לאחר מכן (השווה, למשל, אל סה"ש לרה"ג, מהדורת אסף, עמ' 17 והערות 3–4), אם כי לא מצאנו דרישה כזאת בספרות חז"ל. השווה אל הדיון המפורט בבית יוסף, טור אבן העזר, סוף סימן קכח.

3 בתלמוד נאמר שרב הונא נתן הוראות דומות לסופרים ומודגש שיש לציין את מקום הכתיבה, אף אם נמסרו הדברים לעדים במקום אחר. רס"ג, כנראה, ציטט בדילוגים כמו שעשה בעוד מקומות (עיינו לעיל, עמ' 40–41).

4 ממקורות שונים בתלמוד ברור ששני המקומות סמוכים זה לזה (ראו בייחוד בבלי ביצה כה ע"ב, והשווה אל הכתוב אצל אוברמאייר, בבל היהודית, עמ' 149–152), אך כנראה הגאון מסתמך כאן על ידיעה אישית. עם זה לא ברור שמקומות אלו נחשבו כשתי 'שכונות' של עיר אחת, ולכאורה דרישת הגאון מרחיקת לכת יותר מדרישתו של רב.

א ואלבאב אלסאבע אלואגבא[ת] אלתי לגמיע אלכתב ומא ילחק בהא ממא יחתאג אלשהוד אן יקף עליה פי אמר אלכתב

פאקול אן ואגבאת כל כתאב אלא מא אסתתני בה פי הדה אלגזו מנהא ז׳ מעיני

אלאולי אלתאריך לינפצל בה אלמתקדם מן אלמתאכר על[י מא] שרחת

ואלב׳ אלמכאן ליכתץ כל בלד במא שהד פיה ובאהלה ובצׄיאעה

ואלג׳ אסם אלשכץ אלמשהוד עליה ואכבארה באן אלשהאדה פי צחה עקלה ובדנה טאיע גיר מוכרה ואסם אלמשהוד לה (ועליה) עלי הדא אלסביל איך פל˹וני˺ ב˹ר˺ פל˹וני˺ אמר לנא הוו עלאי שהדי וקנו מיני מיעכשו וכתובו וחתומו עלאי בכל לישאני דזכואתא והבו ליה לפל˹וני˺ בר פלוני מחמת דבצבו נפשי קא מודינא קדמיכון כיד לא באונס ((ולא במרע)) ולא בשלו ולא בשגו ולא בטעו ולא במרע אילא בליבא שלמא ובדעתא שלמתא

ואלד׳ עיון אלכתאב וגרצׄה עלי מא אצף כתאב (או) כתאב ומא לה מן אלרסום ואללזום

ואלה׳ צׄמאן דרך דלך אלשי (אלמש אלשהוד) [אלמשהוד] בה אן כאן קרצׄה או ביעא אללהם אלא אן יכון הבה פאנה יגב אן יכתב וקביל עלוהי פל˹וני˺ דנן אחריות זביני אילין (עלוהי) ואחריות זוזי אילין עלוהי ועל ירתוהי בתרוהי

המקור לנוסח היסוד: טופס א.

המקורות המקבילים: לשורות 1–36 (וממכר) טופס י; לשורות 1–14 (ואלד׳), 72 (נעלם)–122 טופס ס, לקוי במקצת בשורות 1–14; לשורות 35–67 (מכתובא) טופס ה, מטושטש מאוד בשורות 35–38.

1 אלואגבא[ת]] אלואגׄבאת י | לגמיע] לגׄמיע י 2 יחתאג] יחתאגׄ י | אן יקף] אלי אלוקוף יס 3 אלכתב] ((וקוף)) כתב ס 4 ואגבאת] ואגׄבאת י | הדה] הדא ס | אלגזו] אלגׄזו י 5 מעיני] ליתא יס 6 אלאולי] ליתא י | בה] + ((פי הדא אלגזו מנה)) י 7 כל] + (([מכ]אן)) י° | ובצׄיאעה] ובציאעה ס 8 ואכבארה] ובאכבארה י | צחה] + מן ס 9 טאיע] טאיעא ס | גיר] גׄיר י | מוכרה] מכרוה יס | אלמשהוד] אל משהוד ס | לה] ליתא י | (ועליה)] ליתא יס | איך] + ר׳ ס 10 פל˹וני˺[1,2]] פל׳ יס | אמר] אמ׳ ס | עלאי שהדי] עלי סהדי ס | מיני] מני יס | מיעכשו] מעכשו י מעכשיו בכל לישאנא דזכואתא ס | וכתובו] וכתבו ס 11 וחתומו] וחתמו ס | עלאי – דזכואתא] ליתא יס | לפל˹וני˺] לפל׳ ס לפ׳ י | פלוני] פל׳ יס | מחמת] ליתא יס 12 דבצבו] דכצבו י דבצבי ס | כיד לא] כדלא יס | ((ולא במרע))] ליתא י ולא במרע ס 12–13 ולא בשלו – בטעו] ולא בשלו ולא בטעו י ולא בשגו ולא בטעו ולא בשלו ס 13 ולא במרע] ליתא יס | אילא] אלא ס 14 עיון] עין י | וגרצׄה] גרצׄה י | אצף – כתאב] סאצף כתאבא כתאבא י 16 [אלמשהוד]] אל משהוד י 17 ביעא] באי [שי?] י | יגב] יגׄב י | פל˹וני˺] פל׳ י 18 (עלוהי)] ליתא י | ירתוהי] ירתיה י

השער השביעי: החיובים של כלל השטרות ומה שקשור בהם – מה שהעדים צריכים לעמוד עליו בעניין השטרות

ואומַר שחיובי כל שטר – מלבד אלו שמקצתם (=מקצת השטרות) יוצאים ב(עניין) זה מן הכלל[1] – שבעה עניינים.

הראשון – התאריך, כדי להבחין באמצעותו בין המוקדם למאוחר, כמו שהסברתי.[2]

והשני – המקום, כדי לייחד כל עיר במה שהעידו בה וב(נוגע ל)אנשיה וקרקעותיה.[3]

והשלישי – שם האדם שמעידים עליו והודעתו שהעדות (נעשתה) כשהוא בריא בשכלו ובגופו, רוצה ואינו אנוס, ושם האדם שמעידים בעדו בדרך הזאת: 'איך פלוני בן פלוני אמר לנו: "היו עדים עליי וקנו ממני מעכשיו, וכִתבו וחִתמו עליי בכל לשונות של זכויות, ותנו לו לפלוני בן פלוני, מאחר שברצון עצמי אני מודה בפניכם כשאין (אני נתון) באונס ולא בשגגה ולא בשגיאה ולא בטעות ולא בחולי אלא בלב שלם ובדעת שלמה"'.[4]

והרביעי – עיקרי השטר ומטרתו כמו שאתאר (להלן), שטר שטר והנהגים והחיובים שלו.

והחמישי – ערבות אחריות לדבר ההוא שמעידים עליו (בשטר), אם היה הלוואה או מכירה, אכן כן, אלא אם כן היה מתנה,[5] ואז צריך לכתוב: 'וקיבל עליו פלוני זה אחריות מכר זה ואחריות זוזים אלו עליו ועל יורשיו אחריו'.[6]

1 למשל, בדרך כלל אין כותבים אחריות נכסים בשטר מתנה (ראו להלן בשער זה, שורות 16-17). בשטרות רבים (בכללם מעשי בית דין) אין צורך בקניין, ובמקרים מסוימים ציין זאת רס"ג במפורש (ראו להלן, שטרות יב, לד, מז, נד).

2 לעיל, שער ה.

3 לעיל, שער ו (והשוו להערה 1 שם).

4 השוו לדברי רס"ג לעיל בשער ב, שורות 25-33, ובשער ד, שורות 5-12.

5 התחביר אינו מחוור כל צורכו, וייתכן שיש כאן טעות סופר, אך המשמעות הכללית ברורה: מתנה היא הדוגמה המובהקת לקניין שבדרך כלל אין בו אחריות, וסעיף האחריות בשטר מתנה אף עשוי לפגוע בו, ראו להלן, שטר יא, הערה 8.

6 הכוונה, כנראה, לשטר מכר. בעצם, מצד הדין אין צורך לכתוב את סעיף האחריות במקרה זה מאחר שהוא תקף כל עוד לא צוין אחרת (ראו להלן, שורות 33-36), ואולם כדי להסיר ספק עדיף לכתוב אותו במפורש.

פפי כת{א}ב אלקרצ֗ה למיגבי מן כל שפר ארג ניכסין וקינין וממון דאית ליה תחות כל שמיא בביתא ובברא ממקרקעי וממטלטלי ואפילו מן גלימא דעל כתפיה ופי כתאב אלבראה כל דייתי מארבע רוחי עלמא בר וברת אח ואחת קרוב ורחוק יהודאי וארמאי די יקום ויחג̊י̊ ויערער וידון ויזכי ויצער ויחסר ית פל׳וני׳ ב׳ר׳ פל׳וני׳ או ית ירתיה בתריה מחמת כל דהדיר ליה בינאתן מן יומת עלמא ועד הידאנא איקום אנא פל׳וני׳ ב׳ר׳ פל׳וני׳ וירתאי בתראי ((ופ)) ונפצי ונשפי ונברי ונציל ונשיזיב ית פל׳וני׳ דנן וית ירתיה בתריה מן יד כל דתאבע להון מחמתאי ופי כתאב אלביע דכל דייתי מארבע רוחי עלמא בר וברת אח ואחת קריב ורחיק די יקום ויערער וידון ויזכי עם פל׳וני׳ דנן או עם ירתיה בתריה על ארעא דא או על ביתא ((דא)) דנן איקום אנא פל׳וני׳ וירתאי בתראי ואישפי ואימריק ית זביני אילין מן כל ניזקי והיזקי ואוקים יתהון ביד((הון)) פל׳וני׳ דנן וביד ירתיה בתריה ואישלים להון כל זיאנא וחוסראנא די ימטי להון בזביני אילין מחמתאי בין בארעא גופה ובין בשבאחה מן כל שפר ארג ניכסין וקנין וממון דאית לי תחות כל שמיא כמ׳א׳ וצפת אללהם אלא אן יביע בשריטה אנה לא יצ֗מן אלדרך פאנה ינבגי אן ישרח פי אלכתאב אן אלדרך לא ילזמה לאנה אן לם ישרח פיה אוגב אלחוכם עליה דרך מא באע ומא אקתרץ֗ לק׳ולהם׳ אחריות טעות סופר היא בין בשטרי הלואה ובין בשטרי מקח וממכר וכדלך אן הו והב הבה ורצ֗י אן יצ֗מן דרכא פלישרח דלך איצ֗א

19 כת{א}ב] אלכתאב י | למיגבי] למגבא י | ניכסין וקינין] נכסין וקנין י 20 ליה] לי י | ממקרקעי וממטלטלי] מן מקרקעי ומן מטלטלי י 21 כתפיה] כתפאי וג׳ י 22 ואחת – ויחג̊י̊] ואחות דיקום י 22–23 וידון – ב׳ר׳ פל׳וני׳] וידי̊ן ויזכה בהדי פל׳ דנן י 23 ית[2]] בהדי י 24 מן יומת] מיומי י | הידאנא איקום] כען אקום י 24–25 פל׳וני׳[1] – וירתאי] פל׳ וירתאוי י 25 ((ופ))] ליתא י | ונשפי – ונשיזיב] ונברי י | פל׳וני׳] פל׳ י 25–26 וית – בתריה] ליתא י 27 ואחת – יקום] ואחות קרוב ורחוק דיקום י 28 פל׳וני׳] פל׳ י | ((דא))] ליתא י 29 פל׳וני׳] פל׳ י | וירתאי] ירתא̊י י | ואישפי ואימריק] ואשפי ואמריק י | כל] פל׳ י° 30 והיזקי] והזוקי י° | ביד((הון))] ביד י | פל׳וני׳] פל׳ י | ואישלים] ואשלם י 31 וחוסראנא] וחוסרנא י | די ימטי] דימ̊[ט]י̊ י | מחמתאי] מחמתי י 32 גופה ובין] בין י° | ניכסין] נכסין י 32–33 וממון – שמיא] ליתא י 33 אלא] ליתא י | אלדרך] דרך י 34 ינבגי] ינבג̊י̊ י 34–35 אוגב אלחוכם] אוג̇ב אלחכם י 35 באע] אולי יש לקרוא יבאע י | לק׳ולהם׳] לקול׳ י 36 הלואה] הלוה(!) י 37 דרכא] דרכהא אולי ביד שנייה **ה**

ובשטר הלוואה (צריך לכתוב): 'לגבות מכל מיטב מחמד נכסים וקניין וממון שיש לו תחת כל השמים, בבית ובחוץ, מקרקעות וממיטלטלין ואפילו מן הגלימה שעל כתפיו'.[7] ובשטר פיצוי: 'כל (מי) שיבוא מארבע רוחות העולם – בן ובת, אח ואחות, קרוב ורחוק, יהודי ונכרי – שיעמוד ויטען ויערער וידון ויזכה, ויצער ויחסר את פלוני בן פלוני או את יורשיו אחריו מחמת כל מה שהיה בינינו מימות עולם ועד עכשיו, אעמוד אני פלוני בן פלוני ויורשיי אחריי ונפצה ונשפה ונזכה ונציל ונמלט את פלוני זה ואת יורשיו אחריו מיד כל מי שיתבע אותם מחמתי'.[8] ובשטר מכר: 'שכל (מי) שיבוא מארבע רוחות העולם – בן ובת, אח ואחות, קרוב ורחוק – שיעמוד ויערער וידון ויזכה עם פלוני זה או עם יורשיו אחריו בנוגע לקרקע זו או לבית זה, אקום אני פלוני ויורשיי אחריי ואשפה ואמרק מכר זה מכל נזקים והיזקים, ואעמיד אותו ביד פלוני זה וביד יורשיו אחריו, ואשלם להם כל נזק וחסרון שיגיע להם במכר זה מחמתי, בין בקרקע עצמה ובין בשבחה, מכל מיטב מחמד נכסים וקניין וממון שיש לי תחת כל השמים', כמו שתיארתי.[9] אכן כן, אלא אם כן ימכור בתנאי שאינו ערב באחריות, ואז עליו לפרש בשטר שאין האחריות מחייבת אותו, לפי שאם הוא לא פירש בו – הדין מחייב אותו באחריות מה שמכר או מה שלווה, כאמרם 'אחריות – טעות סופר היא בין בשטרי הלוואה ובין בשטרי מקח וממכר' (ב"מ טו ע"ב). וכן אם נתן מתנה ונתרצה לערוב לה באחריות, יפרש גם את זה.[10]

7 שורשיו של סעיף זה קדומים מאוד, ראו פורטן, יהודים מיב, עמ' 19, 23, 39, 43. 'ואפילו מן גלימא דעל כתפיה' נוסף, כנראה, על-פי התלמוד, בבלי ב"ק יא ע"ב, ב"ב קנז ע"א, ועיינו שם. לא לגמרי ברור אם יש צורך לציין חובה זו בנוסח השטר, ראו לעיל, עמ' 14-16.

8 סעיף זה מנוסח באופן מפתיע: בנסיבות הנידונות (ויתור על טענות אפשריות) היינו מצפים להתחייבות שלא לתבוע את המזוכה או לקביעה מראש שכל טענה מסוג זה לא תתקבל (השוו אל האמור להלן בשטר ב, שורות 12-18 ובהערה 4 שם). אפשר שהניסוח כאן מושפע מן הסעיף המקביל בשטרי מכר, המובא מיד בהמשך. לפרטי הביטויים הבאים בו ראו להלן, שטר ב, הערות 5, 10; שטר ו, הערות 7-8.

9 הביטוי 'כמא וצפת' רומז, כנראה, שיש לרשום בסוף הסעיף את הסיום המובא לעיל בשורות 20-21: 'בביתא ובברא, ממקרקעי וממטלטלי ואפילו מן גלימא דעל כתפיה'. הלשון 'ממקרקעי וממטלטלי' נרשם בנוסח השטר בהתאם לתקנת הגאונים בעניין זה, ומסתבר שאף הוא אינו נחוץ מצד הדין, ראו ברודי, 'תקנות הגאונים', עמ' 308-310, והספרות שצוינה שם בהערה 148. שורשיו של סעיף זה עתיקים מאוד, ראו לעיל, עמ' 14-15. בנוגע להתחייבות המוכר לפצות את הקונה אף על השבח ולתוצאותיה השנויות במחלוקת ראו בבלי ב"מ יד רע"ב - טו רע"ב. נראה שאי אפשר להסיק מכאן כיצד בדיוק פסק רס"ג במחלוקות אלו.

10 ראו לעיל, הערה 5.

ואלסאדס חית אלאלפאט̇ באן יכתב ואן יחמל אלכתאב עלי גרצ̇ה באותק מא יכון מן אלאחכאם ולא תתעקב פיה אלפאט̇ אלשהוד פאנהא חכאיה וסבב אלחאגה אלי הדא אלפן לאנה {מא} מן כלאם לא יחתמל תאויל וליס כל אלנאס יחקקון אלאלפאט̇ אלמחכמה פלדלך יכתב פי כל כתאב דלא כאסמכאתא ודלא כטופסי דשטרי אילא כחומר כל שטרי מעליי מחזקי מזרזי דבית דינא ותפסיר אסמכאתא אסנאדאת ותפסיר טפסי דשט׳רי׳ מצאדר אלכותב ואחתאג אן יקול אלמשהוד עליה אן הדה אלותיקה ליס כאסנאד לילא יכון אלשהוד פי שך מן אכלאץ נייתה פיכברהם באן פכרה ליס מתעלק בשי מן אלאסתתניאת ולא מסתנד עלי שי מן אלמצ̇מראת ואחתאג אלי אן יקול וליס כאלמצאדר לאן אלשהוד לו צדרו אלותיקה באחכם מא ימכנהם לם תכיל מן כלאם מתשאבה תתנאועה אחד מענאיין או מע{א}ני פיהא אד כל לגה עלי הדא מוצ̇יעה פאדא תברו מן ז̇לל אלתצדיר ותקציר אלחכאיאת וצ̇עפהא קאמת אלשהאדה באותק מא יכון ויגב אן יאכד להא אלאחכם באבלג קול ואחכם וצ̇ע ומן שרף הדא אלפן מן אלותאיק יגב אן יאציל פי אול אלקול והו מא אתבתנא אן יקול אלמשהוד עליה וקנו מיני בכל לישאני דזכואתא פיקולון אלשהוד חיניד פי באטן כלאמהם פאן ראית יא איוה אלאחכם פי לפט̇נא תקציר פדאך מנא לא מן אלמשהוד עליה אללהם אלא אן יש(ה)[ר]חון אן אלאתפאק ואל{א}סתתני י̊קע בה פיכון אלבאקי עלי גאיה אלאחכאם

ואלז׳ באב אלקינין והו אן יכתבו וקנינא מן יד פל׳וני׳ דנן לפל׳וני׳ דנן בכל מה דכתיב ומפרש לעילא במנא דכשר למקניא ביה אלא מא אכברנא אנה ליס יחתאג אלי קינין עלי מא תקדם ·

ולא יגוז ללשאהד אן יכתם עלי כתאב והו לא יחסין יקראה ולא יפהם מעאניה מא כלא אלגט לקו׳להם׳ במה דברים אמורים בגיטי נשים אבל בשחרורי עבדים ובשאר כל השטרות אם יודעים לקרות ולחתום חותמין ואם לאו אין

38 ואלסאדס] + איצ̇א ה 39 פאנהא] פאנה ה 40 {מא}] ה ׀ לא יחתמל] אלא ויחתמל ה 41 אלמחכמה] אלמוחכמה ה 42 ודלא] ולא ה 42–43 מחזקי – דינא] דבידינא ה 43 טפסי] טופסי ה 44 ואחתאג] ואחתאג ⟨אלי⟩ ה ׀ כאסנאד] באסנאד ה 45 מן] פי ה ׀ נייתה] ניתה ה 46 אלאסתתניאת] ⟨אלסתנ̊א̊דאת⟩ ואל[אסת]איאת° ה ׀ מסתנד] מצ̇מר ה 47 כאלמצאדר] באלמצאדר ה 48 תכיל מן] תכ̇ל מן וקוע ה 49 תברו] ⟨תברו⟩ לם תמ̊ק̊ ה 52 אתבתנא] אתבתהא ה 53 יא איוה] ר̊איה̊א ה 54–55 אן – אן] מא ישרחון ⟨אן⟩ ה 55 ואל{א}סתתני] ה ׀ גאיה] המילה תלויה ומתוקנת מן ׳גיר׳ ה 56 ואלז׳] ואלסאבע ה ׀ אלקינין] אלקנין ה ׀ והו – יכתבו] יכתבון ה 57 ביה] בֵה ה 58 קינין] קנין ה 59 יכתם] ישהד ה ׀ יחסין] + אן ה ׀ יקראה] + או יחס̊ן̊ יקראה ה 60 לקו׳להם׳] פקט לקולהם פי אטלאק דלך ה

והשישי – השמירה על המילים (=הדיוק בניסוח) כך שהשטר ייכתב ויתפרש בהתאם למטרתו בצורה המוסמכת ביותר על־פי הדינים בלי להיגרר אחרי מילות העדים, שהרי הן סיפור. וסיבת הצורך בהיבט זה (היא) שאין דיבור שאינו נתון לפרשנות, ולא כל האנשים מדייקים בלשונות המשפטיות, ולכן ייכתב בכל שטר ׳שלא כאסמכתא ושלא כטופסי דשטרי אלא כחומר כל השטרות המעולים, המוחזקים, התקפים של בית דין׳.[11] ופירוש ׳אסמכאתא׳ – ׳הסתמכויות׳, ופירוש ׳טופסי דשטרי׳ – ׳טופסי השטרות׳. וצריך שיאמר זה שמעידים עליו שהשטר הזה אינו כאסמכתא, כדי שלא יהיו העדים מסופקים בנוגע לכנות כוונתו, ויודיעם שמחשבתו אינה תלויה בדבר מן ההתניות ואינה נסמכת על דבר מן המשמעויות הנסתרות.[12] וצריך שיאמר ׳ולא כטפסים׳, מפני שאילו הכינו העדים את השטר מראש, (אפילו) בצורה המתוקנת ביותר שהם יכולים, לא היו ניצָלים בו מדיבור דו־משמעי, שישתמע לשני פנים או (לכמה) פנים, שכן זה טיבה של כל לשון. ומשניצלו מטעות ההכנה מראש ומליקוי הסיפורים וחולשותיהם, תעמוד העדות בצורה המוסמכת ביותר.[13] ועל הדיין להעמיד אותה (בחזקת) הדיבור הקולע ביותר והניסוח המתוקן ביותר. בגלל חשיבות ההיבט הזה בשטרות צריך שיקדים בתחילת הדיבור – והוא מה שקבענו שיאמר זה שמעידים עליו – ׳וקנו ממני בכל לשונות של זכויות׳, ואז יאמרו העדים בתוך דבריהם ׳אם ראית, כבוד הדיין, ליקוי במילותינו, הרי זה (נובע) מאתנו, לא מזה שמעידים עליו׳. אכן כן, אלא אם כן יפרשו שההסכמה וההתניה חלו בו (=בשטר), והשאר יהיה לפי תכלית הדינים.

והשביעי – שער הקניין, והוא שיכתבו ׳וקנינו מיד פלוני זה לפלוני זה בכל מה שכתוב ומפורש לעיל, בכלי שכשר לקנות בו׳, פרט למה שהודענו שאינו צריך קניין, לפי מה שקדם.[14]

ואסור לעד לחתום על שטר והוא אינו יודע לקרוא אותו ואינו מבין את ענייניו, פרט לגט, כאמרם ׳במה דברים אמורים? בגיטי נשים, אבל בשחרורי עבדים ובשאר כל השטרות – אם יודעים לקרות ולחתום, חותמין, ואם לאו, אין

11 ראו בבלי ב״ב מד ע״ב.

12 נראה שהכוונה היא למנוע אפשרות שהצד המתחייב יחזור בו בגלל ׳דברים שבלב׳ בנסיבות כגון אלה שתוארו בבבלי כתובות צז ע״א וקידושין מט סע״ב, אולם השוו אל ברודי, חיבורים הלכתיים, עמ׳ 252–255 והערה 54.

13 אמנם ניתן לכתוב מראש טופסי שטרות ולהשלים את הפרטים המתאימים לאחר מכן (ראו להלן, שורות 86–88), ואולם אם כותבים את השטר כולו באופן מיוחד בנוגע למקרה מסוים, יש לציין בו במפורש עניין זה, המקנה לאותו השטר משנה תוקף.

14 ראו לעיל, הערה 1.

חותמין פמן תעדא וכתם עלי כתאב סוי אלגט והו לא יחסן אן יקראה ויפהם מעיניה ומא פיה יגב אן יוחד לקול'הם' ההוא דעבד עובאדא בשאר שטרות ונגדיה רב יהודה (תרגומה אקרייה) [ואגמריה קרייה]·

ויגב אן יכון כט אלכאתב ללותאיק מסתויא גיר מכתלף פאן הו כבר בבעץ חרופה וצגר בבעצ̇הא אוקע חירה פי אלכתאב וסימא אן כאנת חרוף תנתקל אלמעיני בתגיירהא כמא עלמונא אלקדמא אן כתאב כאן פיה מכתובא חצה לראובן ושמ'עון' אחי וכאן להם אך אכר יקאל לה אחי פזאד פי אלכתאב וא ליוגב לנפסה חצה מעהם פאנכרה אלחאכם לצ̇יק אלמוצ̇ע ובעכסה כתאב כאן מכתובא פיה חצה פי אלבסתאן אלפלאני פעמר אלכצם אלי אלבי אלדי פי בפרדסא פחכהא וגעלהא וא פצארת ופרדיסא ליאכד אלבסתאן כלה פאנכרה אלחאכם איצ̇א לסעת אלמוצ̇ע פמן האהנא נעלם אן אלחרוף לא יגוז אן יוסע בעצ̇הא מן בעץ̇ ולא יצ̇יק·

וליתחרז פי אלעדד מן אלג' אלי אלי' פלא יכתב מן אואכר אלסטור לילא תחך פתגעל אלתלתה תלתין ואלארבעה ארבעין וכדלך אלי אלעשרה פתגעל עשרין לקול'הם' מתלתה ועד עשרה לא ליכתוב איניש בסוף שיטה דילמא אתי לזיופי ביה פאן אתפק ללכאתב מתל דלך פליעידה מרארא חתי יקע פי וסט אלסטר·

ואי חך או תעליק או תכראר או צ̇רב וקע פי אלכתאב פליכרג פי אספלה מן קבל כתאמה אלשהוד פיקאל תליא כין וכין (דמשטט) [דמטשטש] כין וכין תרין זמני כין וכין ומקי̇מין אינון לקו'להם' כל המחקין כולן צריך שיכתוב ודין קיומהון ולא יצ̇ר (אלכאתב) [אלכתאב] שיא מן סוי אלגט פאן אלחך

62 עלי – סוי] סוא ה ׀ יחסן] י̇חסין ה 63 מעיניה ומא] מא ה ׀ אן יוחד] ⟨אן⟩ יחד ה ׀ דעבד עובאדא] דעביד עובדא ה 64 ונגדיה] נגדיה ה ׀ [ואגמריה קרייה]] ה 65 מכתלף] מכ̇תלף ה ׀ בבעץ] בעץ̇ ה 66 בבעצ̇הא אוקע] בעצ̇הא פקד או̇ק̇ע ה 67 אלמעיני] אלמעאני ה ׀ עלמונא] עלמנא ה ׀ אלקדמא] המילה תלויה ה ׀ כתאב] כתאבא ה 72 אלחרוף] חרוף אלותאיק ס 74 אלג'] ג' ס ׀ אלי'] ד' ס 75 תחך] יחך ס ׀ אלתלתה] אל ג' ס ׀ ואלארבעה] ואל ד' ס ׀ ארבעין] + ואל ה' כמסין ס ׀ אלי] ליתא ס ׀ אלעשרה] אל י' ס 76 עשרין] כ' ס ׀ מתלתה] מתלתא ס ׀ ליכתוב] ניכתב ס 77 פליעידה מרארא] פליעדהא מראר ס 78 אלסטר] סטר ס 79 ואי] פאן אתפק ס ׀ וקע] יקע ס 80 כתאמה] שהאדה ס ׀ פיקאל] פליקאל ס 80–81 כין[1] – ומק̇ימין] כדי וכדי דמט[שטש] כדי וכדי דתרין זמנין כתיב כדי וכדי דתרין זמנין [כדי וכדי] ומקיימין ס 81 לקו'להם'] לקו' ס 82 [אלכתאב]] ס ׀ מן סוי] מא כלא ס ׀ אלחך] אלאלחאק ס

חותמין' (גטין ט ע"ב, יט ע"ב). ומי שעבר וחתם על שטר, פרט לגט, והוא אינו יודע לקרוא אותו ואינו מבין את ענייניו ואת תוכנו, חייב מלקות, כאמרם 'ההוא דעבד עובדא בשאר שטרות, ונגדיה רב יהודה ואגמריה קרייה[15]' (גטין יט ע"א).

ועל כתב סופר השטרות להיות אחיד, בלתי משתנה. ואם הגדיל חלק מאותיותיו והקטין חלק מהן, הכניס בלבול בשטר, כל שכן אם היו אותיות שהעניין משתנה כשהן משתנות, כמו שלימדונו הקדמונים (ב"ב קסז ע"א) על שטר שהיה כתוב בו 'חלק לראובן ושמעון אחי', והיה להם אח אחר הנקרא 'אחי', והוסיף בשטר וא"ו כדי לזכות את עצמו בחלק עמהם, והדיין פסל אותו (=את השטר) בגין דוחק המקום. ולהפך, שטר שהיה כתוב בו 'חלק בפרדס פלוני', ובעל הדין הגיה את הבי"ת אשר ב(מילה) 'בפרדסא' ומחק אותה ועשאה וא"ו והפכה (=את המילה) ל'ופרדסא' כדי לזכות בפרדס כולו – הדיין פסל גם אותו (=את השטר הזה) בגין רוחב המקום.[16] ומכאן אנו למדים שאין להרחיב חלק מן האותיות יותר מחלקן (האחר) ולא לצמצם (אותן).

וייזהר (הסופר) במספרים משלושה עד עשרה שלא יכתוב (אותם) בסופי השורות כדי שלא יימחקו וייעשו ה'שלושה' 'שלושים' וה'ארבעה' 'ארבעים', וכן ייעשו ה'עשרה' 'עשרים', כאמרם 'מתלתא ועד עשרה לא ליכתוב איניש בסוף שיטה, דילמא אתי לזיופי ביה' (ב"ב שם). ואם קרה לסופר כזאת (שהמספר נפל בקצה השורה), יחזור (על כתיבתו כמה) פעמים עד שייפול באמצע השורה.[17]

וכל מחייה או (כתיבה) תלויה או חזרה או מחיקה שנפלה בשטר – יציין (אותה) בתחתיתו, לפני חתימת העדים, ויאמר 'תלויה כך וכך, מטושטש כך וכך, כתוב פעמיים כך וכך, ומקוימים הם', כאמרם 'כל המחקין כולן צריך שיכתוב ודין קיומהון' (ב"ב קסא ע"ב). ו(זה) לא יפגום בשטר כלל, פרט לגט, שכן המחייה

15 'תרגמא אקריאה' בא שם בהמשך הסוגיה לתרץ קושיה העולה מסיפור זה, אך אינו מתיישב בהקשר של הציטוט שלפנינו. מסתבר שאכן, רס"ג גרס 'ואגמריה קרייה' בסיום הסיפור, והמעתיק של טופס א הגיה על־פי גרסת התלמוד הרווחת. כמו כן רס"ג גרס שגיבור הסיפור היה רב כהנא, ואילו בנוסחי התלמוד הידועים היה זה רב יהודה.

16 בבלי ב"ב קסז ע"א.

17 על־פי המשך דברי אביי שם, 'ואי איתרמי ליה ניהדריה לדבוריה תרין תלתא זימני, אי אפשר דלא מיתרמי ליה באמצע שיטה'.

ואלצ̇רב ואלתעליק יפסדה אדא כאן פי אחד ג׳ מואצ̇ע ולא יפסדוה אדא כאן פי מא סוי דלך עלי מא סאביין פי באבה וכדלך אן כאנת נקט קד אשגלה בהא אלכאתב מוצ̇ע נקי והי תסמא טיוטא פלתביין פי אלאכראג והדה מואצ̇ע לא יצ̇ר פיהא אלתצ̇יק ואלתוסיע מוצ̇ע אלתאריך ואלאסמא לאן אלכאתב רובמא תרך להא מוצ̇עא נקיא פזאד או נקץ לק֗ולהם֗ הכותב שטרי מקח צריך שיניח מקום הלוקח מקום המוכר מקום השדה מקום הזמן מא כלא אלגט פקט לק֗ולהם֗ רבי אלעזר מכשיר בכולן חוץ מגיטי נשים ·

ולא יוכר גרץ̇ מהם אלי אלסטר אלאכיר מן אלכתאב לי̊לא יט̇ון סעה כאנת בין אלכתאב ואסמא אלשהוד פאזיד פיהא דלך אלכבר אלדי לם יכון לה אצל פי אלכתאב לקולה{ם} אין למידין משיטה אחרונה ·

וכותב אלדיון אן הי כתבת פי מא דון אלל׳ יום אן כתבת חאלה או פי מא דון אלאגל אן כאנת מאגלה ואלא פאחתאג אלי מראגעה אלמשהוד עליה לאן סתם הלואה שלשים יום ואמא סאיר אלכותב פתכתב ויחכא פיהא אלתאריך אלאול אן כאן מערופא או יצף אלכתאב באלתאריך אן כאן (אלכתאב) [אלתאריך] מגהולא ·

ולא יגוז אן יכתב כתאב ביע עלי צ̇יעה ואחדה נסכתין לק֗ולהם֗ אין כותבין

84 פי מא] פימא ס | אן] אדא ס | נקט] נקטה ס | אשגלה] שגל ס 85 אלכאתב] פי ס | פלתביין] פלתבין ס 86 אלתצ̇יק] אלתצ̇ייק ס | אלכאתב] אל כאתב ס 87 רובמא] רבמא ס | לק֗ולהם֗] לקו׳ ס 88 מקום[2]] ומקום ס | מקום[3] – מקום] ומק׳ השה° ומק׳ ס 89 לק֗ולהם֗] לקו׳ ס 90 ולא יוכר] ליתא ס | מהם] מהים ס | אלאכיר] אלאכר ס | יט̇ון] יט̇ן ס 91 פאזיד] פזיד ס | יכון] יכן ס 92 אלכתאב לקולה{ם}] אל כתאב לקו׳ ס 93 וכותב] וכתב ס | אלל׳ יום] תלתין יומא ס | כתבת] כאנת ס | פי מא] פימא ס 94 פאחתאג] פתחתאג ס 95 אלכותב] אלכתב ס | ויחכא] ויחכי ס 96 באלתאריך] באל תאריך ס 97 [אלתאריך]] ס 98 עלי – ואחדה] צ̇יעה עלי ס | לק֗ולהם֗] לקו׳ ס

---

18 ראו להלן, שטר טז, שורות 15–18 והערה 7.

19 ראו בבלי ב״ב קסג ע״א. לא ברור למה נשאר מקום חלק שהסופר מילא אותו בנקודות – אולי מפני שהשטר נכתב תחילה בצורת טופס (ראו משנה גטין ג:ב) והרווח שהשאיר הסופר היה גדול מן הנדרש.

20 המילה ׳הכותב׳ לקוחה מראש המשנה, ראו שם ועיינו גם לעיל במבוא, סעיף ז. בדפוסי המשנה נוספו המילים ׳מקום המעות׳ אחרי ׳מקום המוכר׳, ואפשר שנשמטו כאן מחמת הדומות, אך אפשר גם שלא נכללו בגרסת התלמוד שהכיר הגאון (השוו אל ד״ס לגיטין [פלדבלום] לדף כו ע״א).

והמחיקה והתלייה פוסלות אותו, אם הן באחד משלושה מקומות, ואינן פוסלות אותו, אם הן במקום אחר, כמו שאבאר בשערו.[18] וכן אם יש נקודות שהסופר מילא בהן מקום חלק, והוא הנקרא 'טיוטא', (הרי זה) יבואר בסיום (השטר).[19] ואלה מקומות שלא יזיקו בהם הדוחק וההרחבה (של האותיות): מקום התאריך והשמות, מפני שאולי השאיר להם הסופר מקום חלק, והותיר או החסיר, כאמרם 'הכותב שטרי מקח צריך שיניח מקום הלוקח, מקום המוכר, מקום השדה, מקום הזמן' (גטין ג:ב),[20] פרט לגט בלבד, כאמרם 'ר' אלעזר מכשיר בכולן חוץ מגיטי נשים' (שם).[21]

ולא ישאיר עניין חשוב לשורה האחרונה של השטר, כדי שלא יחשבו שהיה רווח בין (גוף) השטר לשמות העדים ונוסף בו עניין זה, שלא היה בשטר מעיקרו, כאמרם 'אין למידין משיטה אחרונה' (ב"ב קסב ע"א).[22]

ושטרי חוב, אם נכתבו בתוך פחות משלושים יום אם נכתבו (לגבייה) מיידית או (אם נכתבו) בתוך פחות מן הזמן הקצוב אם הייתה (ההלוואה) לזמן קצוב – (מה טוב), ואם לא, צריך לפנות לזה שמעידים עליו (=הלווה), לפי ש'סתם הלואה – שלשים יום' (מכות ג ע"ב).[23] ובאשר לשאר השטרות, יכתוב אותם ויציין בהם את התאריך הראשון, אם הוא ידוע, או יתאר את השטר באמצעות התאריך,[24] אם התאריך (הראשון) בלתי ידוע.

ואסור לכתוב שטר מכר על שדה אחד בשני עותקים, כאמרם 'אין כותבין

---

21 בעניין זה נחלקו התנאים. רס"ג מסתפק בהבאת דברי ר' אליעזר, המקובלים להלכה לפי סוגיית התלמוד בבבלי גטין כו סע"ב.

22 ראו שם, קסא סע"ב, 'וצריך שיחזור מענינו של שטר בשיטה אחרונה'. דין זה מוסבר על-ידי המאמר שהגאון מצטט.

23 ניסוח חופשי של הרעיון המובע בתלמוד, ועיינו שם ולעיל בעמ' 40-41. רס"ג מגביל את האפשרות לכתוב שטר חוב באיחור גם בלי להיוועץ בלווה (ראו בבלי ב"ב קעא סע"ב - קעב רע"א) למקרה שהכתיבה קודמת למועד הפירעון כי אז חזקה על הלווה שטרם פרע את חובו (ראו בבלי ב"ב ה סע"ב; הגאון, שלא כפוסקים רבים, מחיל את עיקרון החזקה הנזכר שם אף על 'סתם הלואה'). כנראה, לדעתו, אין לצפות שהלווה ידרוש שובר בעת התשלום אם טרם נכתב שטר, אך אם כבר נכתב שטר – ואפילו באיחור – הלווה ישמע על כך (השוו אל בבלי ב"ב קעה ע"ב) וידרוש את החזרת השטר לידיו או, למצער, את כתיבת השובר כשישלם.

24 נראה שרס"ג מבקש לומר כי במקרה שהשטר נכתב באיחור יבהירו את הדבר, השוו אל בבלי ב"ב קעא ע"ב - קעב רע"א.

שני שטרות על שדה אחת לאלא יתכרר אלאקתצאץ עלי אלמשתרין כמא סאביין פי כתאב אלפיקה אללהם אלא באחכאם וכידה ובאלחרי כתב אלדיון אלדי תתכרר עלי אלחקיקה עלי אלמסתדין נפסה·

בל לו חתי יסום מן מעה כתאב באלף דרהם דין אן יכתב לה כתאבין בכמס מאיה כמס מאיה {לם יגז אד ללכצמין פי קסמתה נפע וצ̇ר וכדלך לו סאם מן מעה כתאבין כל ואחד מנהמא בת׳ק׳ דרהם נקלהמא אלי כתאב באלף דרהם לם יגז [אי]צ̇א אד ללכצמין פי גמעהמא נפע וצ̇ר בל ‹לו› חתי יסום [מן] מעה כתא˺ב˹ באלף דרהם אן יכתב לה כתא˹ב˺ בת׳ק׳ דרהם} ויכרק הדא לם יגוז דלך איצ̇א לאנה פי (אלמ‹א›כאן) [אלממכן] איצ̇א אן יכון קד אסתופאה וכתב בראה ען דין באלף פאדא כתב לה אלשהוד בכמס מאיה טאלב ((אלשהוד)) בה מטאלבה תאנייה לקול˹הם˺ האי מן דנקיט שטרא בר מאה ואמר שויוהי לי תרין שטרי בני חמשין חמשין לא משגחינן ביה והאי מן דנקיט ‹תרין› (שטרא) [שטרי] בני חמשין המשין ואמר שויונהי לי חד בר מאה לא (תשגחון) [משגחינן] ביה והאי מן דנקיט שטרא בר מאה ואמר שויונהי ניהלי (תרין בני חמש˹ין˺ חמש˹ין˺) [חד בר חמשין] לא משגחינן ביה ואעטו עלי כל צ̇רב מן הדה אלג׳ עילה·

ולא תלזם אלצ̇רורה אן ילחק פי אלכתאב מן יומא דנן ולעלם אלא פי גט ופי שטר מתנה אלא אנה אן כתב דלך פי סאיר אלכתב אלדי יצלח אן יכתב פיהא ל(ו)[ם] יצ̇רהא שי·

99 לאלא] לילא ס ׀ אלמשתרין] אלמשתריין ס 100 אלפיקה] אלפקה ס 101 אלמסתדין] אל משתרין (!) ס 102 כתאב] כתא׳ ס ׀ דין – לה] נקלה אלי ס 103-102 בכמס – מאיה[2] כל ואחד מנהא ((כתאב)) בת׳ק׳ דרהם ס 106-103 {לם – דרהם}] ס 106 יגוז] יגז ס 107 [אלממכן]] אלמכאן ס ׀ איצ̇א] ליתא ס 108 באלף] + דרהם ס ׀ כתב] כתבו ס ׀ בכמס מאיה] בת׳ק׳ ס ׀ ((אלשהוד))] ליתא ס° 109 תאנייה] תאניה ס ׀ לקול˹הם˺] לקו׳ ס 110-109 האי – ביה] בגיליון ס 109 מן] מאן ס ׀ שטרא] חד שטרא ס 110-109 ואמר – לי] ואמ׳ שוויוה נהלי ס 111 [שטרי]] ס ׀ שויונהי לי] שוינהו נהלי ס 112 [משגחינן]] ס 113-112 והאי – ביה] בגיליון ס 112 מן] מאן ס ׀ בר – שויונהי] במאה ואמ׳ שוינהו ס 113 [חד בר חמשין]] חד בחמשין ס ׀ ואעטו – כל] ואעטאו עללא לכל ס 114 הדה – עילה] הדא אלג׳ ס 115 תלזם אלצ̇רורה] ילזם ס 116 כתב] האות ׳ב׳ מתוקנת א ׀ אן] ליתא ס 117 ל(ו)[ם]] ס

---

25 עיינו לעיל, עמ׳ 7-10.

26 רס״ג לא ראה לנכון לפרט את הנסיבות החריגות שחשב עליהן, אולם ניתן לשער שהוא התכוון לכלול בהן גם את האפשרות לכתוב שטר חליפי כאשר הוכח אובדנו של השטר

שני שטרות על שדה אחת' (ב"ב קסח ע"ב - קסט ע"א), שלא יחזור על שני לקוחות כדי לטרוף, כמו שאסביר ב'כתאב אלפקה' (='ספר ההלכה'),[25] אכן כן, אלא אם כן במקרים מבוררים.[26] על אחת כמה וכמה (אסור לכתוב שני) שטרי חוב, ש(לא) יחזור ממש על הלווה עצמו (כדי לגבות פעמיים את החוב).

יתר על כן, אפילו ידרוש מי שיש בידו שטר על חוב של אלף דרהמים שיכתבו לו שני שטרות בני חמש מאות, (ו)חמש מאות, (הרי זה) אסור, שכן לבעלי הדין יש בחלוקתו (של החוב) תועלת ונזק. וכן אילו דרש מי שיש בידו שני שטרות, כל אחד משניהם בן חמש מאות דרהמים, להחליף אותם בשטר בן אלף דרהמים, גם (זה) אסור, שכן לבעלי הדין יש בצירופם תועלת ונזק. יתר על כן, אפילו דרש מי שיש בידו שטר בן אלף דרהמים שיכתבו לו שטר בן חמש מאות דרהמים ושיקרע (שטר) זה (בן האלף), גם זה אסור מפני שאפשר גם שכבר גבה אותו וכתב שובר על חוב של אלף (דרהמים), ואם יכתבו לו העדים (שטר) בן חמש מאות, יתבע בו תביעה שנייה, כאמרם 'האי מאן דנקיט שטרא בר מאה, ואמר שויוהי לי תרין שטרי בני חמשין חמשין, לא משגחינן ביה. והאי מן דנקיט תרין שטרי בני חמשין חמשין ואמר שויונהי לי חד בר מאה, לא משגחינן ביה. והאי מן דנקיט שטרא בר מאה ואמר שויונהי ניהלי חד בר חמשין לא משגחינן ביה' (ב"ב קעב ע"א),[27] ונתנו טעם לכל מקרה משלושת אלה.

ואין צורך להוסיף בשטר 'מיום זה ולעולם' אלא בגט ובשטר מתנה. אבל אם כתב זאת בשאר השטרות שמתאים שייכתב בהם, לא יזיק כלל.[28]

המקורי (ראו להלן, שטר יט) וגם את האפשרות לכתוב שטר שני 'חוץ מן האחריות שבו' במקרה הצורך (ראו בבלי ב"ב קסח ע"ב - קסט ע"ב).

27 הגאון מצרף מימרות מספר ומשמיט את ההסברים שניתנו לכל אחת מהן, ראו שם ועיינו גם לעיל, עמ' 40-41. יש כמה הבדלים קטנים בין גרסתו ובין הנוסחים בדפוסי התלמוד. ההבדל הבולט הוא שהגאון גרס 'לא משגחינן ביה', ואילו בדפוסים כתוב 'לא משוינן ליה', ולעת עתה לא מצאנו חבר לגרסתו.

28 הצורך לכתוב 'מיומא דנן ולעלם' בגט נזכר ומוסבר בתלמוד (בבלי גטין פה סע"ב - פו רע"א). בנוגע למתנה נראה שהכוונה היא למנוע פרשנות אפשרית שמדובר במתנה שתיכנס לתוקף רק לאחר פטירת הנותן (השוו אל שטר ל להלן) או במתנה לתקופה מוגבלת (השוו אל שטר מו להלן ולהערות 3-4 שם). עיינו אצל ירון, משפט הפפירוסים, עמ' 47. אפשר להוסיף ביטוי זה בשטרות אחרים שהוא מתאים להם מבחינת העניין, כגון שטר מכירה, אך יש גם שטרות שהביטוי אינו מתאים להם, כגון רוב הסכמי השותפות (השוו אל שטר ט ולהערה 2 שם ואל שטר נב) או שטר אמנה (להלן, שטר נג).

ואי כתאב כאן פיה גמלה ותפציל אחדהמא יזיד עלי אלאכר פלא יצ̇ר אלשהוד אן יכתמון עליה לאן אלחאכם יחכם בה עלי וגהין ויאכד לה פי אלכתבאת באלאופר לאן אלזיאדה הנאך תקום מקאם אלהבה ופי גירהא מן אלכתב באלאקל אד כאנת סאיר (אלכתב) אלאמואל לא (תחאז) [תזול] באלשך ען מואצ̇עהא אלא באליקין·

118 כתאב] כתא׳ ס 119 בה] פיה ס 120 באלאופר] באל אופר ס 121 באלאקל] באל אקל ס | אלאמואל] אלחואל ס | [תזול]] ס 122 אלא] בל ס

וכל שטר שיש בו סיכום ופירוט, ואחד משניהם גדול מן האחר – לא יזיקו העדים אם יחתמו עליו, שכן הדיין ידון בו בשני אופנים: בכתובות יגבה את המרובה, משום שהתוספת שם היא תמורת המתנה, ובשטרות האחרים (יגבה את) המועט, כיוון ששאר הממונות אינם זזים ממקומם (=מאדם לזולתו) ב(מצב של) ספק אלא ב(מצב של) ודאי.[29]

29 ראו משנה ב"ב י:ב. בנוגע לדין הכתובה לא מצאנו מקור ברור לדברי הגאון, אך נראה שדימה מקרה זה למקרה של שכיב מרע המצווה שיתנו לאשתו 'בכתובתה' סכום הגדול מסכום הכתובה, ראו לעיל, שער ג, שורות 34-36 והערות 5-6.

ואלבאב אלתאמן גואמע כל כתאב מן אלותאיק

פאקול ענד אלאבתדי בשרח דלך אן אלכתב אלמחתאג אלי{הא} עלי טול אלזמאן אלי אנשאהא לא יחיט בהא וצף ולא (ירויהא) [יחויהא] כתאב אד כאנת אלכתב חסב אלחואדת ואלחוודת לא תתנאהא פיגב אן תכון אשכאץ עיון אלכתב אלמחצֹה לא תתנאהא ולכן מא ינשא מנהא ועלי ואנה{א} לא נהאיה להא פאן {להא} אצולא הי כאלאמהאת ואלענאצר אלתי מנהא יתפרע כל מנשי ואליהא תקאם כל נאאבה פארי אן אתבת הדה אלאצול ואדע מא יתרכב מנהא ויתפרע אד כאן מן ירום תאליפהא אנמא יולפה מנהא·

ואקול אן הדה עיון אלותאיק תנקסם ד׳ אקסאם וגמלתהא ס׳ד׳ כתאבא מנהא י׳ח׳ כתאב חואדתהא תטרק אלזמאן דאימא ואלחאגה אליהא מאסה ובעדהא י׳ח׳ כתאב אכר טארקה ללזמאן לכן ליס מתל אלאואיל ובעדהא י׳ח׳ כתאב אדון מנהא ובעדהא י׳ כתב אצול {ל}לריסא ידברון בהא קומהם ועלי אן כתב סיאסתהם לא תחצא אלא אן הדה אלי׳ עיונהא פינבגי אן אשרח פי הדא אלגזו אלג׳ אקסאם אלאואיל אלדי עדד כל קסם מנהא י׳ח׳ פתכון גמיעא נ׳ד׳ כתאבא לחאגה אלשהוד מן גמיע אלאמה אליהא ואדע שרח אלי׳ כתב אלאכירה אד כאנת לריסי כאצה לא יחתאג אליהא גירהם ובאלאחרי אן אדע רסום אלמכאתבאת ואלאגובה איד ליס לגנס אלכתב אלפתה לכן (א)לנוע מנהא והו אלותאיק·

וקד קדמת (ז׳) [סת] פנון ממא עם אלכתב ואסמאיהא אלזמאן ואלמכאן ואלאשכאץ פי אואילהא ואלדרך ואלאכלאץ ואלקינין פי אואכרהא פיגב אן אתבת כואץ כל כתאב אלמתוסטה בין דלך וארי אן איתי בגרץׄ כל כתאב

המקור לנוסח היסוד: טופס א.

המקורות המקבילים: לשורות 1-6 (כאלאמהאת) טופס ס; לשורות 12 (מנהא)-25 טופס ל$_1$.

2 פאקול] פאקל ס | אלי{הא}] ס 3 אנשאהא] אנשאיהא ס | וצף] אלוצף ס | [יחויהא]] ס 4 אלכתב] אל כתב ס | ואלחוודת לא] ואלחואדת פלא ס | פיגב] פוגב ס° 5 ואנה{א}] אנהא ס 6 {להא}] ס 9 ואקול] האות ׳ל׳ אולי מתוקנת א 12 י׳] עשר ל$_1$ | {ל}לריסא] ל$_1$ | קומהם] קיומהם ל$_1$ 13 הדא] הדה ל$_1$ 14 אלג׳ אקסאם] אלתאלת אלאקסאם ל$_1$ | י׳ח׳] תמן עשר ל$_1$ 15-14 פתכון – נ׳ד׳] פיכון גמיעמא ארבעה וכמסין ל$_1$ 15 מן גמיע] וגמיע ל$_1$ | אלי׳] אלעשרה ל$_1$ 16 לריסי] ללריסא ל$_1$ | גירהם] גׄירהם ל$_1$ | אדע] + דכר ל$_1$ 17 איד] אד ל$_1$ | (א)לנוע] ל$_1$ 18 והו] והי ל$_1$ 19 [סת]] ל$_1$ | ואסמאיהא] ואסמאוהא ל$_1$° | אלזמאן ואלמכאן] אלמכאן ואלזמאן ל$_1$ 20 ואלקינין] ואלקנין ל$_1$

השער השמיני: כינוס כל שטר מן השטרות

ואומַר בתחילת ביאור זה שהמסמכים שיש צורך ביצירתם במשך הזמן, לא יקיף אותם תיאור ולא יכיל אותם ספר, משום שהמסמכים הם כ(מספר) המקרים, והמקרים – אין להם סוף. וצריך אפוא ש(מספר) הפרטים של גופי הכתבים הנפרדים יהיה אין־סופי. ואולם (השטרות עצמם) אשר ייווצרו מהם – אף שאין להם סוף – יש להם עיקרים שהם כאימהות וכיסודות, אשר מהם מסתעף כל תוצר ועליהם עומדת כל תולדה. וראיתי לקבוע עיקרים אלו ולהניח למה שיורכב ויסתעף מהם, שכן מי שרוצה לחברם אכן, יחבר אותם (=את השטרות) מהם (=על בסיס העיקרים).

ואומַר שעיקרי השטרות הללו נחלקים לארבע מחלקות, וכללם שישים וארבעה שטרות: שמונה־עשר שטרות מהם, מקריהם שכיחים תמיד והצורך בהם דחוף; ואחריהם שמונה־עשר שטרות אחרים שכיחים, אך לא כמו הראשונים; ואחריהם שמונה־עשר שטרות פחותים מהם (בתדירות); ואחריהם עשרה שטרות עיקריים לראשים, שבאמצעותם הם מנהיגים את עמם. אף שמסמכי הנהגתם אין להם מספר, העשרה הללו הם העיקריים שבהם. עליי לבאר בחלק הזה את שלוש המחלקות הראשונות, אשר מספר (השטרות ב)כל מחלקה מהן הוא שמונה־עשר, וסכומם חמישים וארבעה שטרות, בגלל צורך העדים מכל האומה בהם. ואניח לביאור עשרת השטרות האחרונים, מאחר שהם מיוחדים לראשים ואין לזולתם צורך בהם. ועל אחת כמה וכמה אניח לנהגי המכתבים והתשובות,[1] שכן לא למין המסמכים (כולו) חיברתי אותו (=את הספר הזה), אלא לסוג (מוגדר) מהם, והוא השטרות.

וכבר הקדמתי שישה אופנים של כלל השטרות, ואלה הם: הזמן והמקום והאנשים בתחילתם, והאחריות והכנות והקניין בסופם,[2] ויש צורך שאקבע את הדברים המיוחדים שבכל שטר, הבאים באמצע בין אלה. ראיתי להביא את מטרת כל שטר

1 כלומר, קל וחומר שאין לכלול בחיבור זה, הנועד לשימוש הציבור הרחב (ראו לעיל במבוא, סעיף ג), הוראות לכתיבת תשובות, שבאופן עקרוני כתבו הגאונים בלבד (ראו, למשל, גינצבורג, גאוניקה, ב, סוף עמ' 31). כמו כן לא כאן המקום לדון בכללים של כתיבת 'מכתבים', והכוונה, כנראה, לאיגרות הגאונים (ומקורביהם) המוכרות ממצאי הגניזה ולא למכתבי אנשים פרטיים. ואולם אפשר לפרש שאכן, מדובר גם במכתבים, והקל וחומר מבוסס על כך שאלה רחוקים יותר מלהיקרא 'שטרות'. ראו עוד *EI*, s.v. ‘Risāla’, by A. Arazi, H. Ben-Shammai, M. Rahman & G.A. Tekin (vol. 8, pp. 532–545)

2 ראו לעיל, שער ז, שורות 6-58. שם תוארו ששת הסעיפים הסטנדרטיים, ואילו החלק האמצעי של כל שטר יובא בהמשך. השוו גם אל שינויי הנוסח בתחילת הפסקה.

באלפאט̇ מכתצרה ואנא אעלם אני לו אתסעת פי כל גרץ̇ גאיה אלאתסאע אלחאצ̇ר לם אבלג אכרה לכן כל עאלם אן יקראה וארד אן יזיד פי כל מעני מן כל כתאב אלפאט̇א יכתארהא פתכון קויה (חאדה) [וזאדה] פי דלך אלמעני פליפעל·

23 אן^{1}] ליתא ל$_{1}$, 24 יכתארהא] אכתארהא ל$_{1}$ | [וזאדה]] ל$_{1}$

במילים תמציתיות ביודעי שלו הרחבתי בכל מטרה באופן מרבי, לא הייתי מגיע לסופה. אך כל חכם שיקראהו וירצה להוסיף בכל עניין שבכל שטר מילים שיבחר בהן כדי שתהיינה חיזוק ותוספת לאותו עניין – שיעשה (זאת).

⟦שטר א: חוב⟧

פאול אלי״ח כתב אלכתירה אלוגדאן כתאב אלדין והו שטר חוב והו שטר הלואה והו יזיפתא יחוט בה י׳ מעיני אלג׳ אלאואיל מנהא אלזמאן ואלמכאן ואלאשכאץ (פי אואילהא) ואלדרך ואלאכלאץ ואלקינין פי אואכרהא עלי מא שרחנא ואלד׳ אלוסאיט ה{י} גרץ̇ אלכתאב

פאלאול מנהא כמייה אלמאל וכיפייה שהאדה אלשהוד בה הל דפע בחצ̇רתהם או אקר בחצ̇רתהם או דפע בחצ̇רה ואחד ואקר בחצ̇רה אכר ודלך אן הדא אלחכם אלמשהור פי מא בין אמתנא אנה אי שאהדין חצ̇ר אחדהמא דפע אלמאל וסמיע אלאכר אלאקראר בה פשהאדתהמא מתאלפה בקול אלקדמא בין הלואה אחר הלואה בין הודאה אחר הלואה בין הלואה אחר הודאה כולן מצטרפין פאנמא דלך ענד אלחאכם אנה אדא צח ענדה מאל בקול שאהדין אוגבה ואן תפרקת וגוה שהאדתהמא ואמא אלשהוד אנפסהם פלא יגוז אן יחכי אלשהאדה אלא בחית כאנת עלי אלחקיקה פאן חצ̇רא גמיעא דפע אלמאל פליכתבא איך פל̇וני̇ בר פל̇וני̇ קביל באנפנא מן יד פל̇וני̇ בר פל̇וני̇ מאה זוזי דכספ̇א̇ טאבא הדירי תקילי במת(א)[ק]לא דעשרה שבעה ואן כאנת דניניר מאה דינארי דדהבא ט(י)[א]בא תקילי הדירי בני שש דנג תם יכתבון ואמר לנא הוו עלאי שהדי וקנו מני מעכשו וכתובו וחתומו עלאי בכל לישאני דזכואתא והבו ליה לפ̇לוני̇ ב{ר} פלוני וסאיר אלמוצוף ואינון עלאי בזפו ובירשו פאן כאנא לם יחצ̇רא אלדפע

המקור לנוסח היסוד: טופס א.

המקור המקביל: לשורות 1–8 טופס $ל_1$, לקוי בשורות 7–8.

1 אלי״ח] אלתמן עשר $ל_1$ | אלוגדאן] אלוגוד $ל_1$ | שטר[2] ליתא $ל_1$ 2 יחוט] יחיט̇ $ל_1$ | י׳ מעיני] אלי׳ מעאני $ל_1$ 3 (פי אואילהא)] ליתא $ל_1$ | ואלדרך – אואכרהא] ואלד׳ אלאואכר אלדרך ואלאכלאץ ואלקנין $ל_1$ 4 אלוסאיט] אלאוסאט $ל_1$ | אלכתאב] כל כתאב $ל_1$ 5 כמייה] כמיה $ל_1$ | וכיפייה] וכיפיה $ל_1$ | בחצ̇רתהם] בחצ̇רתהמא $ל_1$ 6 או] אם $ל_1$ | ואקר] + בה $ל_1$ 8 אלאקראר] לאקראר $ל_1$[3]

---

1 לעיל, שער ז, שורות 6–13, 16–58.

2 את ׳גרץ̇׳ תרגמנו באופן עקיב ׳מטרה׳, אך אפשר גם לתרגם ׳עיקר׳ או ׳עניין׳.

3 כשיטת נהרדעי, שיש לצרף את שתי העדויות אף על פי שברור כי הן מכוונות לשתי הלוואות, ובניגוד למובא שם בשם רב. הכרעת ההלכה מתבקשת לאור מהלך הסוגיה (שם, ל ע״ב – לא ע״א) ומוסכמת על הפוסקים. השוו, למשל, אל ה״ג, מהדורת הילדסהיימר, ג, עמ׳ 62, 80; רמב״ם, משנה תורה, הלכות עדות ד:ב–ג ונושאי כליו. באשר לגרסת המובאה כאן, יש להניח שהמילים ׳בין הודאה אחר הודאה׳ הבאות בנוסחי המקור התלמודי נשמטו

[שטר א: חוב]

הראשון מבין שמונה־עשר השטרות השכיחים לרוב – 'כתאב אלדין', והוא שטר חוב, והוא שטר הלוואה, והוא 'יזיפתא', הכולל עשרה עניינים: מהם שלושת הראשונים – הזמן והמקום והאנשים, והאחריות והכנות והקניין בסופם, כמו שהסברנו,[1] וארבעת האמצעיים הם מטרת[2] השטר.

והראשון מהם (=מן הסעיפים האמצעיים) – סכום הכסף ואופן עדות העדים בעניינו: האם מסר (המלווה את הכסף) בנוכחותם או הודה (הלווה) בנוכחותם או מסר בנוכחות אחד והודה בנוכחות אחר? וזאת משום שהדין הזה הידוע באומתנו, שכל שני עדים אשר אחד מהם נכח במסירת הכסף והאחר שמע את ההודאה בו (=בחוב) – עדותם מצטרפת, כמאמר הקדמונים 'בין הלואה אחר הלואה בין הודאה אחר הודאה בין הלואה אחר הודאה – כולן מצטרפין' (סנהדרין ל סע"ב)[3] – (דין) זה נוגע רק לדיין, אשר אם התברר לו (חיוב) ממון על־פי דברי שני עדים, הוא (=הדיין) מחייב אותו (=את הממון), אף אם נפרדו דרכי עדותם. ואולם באשר לעדים עצמם, אסור שימסרו את העדות אלא כמו שהתרחשה (=שהיה) באמת: אם נכחו שניהם (בעת) מסירת הכסף, יכתבו 'איך פלוני בן פלוני קיבל בפנינו מיד פלוני בן פלוני מאה זוזי כסף טוב הדורים[4], שקולים במשקל של עשרה שבעה[5]', ואם היו דינרים – 'מאה דינרי זהב טוב שקולים, הדורים, בני שש דנג[6]'. ואחר כך יכתבו 'ואמר לנו: "היו עדים עליי וקנו ממני מעכשיו וכִתבו וחִתמו עליי בכל לשונות של זכויות, ותנו לו לפלוני בן פלוני"' ושאר (הנוסח) המתואר[7] (עד) 'והם עליי בחוב ובנישיון'.[8] ואם לא נכחו שניהם (בעת) המסירה

בהעתקות חיבורו של רס"ג מחמת הדומות. ראוי לציין כי בעדי הנוסח של המקור התלמודי עצמו יש הבדלים בסדר האיברים (ראו ד"ס על אתר, אות כ; ה"ג, מהדורת הילדסהיימר, ג, עמ' 62; לעיל במבוא, סעיף ז).

4 המשמעות 'להיות יפה, מקושט' קיימת במנדעית ובסורית, ראו במילונים.

5 כלומר, משקל הדרהם הוא 7/10 ממשקל דינר הזהב, המכונה 'מתקל', שהוא בערך 4.25 גרם, ראו ה"ג, מהדורת הילדסהיימר, ג, עמ' 285, הערות 8–9.

6 ראו סוקולוף, מילון ארמית בבלית, עמ' 344, 1183 (להתפתחות הפונטית danag > danak ראו לעיל, עמ' 38–39, הערה 130).

7 נראה שהכוונה לנוסח ההודאה הסטנדרטי המובא לעיל בשער השביעי, שורות 10–13. לכאורה נשאלת השאלה איזה צורך יש בהודאת הלווה בנסיבות המתוארות, כשהעדים יכולים להעיד על מסירת הכספים לידו? אולם הודאה זו חיונית כדי למנוע את האפשרות שהלווה יטען שקיבל כספים אלו בתור פירעון חוב וכדומה (ראו בבלי שבועות לד ע"א–ע"ב).

8 השוו אל סה"ש לרה"ג, מהדורת אסף, עמ' 20, הערה 15. 'זפו' – שורשו יז"ף ומקבילו העברי הוא השורש לו"ה; 'רשו' – שורשו רש"י, הקרוב כנראה לשורש העברי נש"י, ומשמש תרגומו (ראו, למשל, תרגום אונקלוס לשמ' כב:כד ולדב' כד:יא).

לכן אלמקתרץ̇ אקר בחצ̇רתהמא פליכתבא איך פל˹וני˺ ב{ר} פל˹וני˺ אמר לנא הוו עלאי שהדי וסאיר אלמוצוף דנסיבית וקבילית מניה מאה זוזי דכספ˹א˺ או ק׳ דינארי דדהבא עלי מא וצפת ואינון עלאי בזפו ובירשו

ואלב׳ מנהא אלמחיל והו צ̇רבאן אחדהמא אן יכון (אלגרים) אלדין חאלא אי וקת שא אלגרים טאלב בה וסבילה אן יכתב דפרענא יתהון ליה כל אימאתי די יצבי בלא דחיתא ובלא שרפתא ואלאכר אן יכון קד צ̇רב לה אגלא פיכתב דפרענא יתהון ליה לזמן פל˹וני˺ בלא דחיתא ובלא שרפתא וזמנא הדין דקבעית ליה הרי הוא כמשלם כל זמן בית דין

ואלג׳ הי אלרהינה פאן כאן קד ארהן ענדה ביתא או צ̇יעה עלי דלך אלמאל פליכתב עלי מא סאפריד להא כתאב בראסה יסמי שטר משכנתא

ואלד׳ אלאיתמאן וליס לא בד מנה פי כל כתאב קרצ̇ה לכן מן חסן אלנט̇ר ללמקרץ̇ אן ינדר אלשהוד אלמקתרץ̇ עלי דלך {פאן נדרוה עלי דלך} כאן (ת) כתאב אלדין מתי מא ט̇הר צחיחא פאלמקרץ̇ מתמן לאנהם אן לם ינדרוה עלי דלך ואדעי אנה קד אופאה בעצ̇ה לזם אלמקרץ̇ אלימין לדלך יקולא לה מתי לם יכרק אלכתאב או יכתב עלי ט̇הרה או תכון פי ידאך בראה או תכון (לב) [לך] בינה פקולה מקבול עליך ויכתבון לה כדי ואתרינא ביה בפל˹וני˺ ואמרנא ליה חזי כד פרעת ליה לפל˹וני˺ הלין זוזי קרעיה להדין שטרא או דכתבת על גביה או דנקטת תבארא עליה או דפרעת באנפי שהדי ואילא

31 (ת)] אולי סומן למחיקה א

---

9 כאן (השוו אל הערה 7 לעיל) ברור שהכוונה לנוסח המובא לעיל בשער השביעי.

10 המשמעות 'עיכוב' ל'שרפתא' ברורה מן ההקשר (הפועל 'שרף' שרד בהקשר זה אף בשטרות מאוחרים יותר, ראו למשל סה"ש לרי"ב, מהדורת הלברשטם, עמ' 53 [מהדורת ריבלין, עמ' 111, בניגוד להגהה המוצעת בהערה 3 שם]; מחזור ויטרי, מהדורת הורוויץ, עמ' 795), אך האטימולוגיה של מילה זו אינה נהירה. אם יש כאן שי"ן ימנית, אולי אפשר להשוות את הפועל העברי/הארמי 'שרף' אל הפועל הערבי 'סרף', שמשמעו 'להגזים, להפריז' ואף 'לבזבז'.

11 נראה שהכוונה היא לאפשר גבייה מיידית מנכסי הלווה בלא צורך בהליכים משפטיים ממושכים (ראו בבלי ב"ק קיב סע"ב).

12 'להא' – תרגומו המילולי 'לה', ועל השימוש במילה 'מא' בלשון נקבה ראו י' בלאו, דקדוק, עמ' 239, סעיף 369 (א).

אך הלווה הודה בנוכחות שניהם, יכתבו 'איך פלוני בן פלוני אמר לנו: "היו עדים עליי"' ושאר (הנוסח) המתואר[9] (עד) 'שלקחתי וקיבלתי ממנו מאה זוזי כסף' או 'מאה דינרי זהב', כמו שתיארתי, 'והם עליי בחוב ובנישיון'.
והשני מהם – האופי (של ההלוואה), ויש לו שני פנים: האחד, חוב (לגבייה) מיידית, (כלומר) כל אימת שירצה בעל החוב תובע אותו, והדרך (בשטר חוב כזה) שיכתוב 'שאפרע אותם לו כל אימת שירצה, בלי דחייה ובלי עיכוב';[10] והאחר, שקבע לו (=לחוב) מועד, ו(אז) יכתוב 'שאפרע אותם לו לזמן פלוני בלי דחייה ובלי עיכוב, ומועד זה שקבעתי לו הרי הוא כהשלמת כל זמן (שקובע) בית דין'.[11]
והשלישי הוא המשכון, ואם מִשכן אצלו בית או שדה כנגד ממון זה, יכתוב שטר בפני עצמו – כמו שאייחד לו[12] (סעיף) – המכונה 'שטר משכתנא'.[13]
והרביעי – הנאמנות. ואין הכרח בו בכל שטר הלוואה, אך עצה טובה למלווה שהעדים יתרו בלווה על כך. ואם התרו בו על כך, שטר החוב תקף כל אימת שיֵצא (=שיוצג) והמלווה נאמן.[14] שכן אם לא התרו בו על כך ו(הלווה) טען שכבר פרע לו מקצתו,[15] יחויב המלווה בשבועה. לכן יאמרו לו (=ללווה) שניהם (=שני העדים): 'כל זמן שלא ייקרע השטר ולא ייכתב על גבו ולא יהיה בידיך שובר ולא תהיה לך ראיה, הרי דברו (של המלווה) מקובל עליך', ויכתבו לו כך: 'והתרינו בו בפלוני ואמרנו לו: "ראה, כאשר אתה פורע לפלוני זוזים אלו קרע שטר זה, או כתוב על גבו, או קח שובר עליו, או פרע בפני עדים. ולא –

13 להלן, שטר ג. מסתבר ששטר משכנתא אינו תחליף לשטר החוב, שהרי חסרים בו הסעיפים הנוגעים למועד הפירעון ולנאמנות המלווה. עם זאת ראה הגאון לנכון לייחד למשכנתא שטר נפרד, כנראה, משום שסעיף המשכון חייב להיות ארוך ומפורט במקרה זה, והיה תופס מקום רב מדי בשטר החוב, שבמסגרתו אינו אלא עניין משני.

14 שיטה זו לחיזוק מעמדו של המלווה הייתה ידועה כבר בתקופת התלמוד (ראו בבלי שבועות מב ע"א), והִרבו להשתמש בה בתקופת הגאונים (ראו סה"ש לרה"ג, מהדורת אסף, עמ' 21–22, הערה 18) ואף לאחר מכן (ראו גויטיין, חברה, א, עמ' 250). השוו אל ריבלין, 'נוסחת הנאמנות', בייחוד עמ' 191–193 (בעמ' 193 לא הבחין בין תנאי הנאמנות ובין סעיף הכנות, שהוא אחד הסעיפים הסטנדרטיים בסופי השטרות אצל רס"ג, ומסתבר שנגרר אחרי תרגום לא מדויק של המונח 'אכלאץ' אצל בן־ששון, 'סה"ש לרס"ג').

15 משמע לכאורה שבלי תנאי זה יוכל הלווה לטעון שפרע את מקצת החוב אף לפני שהגיע מועד הפירעון, וסביר להניח שיוכל אף לטעון שפרע את מלוא החוב, אם אין שטר בידי המלווה, כשיטת אביי ורבא (בבלי ב"ב ה סע"א), ועיינו היטב שם, ה ע"ב - ו ע"א.

כל אימאתי דייפוק שטרא דנן כד לא קריע או כד לא כתיב על גביה או כד לא נקיט תבארא עליה מהימן הוא פלוני בדיבוריה כתרין שהדי עלך וכל אימאתי דאמר דלא פריענא ולית לך שהדי דפרעת ליה הלין זוזי בלא שבועתא ולא גזירתא וקביל עלוהי פל˹וני˺ דנן התראה דא ואן כאן אלמקתרץׄ אבתדי בהדא אלכלאם מן דאתה פליכתבו לה וכל אימאתי דיפוק ולא יחתאגו יְכתבו ואתרינא ביה ואן רצׄי אלמק{ת}רץׄ אן יגעל ורתה אלמקרץׄ איצׄא {מתמנין עלי נפסה פליכתב מהימן הוא פלוני וירתיה בתריה ואן רצׄי איצׄא} אן יותקהם עלי ורתתה מן בעדה פליכתב איצׄא עלך ועל ירתך בתרך ואן הו לם ירצׄא בדלך פלא ידכר אלורתיה בתה או ירצׄא בדכר אחדהמא ויתרך אלאכר פלידכר מא דכר ויתרך מא תרך·

וליס באלצׄרורה ידכר ביטול מודעי פי כתאב שטר חוב אד כאן אלמו(צׄ)[ד]ע לא ינפע מעה שיא אילא אנוה (או) [אן] דכר לם יצׄרה שי·

כל אימת שיצא שטר זה כשאינו קרוע ולא כתוב על גבו ואינך מחזיק שובר עליו, נאמן הוא פלוני עליך בדיבורו כשני עדים. וכל אימת שיאמר 'לא נפרעתי' ואין לך עדים שפרעת לו, תפרע לו זוזים אלו בלי שבועה ובלי גזירתא",[16] וקיבל עליו פלוני זה התראה זו'. ואם הלווה התחיל בדבר זה מעצמו, יכתבו לו 'וכל אימת שיצא' (וגו'), ואינם צריכים לכתוב 'והתרינו בו' (וגו'). ואם הסכים הלווה לעשות גם את יורשי המלווה נאמנים עליו, ייכתב 'נאמן הוא פלוני ויורשיו אחריו'. ואם הסכים (הלווה) לעשותם נאמנים גם על יורשיו אחריו, ייכתב גם 'עליך ועל יורשיך אחריך'. ואם אינו מסכים לזה, אין להזכיר את (עניין) הירושה כלל. או (אם) ירצה להזכיר אחד מהם ולהשמיט את האחר, יזכיר את מה שהזכיר וישמיט את מה שהשמיט.[17]

ואין צורך להזכיר את ביטול המודעות בשטר החוב משום שהמודעה אינה מועילה בו כלל, אך אם הזכיר (זאת), אינו מזיק כלל.[18]

16 תחליף לשבועת התורה שהתפתח בתקופת הגאונים. ראו ליבזון, 'ה"גזירתא" בתקופת הגאונים'.

17 כלומר, אפשר להעניק למלווה נאמנות אף כלפי יורשי הלווה בלי להאמין ליורשי המלווה, ולחלופין, אפשר להעניק נאמנות אף ליורשי המלווה ועם זאת להגביל את היקף הנאמנות ללווה עצמו ולא להחילה על יורשיו.

18 הכוונה כנראה למודעה בגין אונס שאינו מצד המלווה. ואילו במקרה של אונס מצד המלווה לא יועיל ביטול מודעות. ראו להלן, שטר כה, בייחוד הערות 5, 9.
מצד הדין אפשר לוותר אף על סעיף האחריות, אף על פי שהזכרתו כאן אינה מזיקה, שהרי 'אחריות – טעות סופר היא' (ראו לעיל, שער ז, שורות 33–36 והערה 6), אך הגאון אינו טורח לציין זאת, כנראה, מפני שזה אחד הסעיפים הסטנדרטיים המשותפים לכלל השטרות, שלא כסעיף ביטול המודעות. השוו אל ריבלין, 'מודעה וביטול מודעה', בייחוד עמ' 221–222.

⟦שטר ב: אביזאריה⟧

ואלכתאב אלב׳ כתאב אלבראה והו שטר פיצוי והו אביזאריה יחיט בה ט׳ מעאני אלזמאן ואלמכאן ואלאשכאץ פי אולה וגרץ̇ אלכתאב ג׳ מעיני אלאול דכר אלשי אלמוברא מנה והו עלי צ̇רבין אן כאנת אלבראה מן מאל בעינה פליכתב מחמת מה דהוה אית לי עליה שטרא בכין וכין זוזי והשתא אישתלמית מניה ונסיבית וקבילית מניה זוזי כלהון דהוו כתיבין ביה על פל׳ונ׳י {דנן} מן ידיה עד גמרא ואן (כאן) [כאנת מן] כל דעוי וטלבה פליכתב מחמת דהוה בינאתן שיקלא וטריא ותגרותא דכמא אנפי והשתא קא מודינא קדמיכון דנסיבית וקבילית ואישתלמית מיניה כל דהוה אית לי עליה וכל דהוה אית לי לואתיה מן יומי עלמא ועד הידאנא עד גמרא ולא אישתייר לי עליה כלום מן כל אנפי דתגר׳ותא׳ ומן כל סיטרי דמיסב ודמיתן משוי פרוטה ולעילא

ואלב׳ קטע אלדעאוי ואבטאלהא {יכתב} ותוב לית לי אנא פל׳ונ׳י ב׳ר׳ פל׳ונ׳י ולא לירתאי בתראי ולא לכל דאתי מחמתאי על פל׳ונ׳י דנן ולא על (ירתאי בתראי ולא על) ירתיה בתריה ולא על כל מאן דיאתי מחמתיה לא דין ולא דיאן ול׳א׳ מימר ול׳א׳ מישמע ול׳א׳ מידן ול׳א׳ מיזכא ול׳א׳

המקור לנוסח היסוד: טופס א.

המקורות המקבילים: לשורות 1 (אביזאריה) - 21 טופס ג$_1$, לקוי, בייחוד בשורות 1-3; לשורות 4 (מחמת) - 30 (בפירוש) טופס **ת** (לאופי כתב־יד זה ראו לעיל, עמ׳ 4-5, 44, 49); לשורות 13-33 טופס ה, המשכו (שורות 34-39) אינו קריא; לשורות 15 (דיאן) - 39 טופס ד$_1$; לשורות 35 (ליס) - 39 טופס ו.

2 מעיני] מעאני ג$_1$ 3 אלמוברא] אלמבראג$_1$ 4 פליכתב] יכתב ג$_1$ ׀ מה] ליתא **ת** ׀ דהוה] דהֿוֿה ג$_1$ דהוא **ת** ׀ בכין וכין] בכן וכן ג$_1$ בכך וכך **ת** ׀ זוזי] + ((כולהון ד[הוו] כתיבין בֿיֿה)) ג$_1$° 5 אישתלמית] אשלמית ג$_1$ אשתלמת **ת** ׀ מניה] מיניה **ת** לקוי ג$_1$ ׀ ונסיבית] ונסיבת ג$_1$°**ת** ׀ וקבילית] וקבילת ג$_1$ ׀ מניה] ליתא ג$_1$**ת** ׀ זוזי] זוזאי **ת** ׀ כלהון דהוו] כולהון דהוא **ת** 6 {דנן}] ג$_1$**ת** ׀ [כאנת מן]] ג$_1$ 7 דהוה] דהוה אית ג$_1$ דהוא **ת** ׀ בינאתן שיקלא] בינתן שקלא **ת** ׀ ותגרותא דכמא] ותגריתא דכמה **ת** 8 דנסיבית – ואישתלמית] [דאשת]למית וקבילית ג$_1$ דאשתלימית ונסיבית וקבילית **ת** ׀ דהוה] דהוא **ת** 9 דהוה] דהוא **ת** ׀ לואתיה] כותיה **ת** ׀ הידאנא] השתא הכל קבילת מיניה עד גמירא **ת** לקוי ג$_1$ ׀ אישתייר] אשתייר **ת** 10 כלום] מידעם **ת** ׀ מן כל] מכל **ת** ׀ דתגר׳ותא׳] תגרותא **ת** לקוי ג$_1$ ׀ סיטרי] שטרי **ת** לקוי ג$_1$ ׀ דמיסב ודמיתן] משא ומתן **ת** ׀ משוי] ואפילו משוה ג$_1$°**ת** 12 {יכתב}] ג$_1$°**ת** 12-13 ותוב – דאתי] ותו ליה **ת** ׀ ב׳ר׳ פל׳ונ׳י] ליתא ג$_1$ 13 פל׳ונ׳י[2]] פל׳ ה 13-14 על – מחמתיה] ליתא **ת** 14 (ירתאי – על)] ליתא ה ׀ מאן דיאתי] דאתי ג$_1$°ה**ת** 15 דין] ידא ג$_1$ ׀ ולא דיאן] ליתא **ת** ולא דיאנא ג$_1$ ׀ ול׳א׳[1]] לא ג$_1$ ׀ ול׳א׳ מישמע] ומשמע ג$_1$ ולא משמע ד$_1$ה°**ת** ׀ מיזכא] מזכא ג$_1$ מֿיזכי ד$_1$ מטושטש ה ׀ ול׳א׳[5]] לא ד$_1$

[שטר ב: אביזאריה]

השטר השני – 'כתאב אלבראה', והוא שטר פיצוי, והוא אביזאריה,[1] הכולל תשעה עניינים: הזמן והמקום והאנשים בתחילתו, ומטרת השטר שלושה עניינים.

הראשון – הזכרת הדבר המזוכה, והיא בשני אופנים: (האחד) – אם הזיכוי היה ממְמון מסוים, יכתוב 'משום שהיה לי עליו שטר בכך וכך זוזים, ועכשיו נפרעתי ממנו, ולקחתי וקיבלתי ממנו את כל הזוזים שהיו כתובים בו על פלוני זה מידו עד תום'. ו(האחר) – אם (הזיכוי) היה מכל טענה ותביעה, יכתוב 'משום שהיה בינינו משא ומתן[2] וכמה אופני תגרות, ועכשיו אני מודה בפניכם שלקחתי וקיבלתי ונפרעתי ממנו כל שהיה לי עליו וכל שהיה לי אצלו מימות עולם ועד עתה עד תום, ולא נותר לי עליו כלום מכל אופני התגרות ומכל צדדי משא ומתן, משווה פרוטה ולמעלה'.[3]

והשני – הפסקת הטענות וביטולן. יכתוב 'ושוב אין לי, אני פלוני בן פלוני, ולא ליורשיי אחריי ולא לכל הבא מכוחי על פלוני זה ולא על יורשיו אחריו ולא על כל הבא מכוחו לא דין ולא דיין ולא אמירה ולא שמיעה[4] ולא דיון ולא זכייה[5] ולא

1 מוצא המילה מפרסית, ומשמעה בערך 'היות חופשי מצרות'. ראו שטרן, 'שטר', בייחוד עמ' 142–144. וראו גם לעיל, עמ' 38–39 והערה 130.

2 תרגום מילולי בקירוב: לקיחה וזריקה. הצירוף שגור כבר בתלמוד במשמעות של 'משא ומתן', בדרך כלל עיוני אך גם מסחרי. ראו במילונים.

3 השוו אל סה"ש לרה"ג, מהדורת אסף, תחילת עמ' 23. בדרך כלל אין ההלכה עוסקת בתביעות סכומים של פחות מפרוטה, וההנחה היא שכל יהודי מוותר מן הסתם על סכומים כאלה, ראו למשל בבלי סנהדרין נט סע"א.

4 מסתבר שמשמעות הצירוף היא בעצם 'לדבר ולהישמע', כלומר כל טענה שאעלה כלפיו לא תישמע. השוו לשינויי הנוסח ואל מה שכתבנו בהערה הבאה אחרי זו.

5 אף כאן מסתבר שיש צירוף קבוע 'לדון ולזכות', וראו בהערה הקודמת לזו. השוו אל בבלי גטין נב ע"א, ב"ק ע ע"א; סה"ש לרה"ג, מהדורת אסף, עמ' 23, שורה 11.

טענתא ול˹א˺ תביעותא ול˹א˺ ערערתא ול˹א˺ כל טענת כולא בעלמא ובריתיה ופציתיה מן כל דר ומר ומן כל אנפי (ומן כל מודעי) ומן כל מידם דמיתקרי ממונא בעלמא ולית לי עליה לא שבעתא ול˹א˺ גזירתא ל˹א˺ שבועת היסית (ול˹א˺ שבוע˹ת˺ סתם) ול˹א˺ יפתקי דלוטאתא ול˹א˺ אכרזתא ול˹א˺ הנע˹ל˺ת˺ כל בית דין בין בדיני יש˹ראל˺ ובין בדיני א{ו}מות העולם מחמת דאשתלמית מניה כל דהוה לי גביה וכל דהוה לי עליה וכל דהוה לי לואתיה ובריתיה ופציתיה ונקיתיה מן כל אנפי ומן כל באבי ושויתיה אביזאר ואפיקאר ליה ולירת˹יה˺ בתריה ואחילית ליה כל שגו (וטעו וכל) [וכל טעו] דהוה בינאתן

ומן אלמנשיין מן יזיד מן קבל אן יכתב לא שבעתא ול˹א˺ גזירתא אסמא אבואב אלחקוק פיכתב לא שטר חוב ולא שטר כיס ול˹א˺ ערב(י)[נו]תא ול˹א˺ קבלנותא ול˹א˺ כתב יד {ולא חתימות יד} ול˹א˺ פקדונא ל˹א˺ ירותא ול˹א˺ אחסנא ול˹א˺ מתנתא ול˹א˺ משכונא ול˹א˺ פיקר ול˹א˺ הימר ול˹א˺ תרעומת ול˹א˺ אונאה ול˹א˺ תחרו ול˹א˺ מצו ומנהם מן יצף אסמא אלעקובאת ל˹א˺

16 טענתא – תביעותא] תביעותא ולא טענתא ד$_1$הת 16–17 ול˹א˺[3] – ופציתיה] ליתא ד$_1$הת 17 דר ומר] [ ]מ̊ור ג$_1$ דור ודור ת ׀ (ומן כל מודעי)] ליתא ג$_1$ד$_1$הת ׀ מידם] מידעם ג$_1$ד$_1$הת ׀ דמיתקרי] [דמ]יקרי ג$_1$ דמ̊תקרי ד$_1$ דמ⟨ת⟩קרי ה דמיקרי ת 18 בעלמא – לא] ולא ג$_1$ד$_1$הת ׀ שבעתא] שבועתא ד$_1$ת שב⟨ו⟩עתא ה ׀ ל˹א˺ – היסית] ליתא ת ולא שבועת (שבעת ג$_1$) הסית (היסית ה) ג$_1$ד$_1$ה 19 (ול˹א˺ – סתם)] ליתא, והביטוי אינו מוכר ג$_1$ד$_1$הת ׀ ול˹א˺] ⟨לא⟩ ה ׀ יפתקי] יפתקא ג°$_1$ד$_1$ת ((יפיקת̊א)) ⟨יפתקא⟩ ה ׀ דלוטאתא] דלואטאתא ד$_1$ ((דמט̊אתא)) ⟨דלטואתא⟩ ה ׀ אכרזתא] הכרזתא ת 20 כל] שום ג$_1$ ׀ בין] ל̊[א] ג$_1$ ׀ ובין] בין ת לקוי ג$_1$ ׀ א{ו}מות] ג$_1$ד$_1$הת ׀ דאשתלמית] [ד]אשלמית ג$_1$ דאישתלמתיה ד$_1$ דאשתלמת ה° 21 מניה] ליתא ת מיניה ג$_1$ מ[ ] ה ׀ דהוה[1]] דהוא ד$_1$ה°ת ׀ לי[1] – לואתיה] אית לי (ליה ת) עליה ולואתיה (ולא אתי ת) מן כל אנפי ד$_1$הת 21–22 ובריתיה ופציתיה] ופציתיה ובריתיה ד$_1$ת לקוי ה 22 מן – באבי] ליתא ד$_1$הת ׀ אביזאר] אביזר ת ׀ ואפיקאר] ליתא ד$_1$ה°ת 23 ליה[1] – בתריה] ליתא ד$_1$ה°ת ׀ ליה[2]] לה ד$_1$ [ ] מן ה + מן ת ׀ כל – טעו]] כל טעו וכל (ומן כל הת) שלו ד$_1$הת ׀ דהוה] דהואת ד$_1$ דהות ה דהוא ת 24 בינאתן] בינאתאן ה כי נתן(!) מחילה גמורה ת 25 שבעתא – גזירתא] שבועתא ד$_1$הת 26 פיכתב] ויכתב ד$_1$ ׀ לא] ולא ת לקוי ה ׀ ערב(י)[נו]תא] ד$_1$ת ערבונא ה 27 {ולא – יד}] ד$_1$ה°ת ׀ פקדונא] פוקדאנא ד$_1$ פוקדנא ת ׀ ל˹א˺] ולא ה 28 אחסנא] אחסנתא ד$_1$ת לקוי ה ׀ מתנתא] מתנה ד$_1$ת לקוי ה ׀ משכונא] משכנתא ת ׀ פיקר] פיקאר ד$_1$הת ׀ הימר] הימאר ד$_1$ת ׀ תרעומת] חלישות דעת ד$_1$ חלישות ת 29 אונאה] הונאה ד$_1$ה°ת ׀ ול˹א˺[2] – מצו] ליתא ד$_1$הת ׀ אסמא] איצ̇א ד$_1$ה ׀ ל˹א˺] ולא הת

טענה ולא תביעה ולא ערעור ולא שום טענת כל (דבר) בעולם. וזיכיתיו ופיציתיו מכל דר ומר[6] ומכל פנים ומכל דבר הנקרא ממון בעולם. ואין לי עליו לא שבועה ולא גזירתא,[7] לא שבועת היסת ולא פתק של קללות[8] ולא הכרזה[9] ולא הבאה לכל בית דין, בין בדיני ישראל בין בדיני אומות העולם, משום שנפרעתי ממנו כל (מה) שהיה לי לגביו וכל (מה) שהיה לי עליו וכל (מה) שהיה לי אצלו. וזיכיתיו ופיציתיו וניקיתיו מכל פנים ומכל העניינים, ועשיתיו אביזאר ואפיקאר[10] לו ולירושיו אחריו, ומחלתי לו כל שגגה וכל טעות שהייתה בינינו׳.

ומן הסופרים (יש) המוסיפים לפני שכותבים ׳לא שבועה ולא גזירה׳ את שמות סוגי החיובים וכותבים: ׳לא שטר חוב ולא שטר כיס[11] ולא ערבות ולא קבלנות[12] ולא כתב יד ולא חתימת יד[13] ולא פיקדון, לא ירושה ולא נחלה ולא מתנה ולא משכון ולא פיקר ולא הימר[14] ולא תרעומת ולא אונאה[15] ולא תחרות ולא ריב׳. ומהם (יש) הרושמים את שמות העונשים: ׳לא

6 המשמעות הכללית של הצירוף – בערך ׳מכל צד שהוא׳ – ברורה, והוא מתועד היטב, אם כי האטימולוגיה אינה נהירה כל צרכה. ראו סה״ש לרה״ג, מהדורת אסף, עמ׳ 23, הערה 8.

7 ראו לעיל, שטר א, הערה 16.

8 ׳פתק(ים) של קללות׳ שכותב בית הדין לצורך ׳חרם סתם׳ (ראו להלן, הערה 17). ראו למשל הרכבי, תשובות הגאונים, סימן שלג (השני), והשוו אל סה״ש לרי״ב, מהדורת הלברשטם, עמ׳ 135 (מהדורת ריבלין, עמ׳ 233) ואל סה״ש לרה״ג, מהדורת אסף, עמ׳ 21, הערה 16.

9 מסתבר שאף ׳הכרזה׳ זו היא בעצם שם נרדף ל׳חרם סתם׳, שמכריזים עליו ברגיל בבית הכנסת (ראו להלן, הערה 17). השוו אל סה״ש לרי״ב, מהדורת הלברשטם, עמ׳ 136 (מהדורת ריבלין, עמ׳ 234).

10 לשורה זו של ניסוחים נרדפים השוו את סה״ש לרה״ג, מהדורת אסף, עמ׳ 23, שורות 6-7. לשימוש בפועל ׳פצי׳ השוו, למשל, את בבלי כתובות צא ע״ב; הפועל ׳ברי׳ שגור בערבית במשמעות של ׳לזכות מאשמה׳ וכדומה, השוו לדברי קוטשר (מחקרים, עמ׳ תכ-תכה) בייחוד בנוגע לשאלה אם המשמעות הראשונית של ׳פצי׳ היא ׳הצל׳ או ׳נקה׳. לעניין ׳אביזאר ואפיקאר׳ ראו לעיל, הערה 1 ולהלן, הערה 14.

11 ראו סה״ש לרה״ג, מהדורת אסף, עמ׳ 35 והערה 4.

12 ראו להלן, שטרות ד-ה.

13 כנראה ביטויים נרדפים, והכוונה לחוב שהלווה אישר אותו בחתימתו, אך אין עליו עדים אחרים. ראו, למשל, משנה ב״ב י:ח.

14 כך גם בסה״ש לרה״ג, מהדורת אסף, עמ׳ 23, וראו הערה 12 שם. שתי המילים פרסיות במקורן (ראו למשל תערה״ש, הערך ׳פקר 1׳; קוטשר, ערכי מילון, א, עמ׳ 1121), וסביר להניח שהצירוף כולו נקלט בארמית בתקופה קדומה למדיי (ראו לעיל, עמ׳ 37-38).

15 נראה שאף זה צמד של ביטויים נרדפים, והכוונה היא שכותב השטר מוותר לא רק על תביעות כספיות אלא אף על הטענה שהצד השני גרם לו עגמת נפש. השוו למשנה ב״מ ד:י.

פתיחא {ו}ל˹א˺ שמתא בין בסתם בין בפירוש ומנהם מן יצף איצֿא אלאמלאך פיקול ל˹א˺ דהבא ול˹א˺ כספא ול˹א˺ לבושא ול˹א˺ כסויא ול˹א˺ מאני תשמיש˹א˺ ול˹א˺ מאני פרזלא ול˹א˺ מאני נחאשא ול˹א˺ מ˹אני˺ אעא ול˹א˺ נידבא ול˹א˺ אנכא ואשבאה דלך ומנהם מן יצֿיף אלי דלך אסמא אלמעאמלאת אלערבייה אלספאתיג (והי בדיוקני) ואלחואל{א}ת (המחאה) ואלדלאלאת (סרסור) ואלברנאמגאת וכל מא ליס לה אסם טֿאהר ואצֿח בלגת אלתרגום ועלי אן לה מא יכפא ען אלעאמה כאסם אלספאתג דיוקנאות ואלחואלאת המחאה לק˹ולהם˺ המחהו אצל חנוני ואצל שלחני ומא אשבה דלך

ואל(ו׳)[ג׳] אבטאל אלמודעין עלי מא סאביין תם אלג׳ אלאכר אלדרך ואלאכל˹אץ˺ ואלקינין ·

30 שמתא] שמאתא ד$_1$°ה ׀ בין[1] – בפירוש] ולא בפירוש (בפירוש׳ ד$_1$) ולא בסתם ד$_1$ה לא בפירוש לא בסתם ת ׀ מן – איצֿא] איצֿא מן יצף ד$_1$ 31 פיקול] ‹פיקול› ה ׀ לבושא] לבושה ד$_1$ מטושטש ה ׀ כסויא] כיסויא ה 32 תשמיש˹א˺] דתשמשתא ד$_1$ דיתשמשתא ה ׀ מאני[2]] ליתא ד$_1$ה ׀ נחאשא] נחשא ה ׀ אעא] אברא (בכֿרֿא ה) ולא מאני אעא ד$_1$ה° 33-32 ול˹א˺ – דלך[1]] ליתא ד$_1$ה 33 אסמא אלמעאמלאת] אסמאם עאמלאת ד$_1$ אסמא מעאמאל[את] ה 34 אלערבייה – בדיוקני)] באלערבייה אלספתאג ד$_1$ ׀ (המחאה)] ליתא ד$_1$ 35 (סרסור)] ליתא ד$_1$ ׀ לה] ליתא ו ׀ טֿאהר] ליתא ד$_1$ו ׀ בלגת] בלגה ד$_1$ו° 36 ועלי] עלי ו ׀ מא] והו ד$_1$ אסאמאֿה ו ׀ אלספאתג] אלספאתיג ו ׀ ואלחואלאת] ואלחואלה ד$_1$ו 37 ואצל שלחני] ליתא ו ואצל שולחני ד$_1$ ׀ דלך] דאלך ו 39-38 ואל(ו׳)[ג׳] – ואלקינין] ליתא ו 38 ואל(ו׳)[ג׳]] ותאלת ד$_1$ ׀ אלמודעין] אלמדעיין ד$_1$ ׀ סאביין] סאבין ד$_1$ 39 ואלקינין] ואלקנין ד$_1$

פתיחא[16] ולא שמתא, בין בסתם בין בפירוש'.[17] ומהם (יש) הרושמים גם את (סוגי) הרכוש ואומרים: 'לא זהב ולא כסף ולא לבוש ולא כסות ולא כלי תשמיש ולא כלי ברזל ולא כלי נחושת ולא כלי עץ ולא נידבא ולא עופרת(?)' וכיוצא בזה. ומהם (יש) המוסיפים לזה את שמות העסקות בערבית: 'אלספאתיג ואלחואלת ואלדלאלאת ואלברנאמגאת',[18] וכל מה שאין לו שם ברור ומפורש בלשון הארמית אף על פי שיש בה משהו שמספיק בכלליות, כשם 'אלספאתג' – דיוקנאות[19] ו'אלחואלאת' – המחאה, כאמרם 'המחהו אצל חנוני ואצל שלחני' (ב"מ ט:יב),[20] וכיוצא בזה.

והשלישי[21] – ביטול המודעות כמו שאסביר (להלן).[22] ואחר כך שלושת (הסעיפים) האחרונים: האחריות והכנות והקניין.

16 מסמך שכותב בית הדין נגד אדם שאינו נענה לדרישותיו בתוך זמן קצר, ולדעת רבים מן המפרשים כלולה בו שמתא. ראו בייחוד בבלי ב"ק קיב ע"ב - קיג ע"א, וסה"ש לרי"ב, מהדורת הלברשטם, עמ' 135–136 (מהדורת ריבלין, עמ' 233–234).

17 כלומר בין שמזכירים את שם החשוד במפורש בין שמחרימים באופן סתמי את כל מי שמחזיק ממון של פלוני שלא כדין (שיטה שהתפתחה הרבה בתקופת הגאונים). ראו סה"ש לרי"ב, מהדורת הלברשטם, עמ' 136 (מהדורת ריבלין, עמ' 234); סה"ש לרה"ג, מהדורת אסף, עמ' 21, הערה 16; ליבזון, 'חרם סתם'.

18 לבירור המונחים הנזכרים כאן ראו גויטיין, חברה, א, עמ' 160–161, 241–246; גיל, ישמעאל, א, עמ' 640–641; יודוביץ', 'קומנדה'.

19 ראו בבלי ב"ק קד רע"ב: 'אין משלחין מעות בדיוקני, ואפילו עדים חתומים עליה'. שם, כנראה, מדובר על הוראה כתובה הנשלחת לאדם החייב כסף לכותב על מנת שישלם כספים אלו לאדם שלישי (ראו את ההערה הקודמת לזו). אמנם בתלמוד נאמר שאין תוקף משפטי למסמך כזה, אך בתקופת הגאונים התחילו לדון בו על-פי 'מנהג הסוחרים'. השוו אל הרכבי, תשובות הגאונים, סימן תכג.

20 כלומר העביר את החוב לחנווני או לשולחני שיפרעו אותו. השוו אל מורשת, לקסיקון הפועל, עמ' 208.

21 השלישי מבין הסעיפים האמצעיים שהם מטרת השטר, והוא הסעיף השישי בשטר. השוו לשינויי הנוסח על אתר.

22 השוו לשטר כו להלן.

⟦שטר ג: משכנתא⟧

ד$_1$ ואלג׳ כתאב רהינה והו שטר משכנתא יחיט בה תמן עיון אלזמאן {ואלמכאן}

ואלאשכאץ ואתנאן המא אלגרץ̇

אלאול מנהא כמיה אלמאל עלי מא שרחנא פי כתאב אלדין

ואלתאני מאהיה אלרה‹י›נה וצפתהא ודלך אן כאנת ביתא (פאל יכתב [פליכתב] ומשכינית בידיה דפלוני דנן על אלין זוזי ביתא דאית לי במאתא פלונית דאילין מצרנוהי מצרא קמא דרתא דפלוני ומצרא תיניינא דרתא דפלוני ומצרא תליתאה דרתא דפלוני ומצרא רביעאה שבילא דנפק לדוכתא פלונית וביה פתיח תרעא דהדין ביתא ומן אלמנשיין מן ינסב אלחדוד אלארבעה אלי גהאת אלעאלם פיקול לרוח מדנחא ולרוח צפונא ולרוח מערבא ולרוח דרומא ואן כאן אלבית פי דאר או חגרה פליכתב דקאים בגו דרתא פלונית ותנסב אלי חדוד אלדאר תם תנסב חדוד אלבית ואן כאן צ̇יעה פליכתב ארעא דאית לי בבאגא פ֯לוני֯ דעל נהרא פ֯לוני֯ ושיקיא דיליה מן נהרא פלוני (ושיקיא דיליה מן נהרא פלוני) תם תנסב חדודהא·

ו תם יכתב ושליטיה פ֯לוני֯ על ארעא דא למיכרי כריא ול.ט̊סקא ולמכנש פרי וכל מאי דמאטי לידיה מחשב לי מן זוזי דאית ליה עלי ע[ד] דפרענא ליה שארה עד דמשתלם מן תחות ידי(ה) עד גמרא ואן כאנת בי[תא ל]מידר ולאוגורא ומחשב לי אגרתא אלין זוזי (עלמא יצף) [עלי מא וצף] ואמא אן

המקורות לנוסח היסוד: לשורות 14-1 (למיכרי) טופס ד$_1$; לשורות 14 (כריא)-22 טופס ו.

המקורות המקבילים: לשורות 14-1 (למיכרי) טופס ו; לשורות 12-1 טופס ה, אינו קריא ברובו, ולכן לא נרשמו שינויי נוסח ממנו; לשורות 5-1 (ומשכינית) טופס א.

1 ואלג׳] ואלכתאב אלג׳ א | רהינה] אלרהינה א רהינא מעל[ום] ו | תמן] ח׳ או | {ואלמכאן}] א מטושטש ו 2 ואלאשכאץ] אלשכאץ ו | ואתנאן המא] אתנינהמא א ((וב׳ אלגרץ)) ובהמא ו | אלגרץ̇] ואלגרץ̇ א 3 מנהא] מנהמא א מטושטש ו | כמיה] כמייה א מטושטש ו | שרחנא] שרחת או 4 ואלתאני] ואלב׳ או | מאהיה] מאהייה א | אלרה‹י›נה] אלרהן א מטושטש ו | ודלך] ודאלכ ו 5 [פליכתב]] פליכתוב או | ומשכינית] ואשכינית א ומשכינת ו° | אלין] אילין ו | במאתא] במתא ו 6 פלונית] פל׳ ו | דפלוני] פל׳ ו | תיניינא] תנינא ו | דרתא דפלוני] ליתא ו 7 ומצרא] ומצ‹ר›ה ו | תליתאה] תליתא ו | דרתא דפלוני] ליתא ו | ומצרא] ומצרה ו | רביעאה] רביעה ו | דנפק] דנפיק ו 8 פתיח] פתח ו | תרעא] פל׳ ו 9-8 אלארבעה – גהאת] אלד׳ גהה ו 9 פיקול] ליקול ו | מדנחא] מזרחא ו 10 אלבית] ליתא ו | חגרה] פי חוגרה ו | פליכתב] פליכתוב ו | בגו] ליתא ו 11-10 ותנסב אלי] ואינסב ו 11 אלדאר] + אולא ו | פליכתב] פליכתוב ו | ארעא] דרתא ו 12 בבאגא] בבאגה ו | ושיקיא] ושקיה ו | פלוני] דפל׳ ו 14-12 (ושיקיא – פ֯לוני֯] דנן השמטה מחמת הדומות ו 14 למיכרי] למ‹י›כרא ו

[שטר ג: משכנתא]

(השטר) השלישי – 'כתאב רהינה', והוא שטר משכנתא, הכולל שמונה עניינים: הזמן והמקום והאנשים, ושניים שהם המטרה (של השטר).

הראשון מהם – סכום הכסף, כמו שהסברנו בשטר החוב.[1]

והשני – מהות המשכון ותיאורו, היינו אם הוא בית, יכתוב 'ומשכנתי בידי פלוני זה על זוזים אלו את הבית שיש לי במקום פלוני שאלה מצריו: מצר ראשון – חצר של פלוני ומצר שני – חצר של פלוני ומצר שלישי – חצר של פלוני ומצר רביעי – שביל שיוצא למקום פלוני, ואליו פתוח שערו של בית זה'. ומן הסופרים (יש) המייחסים את ארבעת המצרים לרוחות העולם ואומרים: 'לצד מזרח ולצד צפון ולצד מערב ולצד דרום'. ואם היה הבית בחצר, או חדר, יכתוב 'העומד בחצר פלונית', ו(המשכנתא) תיוחס (תחילה) למצרי החצר ואחר כך למצרי הבית. ואם היה (המשכון) שדה, יכתוב 'שדה שיש לי בבקעה פלונית שעל נהר פלוני, והוא שותה מנהר פלוני', ואחר כך יתייחס למצריו.

ואחר כך יכתוב 'והשלטתי את פלוני על שדה זה לחפור חפירות ולשלם את המס[2] ולאסוף פֵּרות. וכל מה שמגיע לידיו ייחשב לי מהזוזים שיש לו עליי עד שאפרע לו את השאר, עד שהוא נפרע ממני עד תום'. ואם היה בית, (יכתוב) 'לדור ולהשכיר, וייחשב לי שכר (הבית) זוזים אלו' כמו שתואר.[3] ואולם אם

1 לעיל, שטר א, והשוו למה שהערנו שם בהערה 13.

2 נראה שנפרטו כאן שתי 'זכויות' של המלווה שהן בניגוד לתנאים הסטנדרטיים שנקבעו בתלמוד למקרים מעין אלה – 'האי משכנתא דסורא [...] התם תקינו ליה רבנן דמרי ארעא יהיב טסקא וכרי כריא' (בבלי ב"מ קי ע"א). ייתכן שבמקומו ובזמנו של הגאון היה נהוג שהמלווה טיפל בעניינים האלה, או שיש להבחין לעניין זה בין משכון רגיל ובין משכנתא דסורא. אבל פרשנות זו אינה ודאית: במקום 'לחפור חפירות' אפשר לתרגם 'להעמיד כרי', ומהות הפריט השני אינה ברורה כל צורכה בגלל קשיי פיענוח.

3 כלומר אף במקרה זה יש לקזז את דמי השכירות מסכום החוב.

תקאוה אוגרת אלב[ית] במקדאר הו אקל ממא יסאוי או אן יתמן תמר אלצ̇יעא באקל מן תמנה פלא יגוז פ....ה תחסב ללבית אוגרה ולא לצ̇יעה גלא ולא תמנא אד דאלך אגמע[א ר]יבית לקו˹להם˺ המלוה את חבירו {לא} ידור בחצירו חינם לא ישכור ממנו בפחות מפני ש[הוא רבית ולא יגוז] ללשהוד אן ידכלו פי ט̊י̊ ..נהם בוגה·

4 השימוש בפועל 'קוי' במשמעות של 'לקבוע' אינו שכיח, אך השוו אל דוזי, מילון, ב, עמ' 428 ואל י' בלאו, מילון, עמ' 577.

5 הגאון הסתפק כאן בהבאת הדין הבסיסי בלי להיכנס לסבך של היתרים אפשריים. ראו, למשל, בבלי ב"מ סז ע"ב - סח ע"א.

נקבע[4] שכר הבית בסכום שהוא פחות משוויו או אם פֵּרות השדה הוערכו פחות מערכם (האמִתי), אסור [ ] לחשב לבית שכר ולא לשדה פֵּרות או דמים (משום) שאלה כולם ריבית, כאמרם 'המלוה את חבירו לא ידור בחצירו חינם, לא ישכור ממנו בפחות, מפני שהוא ריבית' (ב"מ ה:ב).[5] ואסור לעדים להיכנס ב[עניין כזה] בשום אופן.[6]

6 משום שאף המעיד על הלוואה בריבית עובר בלא תעשה, ראו משנה ב"מ ה:יא. סופר טופס ו השמיט את אזכור שלושת הסעיפים האחרונים, החוזרים ברוב השטרות (ראו לעיל, שער ז, שורות 16-58).

〚שטר ד: ערבות〛

ואלד׳ כתאב אלצׄמאן והו שטר ערׄבוׄ[תא יחי]ט בה ז׳ מעאני אלזמאן ואלמׄכׄאן ואל{א}שכאץ {תם מעני ואחד} והו נפס אלכתאב יקול ותביעת מניה לאוזפיה {ל}פל⸢וני⸣ בר פל⸢וני⸣ כן וכן זוזי ואמריׄתׄ ליה דאנא מערבנא לך ובכן אוזפיה פל⸢וני⸣ (ו)[ל]פל⸢וני⸣ דנן כן וכן זוזי אדעתא דערבנותא תם אל[ד]רׄך {ואלאכלאץ} ואלקנין·

[פ]הדא יקום ללמצׄמון לה עלי אלצׄאמן מקאם כתאב אלדין לכן אלפרק בין אלמקתׄרץׄ ואלצׄאמן אנה לא יגוז יטאלב אלצׄאמן אלא בעד תפליס אלמקתרץׄ אלעא[ריה] ל[קו⸢להם⸣] לא ית[בע את הערב] תחילה·

המקור לנוסח: טופס ו.

---

1 אפשר שכאן, כבמקומות רבים (ראו בייחוד להלן, שטר ז, הערה 1), קיצר הסופר של טופס **ו**, והכוונה היא שהעדים יתארו את תהליך ההלוואה מזווית הראייה של הערב: כיצד נשאו ונתנו ביניהם הלווה והמלווה עד שפנה הערב למלווה ותמך בבקשת הלווה. ואולם אפשר גם שצריך להגיה 'דתבעית', וזה השלב שבו אמור להתחיל תיאור העניינים.

2 כלומר שטר זה ישמש אסמכתה למלווה בבואו לתבוע את הערב, אם כי מסתבר שיצטרך אף למטרה זו להסתייע בשטר החוב, מאחר שאין זכר למועד הפירעון בנוסח שלפנינו. בנסיבות המתוארות כאן (שלא כבערבות מאוחרת, שאין הגאון מזכירה, והשוו אל סה"ש

[שטר ד: ערבות]

(השטר) הרביעי – 'כתאב אלצ̇מאן', והוא שטר ערבות, הכולל שבעה עניינים: הזמן והמקום והאנשים ואחר כך עניין אחד שהוא עיקר השטר. יאמר[1] 'ותבעתי ממנו להלוות לפלוני בן פלוני כך וכך זוזים, ואמרתי לו: "אני ערב לך". ובכן הִלווה פלוני לפלוני זה כך וכך זוזים על סמך הערבות'. ואחר כך האחריות והכנות והקניין.

(שטר) זה יהיה לזה שערבים לו (=המלווה) כנגד הערב במקום שטר חוב.[2] אולם ההבדל בין הלווה לערב (הוא) שאסור לתבוע את הערב אלא לאחר שהלווה אינו יכול לשלם את ההלוואה, כאמרם 'לא יתבע את הערב תחילה' (ב"ב קעג ע"ב).[3]

לרי"ב, מהדורת הלברשטם, עמ' 67-68 [מהדורת ריבלין, עמ' 137–138]) היה אפשר לכלול את עניין הערבות בשטר החוב, אך רס"ג ייעד לו שטר נפרד (השוו למה שכתבנו לעיל בהערה 13 לשטר א).

3 כשיטת רב נחמן והברייתא, עיינו שם (וכן שם, קעד סע"א). הגאון גורס שאין לתבוע את הערב אלא אם כן פשט הלווה רגל, משמע שאם יש ללווה נכסים, אף אם הוא מעכב את הפירעון, אין אפשרות לתבוע את הערב, בהתאם לשיטת ר' יוחנן ולמהלך הסוגיה (שם, קעג סע"ב). לעניין ההבחנה בין ערב לקבלן ראו את הדיון של רב שמואל בן חפני שמביא אסף, 'שלשה ספרים נפתחים', עמ' קמח-קנ. לפי מסקנת התלמוד (בבלי ב"ב קעו ע"ב), אין צורך בקניין כדי לחייב ערב המשתעבד בשעת ההלוואה או ערב של בית דין, אך רס"ג מציין את הקניין כסעיף קבוע בשטר הערבות, בלי לעסוק בהבחנות אלו (ראו לעיל, עמ' 42 והערה 151).

⟦שטר ה: קבלנות⟧

ואלה׳ אללזום והו שטר קבלנותא יח[יט בה איצֿא ז׳ מ]עאני [יקול ו]תביע[ת מיניה לאוזפי] ליה כן וכן זוזי ואמרית ליה הבינון ני[הליה ואנא מקב]לנא לך [בהו]ן וב[כן אוזפיה פל׳וני׳] דנן לפל׳וני׳ דנן זוזי כן וכן אדעתא ד[קבלנותא ת]ם אלד׳רך׳ [ואלאכל]אץ {ו}אלק[נין]· [ופי מעני נפס אל]לֿזֿמה זאיד עלי אלצֿאמן אלאול [ ] אן [יגוז ללמקרץֿ יטאלב אלצֿמאן קבל אן יטאלב] אלמקתרץֿ אן הו שא דאלכ ל[קולהם] אבל המלוה [חבירו על ידי קבלן יתבע קבלן תחילה] {ו}אלפרק בין אלכלא[מין] הו מא בין איזפיה והב ליה פאנה אדא קאל איזפיה פאלקרצֿא נפסהא עלי אלמקתרץֿ ואדא קאל הב ליה פאמא יד אלמקתרץֿ באלעאריה ליקבץֿ אלמאל ללצֿאמן·

המקור לנוסח היסוד: טופס ו.

המקור המקביל: לשורות 7 (חבירו) - 10 טופס ח.

7 {ו}אלפרק] + מא ח   8 אלכלא[מין]] ח ׀ פאנה אדא] לאנה אד ח   9 נפסהא – אלמקתרץֿ[1]] עלי אלמקתרץֿ נפסהא ח   9–10 ליה – ליקבץֿ] ליתא ח°

---

1 לפי השרידים שבידינו אין הגאון מכנה את הקבלן ׳כפיל׳, כמו שכינהו למשל רב שמואל בן חפני, אלא אף הוא נקרא ׳צֿמאן׳, בדומה לערב. בהתאמה גם השם הערבי לשטר קבלנות אינו ׳כפאלה׳ אלא ׳לזום׳, שאפשר לתרגמו חיוב, כלומר הקבלן עצמו מתחייב לפרוע את החוב (ראו להלן, הערות 3–4).

2 אף כאן קיצר סופר טופס ו, כדרכו, והפעם השמיט את שלושת הסעיפים הסטנדרטיים שבתחילת השטר – הזמן, המקום והאנשים. ייתכן שאף הניסוח של הסעיף העיקרי מקוצר (השוו לדברינו בהערה 1 לשטר ד לעיל).

3 המתואר בשטר ד.

[שטר ה: קבלנות]

(השטר) החמישי – 'אללזום',[1] והוא שטר קבלנות, הכולל אף הוא שבעה עניינים. יאמר[2] 'ותבעתי ממנו להלוות לו כך וכך זוזים, ואמרתי לו: "תנם לו ואני קבלן לך בהם". ובכן הִלווה פלוני זה לפלוני זה כך וכך זוזים על סמך הקבלנות'. ואחר כך האחריות והכנות והקניין.

ובעניין עצם הקבלנות יש תוספת על הערב הראשון[3] [באופן זה] שמותר למלווה לתבוע את הערב (=הקבלן) לפני שיתבע את הלווה, אם הוא רוצה בכך, כאמרם 'אבל המלווה חבירו על ידי קבלן יתבע קבלן תחילה'.[4] וההבדל בין שני הדיבורים הוא ההבדל שבין 'הַלְוֵהוּ' ל'תן לו'. אם אמר 'הלווהו' – החוב עצמו על הלווה, ואם אמר 'תן לו' – הרי[5] יד הלווה (מעורבת) בהלוואה כדי לקבל (מן המלווה) את הכסף בעבור הערב (=הקבלן).[6]

---

4 הגאון, כנראה, מביא פרפרזה לדברי הבבלי ב"ב קעג ע"ב, עיינו שם והשוו למה שכתבנו לעיל בעמ' 40-41. על כל פנים, ההלכה ברורה ומוסכמת (שם, קעג סע"ב - קעד רע"א).

5 ראו י' בלאו, דקדוק, עמ' 330, תוספת לעמ' 193, הערה 20.

6 ראו בבלי ב"ב קעד רע"א. נראה, שלדעת הגאון ההבחנה בין ערבות לקבלנות עומדת על ההבחנה בין 'אוזפיה' (הלווהו) ובין 'הב ליה' (תן לו) בלבד, בהתאם לדברי רב הונא. לכאורה פסיקת הגאון מנוגדת לדברי רבא המובאים לאחר מכן, והיינו מצפים שתיפסק הלכה כרבא. ואולם ייתכן שלפני הגאון הייתה גרסה אחרת של דברי רבא (ראו ד"ס על אתר, אות ח). שימו לב שבנוסח השטר הקודם נפקד מקומה של המילה 'אוזפיה' ושהנוסח המובא בשורות 1-3 של השטר שלפנינו – כנראה, כל החכמים שדנו בסוגיה היו רואים בו נוסח של קבלנות. ייתכן שרס"ג (כדרכו בכמה מקומות) נקט כאן לשון כללית בלבד, בלי לעסוק בכל פרטי הדין.

סוף המשפט מעורפל במקצת, אך נראה שרצונו לומר שבמקרה של קבלנות רואים בקבלן את החייב העיקרי (השוו למה שהערנו לעיל בהערה 1), אף שהמלווה יכול לגבות גם מן הלווה (כמו שמשתמע אף מדברי הגאון לעיל). בהמשך הסוגיה הנ"ל הועלתה הסברה שאם הקבלן אמר 'תן לו ואני אתן', אין המלווה רשאי לתבוע את הלווה כלל. אף על פי שדעה זו נדחתה נראה שמהלך הסוגיה מתאים לשיטה שייחסנו לגאון.

⟦שטר ו: מכירת בית⟧

ואלכ͏ׄתאב͏ׄ {אל}ו׳ כת{א}ב ביע אלמנאזל והו שטר זביני ביתא (וחט) [יחיט] בה ט׳ מעאני {אלזמאן ואלמכאן ואלאשכאץ פי אולה וגרץ̇ אלכתאב ג׳ מעאני אלאול מנהא כמיה אלמאל עלי מא שרחנא פי כתאב אלדין

ואלב׳ נפס אלביע פליכתב וזבינית ליה בהון ביתא דאית לי ויצף חדודה} עלי מא וצפת פי שטר {משכנתא} ואדא תם דאלך וקאל זבינת ביתא דאינון מצרנוהי לפ͏ׄלוני͏ׄ בר פל͏ׄוני͏ׄ דנן בזוזי אלין דקבלית מינה זביני גומרי חתיכי חלוטי שרירי וקיימי יהיבי ומשלמי בידיה וביד י(ת)ר(י)תיה ועוד אית ליה רשותא על הדין ביתא לימדר לאוגורא ולמשכנ(ת)א ולחלפא ולזבינא ולאחסנא ולמתן במתנה לכל מן די יצבי ואינש בעלמא לא ימחה ביד{י}ה

ואלבאב {אלג׳} הו אלתאבת והו יפצח באנה לם יבין לנפסה שיא פי מא אשתמלת עליה אלחדוד פיכתב וביתא דנן דזבינת ליה לפל͏ׄוני͏ׄ דנן ארעיה ובניניה אשיאתיה וטלאליה אגוריה ואב(י)נ[י]ה ולבניה וכשוריה (והודריה) [והורדיה] ואטיאתיה וכויה והמלטיה ודשיה ועבריה ומעלניה ומפקיניה ומסקניה ומחתאניה ובית משפך מיא דיליה כחזקתיה דמן יומי עלמא {מתהום ארעא ועד רום רקיעא אללהם אלא מא יסתתני בה ומדעם לנפשיי לא שיירת בזביני אילין במצראני אילין}·

{תם אלדרך} וזאד פיה אישפי ואמרק ית זביני אלין מן כל נזקי ואוקים יתהון ביד פל͏ׄוני͏ׄ דנן וביד ירתיה בתריה ואשלם להון כל זיאנא וחוסרנא דמאטי בזביני אלין כולן עד גמרא תם (אלכאלץ) [אלאכלאץ] ואלקנין·

המקורות לנוסח: טופס ו, ההוספה בשורות 16-14 על־פי הסעיף המקביל בשטר ז, שורות 3-2.

---

1 יש כאן חסר גדול בעקבות השמטה (מכוונת?) של אחד המעתיקים, וניסינו להשלימו על־פי הסברה. אם הנוסח ׳ט׳ מעאני׳ מדויק, ברור שמלבד אזכור שלושת הסעיפים הסטנדרטיים שבתחילת השטר נשמטו גם הסעיף הראשון ותחילת הסעיף השני משלושת הסעיפים האמצעיים הייחודיים לשטר זה (השוו למה שכתבנו להלן בהערה 1 לשטר ז). הדעת נותנת שעניינו של הסעיף הייחודי הראשון היה המחיר (השוו אל סה״ש לרה״ג, מהדורת אסף, עמ׳ 25 ואל סה״ש לרי״ב, מהדורת הלברשטם, עמ׳ 45 [מהדורת ריבלין, עמ׳ 95], וראו בבלי קידושין כו ע״א) וכי בתחילת הסעיף השני בא תיאור הנכס הנמכר.

2 שֵם השטר חסר. הכוונה לשטר משכנתא, ובו פירוט השיטה של תיאור הקרקעות וגבולותיהן (לעיל, שטר ג, שורות 13-4).

[שטר ו: מכירת בית]

השטר השישי – 'כתאב ביע אלמנאזל', והוא שטר זביני ביתא, הכולל תשעה עניינים:[1] הזמן והמקום והאנשים בתחילתו, ומטרת השטר שלושה עניינים.

הראשון מהם – סכום הכסף (=מחיר הבית), כמו שהסברנו בשטר חוב (...?)

והשני – עצם המכירה. יכתוב 'ומכרתי לו בהם (=תמורתם) בית שיש לי', ויתאר את מצריו כמו שתיארתי בשטר משכנתא.[2] וכאשר זה יושלם יאמר 'מכרתי את הבית שאלה מצריו לפלוני בן פלוני זה בזוזים אלה שקיבלתי ממנו מכירה גמורה, חתוכה, חלוטה, שרירה וקיימת, נתונה ומסורה בידיו וביד יורשיו. ועוד: בית זה – יש לו רשות לדור בו, להשכירו ולמשכנו ולהחליפו ולמכרו ולהנחילו ולתתו במתנה לכל מי שירצה, ואיש בעולם לא ימחה בידו'.

והשער (=העניין) השלישי הוא החיזוק, ובו יסביר שלא הותיר[3] לעצמו דבר ממה שנכלל במצרים (הנזכרים), ויכתוב 'ובית זה שמכרתי לפלוני זה, קרקעו ובניינו, אֲשיותיו ותקרותיו, גגותיו ואבניו ולבניו וקורותיו וקניו ואבניו התומכות וחלונותיו ותומכי קירותיו[4] ודלתותיו ובריחיו ומבואיו ומוצאיו ומעלותיו ומורדותיו ומקום שפיכת מימיו, כחזקתו מימות עולם, מתהום הארץ ועד רום הרקיע' – אכן כן, אלא אם כן התנה בו – 'ולא שיירתי לעצמי דבר במכירה זו במצרים אלו'.[5]

ואחר כך האחריות,[6] ויוסיף בה: 'אשפה ואמרק[7] מכירה זו[8] מכל נזקים, ואעמיד אותה ביד פלוני זה וביד יורשיו אחריו, ואשלם להם כל נזק[9] וחיסרון שיגיעו במכירה זו, כולם עד תום'. ואחר כך הכנות והקניין.

---

3 'יבין' – תרגומו המילולי 'יפריש'.

4 נראה שיש לגרוס 'הורדי', קנים, ראו בבלי ב"ב ו ע"א (המילה ידועה אף ממנדעית ומערבית). המשמעות של 'אטיתא' מתבררת על־פי הסורית, ראו ברוקלמן, לקסיקון, עמ' 13. המשמעות של 'המלטא' ברורה מדברי הבבלי שם, והשוו אל בבלי ב"ק סז רע"א.

5 ראו בבלי ב"ב סא ע"ב.

6 ראו לעיל, שער ז, שורות 16–37 ובייחוד 26–33.

7 השוו, למשל, אל סה"ש לרה"ג, מהדורת אסף, עמ' 26, שורה 19. לשימוש בפעלים 'שפי' ו'מרק' שהוראתם הראשונה היא מתחום הניקוי, ראו קוטשר, מחקרים, עמ' תכ–תכו, בייחוד עמ' תכה–תכו.

8 המילים 'אלין' (כאן ובשורה 19) ו'יתהון' (כאן) באות במקור בצורת רבים ותורגמו בלשון יחיד בהתאם להקשר.

9 השוו אל סה"ש לרה"ג, מהדורת אסף, עמ' 24, שורה 8 ועמ' 26, שורה 21. מוצא המילה 'זיאנא' מפרסית, ולפי מקצת המסורות היא באה כבר בתלמוד, ראו ערוך השלם, הערך 'זיין' הראשון ותערה"ש, בערכו; סוקולוף, מילון ארמית בבלית, עמ' 407–408.

⟦שטר ז: מכירת שדה⟧

ב$_1$ [···] דילה ומעלאנה ומ[פקנ]ה ובית משפך מיא דילה כחזקתה מן יומי עלמא מתהום ארעא ועד רום רקיעא אללהם אלא מא יסתתני בה ומדעם לנפשיי לא שיירת בזביני אילין במצראני אילין·

ואלג' תסמיה כראגהא פיקול וארעא דא ט[ס]קא דילה בכל שתא כך וכך זוזי לאנה אן ואפקה עלי כמיה מא פוגדהא אכתר אנתקץ̇ אלביע·

תם ביטול אלמודע תם אלדרך כמא וצפת פי ביע אלמנאזל תם אל{א}כלאץ ואלקנין·

המקור לנוסח: טופס ב$_1$ (ראו בתרגום השטר, הערה 1).

---

1 רק מחציתו השנייה של השטר הגיעה לידינו. בטופס ו מתומצת השטר כולו כך: 'ואלז' כתאב ביע אלצ̇יעה והו יוסמא שטר זביני ארעא יחוט בה ז' עשר מעני כמא דכרנא פי ביע אלמנזל' (=ו(השטר) השביעי – 'כתאב ביע אלצ̇יעה', והוא מכונה שטר זביני ארעא, הכולל שבעה־עשר עניינים, כמו שהזכרנו במכירת הבית). הסופר לא טרח להעתיק שטר זה מאחר שההבדלים בינו ובין שטר מכירת בית לא נראו לו מהותיים. אפילו את מספר הסעיפים שנכללו בשטר אי אפשר לקבוע בוודאות. בשטר הקודם היו, כנראה, תשעה סעיפים (ראו שם, הערה 1), ונראה ברור שמספר הסעיפים בשטר שלפנינו לא היה פחות מזה. לכאורה נכללו בו עוד שני סעיפים (ראו להלן, הערות 3–4). קרוב לוודאי שהנוסח 'ז' עשר' משובש, ואולי צריך לומר 'עשר' בלבד או 'א' עשר'.

[שטר ז: מכירת שדה]

[···] שלו ומבואיו[1] ומוצאיו ומקום שפיכת מימיו, כחזקתו מימות עולם, מתהום הארץ ועד רום הרקיע׳ – אכן כן, אלא אם כן התנה בו – ׳ולא שיירתי לעצמי דבר במכירה זו במצרים אלו׳.[2]

ו(העניין) השלישי – ציון מס הקרקע שלו (=של השדה).[3] יאמר ׳שדה זה, המס שלו בכל שנה כך וכך זוזים׳, כדי שאם הסכימו על סכום מסוים ויימצא יותר, תיבטל המכירה.

ואחר כך ביטול המודעות,[4] ואחר כך האחריות, כמו שתיארתי במכירת הבתים,[5] ואחר כך הכנות והקניין.

---

2 ראו בבלי ב״ב סא ע״ב.

3 סעיף כזה אינו מוכר, לפי שעה, ממקור אחר. מסתבר שהוא נהג במקומו ובזמנו של רס״ג, ואפשר ללמוד ממנו על המשקל המכריע של נטל המס. נראה ברור, שאם התנו שהמס מגיע לסכום מסוים ומתברר שהוא גבוה יותר, יהיה זה מקח טעות, אם כי אפשר לשאול: האם יש שיעור לטעות זו, או שטעות כלשהי בעניין זה תבטל את המכירה? השוו למשנה ב״ב ז:ב-ג.

4 סעיף זה לא נזכר בשטר מכירת בית, אף על פי שבוודאי היה מקום לכלול אותו (ראו להלן, שטר כה). אפשר שסופר טופס ו השמיט עניין זה בלהיטותו לקצר, אך המניין של תשעה סעיפים בראש אותו השטר סותר לכאורה הנחה זו (ראו לעיל, שטר ו, הערה 1), ועדיין צריך עיון.

5 ראו לעיל, שטר ו, שורות 17–19 והערה 6.

⟦שטר ח: חלוקת אחים⟧

ואלח׳ כתאב קסמה אלאכוה והו שטר פולגאנא דאחי אן כאן אלחאכם קסם בינהם עלי מא ראי אלחאכם יוגב אלקסמה כמא סאבין דלך פי כתאב אלפקה פליכתב אלזמאן ואלמכאן תם אתא לקדמנא לבית דינא פל׳וני׳ בר פל׳וני׳ ותבעיה בדינא לפ׳לוני׳ אחוהי בר פל׳וני׳ למפלגא לדרתא או לארעא דשבק להון אבוהון פל׳וני׳ וחזינא דאית מן דינא למפלגא משום דאית ביה דין חלוקה ובכן שדרנא בהדיהון אינשי ד(מ)בקיין במשחתא ובקיין בשומא ומשחוה ושמוה ופלגוה ביניהון ורמו עדבין ואתו ואמרו דמטייה לפל׳וני׳ דרתא או ארעא פלו׳נית׳ וביתא פלו׳ני׳ ויכתב חדודהא ומטיה לפל׳וני׳ דרתא וביתא פל׳וני׳ וארעא פלנית בעדבא וקם כל חד וחד במטו מנאתיה ולית להון על הדדי בהדין פולגאנא לא טענאתא ולא תביעותא ולא ערערתא ולא תרעומת ולית להון אורחא על הדדי {ולא עבורי מיא על הדאדי} ולא טענאתא דמ[פתח] כוי ולא למסכר כו[י על] הדדי מחמת דאנחנא בית דינא שדרנא ופלגנא יתהון ביניהון בשוי ואן כאן לאחדהם פצ̇לא עלי אלאכר פלתנסב אלקסמה חסב דלך ואית ליה רשותא לכל חד וחד מנהון על מטו מנאתיה למדר ולאוגורא כמא פי כתאב שרי אלמנאזל ומא דהוה קדמנא כתבנא וחתמנא ויהבנא להון דליהוו בידהון לזכו·

המקור לנוסח היסוד: טופס ב$_1$.

המקורות המקבילים: לשורות 1–18 (עלנא) טופס ו, לקוי מאוד, בייחוד בשורות 11–18; לשורות 6 (במשחתא) – 27 טופס ט.

1 קסמה – והו] קסמת אלכוה והו יוסמא ו ׀ פולגאנא] פלוגתא ו ׀ קסם] + פימא ו 2 ראי אלחאכם] כאן פי אלחוכם (=כפי שנקבע בדין) ו ׀ אלקסמה] אלקסמא ו ׀ סאבין] סביין ו 3 פליכתב] פליכתוב ו ׀ לקדמנא לבית] לקדמאנא לבי ו ׀ בר פל׳וני׳] ליתא ו 4 אחוהי] אחוא ו ׀ למפלגא] למפלגה ו 5–6 ביה – חלוקה] בה תרין חולקי ו 6 ובקיין בשומא] ובשומא ו 7 ומשחוה – ופלגוה] ומשחוהא (ומשוחוהא ו) ושמוהא ופלגוהא וט ׀ ביניהון] הבקיין אנאשי דבקיין במשחתא ובקיין בשומא אשגרה מדלעיל ט ׀ דמטייה] דמטיה ט 8 או ארעא] ליתא וט 8–9 ויכתב – פלנית] ליתא, ההשמטה מחמת הדומות ו ׀ ומטיה – בעדבא] ליתא ט 9 וחד] + מנהון ט ׀ במטו מנאתיה] על מנאתיה ו על מאט[ו] מנאתיה ט 10 הדדי] הדאדי ט ׀ טענאתא] תביעותא וט ׀ תביעותא] טענאתא ט לקוי ו ׀ ערערתא] ערעור ו ערעראתא ט 11 ולית] לית ט ׀ על הדדי] חד על חבריה ט ׀ {ולא – הדאדי}] ו°ט 12 טענאתא – כוי] מפתח כוה (כוא ו) וט 12–13 ולא – יתהון] ליתא ו 12 למסכר] מיסכר ט ׀ הדדי מחמת] הדאדי מיחמת ט 13 יתהון ביניהון] בינהון ט ׀ לאחדהם – אלאכר] לאחדהמא (ו°) תפצ̇יל וט 14 חסב דלך] חסב דאלך ו חסבה ט ׀ וחד] ליתא ט ׀ מטו] מאטו ט 15 למדר ולאוגורא] למידאר ולאוגארא ט ׀ שרי] שרא ו 16 דליהוו בידהון] דליהוי (ו°) בידיהון וט

[שטר ח: חלוקת אחים]

(השטר) השמיני – 'כתאב קסמה אלאכוה', והוא שטר פולגאנא דאחי. אם הדיין חילק ביניהם כמו שראה הדיין (לנכון) לחייב את החלוקה, כמו שאבאר זאת ב'כתאב אלפקה' (='ספר ההלכה'),[1] יכתוב את הזמן ואת המקום, ואחר כך (יכתוב) 'בא לפנינו לבית הדין פלוני בן פלוני ותבע לדין את פלוני אחיו בן פלוני לחלק את החצר או את השדה שהשאיר להם אביהם פלוני. וראינו שמן הדין לחלקו, משום שיש בו דין חלוקה.[2] ולכן שלחנו אִתם אנשים הבקיאים במדידה ובקיאים בשומה, ומדדו אותו ושמו אותו וחילקו אותו ביניהם, והטילו גורלות,[3] ובאו ואמרו שהגיעו לפלוני חצר או קרקע פלונית ובית פלוני' – ויכתבו את מצריהם – 'והגיעו לפלוני חצר ובית פלוני ושדה פלוני על־פי גורל, ועמד כל אחד ואחד במנת חלקו.[4] ואין להם זה על זה בחלוקה זו לא טענה ולא תביעה ולא ערעור ולא תרעומת. ואין להם (זכות ל)דרך זה על זה ולא (זכות) העברת מים זה על זה ולא טענה של פתיחת חלונות ולא של סגירת חלונות זה על זה,[5] משום שאנחנו, בית הדין, שלחנו וחילקנו ביניהם בשווה' – ואם היה לאחד מהם יתרון על האחר, ייקבע יחס החלקים בהתאם לכך[6] – 'וכל אחד ואחד מהם במנת חלקו, יש לו רשות לדור בה ולהשכירה (וגו')', כמו (שכותבים) בשטר מכירת בתים,[7] 'ומה שהיה לפנינו כתבנו וחתמנו ונתנו להם (כדי) שיהיה בידיהם לזכות (=לראיה)'.

1 ראו לעיל במבוא, סעיף ג.

2 העיקרון הוא שאין אחד היורשים (או השותפים) יכול לדרוש מחברו לחלוק את הנכסים אלא אם כן החלק המגיע לכל אחד מהם גדול מספיק כדי שהוא יוכל להשתמש בחלקו באותו האופן שהשתמש בנכס המשותף, ראו משנה ב"ב א:ו, בבלי ב"ב יא ע"ב - יג ע"ב. בפסקה הראשונה של השטר הגאון מדבר על חלוקה כפויה כזאת, ובה אחד הצדדים נזקק לעזרת בית הדין כדי לכפות על חברו להתחלק בנכסים. אם שניהם מסכימים (האפשרות השנייה, הבאה להלן), אין הגבלה כזאת, עיינו בציונים למשנה ולבבלי לעיל, והשוו גם אל ספר הירושות לרס"ג, מהדורת מילר, עמ' 38–53; ברודי, חיבורים הלכתיים, עמ' 102–125.

3 לתוקף חלוקה הנעשית בעזרת גורל ראו בבלי ב"ב קו ע"ב.

4 התרגום המילולי של 'במטו מנאתיה' הוא, כנראה, 'הגעת מנתו', על־פי השורש 'מטא' שמשמעו 'להגיע'. ניב זה חוזר כמה פעמים בהמשך השטר, ונראה שנשתגר בשפה. תרגמנו באופן חופשי במקצת 'מנת חלקו'. השוו אל סה"ש לרה"ג, מהדורת אסף, עמ' 37, הערה 1.

5 אין אחד האחים יכול לדרוש מחברו לסתום חלונות קיימים המשקיפים על חלקו, ומצד אחר אין אחד מהם רשאי לפתוח חלונות חדשים לעבר חלקו של האחר. ראו בבלי ב"ב ז, בייחוד רע"ב.

6 נראה שרצונו לומר, שאחד מהם זכאי לחלק גדול יותר בגין היותו בכור. במקרה כזה אין לכתוב שחילקו בשווה אלא שפלוני קיבל שני שלישים ופלמוני שליש, וכדומה.

7 לעיל, שטר ו, שורות 7–9.

ואן כאנו הם אלדין אקתסמו בראיהם פליכתב אלזמאן ואלמכאן תם איך פל֗וני֗ ופל֗וני֗ בני פלוני אמרו לנא הוו עלנא שהדי וקנו מיננא מעכשיו וכתובו וחתומו עלנא בכל לישני דזכותא והבו לנא די בצבי נפשנא קא מודינא קדמיכון דאצטבינא ופלגנא בינאתנא דרתא וארעא (ו)[ד]שבק לן פל֗וני֗ אבונא וא‹י›תינן אינשי דבקיין במשחתא ובשומא ומשחו ושמו ופלגו בינאתנא ומטין אנא פל֗וני֗ כך וכך ואנא פלו֗ני֗ כך וכך ואחזיקנא באנפי הדדי וקם כל חד מינן במטו מנאתיה ואיפיסנן מן הדדי בהדין ואחילנא כל חד גבי(ה) חבריה כל שלו וכל טעו ולית לנא על(י) הדדי בפולגאנא דנן לא טענאתא וגמיע מא וצפתה פי כתאב קסמה (אלכאתב) [אלחאכם] ואית לה רשותא לכל חד וחד מיננא עלי מא וצפת ויזיד עלי דלך אלדרך ואלאכלאץ ואלקנין ומה דהוה קדמנא כמאלא·

18 עלנא] עלינא ט ׀ מיננא] מננא ט 19 עלנא] ליתא ט ׀ לישני דזכותא] לישאני דזכואתא ט ׀ די – נפשנא] דבצבו נפש‹א›נא ט 20 מודינא] מודיננא ט ׀ דאצטבינא] דאצטבנא ט 21 פל֗וני֗ – וא‹י›תינן] אבונן פלוני ואנן ט ׀ במשחתא] במושחנא ט 22-21 ומשחו – ומטין] ומשחנן ושמנן ופלגנן בינאתן ומטיאנן ט 22 כך וכך[1,2]] כן וכן ט ׀ ואחזיקנא] ואחיקנא ט 23 מינן במטו] מנאנא על מאטו ט ׀ ואיפיסנן] ואיפסנן ט ׀ הדדי] הדאדי ט ׀ כל] ליתא ט 24 גבי(ה) חבריה] לחבריה ט ׀ שלו] + וכל שגו ט ׀ לנא] לן ט ׀ הדדי בפולגאנא] הדאדי בפלוגתא ט 25 טענאתא וגמיע] תביעותא ולא טענתא ולא ערערתא ולא תרעומתא ולית לן אורחה חד על חבריה וסאיר ט ׀ וצפתה] וצפנא ט ׀ כתאב] ליתא ט ׀ ואית לה] ולית לן ט 26 לכל – מיננא] ליתא ט ׀ וצפת] וצפנא איצא ט 27 כמאלא] כמלא ט

ואם (האחים) הם שחילקו לפי שיקול דעתם, יכתוב את הזמן ואת המקום ואחר כך 'איך פלוני ופלוני בני פלוני אמרו לנו: "היו עדים עלינו, וקנו מאתנו מעכשיו וכִתבו וחִתמו עלינו בכל לשון של זכויות, ותנו לנו – שברצון עצמנו אנו מודים לפניכם שרצינו וחילקנו בינינו חצר ושדה שהשאיר לנו אבינו פלוני. והבאנו אנשים הבקיאים במדידה ובשומה, ומדדו ושמו וחילקו בינינו, והגיע לי פלוני כך וכך ולי פלוני כך וכך, והחזקנו זה בפני זה,[8] ועמד כל אחד מאתנו במנת חלקו, והתפייסנו בינינו בכך, ומחלנו כל אחד לחברו כל שגגה וכל טעות, ואין לנו זה על זה בחלוקה זו לא טענות" (וגו')', וכל מה שתיארתיו בשטר חלוקת הדיין, '"ולכל אחד ואחד מאתנו יש רשות"', כמו שתיארתי (שם). ויוסיף על כך את האחריות והכנות והקניין 'ומה שהיה לפנינו' (וגו') בשלמות.[9]

8 ולכן אינם יכולים לחזור בהם, ראו בבלי ב"ב ג ע"א.

9 ההמשך הוא כמו בסוף שטר חלוקת הדיין, שורות 15-16 לעיל.

⟦שטר ט: שותפות⟧

ט ואלט׳ כתאב אלשרכה והו שטר שותפותא פלי[כתב] אלזמאן ואלמכאן
ואלאשכאץ תם אלגרץ̇ והו אן יקול דאצט[בינא] ברעות נפש⟨א⟩נא ועבדנא
שותפותא בקצי הדאדי ושד[יי] אנא פ̇לוני̇ במיצעתא כן וכן זוזי קרנא
⟨ושדיי אנא פ̇לוני̇ במיצעתא כן וכן זוזי קרנא⟩ והוי כלל קרנא דנס[בינן]
ויהיבנן ביה בכל אנפי תגרותא {כן וכן זוזי} וכל דמסיעינן מן שמי[א] והוי בה
מן רואחא שקלינן אנא פ̇לוני̇ פלגא {ואנא פלוני פלגא} וכל אימת דבאעי
חד מננא למפלג בהדי חבריה פליג [וש]אקיל כל חד מננא קרנא דיליה ופלגו
רואחא וק[ ]נן דאפילו [...]
ל [...] מן חבריה [ ]
אׄן כאן אחדהמאׄ [ ] דלך
אן כאן עליה מאׄ [ ] מאל
כאץ או אלי אגל [ ] ישרח גמיע דלך וכדלך אן כאנת שרוטהמא
פי אל[רבח] אלפה אל..... או פי אלכסארה
פליבין דלך איצ̇א·
[פאן כאן אחדהמא קד והב] אלמאל כלה ואלאכר לא מאל לה פלא [בד
י להמא מן אן ישתרטו] אחד ג׳ שרוט אמא אן יזאד עלי נצף̇ אלרבח או ינקץ
מן נצף̇ אלכסא[רה] או ידפע אליה שי מא ליכון מא אג̇רתה חתי יחל אן יכון
[אל]ר[בח] ואלכסארה בינהמא נצפין לקו̇להם̇ לא יתן לו מעות ליקח (בו)
[בהן] פירות למחצית שכר אילא אם כן נתן לו שכר עמלו ומזונו פאדא כאן
אלדי פי ידה אלמאל ליתג̇ר בה ליס לה ראס מאל פלא בד {מן} אן יכתב ואית
ליה לפל̇וני̇ תרין חולאקי מן רואחא או יכתב דליכא עליה מן זיאנא אילא

המקורות לנוסח היסוד: לשורות 1–8 טופס ט; לשורות 9–16 (אחד) טופס ל; לשורות 16 (ג׳) – 28 טופס י.

המקורות המקבילים: לשורה 1 (עד 'אלזמאן') טופס ב₁; לשורות 13–28 טופס ר, לקוי מאוד עד שורה 23; לשורות 16 (ג׳) – 17 (מא[1]), 20 (ראס) – 25 (יכסבוה), 27–28 טופס ל, לפני 'ראס' ניתן להבחין בשרידי מילים יחידות, לקוי מאוד בשורות 27–28; לשורות 19 (אילא) – 28 טופס א.

13 אל[רבח] ר° 17 אלכסא[רה]] אלפסאד⟨ה⟩ ל לקוי ר ׀ שי] שיא ל 19 [בהן]] ר ׀ נתן] ניתן א 20 אלדי] אלדין א ׀ ליתג̇ר] יתגר א ׀ לה – מאל] הׄולה א ׀ {מן}] אל לקוי ר ׀ יכתב] ימל ל° 21 זיאנא] זיאנה ל

[שטר ט: שותפות]

(השטר) התשיעי – 'כתאב אלשרכה', והוא שטר שותפותא. יכתוב את הזמן ואת המקום ואת האנשים ואחר כך את מטרת השטר, והיא שיאמר 'שחפצנו ברצון עצמנו ועשינו שותפות זה עם זה,[1] והטלתי אני פלוני באמצע כך וכך זוזים (ל)קרן, והטלתי אני פלוני באמצע כך וכך זוזים (ל)קרן, והיה סך הקרן שאנו נושאים ונותנים בה בכל אופני התגרוּת כך וכך זוזים. וכל מה שמסייעים לנו מן השמים ויש בו רווח אטול אני פלוני החצי ואני פלוני החצי. וכל אימת שרוצה אחד מאתנו לחלוק עם חברו, מחלק ונוטל כל אחד מאתנו את הקרן שלו וחצי הרווח,[2]
[ ] שאפילו [...]'
[...] מחברו [ ] אם היה
אחד מהם [ ] את זה, אם היה
עליו מה ש[ ] ממון מסוים או
עד מועד [ ] יפרש כל זאת,[3] וכן אם היו תנאיהם ברווח [
] או בנוגע להפסד, יפרש זאת גם כן.

ואם אחד מהם נתן את כל הממון ולאחר אין ממון, מן ההכרח שיִּתנו אחד משלושה תנאים: או שיוסיף על חצי הרווח, או שיפחית מחצי ההפסד, או שישלם לו משהו שיהיה שכרו כדי להתיר שהרווח וההפסד יתחלקו בין שניהם שווה בשווה, כאמרם 'לא יתן לו מעות ליקח בהן פירות למחצית שכר, אלא אם כן נתן לו שכר עמלו ומזונו' (ב"מ ה:ד).[4] (ואפילו) אם לזה שהממון בידו לסחור בו אין (שום) קרן, מן ההכרח שייכתב 'ויש לו לפלוני שני הלקים (=שלישים) ברווח' או שייכתב 'שאין עליו מן הנזק (=ההפסד) אלא

1 'בקצי' כמו 'בהדי' אולי בהשפעת הערבית, ראו אפטוביצר, 'שטרות', עמ' 32, 50.

2 מסוגיות התלמוד מסתבר שכל עוד לא התנו השותפים אחרת (ייתכן שהאפשרות האחרת נזכרה בחלק החסר של השטר) הדין הוא כמו שמתאר הגאון: כל אחד מן השותפים יכול לדרוש את פירוק השותפות כל אימת שירצה (ראו בבלי ב"מ לא סע"ב - לב ע"א, סט סע"א-רע"ב), והרווח יחולק ביניהם שווה בשווה ולא באופן יחסי בהתאם לסכומים שהשקיע כל אחד מן הצדדים (ראו בבלי כתובות צג סע"א-ע"ב).

3 בחלק הקטוע דובר, כנראה, על האפשרות שהשותפים מגבילים את חופש הפעולה של כל שותף הפועל בנפרד.

4 בנוסחי המשנה הידועים לנו נאמר ברישא שצריך לתת לו שכרו 'כפועל (בטל)', והביטוי 'שכר עמלו ומזונו' בא רק בהמשך המשנה בנוגע לגידול בעלי חיים, ובמקרה זה הוא לכאורה מתאים יותר (ראו את המפרשים על אתר). לעת עתה לא מצאנו עד נוסח המתאים למובאה שבדברי הגאון (אך השוו אל ה"ג, מהדורת הילדסהיימר, ב, עמ' 407, שורה 99), וייתכן שבצטטו את לשון המשנה דילג מחמת הדומות.

תולתא וההוא דנקא דביני ביני ליהוי באגר טורחיה או יכתב הו וקבילית מיניה מן פל˹וני˺ חד זוזא אגר טורחאי·

ואן כאן אחדיהמא עקידא ואלאכר גיר עקיד או גֹמיעא עקידין או גיר עקידין פליבין דלך ומעני אלעקיד הו אלדי גֹמיע מא יכסבוה [ללוסט] וכדלך אן כאן אחדהמא נאמן ואלאכר גיר נאמן או גֹמיעא נאמנים פליבין דלך ואן כאנא גיר נאמנים פליכתב מרסלא פאן ארסאלה ילזמהמא אלימין ענד אלפרקה·

תם יכתב אלדרך ואלאכלאץ ואלקנין (לא)·

22 תולתא] תילתא א ׀ ביני] לביניה א בני ל ׀ ליהוי] להוי א ׀ טורחיה] טרחיה א טירחיה ל 23 זוזא] זוזי ל ׀ טורחאי] טירחאי אר טירחא ל 24 עקיד] עקידא א ׀ גיר] גמיעא גיד ל 25 פליבין] פליביין א ׀ הו] ליתא א ׀ יכסבוה] יכסבה אל° ׀ [ללוסט]] אר 26 ואלאכר – נאמן] ליתא א ׀ פליבין] פליביין א 27 פליכתב] + אלכתאב א + אלכתא׳ ר ׀ מרסלא] מורסלא א ׀ ארסאלה ילזמהמא] אלרסאלה ילזמהא א ׀ אלפרקה] אלפיקה א 28 (לא)] ליתא אר

---

5 מסתבר שיש להוסיף משפט זה בנוסח השטר בהתאם לכל אחת מן האפשרויות שתוארו לעיל – או זו שהשותף הפעיל מקבל שני שלישים מהרווח לעומת חצי מההפסד או זו שהוא מקבל חצי מהרווח לעומת שליש מן ההפסד. השוו אל אוצה״ג החדש, ב״מ, סימנים שכז-שכח.

שליש, ואותה שישית שבין לבין תהיה שכר טרחתו׳,[5] או שהוא יכתוב ׳וקיבלתי ממנו מפלוני זוז אחד שכר טרחתי׳.[6]

ואם היה אחד מהם עקיד והאחר לא עקיד או שניהם עקידים או שניהם לא עקידים, יפרש זאת. ומשמעות העקיד היא שכל מה שירוויחו (יהיה) לאמצע.[7] וכן אם היה אחד מהם נאמן והאחר לא נאמן או שניהם נאמנים, יפרש זאת.[8] ואם שניהם לא נאמנים, יכתוב סתם, ואם עשאו סתמי, יחויבו שניהם בשבועה בעת פירוק (השותפות).[9]

ואחר כך יכתוב את האחריות והכנות והקניין.[10]

---

6 ראו בבלי ב״מ סח סע״ב - סט ע״א, והשוו אל ה״ג, מהדורת הילדסהיימר, ב, עמ׳ 406-407; סה״ש לרה״ג, מהדורת אסף, עמ׳ 35; סה״ש לרי״ב, מהדורת הלברשטם, עמ׳ 113-116 (מהדורת ריבלין, עמ׳ 201-205). לרקע ההיסטורי ראו גויטיין, חברה, א, עמ׳ 171; יודוביץ׳, שותפות, בייחוד עמ׳ 190-196; הנ״ל, ׳קומנדה׳.

7 כמו שמסביר רס״ג בהמשך, שותף שהוא ׳עקיד׳ מתחייב שכל דבר שיעסוק בו ייחשב חלק מן השותפות, ואילו שותף שאינו ׳עקיד׳ רשאי לנהל פעילות מסחרית כאוות נפשו במקביל לחלקו בשותפות. ראו י׳ בלאו, מילון, עמ׳ 447; גויטיין, חברה, א, עמ׳ 174, 180 (והשוו לכתוב שם בעמ׳ 177-178); תשובות רב נטרונאי, מהדורת ברודי, עמ׳ 533, הערה 2; אוצה״ג החדש, ב״מ, סימנים קיז-קיט.

8 ראו לעיל, שטר א, הערה 14, ובייחוד את דברי גויטיין שצוינו שם; והשוו אל סה״ש לרה״ג, מהדורת אסף, תחילת עמ׳ 35.

9 אף כשאין לשותף השני עילה ברורה לתבוע ממנו שבועה כזאת, ראו משנה שבועות ז:ח.

10 ראו לעיל, שער ז, שורות 16-58. לכאורה לדעת הגאון די בקניין זה ליצור זיקה משפטית בין השותפים, ואין כל אחד מהם חייב לעשות פעולת קניין בכספים שהביא חברו לשותפות. השוו אל דברי רמב״ם, משנה תורה, הלכות שלוחין ושותפין ד:א.

⟦שטר י: פירוק שותפות⟧

ואלי׳ כתאב אלפרקה והו איצׄא שטר פולגאנא ויחיט בה ח׳ מעאני אלזמא˹ן˺ ואלמכא˹ן˺ ואלאשכא˹ץ˺ תם ‹אל›גרץׄ דהוה בינאתן שותפותא ומיסב ומיתן והשתה אצטבינא ברעות נפשנא ופלגנא שותפותא קרנא {ו}רואחא ויתיבנא ועבדנא חושבאנא בהדי הדדי ודקדקנא בחושבאנא וקמנא על כל מאי דאית לן ומאי דהוה עלאן לתגארי ופרענא יתיה להון ברישא עד גמרא ובתר כן שקל כל חד מיננא ריש כיסא דשדא במצעתא ומאי דחזי ליה מן רואחא כוליה ולא אישתייר לנא חד על חבריה שום טענת כולא בעלמא מחמת שותפותא דא ואן כאנת גׄמיע אלאסבאב איצׄא מקטועה פי מא בינהמא פליכתב(הא) ומן כל מר ודר ומן כל אנפי במתל מא שרחת פי כתאב אלבראה וקטע אלדעאוי ואלמטאלבאת [אלדי הו] ותוב לית לנא חד על חבריה כמא פי כתאב אלבראה אלי אכרה·

תם אבטאל אלמודע ואלדרך ואלאכלאץ ואלקנין·

המקור לנוסח היסוד: טופס י.

המקורות המקבילים: לשורות 1–12 טופס ח, לקוי; לשורות 1–12 טופס ר, לקוי מאוד; לשורות 1–4 (ועבדנא), 9 (כל^{2}) – 12 טופס א; לשורות 1–5, 8 (אלאסבאב) – 12 טופס ל, לקוי.

1 ואלי׳] ליתא ח ׀ אלפרקה] אלפירקה א ׀ איצׄא] ליתא א יסמא ח 2 בינאתן] בינתן ח ׀ ומיסב ומיתן] ושיקלא וטריא ומיסב ומיתן א ושקלא ומשא ומתן וטיריא ח 3 והשתה] והשתא אחר ׀ אצטבינא] איצטבינא א ׀ שותפותא] לשותפותא ח ׀ {ו}רואחא] א ורוחא ח ורו‹א›חא ר ו[ ] ל 4 חושבאנא] חשבנא ח° ׀ בהדי] ביני ח ׀ בחושבאנא] בחושבנא ח 5 ומאי] ומא ח ׀ עלאן] עלן ח ׀ ופרענא] פרענא ח 6 חד] + וח̊[ד] ח ׀ כוליה] כולה ר 8 פליכתב(הא)] פליכתב חל° 9 מר ודר] דר ומר חל ׀ אנפי] + ומן כל באבי ומן כל סיטרא דמקח וממכר ומן כל הנעילת בית דין א ׀ במתל] כמתל חר 9–10 וקטע – אלבראה] ליתא, השמטה מחמת הדומות א 9 וקטע] וקטא ח° וקטעה ר 10 [אלדי הו]] חר° לקוי ל 12 אלמודע] אלמודעין א אלמדע ח ׀ ואלקנין] ואלקינין א

[שטר י: פירוק שותפות]

(השטר) העשירי – ׳כתאב אלפרקה׳, וגם הוא שטר פולגאנא,[1] הכולל שמונה עניינים: הזמן והמקום והאנשים ואחר כך המטרה (של השטר): ׳שהייתה בינינו שותפות ומשא ומתן, ועכשיו חפצנו ברצון עצמנו וחילקנו את השותפות, קרן ורווח, וישבנו ועשינו חשבון זה עם זה, ודקדקנו בחשבון, ועמדנו על כל מה שיש לנו ו(על) מה שהיה עלינו (לשלם) לתגרים, ופרענו אותו להם מתחילה ועד תום. ואחר כך לקח כל אחד מאתנו את (סכום) הקרן שהטיל לאמצע ומה שראוי לו מן הרווח כולו,[2] ולא נותרה לנו איש על חברו שום טענת כלום בעולם מחמת שותפות זו׳. ואם היו גם כל הקשרים שבין שניהם מנותקים, יכתוב ׳ומן כל מר ודר[3] ומכל פנים׳ (וגו׳), כמו שהסברתי בשטר אביזאריה.[4] ו(יש לכתוב את) הפסקת הטענות והתביעות, שהיא ׳ושוב אין לנו איש על חברו׳, כבשטר אביזאריה עד סופו.[5]
ואחר כך ביטול המודעות[6] והאחריות והכנות והקניין.[7]

1 נוסף על שטר חלוקת אחים (לעיל, שטר ח).
2 ראו לעיל, שטר ט, הערה 2.
3 ראו לעיל, שטר ב, הערה 6.
4 לעיל, שטר ב, שורות 17–18.
5 לעיל, שטר ב, שורות 18–24. נראה שבשטר שלפנינו נחשב עניין הפסקת התביעות והטענות חלק מן הסעיף הקודם (ראו בהערה הבאה), אף שבשטר אביזאריה הגאון מקצה לו סעיף בפני עצמו.
6 השוו אל סוף שטר ב לעיל ולשטר כו להלן. מסתבר שביטול מודעות נחשב כאן, כמו בשטרות אחרים, סעיף נפרד, והוא השני מן הסעיפים האמצעיים שבשטר זה. אם הנוסח שלפנינו מדויק, היו בשטר שמונה סעיפים בסך הכול, בכללם ששת הסעיפים הסטנדרטיים – שלושה בראשו ושלושה בסופו.
7 לעיל, שער ז, שורות 16–58.

⟦שטר יא: מתנת בריא⟧

ואלי״א כתאב הבה אלצחיח והו מתנת בארי יחיט בה ט׳ מעאני אלזמא˹ן˺ ואלמכא˹ן˺ ואלאשכא˹ץ˺ תם ד׳ וסאיט

אלאול מנהא דאת אלהבה יכתב דאצטביתי ברעות נפשי ויהבית ליה מעכשו במתנתא דרתא או ביתא או ארעא דאית לי במתא פלונית ותחד אלדאר או אלבית או אלצ̇יעה כמא וצפת פי כתאב אלביע תם יכתב יהבית אנא פל˹וני˺ לפל˹וני˺ דנן דרתא דמצראנה מפרשא לעילא מעכשו במתנתא מתנת בארי מתנת עלמין מתנת פרהיסיא מתנה חתיכא חליטה שרירא וקיאמא יהיבא ומשלמא בידיה וביד ירתיה לעלם ואית ליה רשותא כמא וצפת פי כתאב אלביע

ואל[ב׳] (אלכתאב) [אלתבאת] והו אן יקול ודרתא דא דיהבית ליה לפל˹וני˺ דנן (ו)ארעה ו[בנ]ינה כמא וצפת איצ̇א וכדלך {אן} כאנת צ̇יעה פאן לם יכתב {הדא אלבאב לם יצ̇ר שי כמא יצ̇ר אדא לם יכתב} פי כתאב אלשרי לקול אלאולין מן דיהיב מתנה בעין יפה יאהיב אלא אן אלאחוט כתבתה

ואלג׳ אלאשהאר והו אן יפ[צח א]לואהב באן הבתה תלך גיר מסתורה ולא מכתומה פיכתב וכתובו שטר מתנתא דא בשוקא וחתומו עלוהי והבו ליה כי היכין דלא תהוי מתנתא טמירתא

המקורות לנוסח היסוד: לשורות 1-22 (דנאניר) טופס י; לשורות 22 (או) - 28 (ובשטר) טופס ח; לשורות 28 (ובחזקה) - 32 טופס ל.

המקורות המקבילים: לשורות 1-3 (יכתב), 5 (כתאב) - 19 (צ̇ר), 20 (אחריות) - 28 (ובשטר) טופס ל, לקוי; לשורות 1-4 (דרתא), 8 (כמא) - 18 (מן), 19 (פאן) - 22 (דנאניר) טופס ח, לקוי, בייחוד בשורות 16-18; לשורות 1-11 (ובנינה) טופס א; לשורות 1-4 (ארעא) טופס ר.

1 ואלי״א] ואלכתאב אלי״א א ואלאחד עש[ר] ל ׀ כתאב] כתא׳ ר ׀ והו] והי ח ׀ יחיט] יחוט ח ׀ מעאני] מעיני א 2 ד׳] ‹ד› ר 3 אלהבה] אלהביה א אלהיבה ל ׀ דאצטביתי] דאיצטביתי ר ׀ ויהבית] ויהבת ח ׀ ליה] + לפל׳ (ונמחק ר) אחר ׀ מעכשו] ליתא ח° מיעכשו א 4 במתנתא] ‹ב›מתנתא ר ׀ במתא] במאתא א 5 יהבית – פל˹וני˺] אנא פל׳ ב׳ פל׳ יהבית א 6 לפל˹וני˺] לפל׳ ב׳ פל׳ א ׀ דמצראנה מפרשא] ודמצרונה מפרשין א [דמ]צראניה מפרשין ל ׀ מעכשו] מיעכשו א מעכשיו ל 7 מתנת¹ – פרהיסיא] מתנת פרהיסיא מתנת עלמין אל° ׀ מתנה – חליטה] מתנתא גמירא חליטתא חתיכא א מתנתא גמירתא חליטתא ל ׀ שרירא] שרירתא ל 8 בידיה] + דפל׳ דנן א בידה דפ׳ דנן ל ׀ ירתיה] + דיליה א 9 אלביע] אל ביע ל 10 ואל[ב׳] – [אלתבאת]] ואלב׳ אלבתאת א ואלתאני אלבתאת ח לקוי ל 11 (ו)ארעה] א ארעה ח לקוי ל ׀ ו[בנ]ינה] ובניינאה ח לקוי ל ׀ איצ̇א] + פי כתאב אל̊ביע ל ׀ {אן}] ח לקוי ל 12 {הדא – יכתב}] ח°ל° ׀ כמא] + לם ח אחרי ׳כמא׳ לקוי ל 13 יאהיב] הוא דיהב ל 14 יפ[צח א]לואהב] חל 15 מתנתא] מתנתה ל

[שטר יא: מתנת בריא]

(השטר) האחד־עשר – 'כתאב הבה אלצחיח', והוא מתנת הבריא, הכולל תשעה עניינים: הזמן והמקום והאנשים ואחר כך ארבעה אמצעיים.

הראשון מהם (=מן הסעיפים האמצעיים) – עצם המתנה. יכתוב 'שחפצתי ברצון עצמי ונתתי לו מעכשיו במתנה חצר או בית או שדה שיש לי במקום פלוני'. ויש לתחום את (מצרי) החצר או הבית או השדה כמו שתיארתי בשטר המכר,[1] ואחר כך יכתוב 'נתתי אני פלוני לפלוני זה חצר שמצריה מפורשים לעיל מעכשיו במתנה, מתנת בריא, מתנת עולמים, מתנת פרהסיא,[2] מתנה חתוכה, חלוטה, שרירה וקיימת, נתונה ומסורה בידיו וביד יורשיו לעולם, ויש לו רשות' (וגו'), כמו שתיארתי בשטר המכר.[3]

והשני – החיזוק, והוא שיאמר 'וחצר זו שנתתי לו לפלוני זה וקרקעה ובניינה', כמו שתיארתי גם כן,[4] וכן אם היה שדה. ואם לא יכתוב סעיף זה, לא יזיק כלל, כמו שיזיק אם לא יכתוב (אותו) בשטר הקנייה (=המכר), כמאמר הקדמונים 'מן דיהיב מתנה, בעין יפה יאהיב' (ב"ב עא סע"א), אלא שעדיף לכתבו.[5]

והשלישי – הפומביות, והוא שהנותן יאמר במפורש שמתנתו זו אינה מוסתרת ולא מכוסה, ויכתוב 'וכִתבו שטר מתנה זו בשוק וחִתמו עליו ותנו לו, כדי שלא תהיה מתנה מוסתרת'.[6]

1 ראו לעיל, שטר ו, הערה 2.

2 ראו להלן בשטר זה, שורות 14–16 והערה 6.

3 לעיל, שטר ו, שורות 7–9.

4 שם, שורות 11–16.

5 כלומר מעצם הדין אין צורך לציין במפורש שהמתנה כוללת את כל הדברים הנלווים לגוף הנכס, משום שלעניין מתנה (בניגוד למכר) ההלכה ממילא מניחה הנחה כזאת (ראו משנה ב"ב ד:א–ט), ובכל זאת עדיף לכתוב כך במפורש.

6 ראו בבלי ב"ב מ ע"ב. הגאון פוסק, כנראה, כלישנא בתרא, שהנותן צריך לומר במפורש שיש לפרסם את עניין המתנה, ואילו ללישנא קמא המתנה תקפה כל עוד לא אמר הנותן לעדים שיש להסתיר אותה. עם זאת ייתכן שסעיף זה נקבע 'לשופרא דשטרא' בלבד, ואינו הכרחי מצד הדין.

תם אבטאל אלמודע ·

ואמא אלדרך פ[לם] יחתאגׄ אן יכתב לאן אל ואהב ליס מן [ש]אנה אן יצׄמן דרכא פאן כתב צׄר אלמוהו[ב] לה פי באב ואחד והי אלשפעה לקו˺להם˹ [מ]תנה לית בה [משו]ם ד[ינא דב]ר מצרא {אמא אמימר ואי כתב אחריות אית בה משום דינא דבר מצרא} [תם א]לאכלאץ ואלקנין ·

ח [ואמא אן] והב אלצחיח מאלא דנאניר או דראהים פאנה לא [יגב?] לה לא באלקול ולא קנין מעה ולא בכתאב מעה מ. [ ] אמא אן יקבצׄה אלמוהוב לה פקד אסתגני (אן) [ען] [אלשהא]דה ואמא אן יקבצׄה לאכר חאצׄרא באן אל[מוהוב לה יסתוגבה] ויכתב שטר זכותא כמא סאשרח ואמא [אן יצׄמהא לשי] מן אלעקאר ולו מקדאר ד׳ אדרע פשהד [ ] בׄ[וג]וב אלעקאר לקולהם נכסים שאין להן [אחריות נקנין עם נכסים שיש להן אחריו]ת ל בכסף ובשטר ובׄחזקהׄ [ ] הדׄ[ה] אׄלׄתלאת אלאמור לם תגב היבה אל[דנאניר או אלדראהם] לקולהם אין מטביע נקנה בחילופין פ[אמא גמיע סאיר אלאשיא] מן חגׄאׄבׄ וׄחׄלי ואלה ואניה פאן גמיע ד[לך יקני באלבדל לקולהם] חילופין קאני בין במקרקעי ובין במטל[טלי ואמא אן והב] לולדה פי שטר אלקידוס פאנה יגב באל[קול פקט] ·

18 פ[לם]] פליס ל לקוי ח ׀ יחתאגׄ] יחתאג ל 19 באב] כסב ח 20-21 {אמא – מצרא}] חל° נשמט מחמת הדומות י 22 [ואמא אן]] ל לקוי ח ׀ דראהים] דראהם ל

---

7 השוו לשטר כו להלן. במקרה של מתנה אפשר למסור מודעה אף בלי להוכיח קיומו של אונס, ראו בבלי ב"ב מ רע"ב, והשוו אל סה"ש לרה"ג, מהדורת אסף, עמ' 45-46.

8 כלומר במקרה כזה המתנה מתערערת מצד אחר שכן יש בה, שלא כבמתנה רגילה, דינא דבר מצרא, והשכנים יכולים לזכות בה במקום מקבל המתנה. אין רס"ג דן בשאלה השנויה במחלוקת בין הגאונים (ראו, למשל, אוצה"ג, כתובות, סימנים שח-שיא) אם אפשר לחזק את ידי מקבל המתנה ולהטיל אחריות על הנותן על-ידי כתיבת שני שטרות נפרדים — שטר מתנה אמִתי ושטר מכר פיקטיבי. השוו אל אוצה"ג החדש, ב"מ, סימנים תקכח-תקלב.

ואחר כך ביטול המודעות.[7]

ובאשר לאחריות, אין צורך שתיכתב, שהרי הנותן אין דרכו לערוב באחריות, ואם כתב, הזיק למקבל המתנה בעניין אחד, והוא המצרנות, כאמרם 'מתנה לית בה משום דינא דבר מצרא. אמא אמימר: ואי כתב אחריות אית בה דינא דבר מצרא' (ב"מ קח רע"ב).[8] ואחר כך הכנות והקניין.

אבל אם נתן הבריא ממון, דינרים או דרהמים, אי אפשר להקנותו לו (=למקבל המתנה) לא בדיבור (בלבד) ולא בצירוף קניין ולא בצירוף שטר [אלא באחת משלוש דרכים]:[9] או שיקבל אותו מקבל המתנה, ו(אז) תהיה העדות מיותרת; או שימסור אותו ל(אדם) אחר נוכח, כדי שמקבל המתנה יזכה בו ויכתוב שטר זכותא כמו שאסביר (להלן);[10] או שיצמיד אותו לקרקע, ולוּ בשיעור ארבע אמות (בלבד), והעיד [ ] על הקניית הקרקע,[11] כאמרם 'נכסים שאין להן אחריות נקנין עם נכסים שיש להן אחריות בכסף ובשטר ובחזקה' (קידושין א:ה). [ובלי אחד] משלושת הדברים האלה לא יהיה תוקף למתנת דינרים או דרהמים, כאמרם 'אין מטביע נקנה בחילופין' (ב"מ מו ע"א-ע"ב, ב"ב קמט ע"א). אבל את כל שאר הדברים – בדים ותכשיטים ומכשירים וכלים – את כל אלה אפשר להקנות בחליפין, כאמרם 'חילופין קאני בין במקרקעי ובין במטלטלי'.[12] אבל אם נתן (כסף) לבנו ב(צמוד ל)שטר הקידושין, הוא מחייב בדיבור בלבד.[13]

---

9 נראה שרצונו לומר שאין הבריא יכול להקנות בדיבור בעלמא, שלא כמו שכיב מרע (להלן, שטרות יב-יג), ואי אפשר להקנות מיטלטלין בשטר (ראו משנה קידושין א:ה). אי לכך מציע הגאון שלושה פתרונות: קניין על־ידי מקבל המתנה עצמו, קניין על־ידי אדם שלישי, והקנאה אגב קרקע (ואותה אפשר להקנות בשטר).

10 ראו להלן, שטר מז.

11 ראו להלן, שטר יד, שורות 1–8 והערה 1.

12 מאמר זה אינו בתלמוד אף על פי שתוכנו מתאים למה שעולה מן המקורות התלמודיים (ראו, לדוגמה, בבלי קידושין כב ע"ב). נראה שרס"ג הביא ניסוח בתר־תלמודי (או שמא ניסח בעצמו את ההלכה התלמודית ניסוח חופשי). השוו אל הכתוב בה"ג, מהדורת הילדסהיימר, ב, עמ' 533–534 ולעיל, עמ' 39–42. לעניין הקביעה שאין מטבעות נקנים בחליפין השוו אל אוצה"ג החדש, ב"מ, סימנים קפג-קפז; רס"ג החיל הלכה זו אף על מטבעות זהב בניגוד לגאונים שדבריהם הובאו שם בסימנים קפג-קפה, אשר סברו כי אף לעניין זה מטבעות זהב אינם נחשבים מטבעות אלא מיטלטלין (ראו בבלי ב"מ מד ע"א - מו ע"ב).

13 ראו בבלי מועד קטן יח ע"ב, כתובות קב ע"א ולהלן, עמ' 251.

⟦שטר יב: מתנת שכיב מרע⟧

ט [ואל]י"ב כתאב היבה אלעליל והי מתנת שכיב מרע יחיט בה ה׳ מעאני פקט אלאתנאן אלאולאן אלזמאן ואלמכאן [ואל]תאלת אלדי (ע)[א]נה אלשכץ יכתבון דעאלנא לות פ֗לוני֗ ב֗ר֗ פ֗לוני֗ ואש[כחני]ה כד קציר ורמי על ערסיה ודעתיה ומנדעיה עליה [ו]לשאניה ומלוליה תריץ ומתוקן בפומיה כשאר בני אינאשא דמהלכין על רגליהון בשוקא·

ואלראבע מאהיה אלוציה פאן כאן קד אסתתנא במותה פליצדר בה פיהא ופקיד קדמנא על מיליה וכן אמר וליס ינבגי אן יתהאון פי הדא ודלך אן בינהמא פרקא אדא קארנהמא אלקנין לאן אלעליל אדא הו והב בעץ֗ מאלה לאנסאן וקני מנה תם ברא מן עלתה ואכד פי אן ירתגע היבתה פיגב אן ינט֗ר אן כאנת אלוציה מיחמת מיתותיה פקד אנקצ֗ת באלברו ואלא פהי תאבתה כמא שרח אלעלמא פי קצה אכת רב דימי בר יוסף·

וכדלך לא ינבגי אן ידע אלקנין אן כאן אלעליל קד והב בעץ֗ מאלה ולם ידכר אלמות ואנהם ‹אן› לם יקנו מנה לם תגב אלהיבה {אדא מאת} לקולהם (אדא מאת) מתנת שכיב מרע במקצת בעיא קנין·

פיכתב דיהבת ליה לפ֗לוני֗ ארעא פלונית או ביתא פ֗לוני֗ או דרתא פלונית במתנתא ותחצ֗ר חדודהא ולא יחתאגו אן יקול להם הוו עלאי שהדי ולא יקול צביתי ברעות נפשי פכיף אן יבטל אלמודע או ירסם אכלאצא או יצ֗מן דרכ[א]·

[לכן אלבא]ב אלכאמס לא בד מנה מע אלארבעה אלמתקדמה והו אן ישהדו

המקור לנוסח היסוד: טופס ט.

המקורות המקבילים: לשורות 5 (כשאר) - 22 (פאדא) טופס מ, בהמשך כמה מילים לא קריאות ואחריהן לקונה עד סוף השטר.

7 אן] + יתואנא ולא (=יתמהמהו ולא) מ ׀ הדא] + אלבאב מ 9 וקני] וקנו מ ׀ היבתה] הבתה מ 10 מיחמת מיתותיה] מחמת מיתותא מ ׀ אנקצ֗ת] אנתקצת מ 13 אלהיבה] אלהבה מ 13–14 {אדא – מאת)] לקול׳ אדא מאת מ 14 שכיב מרע] שכב בעינא (!) מ 16 הוו] היו מ 17 אלמודע] אלמדע מ ׀ אכלאצא] אכלאץ מ 19 [לכן] לאכן מ ׀ אלבא]ב] ליתא מ°

[שטר יב: מתנת שכיב מרע]

(השטר) השנים־עשר – 'כתאב היבה אלעליל', והוא מתנת שכיב מרע, הכולל חמישה עניינים בלבד: השניים הראשונים – הזמן והמקום, והשלישי שהוא האדם: יכתבו 'שנכנסנו אצל פלוני בן פלוני ומצאנו אותו כשהוא חולה ומוטל במיטתו ודעתו וידיעתו עליו, ולשונו ודיבורו ישרים ומתוקנים בפיו כשאר בני אדם המהלכים על רגליהם בשוק'.[1]

והרביעי – מהות הצוואה. אם התנה (אותה) במותו, יקדים לה 'וציווה בפנינו על ענייניו, וכך אמר'. ואסור שיתרשלו בזה מפני שיש בין שניהם (=בין מקרה שבו ציווה 'מחמת מותו' ובין מקרה אחר) הפרש כאשר מצטרף אליהם הקניין: אם החולה נתן מקצת ממונו לאדם וקנו (העדים) ממנו ואחר כך החלים ממחלתו והחליט לחזור בו ממתנתו, צריך לעיין – אם הצוואה הייתה 'מחמת מותו', היא בטלה עם החלמתו, ואם לאו, הרי היא תקפה כמו שביארו החכמים בסיפור על אחות רב דימי בר יוסף.[2]

וכן אסור להזניח את הקניין, אם החולה נתן מקצת ממונו ולא הזכיר את המוות, (מפני ש)אם הם (=העדים) לא קנו ממנו, המתנה לא תהיה תקפה כאשר ימות, כאמרם 'מתנת שכיב מרע במקצת בעיא קניין' (ב"ב קנא סע"ב).[3]

לכן יכתוב 'שנתתי לו לפלוני שדה פלוני או בית פלוני או חצר פלונית במתנה', ויגדיר את מצריהם,[4] ו(העדים) אינם צריכים שיאמר להם (המצווה) 'היו עדים עליי' ולא שיאמר 'חפצתי ברצון עצמי',[5] ועל אחת כמה וכמה (אין צורך) שיבטל את המודעות או יקבע את הכנות או יערוב באחריות.[6]

ברם, העניין החמישי הכרחי יחד עם ארבעת (העניינים) הקודמים, והוא שיעידו

1 צריך לציין שהנותן הוא שכיב מרע ועם זאת דעתו מיושבת עליו. לניסוח זה השוו את סה"ש לרה"ג, מהדורת אסף, עמ' 31 ואת סה"ש לרי"ב, מהדורת הלברשטם, עמ' 78 (מהדורת ריבלין, עמ' 155). תחילתו באה כבר בתלמוד: 'כד הוה קציר ורמי בערסיה' (בבלי ב"ב קנג סע"א).

2 ראו בבלי ב"ב קנא סע"א–רע"ב.

3 אך אם חילק כל נכסיו אין צורך בקניין, משום ש'דברי שכיב מרע ככתובין וכמסורין דמו' (בבלי ב"ב קנא סע"א ומקבילות; והשוו לדברי התלמוד שם, קנו ע"ב).

4 השוו לשורות 5–13 בשטר ג לעיל. כנראה, יש לראות במילה 'תחצר' כתיב חלופי לכתיב 'תחטר', ראו י' בלאו, דקדוק, עמ' 39, סעיף 21ב.

5 על־פי העיקרון 'אין אדם משטה בשעת מיתה', ראו בבלי ב"ב קעה סע"א.

6 אף במתנת בריא אין צורך בסעיף האחריות, ראו לעיל, שטר יא, שורות 18–21 והערה 8. באשר לביטול מודעות וסעיף הכנות, נראה שסעיפים אלו מיותרים על סמך אותו העיקרון שאין אדם משטה בשעת מיתה, וראו בהערה הקודמת לזו.

אנה מאת פי תלך אלעלה וחכאיה [דלך אן יקאל] מגו מרעה א[תפ]טר לבי(ה) עלמיה ולדלך יחתאגו אל[ש]הוד אן יתבתו ענדהם וצייה אלמיית לילא ינסוהא מעמא הו מריץ̇ פאדא מאת נסכוהא וכתבו פיהא ומגו מרעיה אתפטר לב[י] עלמיה וכרקו אלנסכה פאן ברא תם מאת לם יכתבו שיא·

ואן אנתקל מן עלה אלי אכרא תם מאת פליכתבו וציתה לקול אלעלמא שכיב מרע שניתק מחולי לחולי מתנתו מתנה·

סוא פי דלך כאן מא יהבה אלעליל עקארא אם את̇אתא אם דרא[הם] או דנאנירא אלכול ואגב בקולה פקט לא יחתאג אלי שי מן אלת̇[לת̇] וגוה אלתי קלנא לא בד מן אחדהמא פי הבה אלצחיח אללהם אלא [אל]קנין אדא והב בעצ̇א ולם יסתתני ב{אל}מות·

20 [דלך – יקאל]] מ 20-21 א[תפ]טר – עלמיה] אפטר לבית עלמה מ 21 וצייה – לילא] וציה אלמית ללא מ

שהוא (=המצווה) מת מאותה המחלה, וניסוח (עניין) זה (הוא) שייאמר 'מתוך מחלתו נפטר לבית עולמו'.[7] ולכן העדים צריכים להחזיק אצלם את צוואת הגוסס, כדי שלא ישכחו אותה כל עוד הוא חולה, ואם ימות יעתיקוה ויכתבו בה 'ומתוך מחלתו נפטר לבית עולמו', ויקרעו את ההעתק (הראשון).[8] ואם החלים ואחר כך מת, לא יכתבו דבר.[9]

ואם ניתק ממחלה אל (מחלה) אחרת ואחר כך מת, יכתבו את צוואתו, כמאמר החכמים 'שכיב מרע שניתק מחולי לחולי, מתנתו מתנה' (גטין עג רע"א).

ואין הבדל בזה אם מה שנתן החולה (הוא) מקרקעין או מיטלטלין או דרהמים או דינרים, הכול מחייב באמירתו בלבד, אין צורך אף לא באחד משלושת האופנים אשר אמרנו, שאחד מהם הכרחי במתנת הבריא[10] – אכן כן, פרט לקניין, אם נתן מקצת (ממונו) ולא התנה (זאת) במוות.[11]

7 לניסוח סעיף זה ונחיצותו ראו בבלי ב"ב קנג סע"א ואילך.

8 משמע שלדעת הגאון על העדים לרשום לעצמם בכתב את מהות המתנה. את זיכרון הדברים יש לקרוע אחרי שנפטר הנותן ונכתב השטר הרשמי המעיד על מתנתו.

9 ראו לעיל, הערה 7 וכן בבלי גטין עב סע"ב - עג רע"א.

10 ראו לעיל, שטר יא, שורות 22–29 והערה 9.

11 השוו לשורות 12–14 ולהערה 3 לעיל. אך אם ציווה מחמת מיתה, אין צורך בקניין, אף על פי שנתן מקצת נכסיו בלבד, ראו בבלי ב"ב קנא סע"ב.

⟦שטר יג: צוואה⟧

ואלכתאב אלג״י אלוצי[יה] והו שטר צואה והו פקדתא ויחיט בה ה׳ מעאני
אלזמאן ואלמכאן ואלשכץ כמא פי אלכת{א}ב אלדי קבלה תם מאהיה
אלוציה פצדרהא לא בד מן אן יכתב פיה מיחמת מיתותיה תם יחכי מא והבה
מ בלפט֗ דיהבת ל{י}ה לפ׳לוני׳ כן וכן במתנתה ואן אבריה [פטרתיה] לפל׳וני׳
מן [שב]עתא ומן [גז]ירתא ואן געלה וצי [וש]ויתה לפ׳לוני׳ אפטרופא למידן
ולאיתי למזכי (בקצ֗י) [בהדי] פלוני [אן כאן ו]ציה עלי אל[ואחד] וכדאלך אן
כאן עלי אלכל פלישרח דאל[ך וכדא]לך אן כאן קד געל[ה] אן ישתרי ואן יביע
ואן יקדם ואן יבני ומא [אשבה] דלך פיכתב דלך [ו]אן כאן קד געלה נאמן
ואבראה מן גמיע אלמטאלבאת פישרח דלך פאן [ ] לה בעץ ורתתה מן
מאלה פליכתב ופטרתיה לפל׳וני׳ ירתי מן כל נכסאי בארבעה זוזי ואן פצ֗ל
אחדהם בשי מכצוץ דטפיתי לה לפלוני יורש דילי כ(א)ן וכן על מא דה[וה לה]
למירת במתנה הו֗ אדא֗ בדפע אלף דרהם [דיהבת ליה לפ׳לוני׳ אלף] דרהם
לגרמיה ו[ ] גזרה.טהי מ֗ינה [...]

המקורות לנוסח היסוד: לשורות 1–4 (ואן) טופס ט; לשורות 4 (אבריה) - 13 טופס מ.

המקור המקביל: לשורות 1–4 (ואן) טופס מ, לקוי.

כתב־יד אחר: בטופס ת הובאו כמה נוסחים האמורים לייצג שטר זה, אך הם אינם מאפשרים שחזור מדויק (ראו בן־ששון, ׳סה״ש לרס״ג׳, עמ׳ 216–218).

1 אלוצי[יה]] מ 3 מיתותיה] מיתותא מ 4 דיהבת] דיהבית מ

---

1 ראו לעיל, שטר יב, שורות 2–5 והערה 1.

2 בשטר הקודם אמנם מדובר על אפשרות שהשטר ייכתב ׳מיחמת מיתותיה׳ (שם, שורה 10), אך במקרה כזה יש לכתוב בו ׳ופקיד קדמנא על מיליה׳ (שם, שורה 7). אי לכך הכוונה המדויקת כאן אינה נהירה לחלוטין.

3 כאן בתחילת הסעיף ׳מהות הצוואה׳ מדובר על מתנות שהחולה מחלק לאנשים, ואין בדבר תוספת עקרונית על האמור בשטר הקודם. הגאון ייחד שטר נפרד לצוואה, כנראה, בגלל רכיבים אחרים החורגים מגדר מתנת שכיב מרע, והם נמנים להלן.

4 לפועל הערבי ׳קדם׳ יש קשת רחבה של משמעויות, אך קשה לציין משמעות מסוימת המתאימה להקשר כאן.

5 ׳אפיטרופוס שמינהו אבי יתומים׳ נזכר כבר במשנה גטין ה:ד, ונראה שזה היה אחד הרכיבים השכיחים בצוואות. השוו אל סה״ש לרה״ג, מהדורת אסף, סוף עמ׳ 31.

[שטר יג: צוואה]

השטר השלושה־עשר – ׳אלוצייה׳, והוא שטר צוואה, והוא פקדתא, הכולל חמישה עניינים: הזמן והמקום והאדם, כמו בשטר הקודם לו,[1] ואחר כך מהות הצוואה, שבתחילתה מן ההכרח שיכתוב ׳מחמת מותו׳,[2] ואחר כך יספר (הכותב) מה נתן (הנותן) בלשון ׳שנתתי לו לפלוני כך וכך במתנה׳.[3] ואם זיכה אותו, (יכתוב) ׳שפטרתי את פלוני משבועה ומגזירתא׳. ואם עשאו אפוטרופוס, (יכתוב) ׳עשיתי את פלוני אפוטרופוס לדון [ ] ולזכות עם פלוני׳, אם מינה אותו כלפי האחד. וכן אם היה (המינוי) כלפי הכול, יפרש זאת. וכן אם ייפה את כוחו לקנות ולמכור ולקדם[4] ולבנות וכיוצא בזה, יכתוב זאת.[5] וכן אם עשה אותו נאמן ופטר אותו מכל התביעות,[6] יפרש זאת. ואם [סילק] אחד מיורשיו מממונו, יכתוב ׳ופטרתי את פלוני יורשי מכל נכסיי בארבעה זוזים׳.[7] ואם העדיף אחד מהם בדבר מסוים, (יכתוב) ׳שהוספתי לפלוני יורשי במתנה כך וכך על מה שהיה לו לרשת׳. ואם (העדיף אותו, למשל,) במתן אלף דרהמים, (יכתוב) ׳שנתתי לו לפלוני אלף דרהם לעצמו׳ [...][8]

---

6 בשאלת חובת אפוטרופוס כזה להישבע נחלקו כבר התנאים (משנה גטין ה:ד), ונפסקה הלכה בתלמוד שלא יישבע (בבלי גטין נב סע״ב). אך היו שלא הסתפקו בדבר והעניקו לאפוטרופוס נאמנות מיוחדת ורחבה יותר. השוו לשטר ב, שורות 12 ואילך, לשטר מד, הערה 6 וכן אל אוצה״ג, גטין, סימנים רסט־רעה.

7 לעיון נרחב בשיטות הגאונים בנקודה הזאת ראו אברמסון, עניינות, עמ׳ 181–187; והשוו אל אוצה״ג החדש, ב״ב, סימנים תרכ, תרנד־תרנז ואל ריבלין, משנת הנחלות, עמ׳ 163–169.

8 סיום השטר, החסר לפי שעה, כלל בוודאי סעיף חמישי הדומה לזה שבשטר יב (שורות 19-25; השוו אל בן־ששון, ׳סה״ש לרס״ג׳, עמ׳ 218).

משאלה שהופנתה לרמב״ם (שו״ת הרמב״ם, מהדורת בלאו, ג, עמ׳ 183) עולה שבספר השטרות של רס״ג נכללה הקביעה ׳כי שכיב מרע אינו צריך קניין ואם קנו מידו, אין זה מזיק׳. מאחר שסגנון זה אינו נמצא בשטר יב, שלכאורה הגיע אלינו בשלמותו, קרוב להניח שהייתה הערה כזאת בחלק החסר כאן, בנוסח מעין ׳ולא יחתאגו אן יקנו מנה ואן קנו לם יצ׳רה שי׳. אם אמנם עדות זו מהימנה, הפסיקה לכאורה תמוהה, שהרי שמואל פוסל מתנה כזו (ראו בבלי ב״ב קנב ע״א־רע״ב), והכלל הוא שהלכה כשמואל נגד רב בענייני ממונות (בכורות מט רע״ב), ואולם ראו לעיל, שער ה, הערה 13. השואלים שפנו לרמב״ם ייחסו פסיקה זו אף לרה״ג, אך הרמב״ם דחה אותה, וצריך עיון לשיטת הגאונים. האם פסקו כרב מפני שדברי שמואל נוסחו בצורת ספק (׳לא ידענא מאי אידון בה׳) ולא כקביעה מוחלטת?

⟦שטר יד: הרשאה⟧

א [···] אולהא כתאבה בעץ̇ עקארה ללמוכל חתי ימכן אן יצ̇ם אליה מא יוכלה עלי אסתכראגה פיקול דצביתי ברעות נפשי ויהבית ליה לפל˹וני˺ ב˹ר˺ פל˹וני˺ ביתא או דרתא או ארעא דאית לי בדוכתא פלוני במתנתא והדא אדא כאן אלעקאר מחדודא פאן לם ישא אן יחד לה שיא בעינה פיכתב ויהבית ליה ארבעה גרמידי ארעה מן קרקע דאית לי במתנתא פאן לם יכון ללמוכל עקאר בתֵיה פליכתוב לה הדה אלד׳ ((חדוד)) אדרוע כמ˹א˺ רסמת ויכון אלחאצל מן אמרהא עלי אנה חצה לכל יהודי מן בלד אלשאם אלדי לא בד מן אן תכון לה וליס הדא מוצ̇ע חאגתנא

ואלב׳ דאת אלשי אלמוכל עליה יכתב (ואף על גב) [ועל גביה] ארשיתי(ד)[ה] ושליטתיה ומניתיה (אפטורפא) [אפטרופא] על כל ממונא דאית לי על פל˹וני˺ אן כאן דין או גבי פל˹וני˺ אן כאן ודיעה למיתבעיה בגויה ולאפוקי לנפשיה לאפוקי מן תחות ידיה ולמשקליה לנפשיה והדא לא בד מן אן תכתב ללוכיל [לימנע?] ללכצם אן יקול ליס אנת כצמי ואלא[ ] פאן אלתלת [···]

[···] וזכואתא ולבטולי חזואתא וזכואתא ולמיכתב אביזאריה ולמיעבד פשארה ולאשבועי ולמכתב כי היכי דניחא ליה ואן געל אליה אן יוכל וכילא גירה עלי ((גירה)) דלך אלמטאלבה פלישרח דלך ויקול ((ויקור)) ואית ליה רשותא לאורוכי כל דניחא ליה בדוכתיה תם אלאכלאץ ואלקינין·

המקור לנוסח היסוד: טופס א.

המקור המקביל: מילים יחידות השייכות, כנראה, לשורות 26-21 שבסוף השטר הזה נשתמרו בטופס מ, אך הן אינן מצטרפות לכדי דבר שלם.

---

1 הניסוח מגומגם במקצת וייתכן שהמילה האחרונה במקור הערבי משובשת. על הצורך להקנות אגב קרקע ראו בבלי ב״ק קד רע״ב (ומקבילות). רס״ג אימץ היתר, אשר התפתח ורווח למדיי בתקופת הגאונים, שלשם הקניה כזאת אפשר להסתמך על קרקע לא מוגדרת ולא ידועה מתוך ההנחה שלכל יהודי יש חלק בארץ ישראל (׳ארבע אמות׳ אינן חיוניות, כנראה, ראו בבלי ב״ק שם; קידושין כו ע״ב). על עניין זה נשאל רב האיי גאון והאריך בהסברת שיטתו של רס״ג ומגבלותיה, ראו הרכבי, תשובות הגאונים, סימן ר (עמ׳ 93-94), והשוו

[שטר יד: הרשאה]

[...] הראשון שבהם – כתיבת מקצת קרקעותיו למורשה, כדי שיוכל לצרף אליה (=לקרקע) את מה שהוא מרשה לו להוציא (=לגבות). ויאמר 'שחפצתי ברצון עצמי ונתתי לו לפלוני בן פלוני במתנה בית או חצר או שדה שיש לי במקום פלוני', וזאת אם הקרקע מוגדרת, ואם לא רצה לייחד לו דבר מסוים, יכתוב 'ונתתי לו במתנה ארבע אמות אדמה מן הקרקע שיש לי', ואם אין למרשה מקרקעין כלל, יכתוב לו אותן ארבע אמות כמו שרשמתי, ופירושו של הדבר שלכל יהודי יש חלק בארץ ישראל, אשר מן ההכרח שייך לו, ואין זה הנושא שאנו נזקקים לו (כאן).[1]

והשני – עצם הדבר שהוא מורשה עליו. יכתוב 'ואגב (הקרקע) הרשיתיו והשלטתיו ומיניתיו אפוטרופוס על כל ממון שיש לי על פלוני', אם היה חוב – או 'אצל פלוני', אם היה פיקדון – 'לתבעו ממנו ולהוציא לעצמו, להוציא מתחת ידיו ולקחתו לעצמו', ומן ההכרח שזה ייכתב למורשה כדי למנוע מבעל הדין לומר 'אין אתה בעל דין שלי',[2] ואם לא [ ] ואם שלש [...]

'[...] וזכויות ולבטל ראיות[3] וזכויות ולכתוב אביזאריה ולעשות פשרה ולהשביע ולכתוב כמו שנוח לו'. ואם הסמיך אותו למנות מורשה זולתו לאותה התביעה, יפרש זאת ויאמר 'ויש לו רשות למנות כל (מי) שנוח לו במקומו'. ואחר כך הכנות והקניין.

אל דברי אברמסון, עניינות, עמ' 210–211 והערה 41; סה"ש לרה"ג, מהדורת אסף, עמ' 32 והמקורות שצוינו שם בהערה 9; סה"ש לרי"ב, מהדורת הלברשטם, עמ' 43 (מהדורת ריבלין, עמ' 91); טיקוצינסקי, תקנות, עמ' 81–89.

2 ראו בבלי ב"ק ע ע"א: 'ואמרי נהרדעי: אורכתא דלא כתיב ביה זיל דון וזכי ואפיק לנפשך לית ביה מששא. מאי טעמא? משום דאמר ליה האיך: לאו בעל דברים דידי את'. סביר להניח שבהמשך השטר, שלא הגיע לידנו לפי שעה, נכלל סעיף הפוטר את המורשה מאחריות ומתביעות אפשריות של המרשה. השוו אל בבלי ב"ק ע ע"א; סה"ש לרה"ג, מהדורת אסף, עמ' 33; סה"ש לרי"ב, מהדורת הלברשטם, עמ' 43 (מהדורת ריבלין, עמ' 90).

3 'חזואתא' – הוראתו כנראה ראיות מלשון חזי = ראה, ראו סוקולוף, מילון ארמית בבלית, עמ' 444.

ואמא אבטאל אלמודעין ואלדרך פלא יחתאג אליהמא פי הדא אלכתאב ואן כתבא פלא ינפעא ולם יצ̇רא ודלך אן אלמוכל לו כתב לוכילה באותק מא יכון תם אראד בעד דלך אן יזילה לגאז לה דלך מן גיר אן ימסר עליה מודע ועלי אנה קד צ̇מן לה אחריות ·

פאן הו געל אליה אן יוכל מן שא פוכל מן שא פליכתב ללוכיל אלתאני כתאבה צדר̊ה צחה וכאלתה אלאולה וישרח פיהא אנהא קד אטלק לה וכאלה אכר פי מוצ̇עה תם אנה רצ̇י פי כל הדא תם עלי הדא אלמאל אלמצ̇מום אלי הדא אלעקאר ·

21 ימסר – מודע] ימ[סר מו]ד̊ע̊ ועלי̊ה̊ ואולי יש לקרוא ימ[סר מו]דעי עליה מ 23 פליכתב] פי צדרה פיכ̊תב̊ מ

ובאשר לביטול המודעות והאחריות, שניהם אינם נחוצים בשטר זה. ואם כתבם, אינם מועילים ואינם מזיקים, משום שהמרשה – אפילו כתב למורשה שלו בצורה הסמכותית ביותר ואחר כך רצה לסלק אותו, מותר לו (לעשות) זאת בלי שימסור מודעה עליו (=על המינוי/השטר), אף אם קודם ערב לו באחריות.[4]

ואם הסמיך אותו (=את מקבל השטר) למנות למורשה את מי שירצה ו(אכן), הוא מינה למורשה את מי שרצה, יכתוב למורשה השני שטר שתחילתו (אישור) תוקף ההרשאה הראשונה (=המקורית) שלו, ויפרש בו שנתן לו (המרשה) יד חופשית במינוי מורשה אחר במקומו, ואחר כך שהוא מסכים לכל זה, ואחר כך על[5] הממון הזה, המצורף לקרקע הזאת.

4 מאחר שהמורשה הוא בעצם שליחו, רשאי המרשה לחזור בו בכל עת למרות הלשונות שהובאו לעיל המוכיחות לכאורה שהמרשה הקנה לו זכויות בנכס. הכרעה כזאת מובאת כבר בשם רב יהודאי גאון, ראו ה"פ, מהדורת ששון, עמ' סו; ה"ג, מהדורת הילדסהיימר, ב, עמ' 330, והשוו אל בבלי ב"ק ע ע"א ואל דברי רא"ש על אתר, אות ה.

5 הנוסח נראה משובש בנקודה זו, אך קשה להציע הגהה משכנעת.

⟦שטר טו: כתובה⟧

מ [ואל]כתאב אלט״ו כתאב אלצדאק והו שטר כתובה ויחיט ב[הא ט׳ מעאני אלזמאן ואלמכאן וד׳ וסאיט] אלאול מנהא וצף אלשכצין יקאל איך אמ[ר לה פלוני בר פלוני להדא בתולת]א פלו˹נית˺ פאן לם תכון בכרא פליכתב מרסלא פלנית [הוי לי לאנתו] {כדת משה וישראל} [ואנא איפלח ואייקר] ואסובר יתיכי כהלכת גברין יהודאין ד[פלחין ומייקרין ומסוברין ית נשיהון בקושטא ושמעתיה פל˹נית˺ דא לפל˹וני˺ דנן והות] ליה לאנתו

ואלתאני כמיה אלמהר אן [כאנת בכר פליכתב ויהב לה עשרין וחמשה זוזי מהר] בתולתא דחזן לה מן אוריתא

ואל[תאלת ליס באלצרורה אלא אן שא אן יזיד להא] פאנה יכתב וצבי פלוני דנן ואוס[יף לה מן דיליה אלף זוזי מתלא ויהב לה] חמש מאה ואשתייר לה עלוהי חמש מאה זוזי פאן כאן אלת[וס]פה [הבה יקול ויהב ל]ה [י]תהון במתנה חתי לא יגב רדה אן אכתלעת

ד$_1$ ואלד׳ תעדׂיד גהאזהא יכתב ודין נדוניא ד[הנעילת] עלוהי מן דילה ויסמי שי שי ויתמן חתי ינתהי אלי גאיה וליס באלצרורה אן יפדלך פאן פדלך פליכת[ב והוי] כלל כסף [ו]דהב כתובתא דא עם מוהרה ותוספתה ונדוניתה כן וכן דינארי דדהבא וכן וכן זוזי ועשרין וחמשה זוזי תם אלדרך ואלאכלאץ ואלקנין ·

המקורות לנוסח היסוד: לשורות 1–13 (ואלד׳) טופס מ; לשורות 13 (תעדיד) – 28 טופס ד$_1$; לשורות 29–35 טופס ס.

המקורות המקבילים: לשורות 1–3 (פלוני²) טופס א; לשורות 13 (תעדיד) – 33 טופס מ, לקוי; לשורות 16 (וכן וכן) – 28 טופס ס; לשורות 29–35 טופס ד$_1$.

1 אלט״ו] אלי׳ה׳ א ׀ ויחיט] יחיט א 1–2 ב[הא – וסאיט]] א 2–3 אמ[ר – פלוני²] ר׳ פל׳ ב׳ פל׳ [...] א 13 ד[הנעילת]] מ 15 פליכת[ב והוי]] פליכתב והו מ ׀ [ו]דהב כתובתא] ודהב כתבתא מ ׀ עם מוהרה] ומוהרה מ ׀ ונדוניתה] ונדוניא מ 16 דינארי דדהבא] דינרי דהבא מ ׀ וכן וכן] וכך וכך ס

---

1 כלומר לא יכתוב שהיא בעולה. השוו אל סה״ש לרה״ג, מהדורת אסף, עמ׳ 13.

2 ההשלמות בסעיף זה נעשו מתוך השוואה לסעיף המקביל בסה״ש לרה״ג, מהדורת אסף, עמ׳ 13–14. השוו גם לשטר יח, שורות 6–8 להלן.

3 ההשלמה בסעיף זה נעשתה מתוך השוואה לסעיף מקביל בספר השטרות של רה״ג (מהדורת אסף, עמ׳ 13–14). רס״ג כותב שסכום המוהר הוא ׳דאורייתא׳, אף על פי שהוא קובע, בהתאם למסורת הבבלית, שבתולה גובה עשרים וחמישה זוזים ואלמנה שנים-עשר זוזים וחצי זוז,

[שטר טו: כתובה]

השטר החמישה־עשר – ׳כתאב אלצדאק׳, והוא שטר כתובה, הכולל תשעה עניינים: הזמן והמקום וארבעה אמצעיים. הראשון מהם – תיאור שני האנשים. יאמר ׳איך פלוני בן פלוני אמר לבתולה פלונית זו׳ – ואם אינה בתולה, יכתוב סתם ׳פלונית׳[1] – ׳היי לי לאישה כדת משה וישראל, ואני אעבוד ואכבד ואפרנס אותך כהלכות גברים יהודים העובדים ומכבדים ומפרנסים את נשותיהם ביושר, ונתרצתה פלונית זו לפלוני זה והייתה לו לאשה׳.[2]

והשני – סכום המוהר. אם הייתה בתולה, יכתוב ׳ונתן לה עשרים וחמישה זוזים מוהר הבתולות, הראויים לה מן התורה׳.[3]

והשלישי אינו הכרחי, אולם אם רצה להוסיף לה (על סכום המוהר), אז יכתוב ׳ורצה פלוני זה והוסיף לה אלף זוזים משלו׳, למשל, ׳ונתן לה חמש מאות ונותרו לה עליו חמש מאות זוזים׳. ואם הייתה התוספת מתנה, יאמר ׳נתן לה אותם במתנה׳, כדי שלא תהיה חייבת להחזירם אם תמרוד.[4]

והרביעי – פירוט נדונייתה.[5] יכתוב ׳וזאת הנדוניה שהכניסה לו משלה׳, ויציין דבר דבר ויעריך (את שוויו) עד שיגיע לסוף (הרשימה). ואין הכרח שיסכם, ואם סיכם, יכתוב ׳וסך כל כסף וזהב של כתובה זו עם מוהרה ותוספתה ונדונייתה כך וכך דינרי זהב וכך וכך זוזים ועשרים וחמישה זוזים׳.[6] ואחר כך האחריות והכנות והקניין.

ומקובל לפרש סכומים אלו על־פי ההנחה שהכתובה היא דרבנן (וכבר פירשו כך כמה מגאוני בבל), ראו ביכלר, ׳הכתובה׳, עמ׳ 55–89; מ״ע פרידמן, נישואין, א, עמ׳ 251–252. ואולם רס״ג, כנראה, סבור שאין סתירה בין היות הכתובה מדאורייתא ובין קביעת סכומה בפועל – 25 או 12½ דינר בלבד – וזאת בהתאם לסוגיה בבבלי ב״ק פט ע״ב, והשוו אל הכתוב אצל מ״ע פרידמן, ׳כתובת צ״א׳, עמ׳ 93. שיטה זו, כנראה, מסתמכת על כך שסכום המוהר נרמז כבר בתורה (שמ׳ כב:טז) אך אינו מפורש בה, ראו פירושי רס״ג לבראשית, מהדורת צוקר, עמ׳ 14, 183–184 והערה 96. ראו ברודי, ׳כתובה׳.

4 רס״ג משלב את דין התוספת עם החלוקה הרווחת בתקופת הגאונים בין ׳מוקדם׳ ובין ׳מאוחר׳, ראו מ״ע פרידמן, נישואין, א, עמ׳ 268, הערה 114, ועמ׳ 335, הערה 76. הגאון קובע שאישה המורדת בבעלה תפסיד אף את המוקדם, אלא אם כן צוין במפורש שסכום זה ניתן לה במתנה. לשיטות הגאונים בעניין זה ראו ברודי, ׳תקנות הגאונים׳, עמ׳ 302 והערה 107.

5 סעיף זה בחוזי נישואין קדום מאוד כמו שאנו למדים ממסמכי יֵב ומתעודות מסופוטמיות. אף בתקופת הגאונים ולאחר מכן יש לו מקום מרכזי בכתובה. ראו מ״ע פרידמן, נישואין, א, עמ׳ 292–295; גויטיין, חברה, ג, עמ׳ 123–131.

6 אם הייתה בתולה, ראו לעיל, הערה 3.

והאהנא מן יקדם דכר אלגהאז ‹עלי› {אל}תוספה והאהנא מן יקדמה עליהא ועלי אלמהר איצׄא ו{אל}כל גאיז·

ומן אהל אלבלדאן מן סנו אן יכתבו אלגהאז בצׄעף קימתה ויסתופון מנה אלנצף וקד קאל אלקדמא מקום {שנהגו} לכפול גובה מחצה ומנהם מן יכתב כל ז׳ י׳ ויסתופי כל י׳ ז׳ אלא אן אלאצל אן יכתב כל עלק בקימתה·

ומנהם מן יכתב עלי אלרגל כתאב דין (כ)[ב]אלמהר ויסתופי אלדין לא אלמהר וקד קאל אלקדמא מקום שנהגו לכתוב כתובה מלוה גובה מלוה ואן גובה כתובה·

{ומנהם מן לא ילזם אלת[וספה] אלא ללעקאר ומנהם מן יגעלהא כאלדין והו אלאצל}·

ומנהם מן לא ילזם אלבעל מא כלוק בעד אן יבקא מנה אלבעׄץ ומנהם מן לא
ס ילזמה שי ולו [אס]תהלך מא כלא אלחלי ואניה אלדהב ואלפצׄה פקט והדא
מנהג יגב אן יחכם עלי אהל [כל] בלד במנהגהם וליס הדא מוצׄע אשרח פיה
אלאחכאם עלי דלך אלא אן אלאצל הו אן יקוום כל עלק פי וקת אלאסתיפא
כמא קוום פי וקת אלתזויג פאן זאד פאלזאידה ללבעל ואן נקץ פאלנקצאן
עליה לקול אלקדמא אם מתו מתו לו ואם הותירו הותירו לו·

ואכתלאף אהל אלבלדאן פי שרוט אלכתובאת לא תחצא וכדלך יכתלפון פי כתבה מוצׄע אלמאל אלא אן הדה אלתי וצפת הי עיון מא עלמתה מנהא·

18 והאהנא] וההנא ס | אלגהאז] אלגאהז ס | והאהנא] וההנא ס 22 ז׳ י׳] סבעה עשרה מס | ויסתופי] ויסתופו ס לקוי מ 23 (כ)[ב]אלמהר ויסתופי] במהר ויסתופו ס לקוי מ | לא] ((אלא)) לא מ° 24 קאל] ליתא מ קאלו ס 26–27 {ומנהם – אלאצל}] ס ליתא מ 28 ומנהם – אלבעׄץ] ליתא, השמטה מחמת הדומות ס | לא[1]] ליתא מ 29 ואלפצׄה] ואל פצׄה ד$_1$ 30 מנהג] מנהאג ד$_1$ | אן] ליתא ד$_1$ | אהל] המילה תלויה ד$_1$ | במנהגהם] במנהאגהם ד$_1$ כמנהאגהם מ | אשרח] אלשרח ד$_1$ 31 דלך] + יגוז ד$_1$ + יגׄיז מ | אלאצל] אל אצול ד$_1$ | יקוום] יקום ד$_1$ 32 קוום] קום ד$_1$ | פאלזאידה] פאלזיאדה ד$_1$ | פאלנקצאן] פאלנוקצאן ד$_1$ 33 אלקדמא] אל קדמא ד$_1$ 34 אלכתובאת] אלכתבאת ד$_1$ 35 כתבה] המילה מתוקנת ד$_1$ | אלמאל] [א]לאמואל מנהׄ[ם] ד$_1$

7 רס"ג מצטט בדילוג קטן (עיינו שם), ראו לעיל במבוא, סעיף ז.

8 ראו משנה כתובות ו:ג-ד; תוספתא כתובות ד:ד ומקבילות. לעניין תקופת הגאונים ראו סה"ש לרה"ג, מהדורת אסף, עמ׳ 16 והערה 4. היחס 7:10 אינו מוכר ממקורות אחרים (השוו לשטר א, הערה 5, לעניין אחר).

9 נראה שהייתה לגאון גרסה שונה מזו הבאה בעדי נוסח אחרים (בדפוסים: ׳מקום שנהגו לעשות כתובה מלוה גובה מלוה׳). השוו גם אל המקבילה בתוספתא כתובות ד:יג. רס"ג

ויש המקדימים את הזכרת הנדוניה לתוספת, ויש המקדימים אותה לה (=לתוספת) ולמוהר גם יחד, והכול מותר.

ומאנשי המקומות (יש) שנהגו לכתוב את הנדוניה פי שניים משווייה ולגבות ממנה (=מן הסכום הכתוב) את מחציתה (בלבד), וכבר אמרו הקדמונים 'מקום שנהגו לכפול – גובה מחצה' (ב"מ קד רע"ב).[7] ומהם (יש) הכותבים כל שבעה – עשרה, וגובים מכל עשרה שבעה, אך העיקר שיכתבו כל חפץ לפי שוויו.[8]

ומהם (יש) הכותבים על האיש (=החתן) שטר חוב במוהר וגובים את החוב לא את המוהר, וכבר אמרו הקדמונים 'מקום שנהגו לכתוב כתובה מלוה – גובה מלוה ואֵן גובה כתובה' (שם).[9]

ומהם (יש) שאינם מחייבים את התוספת אלא מקרקעות, ומהם (יש) העושים אותה כחוב, והוא העיקר.[10]

ומהם (יש) שאינם מחייבים את הבעל (בשווי) מה שבלוי מאחר שקיים חלק ממנו, ומהם (יש) שאינם מחייבים אותו כלל, אפילו אבד (פריט מפריטי הנדוניה), פרט לתכשיטים ולכלי זהב וכסף בלבד, וזה מנהג – שצריך (הדיין) לדון אנשי כל מקום לפי מנהגם. ואין זה המקום להסביר בו את הדינים בנוגע לזה,[11] אך העיקר הוא שיעריך כל חפץ בזמן הפירעון כפי שהוערך בזמן הנישואין. אם הוסיף – התוספת לבעל, ואם פחת – ההפסד (מוטל) עליו, כמאמר הקדמונים 'אם מתו – מתו לו, ואם הותירו – הותירו לו' (יבמות ז:א).[12]

וחילוקי (המנהגים שבין) אנשי המקומות (השונים) בנוגע לתנאי הכתובות רבים מספור, וכן נחלקו בכתיבת מקומות הממון, אלא ש(העניינים) האלה שתיארתי הם עיקרי מה שידעתי עליהם.

פירש בהתאם לגרסתו שבמקומות אלו כותבים לאישה שטר חוב על סכום הכתובה במקום הכתובה או נוסף עליה. השוו אל דברי ליברמן, תוספתא כפשוטה, כתובות, עמ' 250–251.

10 לכאורה דברי רס"ג נוגעים הן לדין הגרושה הן לדין האלמנה. אם אמנם זאת כוונתו, פירושו של דבר שיש מי שאינו גובה את התוספת ממיטלטלין אפילו במקרה של גירושין, בהתאם לשיטה הגורסת שאפילו בחיי הבעל אין מיטלטליו משועבדים לכתובה. בשאלה זו נחלקו הפוסקים, ראו, למשל, רמב"ם, משנה תורה, הלכות אישות טז:ה ומגיד משנה על אתר. על כל פנים, ברור שלפי דין התלמוד אין כתובות וחובות נגבים מן היורשים אלא מקרקעות, ואולם הגאונים תיקנו שייגבו אף ממיטלטלין. לסיכום הידיעות על תקנת הגאונים בעניין זה ראו ברודי, 'תקנות הגאונים', עמ' 304–314. רס"ג מוסר שיש הגובים את תוספת הכתובה מקרקעות בלבד, כדין התלמוד, אך לדעתו חלה התקנה אף על התוספת. השוו אל דברי ברודי שם, עמ' 311–312.

11 השוו אל מה שכתבנו לעיל במבוא, סעיף ג.

12 מצד הדין ברור שהבעל חייב לשלם בעד נכסי צאן ברזל שאבדו או יצאו לגמרי מכלל שימוש, ונחלקו חכמים בדבר אחריותו על נכסי צאן ברזל ששווָם פחת אך עדיין אפשר להשתמש בהם. ראו אוצה"ג, יבמות, סימנים שסא–שסג.

⟦שטר טז: גט⟧

ואלי"ו כתאב אלטלאק והו אלגט אמא נסכתה פהי ואחדה לא זיאדה פיהא ולא נקצאן מנהא והו אן יכתב אלזמאן ואלמכאן תם אנא פל᾽וני᾽ בר פל᾽וני᾽ וכל שום דאית לי צביתי ברעות נפשי כד לא אניסנא ופטרית ושבקית ותרוכית יתיכי ליכי אנתי פלנ᾽ית᾽ בת פל᾽וני᾽ וכל שום דאית ליכי דהוית אנתתי מן קדמת דנא וכדן ‹פטרית ושבקית› ותרוכית יתיכי ליכי די תהויין רשאה ושלטאה בנפשיכי למהך להתנסבה לכל גבר דיתצביין ואינש לא ימחא בידיכי [מן יומא] דנן לעלם והרי את מותרת לכל אדם [ודן די י]הוי ליכי מני ספר תרוכין וגט פטורין ואגרת [שיבוקין כדת] משה ויש᾽ראל᾽ ·

וקולי אנה ליס יגוז אן יזאד [עלי הדה אלנ]סכה ולא ינקץ מנהא אעני עלי מעאניהא ולא עלי אלפאטֿהא פקט בל לא עלי הגֿאהא בל אלד׳ ואואת אלטואל יגב אן תטול עלי מא אתבתת ‹פאן› לכל [חר]ף טויל ולכל יוד או ואו זאיד או נאקץ ען אלהגא [אל מת]עארף מעני וכיד פי אלגמאר ·

וללגט הדה אל[ואגב]את מא ליס לסאיר אלכתב פמנהא אן אלגט [לא] יגוז אן תכתב נסכתה מן קבל אלאשהאד פיה [ב]ל לא יגוז אן יכתבהא אלא מן

המקורות לנוסח היסוד: לשורות 1–29 (ודמסידרין) טופס ס; לשורות 31 (חתומו)–48 טופס א.

המקורות המקבילים: לשורות 1–15 (ולא) טופס ד$_1$, וממנו שאובות ההשלמות בשורות 1–13, אלא אם כן צוין אחרת; לשורות 1–17 (דלך), 46 (ומגרש)–48 טופס ג, וממנו שאובות ההשלמות בשורות 14–17, 47, אלא אם כן צוין אחרת, לקוי מאוד בשורות 46–48.

1 ואלי"ו] וא[ל] כתאב [אל]י׳ר׳ ד$_1$ 2 פל᾽וני᾽ בר פל᾽וני᾽] פ׳ ב׳ פ׳ ד$_1$ לקוי ג 3 דאית לי] דילי ג ׀ ושבקית] ושבْאקית ד$_1$ 4 פלנ᾽ית᾽ בת פל᾽וני᾽] פל׳ בת פלْ׳ ג פ׳ ב׳ פْ׳ ד$_1$ ׀ דאית] די אית ד$_1$ 5 דנא] דנה גד$_1$ ׀ ‹פטרית – ותרוכית] תרוכית ד$_1$ ׀ די תהויין] דיתיהויין ג די תהוויין ד$_1$ 6 ושלטאה] ושלטא גד$_1$ ׀ בנפשיכי] בנפשכי ג ׀ להתנסבה] לْאתנסבא ג להתנסאבא ד$_1$ ׀ דיתצביין] דיתיצבייْיْן ג די ת‹י›צבייין ד$_1$ ׀ ואינש] ואנש ד$_1$ לקוי ג ׀ ימחא] ימחי גד$_1$ 7 לעלם] ולעלם ד$_1$ לקוי ג ׀ והרי – אדם] ליתא גד$_1$ ׀ מני] מיני גד$_1$ 8 תרוכין] תירוכין ג°ד$_1$ ׀ [שיבוקין] לקוי ג 9 הדה] הדאْ ג 10 לא] ליתא ד$_1$ לקוי ג ׀ הגֿאהא] הגאהא גד$_1$ ׀ אלד׳ ואואת] [אלד׳] וואת ג ארבע אלוואות ד$_1$ 11 אתבתת] אתבתי ג אתבת ד$_1$ ׀ ‹פאן›] ליתא ד$_1$ לْאן ג 12 ען] עלי. ג° ׀ אלהגא] אל הגא ד$_1$ ׀ מעני] מעאני ג ׀ וכיד] וכידת ג 13 וללגט] וללגיט ד$_1$ ׀ אלכתב] אל כתב ג ׀ אן – יגוז] ליתא, השמטה מחמת הדומות ד$_1$ 14 אלאשהאד] אל אשהאד ג ׀ פיה] עליה ג ׀ יכתבהא] יכתבה ג

[שטר טז: גט]

(השטר) השישה־עשר – 'כתאב אלטלאק', והוא הגט, ונוסחו אחיד, אין להוסיף עליו ואין לגרוע ממנו.[1] והוא שיכתוב את הזמן ואת המקום ואחר כך 'אני פלוני בן פלוני – וכל שם שיש לי – חפצתי ברצון עצמי, כשאינני אנוס, ופטרתי ושבקתי וגירשתי אותך, לך, את פלונית בת פלוני – וכל שם שיש לך – שהיית אשתי קודם לכן. וכעת פטרתי ושבקתי וגירשתי אותך, לך, שתהיי רשאית ושליטה בעצמך ללכת להינשא לכל אדם שתרצי, ואיש לא ימחה בידייך מיום זה ולעולם, והרי את מותרת לכל אדם, וזה שיהיה לך ממני ספר גירושין וגט פטורין ואגרת שבוקין כדת משה וישראל'.[2]

ובאמרי שאסור להוסיף על הנוסח הזה ולא לגרוע ממנו אני מתכוון ל(כל) ענייניו – לא למילותיו בלבד אלא אף לאותיותיו. ואפילו ארבע (האותיות) וא"ו הארוכות[3] חייבות להתארך, כמו שקבעתי, שהרי לכל אות ארוכה ולכל יו"ד או וא"ו נוספת או חסרה מן האותיות הידועות (יש) משמעות קבועה בגמרא.[4]

ולגט החיובים האלה שאין לשאר השטרות, ומהם שאסור לכתוב את נוסח הגט לפני העדות שבו.[5] יתרה מזו, אסור שיכתוב אותו (איש) מכל האנשים אלא מי

1 דרישה זו נובעת מן הרצון למנוע כל אי־הבנה אפשרית שיכולה להטיל ספק בתקפות הגט, והיא ממשיכה מגמה המשתקפת כבר בתלמוד (ראו להלן בשטר זה, שורות 9–12 והערה 3). במנהג המאוחר אף נקבע מספר סטנדרטי (12) לשורות הגט, ראו שולחן ערוך, אבן העזר, סימן קכה, סעיף יא.

2 חלקים ניכרים מנוסח הגט מתועדים כבר במשנה ובתלמוד, ראו משנה גטין ד:ב, ט:א־ג; ידים ד:ח; בבלי גטין פה ע"ב. לנוסח הניתן כאן השוו את סה"ש לרה"ג, מהדורת אסף, עמ' 17–18; סה"ש לרי"ב, מהדורת הלברשטם, עמ' 25–26 (מהדורת ריבלין, עמ' 62); ה"ג, מהדורת הילדסהיימר, ב, עמ' 187–188.

3 לכאורה (אם כתב־היד מדויק) יש שש אותיות וא"ו כאלה במילים 'ותרוכית' (שורה 3); 'וכדו', 'ותרוכית' (שורה 5); 'תרוכין', 'פטורין', 'שבוקין' (שורה 8). אפשר שיש כאן טעות סופר, או שרס"ג ראה בשלוש ההיקרויות של צורות הגזורות מן הפועל 'תרך' מקרה אחד.

4 ראו בבלי גטין פה ע"ב. רס"ג מוסיף מקרים שלא נזכרו בתלמוד, אך דומים מבחינה הגיונית לאלה שנזכרו שם.

5 כשיטת ר' אליעזר (משנה גטין ג:ב) בעקבות פסיקת רב (בבלי גטין כו ע"ב). השוו אל ה"ג, מהדורת הילדסהיימר, ב, עמ' 166. שמואל (בבלי גטין כו ע"א) מאמץ את שיטת תנא קמא, אך הכלל הוא שהלכה כרב באיסורי, ראו בבלי בכורות מט רע"ב.

אדן לה אלבעל פי כתבהא [מ]ן אלנאס כלהם ולא יגוז אן יכון פיה מחו ולא לאחק פי [אחד] ג' מואצ̇ע אלתאריך ואסם אלרגל ואסם אלמראה פאן [את]פק דלך פלתבדל אלנסכה פאן כאן אלמחו או אל לאחק פי גיר הדה אלג' מואצ̇ע פליכרג ויקוום ולא יגוז אן יקטע מן אלנקי שי בעד כתבה אלגט אן כאן פיה פצ̇ל פאן קטע פסד ולא יכתם כל ואחד מן אלשאהדין אלא בחצ̇רה אלאכר.

ויגוז פיה מא לא יגוז פי סאיר אלותאיק אן יכונו אלשהוד אן לם יחסנו אן יכתבו פיכט להם כצורה אלאחרף באלסכין חתי יגרי אלקלם עליהא לקו'להם' ושאין יודעין לקרות קורין לפניהם ושאין יודעין לחתום מקרעים להם נייר חלק וממלאין את הקרעים דיו ולהדה אלואגבאת חגג ליס לשרחהא אלף הדא אלכתאב.

ואול מא יעמל פי אמר אלגט ג' אשיא אלאול אן יקני מן אלבעל בתבטיל אלמודעי בל יקאל לה קל לנא כדי כלמה כל מודעי ותנאי ומודעי דמודעי ומודעי דנפקין מגו מודעי עד סוף כל מודעי דמסירין לי אנא פל'וני' בר פל'וני' ודמסירין [מני על גיטא דפלנית בת פלוני בטלין אינון מעכשיו קדמיכון בכל לישני דאמור רבנן דבטילין בהון מודעין ותנאין ואנת פלוני בר
א פלוני כתוב הדין גיטא ואנתון פלוני בר פלוני ופלוני בר פלוני] חתומו על הדין גיטא והבו [לה לפלנית דא] דתשתרי ביה לכל גבר פאן [כאנת אלמרא]ה באלחצ̇רה כתב וכתם ודפיע [בחצ̇רה ש]אהדין ויגוז אן יכון הם אלשהוד [אלדין כת]מו עלי אלגט פאן כאנת אלמראה פי [בעד

15 אדן] אדין ד$_1$ ׀ אלבעל] אל בעל ג ׀ כתבהא] כתבתה ג כתבתהْא ד$_1$ ׀ אלנאס כלהם] סאיר אלנאס ג 16 לאחק] מחקْ ג ׀ [אחד]] אחדא ג ׀ אלמראה] א[ל] מרת ג

6 ראו משנה גטין ז:ב; בבלי גטין עא ע"ב - עב ע"א, והשוו אל סה"ש לרה"ג, מהדורת אסף, עמ' 18-19.

7 לכאורה הגאון פוסק בניגוד להלכה המפורשת בתוספתא (גטין ז:ח) – 'גט שיש בו מחק או תלוי מגופו – פסול, שלא מגופו – כשר; אם החזירו מלמטה, אפילו מגופו – כשר' ובמקבילה בירושלמי (גטין ב ע"ג [טור 1093, שורות 45-46 במהדורת האקדמיה ללשון העברית]). כפסיקת הגאון מצאנו אף בה"ג, מהדורת הילדסהיימר, ב, עמ' 173, וקרוב להניח שהייתה לחכמים אלו גרסה אחרת של התוספתא, אם כי אין הנחה זו הכרחית. ראו ליברמן, תוספתא כפשוטה, גטין, עמ' 905-907.

8 לפי משנה גטין ב:ג אפשר לכתוב גט על קרן של פרה – 'ונותן לה את הפרה', ובתלמוד (בבלי גטין כא רע"ב) הסבירו שאין לחתוך את הקרן ולתת אותה לאישה, מפני שאם עשה

שהרשה לו הבעל לכתבו.[6] ואסור שתהיה בו מחיקה או הוספה באחד משלושה מקומות: התאריך ושם האיש ושם האישה. ואם כך קרה, יחליף את העותק. ואם הייתה המחיקה או ההוספה חוץ לשלושה מקומות אלו, תצוין ותקוים.[7] ואסור לחתוך דבר מן הגיליון אחרי כתיבת הגט, אם היה בו עודף, ואם חתך – פסל.[8] ולא יחתום כל אחד משני העדים אלא בנוכחות האחר.[9]

ומותר בו מה שאסור בשאר השטרות – שהעדים, אם אינם יודעים לכתוב, תותווה להם צורת האותיות בסכין כדי שיעבירו את הקולמוס עליהן, כאמרם 'ושאין יודעין לקרות – קורין לפניהן, ושאין יודעין לחתום – מקרעים להם נייר חלק וממלאין את הקרעים דיו' (גטין יט רע"ב).[10] ולחיובים האלה יש הוכחות, שלא ל(שם) ביאורם נתחבר הספר הזה.[11]

ומה שייעשה בעניין הגט תחילה – שלושה דברים: הראשון, שיקנו מן הבעל בביטול המודעות,[12] יתרה מזו, ייאמר לו 'אמור לנו כך, מילה במילה: "כל מודעות ותנאים ומודעות למודעות ומודעות היוצאות מתוך מודעות, עד סוף כל המודעות המסורים לי – אני, פלוני בן פלוני – והמסורים ממני על הגט של פלונית בת פלוני, בטלים הם מעכשיו בפניכם בכל הלשונות שאמרו החכמים שבטלים בהן מודעות ותנאים. ואתה, פלוני בן פלוני, כתוב גט זה, ואתם, פלוני בן פלוני ופלוני בן פלוני, חִתמו על גט זה ותנו לה לפלונית זו שתותר בו לכל אדם"'.[13] ואם הייתה האישה נוכחת, ייכתב וייחתם ויימסר (לה) בנוכחות שני עדים, ומותר שהם יהיו העדים החתומים על הגט.[14] ואם הייתה האישה במרחק

כך יהיה הגט 'מחוסר קציצה' בשעת כתיבתו. מכאן הסיקו רס"ג וחכמים אחרים שקציצת הגט יכולה לפסול אותו למפרע, אך גאונים אחרים לא הרחיקו לכת עד כדי כך. ראו ה"ג, מהדורת הילדסהיימר, ב, עמ' 155-156 והערה 7.

9 ראו בבלי גטין י רע"ב.

10 הגאון מצטט את הברייתא לפי הנוסח המוגה שמציעה הסוגיה, עיינו שם. בנוגע לשאר השטרות אי אפשר להסתפק בכך, עיינו שם, סע"א-רע"ב. לדעתו 'מקרעים להם נייר' פירושו שחורטים את צורת האותיות בשטר ולא שמכינים שבלונה ומניחים אותה על גבי השטר.

11 השווו אל מה שכתבנו לעיל במבוא, סעיף ג.

12 מנהג נפוץ בתקופת הגאונים, אם כי נראה שאין בו צורך מעצם הדין. ראו ה"ג, מהדורת הילדסהיימר, ב, עמ' 168 והערה 37; אסף, 'סה"ש לרס"ג', עמ' פו, הערה 22 (המובא אצל בן-ששון, 'סה"ש לרס"ג', עמ' 226, הערה 25); אוצה"ג, גטין, סימנים קלח-קמב.

13 היינו 'פסוקא דגיטא', המתועד היטב בספרות הגאונים. ראו ה"ג, מהדורת הילדסהיימר, ב, עמ' 84 והערה 9 (ושם, עמ' 162 והערה 18); סה"ש לרה"ג, מהדורת אסף, עמ' 8, 19, והשוו למאמרו של ריבלין, 'פסוקא דגיטא'.

14 ההלכה נראית פשוטה ומוסכמת, אם כי כנראה אינה מפורשת בשום מקום בספרות חז"ל.

ואר]אד אן ינפד אליהא רסולא מוכלא [פלא יהבה א]ליה חתי יקול לה כלמה כלמה את(ה) פל׳וני׳ ב׳ר׳ פל׳וני׳ הוי שליחא ואמטי לה הדין [גי]טא לפל׳נית׳ ב׳ת׳ פל׳וני׳ וכל שום דאית לה ואית [לך רשותא למנויי] שליחא ושליחא דשלי׳חא׳ [עד כמה שלוחי] עד דימט[י גיטא] שלמא [לי]דה דתשתרי ב[י]ה לכל גבר וקום יזידון תהי ידך כידאי וקום יזידון איצ̇א פי כל באב וכל שום דאית לה ואן זיד דלך לם [יצ̇ר]·

ואן כאן אלכאתב הו אחדי אלשאהדין [ ] חתי יגמע אלג׳ אמור פיק[ול להם אכתבו ואכתמו ועדפעוהא?] אלגט תם כתיב ענה [פכתם פתדפ]ע בעד ללמרה תם [תם אלברא פאן רצ̇י באבטאלה] פלקי אלשהוד [או אן כאן ינפד אליהם] ברסול וקאל להם [ ]חד בטל לק׳ול׳ אלח׳כמים׳ [השולח גט לאשתו והגיע ב]שליח או שלח [אחריו שליח ואמר לו גט שנתתי לך בטל הוא הרי זה בטל וקאלו חוזר] ומגרש בו פאן בר̊א ...[ ] אלי ידי אלמרה פקד גאז דלך ו[כ̊אנ̊ת מנה] לק׳ולהם׳ משהגיע הגט לידה אי[נו יכול לבטלו]·

ורצה לשלוח אליה שליח מורשה, לא יתננו (=ייתן את הגט) לו עד שיאמר לו מילה במילה: 'אתה, פלוני בן פלוני, היה שליח והבא לה את הגט הזה לפלונית בת פלוני – וכל שם שיש לה – ויש לך רשות למנות שליח ושליח של שליח, עד כמה שליחים, עד שיגיע הגט שלם לידה, שתותר בו לכל אדם'.[15] ויש המוסיפים 'תהי ידך כידי', ויש המוסיפים בכל סעיף גם 'וכל שם שיש לה'. ואם הוסיף זאת, אין זה מזיק.

ו(אף) אם היה הסופר אחד משני העדים, [לא יתננו לה] עד שיכלול את שלושת העניינים ויאמר להם: 'כִתבו וחִתמו ותנו לה את הגט', ואחר כך ייכתב בשמו וייחתם ויינתן לאישה, ואז יסתיימו הגירושים. ואם רצה לבטלו (=לבטל את הגט) ופגש את העדים או ששלח אליהם שליח ואמר להם: ['הגט שנתתי לכם בטל הוא', הרי הוא] בטל, כמאמר החכמים 'השולח גט לאשתו והגיע בשליח, או שלח אחריו שליח ואמר לו: "גט שנתתי לך בטל הוא", הרי זה בטל' (גטין ד:א) ואמרו 'חוזר ומגרש בו'.[16] ואם [הגיע הגט] לידי האישה, הרי זה קיבל תוקף ואינו יכול לבטלו, כאמרם 'משהגיע הגט לידה אינו יכול לבטלו' (שם).

15 נוסח קדום ונפוץ זה (השוו אל סה"ש לרה"ג, מהדורת אסף, עמ' 19 והערה 8) נועד לאפשר החלפת שליחים בצורה נוחה ולמנוע ספקות בנוגע לנכונות הבעל להסתייע בשליחים נוספים. השוו אל בבלי גטין כט ע"א-ע"ב.

16 כשיטת רב נחמן, ראו בבלי גטין לב ע"ב, קידושין נט ע"ב.

⟦שטר יז: חליצה⟧

ואלכתאב אלי״ז כת[אב] אלכלע והו גט חליצה פיגב אן אצף אולא כיפיה אלפעל תם נסכת אלכתאב·

ואקול מעלום אנה מן תופי בלא ולד וכלף זוגה ולה אך אן אלאך ילזמה אמא אן יתזוג בהא ואמא אן יבריהא פאן לם ישא יתזוגהא פליצבר ג׳ אשהור בעד מות אכיה תם יבריהא ואלסנה אן יחצר דלך אלמגלס ה׳ רגאל ואלרגל וסלפתה ויאכדון נעלא לה סיור או כיוט וילבס‹ו›הא לה פי רגליה וישדונה ויקום קאימא וימלון עלי סלפתה אן תקול כלמה אן כלמה מאן יבמי להקים לא[חיו שם ביש]ראל לא אבה יבמי וק[ ] כלמאת אלאכירה א[עני לא אבה יבמי פי] מקטע ואחד לאלא [מן כלמאתהא מעני] אכר תם ימלון על[יה אן יקול לא חפצתי לקחתה] ויקולו להא אׄ[כלׄעי נׄעלה פׄיׄ] קדמה ויעלקה[א באלארץׄ ותאכד אלמרה בידהא אלסיור] או אלכיוט פ[תחלהׄא ולא ירפע] קדמה [בׄל] תגדב א[לנעל] בידהא מן [עׄנׄד אלכׄעׄבׄ]א בהא ויקולון להא אבזקי בין ידיה וינטׄרו אליהא חתי יתביין להם אנהא קד [בזק]ת מן פמהא עלי אלארץׄ [ ]אׄל ארץׄ בין ידיה תם ימלון עליהא אן תקול ככה יעשה לאיש אשר לא יבנה את בית אחיו ויקרא שמו ביש⸢ראל⸣ בית חלוץ הנעל תם יקולו אגמעין חלוץ הנעל חלוץ הנעל חלוץ הנעל ג׳ מראת פאדא קאלוהא ג׳ מראת פקד תמת אלבראה ללמרה חיניד תתזוג במן שאת·

המקור לנוסח היסוד: טופס א.

המקורות המקבילים: לשורות 1–7 (וימלון), 10 (אן) - 17 (הנעל[3]) טופס ג, וממנו שאובות רוב ההשלמות בשורות 10–13; לשורות 28–39 טופס ע, מטושטש מאוד בשורות 28–35.

1 ואלכתאב אלי״ז] ואלי״ז ג | פיגב] ויגוז ג | כיפיה] כיפייה ג 2 נסכת] נסכה ג 4 יבריהא] יכתלעהא ג | יתזוגהא] אלתזויג בהא ג 5 יחצר – אלמגלס] יחצׄר דאלך [אל]מגלס ג 6 ואלרגל] סואה ג | לה] להׄא ג | וילבס‹ו›הא] וילׄבשוׄנׄהא ג | רגליה] + אל ימיׄ[ן] ג 12 אלכיוט] [אל] כיוט ג 16 אשר – ויקרא] [וג׳] ונׄקראׄ ג | ביש⸢ראל⸣ – הנעל] [ב]ישרׄ וג׳ ג

[שטר יז: חליצה]

השטר השבעה־עשר – 'כתאב אלכלע', והוא גט חליצה. מן החובה שאתאר תחילה את אופן הפעולה ואחר כך את נוסח השטר.

ואומַר: ידוע, שמי שנפטר בלא ולד והשאיר אישה ויש לו אח, האח חייב או לשאת אותה או לפטור אותה. ואם אינו רוצה לשאת אותה,[1] ימתין שלושה חודשים אחרי מות אחיו[2] ואחר כך יפטור אותה. והמנהג הוא שיכונסו באותו מושב חמישה אנשים והאיש ויבמתו, וייקחו נעל שיש לה רצועות או שרוכים, וינעילוהו לו ברגלו, ויהדקו אותה, ויעמוד זקוף.[3] ויקריאו ליבמתו שתאמר מילה במילה: 'מאן יבמי להקים לאחיו שם בישראל לא אבה יבמי', ו[היא צריכה לבטא את] המילים האחרונות, כלומר 'לא אבה יבמי', ברצף אחד,[4] כדי שלא [תשתמע] מדבריה משמעות אחרת. ואחר כך יקריאו לו שיאמר: 'לא חפצתי לקחתה', ויאמרו לה: 'חלצי נעלו [ ] כף רגלו ויצמיד אותה לארץ. ותחזיק האישה (=היבמה) בידה את הרצועות או השרוכים ותתיר אותם. ולא ירים את כף רגלו, אלא (היא) תמשוך את הנעל בידיה מן הקרסול [ ] בה, ויאמרו לה: 'רְקִי לפניו', ויביטו בה עד שיתברר להם שהיא ירקה מפיה על הארץ [ ] הארץ לפניו. ואחר כך יקריאו אותה שתאמר 'ככה יעשה לאיש אשר לא יבנה את בית אחיו ויקרא שמו בישראל בית חלוץ הנעל', ואחר כך יאמרו ביחד 'חלוץ הנעל! חלוץ הנעל! חלוץ הנעל!' שלוש פעמים. ומשאמרו זאת שלוש פעמים תם שחרור האישה, ואז תינשא (=תוכל להינשא) למי שתרצה.

1 ההחלטה היא בעצם של היבם, ואם היבמה מסרבת להתייבם תידון כמורדת, כשיטת גאוני סורא, ראו למשל אוצה"ג, יבמות, סימנים קעג־קעה, קעט. שיטת רס"ג מוכרת אף מתשובתו (שם, סימן קנט), והשוו אל תחילת שטר יח להלן ואל הערה 1 שם.

2 כדי לוודא שאין היבמה מעוברת, ראו משנה יבמות ד:י. אם אמנם היא מעוברת, צריך להמתין ולראות אם תלד ילד בן קיימא. במקרה זה היא פטורה מחובת הייבום או החליצה ואסורה על היבם כדין אשת אח. השוו אל הכתוב שם, ד:א.

3 לתיאור הנעל ראו בבלי יבמות קב ע"א. מצד הדין נראה שאין היבם חייב לעמוד דווקא אלא ללחוץ את רגלו על הקרקע בלבד (ראו שם, קג ע"א). אפשר שרס"ג ניסח את הוראותיו בצורה זו לשם הפשטות והנוחות, או שסבר כי לכתחילה בכל זאת עדיף שיעמוד.

4 ראו בבלי יבמות קו ע"ב.

ויכתבון להא מחצ̇רא כמא וצפת מא כלא אנהם לא יצדרון באנה ה׳ לכנהם יכתבון במותב תלתה הוינא ויכתבון אלזמאן ואלמכאן תם צורה אלפעל דפלונית בת פלונית סליקת לקדמנא לבית דינא וכין אמרת דאנא נסיבאנא באינ‹א›שי לפל̇וני̇ ב̇ר̇ פל̇וני̇ וההוא פלוני בעלי חיי על רבונן שבק ובר וברת ומחסין ביש̇ראל̇ לא שבק וההוא פל̇וני̇ ב̇ר̇ פל̇וני̇ אחוהי מן אבוהי דההוא בעלי מיתאנא הוא ועליה אמיר מן אוריתא ליבמה יתי כען אנתון רבונן אימרו ליה אי צבי ליבם ואילא ליטלע לי רגליה דימינא ואשתמודענוהי להדין פל̇וני̇ דאחוהי דפל̇וני̇ מיתאנא (הוא) דמן אבוהי הו ואמרנא ליה אי צבית יבים ואילא אטלע לה רגלך דימינא ואמר לית אנא צאבי ליבמותה ומדאמר כין קדמנא אקרינא יתה מאן יבמי להקים לאחיו שם בישראל לא אבה יבמי ואקרינא יתיה לא חפצתי לקחתה ואטלע לה קדמנא רגליה דימינא ושרת סאניה מעל רגלוהי ורקת באנפוהי רוקא דאיתחזי לנא מן פומה על ארעא תוב אקרינא יתה ככה יעשה לאיש אשר לא יבנה את בית אחיו ויקרא שמו ביש̇ראל̇ בית חלוץ הנעל ובכין אנחנא דיאני וכל דהוו עימנא יתבין ענינא כולנא בתריה ואמרנא חלוץ הנעל חלוץ הנעל חלוץ הנעל ג׳ זמני ומידאיתעביד עבאדא דנן קדמנא שרינוהא לפלונית דא למהך לאתנסבא לכל גבר דיתיצבי וכתבנא וחתמנא ויהבנא לה לפל̇נית̇ דא דלהוי בידה לזכו ולראיה ויכתם עליה ג׳·

ורסמוה פי אלמחו ואלחך ותאכר כתאמה אלשהוד כסאיר אלכותב לא כאלגט לאנה מחצ̇ר לכנה יזיד עלי אלגט אנה יגב אן יכון מסרגל לחאל אלפואסיק אלדי פיה·

28 יבמי] + אלי אכרה ע 30 סאניה] סיניה ע ׀ רגלוהי] רגליה ע 32 ובכין] ובכן ע ׀ דהוו – יתבין] דה̇ו̇ן̇ יתבין עמנא ע 33 כולנא בתריה] ב̇תרה ע ׀ חלוץ[1] – הנעל[3]] חלוץ הנעל חלוץ הנעל ע ׀ ג׳] תלתא ע 34 ומידאיתעביד עבאדא] אל[ ] ומדאתעביד [עובדא] ע 37 ואלחך ותאכר] ואללחק וסאי̊ר̊ תאכיר̊ ע ׀ אלכותב] אלכתב ע 38 מחצ̇ר] א. הו ע ׀ יכון מסרגל] יסרגל ע

5 כמו שרגילים לכתוב בכל מעשה בית דין (ראו בבלי כתובות כב רע״א; ב״ב קסה ע״ב, קסח רע״ב; סנהדרין ל רע״א), שהרי מצד הדין אף חליצה בשלושה, אם כי לכתחילה עושים אותה בנוכחות חמישה ׳לפרסומי מילתא׳ (יבמות קא סע״ב). רס״ג מאמץ את שיטת רב יהודאי גאון והלכות גדולות (ה״ג, מהדורת הילדסהיימר, ב, עמ׳ 144–145), ואילו בהלכות

ויכתבו לה זיכרון דברים כמו שתיארתי מלבד זאת שהם לא יכתבו בתחילה שהם המישה, אלא יכתבו 'במושב שלושה היינו',[5] ויכתבו את הזמן ואת המקום ואחר כך את אופן הפעולה – 'שפלונית בת פלונית עלתה לפנינו לבית הדין וכך אמרה: "שאני הייתי נשואה לפלוני בן פלוני, וההוא פלוני בעלי שבק חיים לחכמים, ובן ובת ויורש בישראל לא השאיר, וההוא פלוני בן פלוני הוא אחיו מאביו של אותו בעלי הנפטר, ועליו מוטל מן התורה לייבם אותי. כעת אתם החכמים אִמרו לו – אם רוצה, שייבם, ואם לא, שירים לי את רגלו הימנית". והכרנו אותו, את פלוני זה, שהוא אחיו של פלוני הנפטר מאביו, ואמרנו לו: "אם אתה רוצה, יבם, ואם לא, הרם לה את רגלך הימנית".[6] ואמר: "איני רוצה לייבם אותה". ומשאמר כך לפנינו הקראנו אותה "מאן יבמי להקים לאחיו שם בישראל לא אבה יבמי", והקראנו אותו "לא חפצתי לקחתה", והרים לה בפנינו את רגלו הימנית, וחלצה נעלו מעל רגליו, וירקה בפניו רוק שנראה לנו (יוצא) מפיה על הארץ,[7] ושוב הקראנו אותה "ככה יעשה לאיש אשר לא יבנה את בית אחיו ויקרא שמו בישראל בית חלוץ הנעל". ובכן אנחנו הדיינים וכל שהיו יושבים עמנו ענינו כולנו אחריה[8] ואמרנו: "חלוץ הנעל! חלוץ הנעל! חלוץ הנעל!" שלוש פעמים.[9] ומשנעשה מעשה זה בפנינו, התרנו לה, לפלונית זו, ללכת להינשא לכל אדם שתרצה, וכתבנו וחתמנו ונתנו לה לפלונית זו, שיהא בידה לזכות ולראיה', ויחתמו עליו שלושה.[10]

ומנהגו (של שטר זה) בנוגע למחייה ולמחיקה ולאיחור חתימת העדים כשאר השטרות, לא כגט, מפני שהוא זיכרון דברים.[11] אולם הוא חמור מן הגט (מפאת) שהוא צריך להיות משורטט, בגלל הפסוקים אשר בו.[12]

ראו (מהדורת שלוסברג, עמ' 121; השוו אל ה"ג, מהדורת הילדסהיימר, ב, עמ' 147, הערה 8) ובסה"ש לרה"ג (מהדורת אסף, עמ' 39, הערה 10) נאמר שיש לכתוב 'במותב חמשה'.

6 מן 'ואשתמודענוהי' עד כאן נכלל כבר בנוסח גט חליצה המיוחס לרב יהודה, ראו בבלי יבמות לט ע"ב.

7 ראו בבלי יבמות לט ע"ב, קו סע"ב.

8 ברגיל הצורה 'בתריה' מציינת 'אחריו', אך נראה שכאן משמעה 'אחריה', ראו ש"י פרידמן, 'הערות', עמ' 64–69.

9 ראו משנה יבמות יב:ו; בבלי יבמות קו סע"ב ומקבילות.

10 ראו לעיל, הערה 5.

11 רצונו לומר שלמרות שיתוף השם, גט חליצה אינו דומה לגט, המכונן מצב משפטי חדש, אלא הוא דומה לרוב השטרות, שנועדו לשמש ראיה בלבד למצב משפטי שנוצר בדרכים אחרות. אי לכך אין להחמיר בו בחומרות המיוחדות שנקבעו לכתיבת הגט.

12 ראו בבלי יבמות קו סע"ב. לעניין האיסור הכללי לכתוב פסוקים בלא שרטוט ראו בבלי גטין ו ע"ב.

〚שטר יח: כתובת יבמה〛

ואלכתאב אלי״ח כתאב צדאק אלאסלאף והי כתבה יבמין אן אכתאר אלסלף אן יתזוג בסלפתה פליצבר ג׳ אשהור תם יכתב להא הדא אלכתאב ויקדסהא וצדרֹה אלזמאן ואלמכאן תם פלֹ֯וני֯ בֹ֯ר֯ פלֹ֯וני֯ אמר לה לפלונית דפלוני בר פלני אחי הוה בעליך אחי דמן אבי הוה וחיי לכל ישׂ֯ראל֯ שבק ובר וברת ומקים שמיה בישׂ֯ראל֯ לא שבאק ואנא חזינא מן אוריתא ליבמה יתיכי האבי כען ואייבים יתיכי ואנא איפלח ואייקר ואיסובר יתיכי כהולכת גברין יהודאין דפלחין ומייקרין ומסוברין ית נשיהון בקושטא ושמעתיה פלֹ֯נית֯ דא לפלֹ֯וני֯ דנן ואיתיבמת ליה והות ליה לאינתו ויהב לה תרי עשר זוזי ופלגיה דזוזא דחזן לה מן אוריתא תם דכר ((אלתואפה)) אלתוסאפה ואלגהאז ואלדרך ואלאכלאץ ואלקינין כסאיר אלכתבאת٠

וינבגי אן נעלם אן פי אלזמאן אלאול כאן מאל כתובת יבמין אנמא כאן יסתופא ממא יכלפה אלאך אלמית לקֹ֯ול֯ אלקדמא כנסה הרי היא כאשתו לכל דבר ובלבד שתהא כתובתה על נכסי בעלה הראשון וכאן ישרח פי אלכתובה אילא מהודענא ליכי דכתובתיך תסבין מנכסי בעליך קדמאה פלמא

המקורות לנוסח היסוד: לשורות 1–16 (עלי(ה)) טופס א; לשורות 16 (מאלה)–19 טופס ע.

המקור המקביל: לשורות 1–16 (עלי(ה)) טופס ע.

1 כתבה] כתובת ע ׀ אכתאר] יכתאר ע 2 אשהור] אשהר ע 3 פלֹ֯וני֯[2] + ((...)) ע 4 דמן] מן ע 5 ומקים שמיה] דמוקים (אולי יש לקרוא ומקיים) שמא ע ׀ שבאק] שבק ע 6 האבי – ואייבים] הבי [ו]אֹיבים ע ׀ איפלח] אֹפֹלח ואֹ[ו]זֹיין ע ׀ כהולכת] כהלכת ע 7 ומייקרין – נשיהון] ומיקרין נשיֹהון ע ׀ פלֹ֯נית֯] פלונית ע 8 לפלֹ֯וני֯ – ליה[1]] ואתיבמת 〈ליה〉 ע ׀ לאינתו] לאנתֹוֹ ע 9 ופלגיה – דחזן] ופלגֹא (אולי תוקן מן ׳ופלגיה׳) מֹןֹ מהרה דחזי ע ׀ אלתוסאפה] אלתוספה ע 10 ואלאכלאץ ואלקינין] ואלקנין ע 11 נעלם] תעל[ם] ע 12 יכלפה] כלפֹהֹ ע 13 נכסי] ניכסי ע ׀ וכאן] + דלך ע 14 אילא] פיקול אלא ע ׀ דכתובתיך] שכתובתיך ע

[שטר יח: כתובת יבמה]

השטר השמונה־עשר – 'כתאב צדאק אלאסלאף', והוא כתובת יבמין. אם בחר היבם לשאת את יבמתו,[1] ימתין שלושה חודשים,[2] ואחר כך יכתוב לה שטר זה ויקדש אותה.[3] תחילתו הזמן והמקום ואחר כך (יכתוב) 'פלוני בן פלוני אמר לה לפלונית: "פלוני בן פלוני אחי שהיה בעלך, אחי מאבי היה, ושבק חיים לכל ישראל, ובן ובת ומקים שמו בישראל לא השאיר, ואני ראוי מן התורה לייבם אותך. הבה אייבם אותך כעת, ואני אעבוד ואכבד ואפרנס אותך כהלכות גברים יהודים העובדים ומכבדים ומפרנסים את נשותיהם ביושר". ונתרצתה לו פלונית זו לפלוני זה ונתייבמה לו והייתה לו לאישה,[4] ונתן לה שנים־עשר זוזים וחצי זוז הראויים לה מן התורה'.[5] ואחר כך הזכרת התוספת והנדוניה והאחריות והכנות והקניין כשאר הכתובות.

ועלינו לדעת שבתחילה היה ממון כתובת יבמין נגבה רק ממה שהשאיר (=מעיזבון) האח הנפטר, כמאמר הקדמונים 'כנסה – הרי היא כאשתו לכל דבר, ובלבד שתהא כתובתה על נכסי בעלה הראשון' (יבמות ד:ד), והיה מבואר בכתובה 'אלא שאני מודיע לך שאת כתובתך תקחי מנכסי בעלך הראשון'. וכאשר

1 עיקר ההחלטה תלוי ביבם, ראו לעיל, הערה 1 לשטר יז ולהלן, הערה 4.

2 ראו לעיל, שטר יז, הערה 2 ומשנה יבמות ד:י.

3 מעצם הדין קונה היבם את יבמתו בביאה בלבד (ראו למשל משנה יבמות ו:א), ואולם לכתחילה הצריכו חכמים שיקדש אותה (קידושין אלו מכונים בלשון חז"ל 'מאמר'), ראו בבלי יבמות נב רע"א.

4 הניסוח דומה לזה של כתובה רגילה (לעיל, שטר טו, שורות 4–6). ואולם חופש הבחירה של היבמה מוגבל מאוד: אם תסרב להתייבם, לשיטת הגאון תידון כמורדת ותפסיד את כתובתה, ראו לעיל, שטר יז, הערה 1.

5 כשיעור כתובת אלמנה במסורת הבבלית, השוו לכתוב לעיל בהערות 3, 6 לשטר טו. מן האמור כאן משתמע לכאורה שהיבמה מפסידה חצי מעיקר כתובתה, אם נישאה לאחי היבם בהיותה בתולה, ואולם מתשובה של רס"ג (אוצה"ג, יבמות, סימנים קנח–קנט) נראה שלדעתו, מלבד הכתובה של שנים־עשר זוזים וחצי זוז שהיבם כותב ליבמתו הוא חייב גם לחדש לה את הכתובה המקורית מנישואיה הראשונים, וצריך עיון. במקורות אחרים נאמר שהיבמה זכאית לסכום כתובתה המקורית בלי שייזכר מוהר האלמנה, השוו אל ה"פ, מהדורת ששון, עמ' קסג; סה"ש לרה"ג, מהדורת אסף, עמ' 42; ספר מתיבות, מהדורת לוין, סוף עמ' 9.

קל עקאר אלאומה וצאר אכתר אלמתופין לא (יכלפא) [יכלפון] שיא פמתי
ע שא אלרגל אכד בידהא ואצרפהא איד לא דין להא עלי(ה) מאלה הו רסם אן
תכון כתובת אליבמין כ֯ס֯א֯[יר] אלכתבאת לקולהם ואי לית לה מראשון תקינו
לה [מש]נ֯י֯ כדי שלא תהא קלה בעיניו להוציאה ולדלך [תג]ר֯א אליום מ֯ג֯רי
ס֯א֯י֯ר֯ אלכתבאת ·

15 קל] ק((א))ל ע ׀ אלאומה] אלאמה ע ׀ אכתר אלמתופין] אכ‹ת›ר אלמתופיין ע ׀ [יכלפון]] ע 16-15 פמתי – איד] ותבין אן מן י֯בם סלפתה מתי מא שא אכד בידהא י֯צ֯ר֯פ֯הא אד ע 19 אלכתבאת] + רסם ואחד [לכלהא] (= מנהג אחד לכולם) ע°

נתמעטו קרקעות האומה ונמצא שרוב הנפטרים לא השאירו דבר (=קרקע), והאיש (=היבם) כל אימת שרצה אחז בידה וסילקה מאחר שאין לה חוב עליו מממונו הוא, תיקנו שתהיה כתובת היבמין כשאר הכתובות, כאמרם 'ואי לית לה מראשון, תקינו לה משני כדי שלא תהא קלה בעיניו להוציאה' (יבמות לט ע"א).[6] לפיכך היא נוהגת היום כמנהג שאר הכתובות.

6 הגאון תולה את התפתחות ההלכה הנרמזת בדברי התלמוד שהוא מצטט בכך שלרוב הנפטרים לא היו קרקעות (ולפי דין התלמוד אין לגבות חובות – בכללן כתובה – ממיטלטלין של הנפטר). מצב כזה מתועד היטב בתקופת הגאונים והוצע כהסבר לתקנת הגאונים הידועה שיש לגבות חובות אף ממיטלטלין של הנפטר. ראו ברודי, 'תקנות הגאונים', עמ' 305 והערה 126. לא ברור מדוע רס"ג רואה לנחוץ להעיר על הנוסח הקדום, מאחר שלדעתו שוב אין לכלול אותו בשטר זה.

⟦שטר יט: שטרא דמרכסא⟧

ח [···] [א]ל[או]ל מ̇נ̇הא עוץ̇ כתאב והו יסמא̇ שטר ד̇מרכסא [פמעניה] אן̇ אלשטר א̇ד̇א צאע מן אלמק(ת)ר̇ץ̇ והודא̇ יסום תעויצ̇ה [ ]לה̇ פאן כאן אלמקתרץ̇ מ̇ע̇ת̇ר̇פ̇א ב̇ד̇לך והודא יגדד לה̇ כתאבא עוץ̇ מנה לכנה יכאף אן יגד אלכתאב בעד דלך פיטאלב בה תאניי פלישהד עלי נ̇פסה במקדאר דאלך אלמאל ללמק(ת)רץ̇ ויסתתני באל וגדאן פי אכר אל כתאב פיקול פי צדרה בעד אלזמאן ואלמכאן ואלא̇ש̇כ̇אץ̇ ואית ליה עליי אלפא דזוזי והוה כתאבית ליה ש̇ט̇רא בהון פאן כאן יחפט̇ אלתאריך פליק̇ו̇ל דזמנ̇[י]ה ביום פלו˹ני˺ ואלא יקול מן קדמת דנה וי̇צ̇ף עיון נ̇ס̇כה אלשטר חתי ינתהי אלי אכרה פאן {כאן} איצ̇א יחפט̇ אלשהוד פיקול ואסהדית ליה פל˹וני˺ ופל˹וני˺ ואלא פיקול ואסהדי̇ת̇ ליה ש[הדי פא]ד̇א ([אסתת]מת) [אסתתם] דלך עלי אי א̇ל̇ו̇ג̇ו̇ה כא̇ן̇ י̇קול [ואיוד ליה ההוא שטרא כען היו עלאי שהדי דאילין אלפא דזוזי דהוה כתיבין בההוא שטרא קדמיכון נוסחיה וכל אימאתי דפרענא יתהון ליה להלין זוזי דאודיתי קדמיכון מהדר לי הדין] שטרא ואי [מ]ש̇ת̇כ̇ח̇ לבתר הכין לית בה מש̇[ש]א תם י̇ד̇כר אלדר̇ך וא̇לאכלא̇ץ ואלקנין·

המקור לנוסח היסוד: טופס ח.

המקור המקביל: לשורות 5 (ללמקתרץ̇) - 13 (דאודיתי) טופס א.

5 ללמ(ת)קרץ̇] א | פי צדרה] ליתא א 6 ואית] דאית א | עליי] עלאי א | דזוזי] זוזי א 7 יחפט̇] יחפט א 7–8 ביום – יקול] ביומא פל׳ ואילא פיקול א 8 נ̇ס̇כה אלשטר] נוסכה אלשטאר א 9 {כאן}] א | פיקול ואסהדית] פליקול ואשהידית א 10 ואסהדי̇ת̇] ואשהידית א | ש[הדי – [אסתתם]] א 11–13 [ואיוד – דאודיתי] א

---

1 ברור שכתיבת השטר בנסיבות אלו תלויה בהסכמת החייב, ומסתבר שאפילו אם הלה מודה שהוא חייב למלווה כסף בשטר, יוכל להתנגד לכתיבת עוד שטר, לפחות אם לא ידוע בבירור שהשטר המקורי נשחת. השווה אל הכתוב בבבלי ב"ב קסח סע"ב ובהערות 5, 8 להלן.

2 לפי המילונים, משמעות המילה 'וגדאן' היא בערך 'הגינות', אך ברור מן ההקשר (השווה בייחוד לשורות 13–14 להלן בשטר זה) שהגאון משתמש בה במשמעות של 'מציאה', כשם נרדף ל'וגוד'. השווה אל שורה 1 בשטר לז להלן ואל י' בלאו, מילון, עמ' 748; דוזי, מילון, עמ' 782–783.

[שטר יט: שטרא דמרכסא]

[(אלה) שמונה־עשר השטרות השכיחים פחות מן הראשונים.] הראשון מהם – 'עוק̇ כתאב', והוא מכונה 'שטרא דמרכסא'. ועניינו – אם אבד השטר מן המלווה, והוא דורש את החלפתו [ ], ואם הלווה מסכים לכך שיחדש לו שטר תמורתו,[1] אך הוא פוחד שלאחר מכן יימצא השטר (המקורי) ו(המלווה) יתבע אותו שנית, יעיד (עדים) על עצמו בסכום הממון הזה למלווה, ובְסוף השטר (החלופי) יַתְנֶה את מציאת[2] (השטר המקורי) ויאמר בתחילתו, אחרי הזמן והמקום והאנשים, 'שיש לו עליי אלף זוזים וכתבתי לו שטר עליהם'. ואם (הוא) זוכר גם את התאריך, יאמר 'שזמנו ביום פלוני', ולא – יאמר '(שזמנו) לפני כן',[3] ויתאר את ענייני נוסח השטר עד שיגיע לסופו. ואם (הוא) זוכר את העדים, יאמר 'והעדתי לו את פלוני ופלוני', ולא – יאמר 'והעדתי לו עדים'. משנסתיים העניין, בכל דרך שתהיה, יאמר 'ואבד[4] לו אותו השטר. כעת היו עדים עליי על אותם אלף זוזים שהיו כתובים באותו השטר אשר נוסחו לפניכם, וכל אימת שאפרע אותם לו, את אותם הזוזים שהודיתי (בהם) בפניכם, יחזיר לי את השטר הזה, ואם יימצא (השטר המקורי) לאחר מכן, אין בו ממש'.[5] ואחר כך יזכיר את האחריות ואת הכנות ואת הקניין.

---

3 פרטים אלו עשויים להיות חשובים כדי לברר לאיזה שטר נוגעים הדברים, אם יוציא המלווה שטר אחר על הלווה והלה יטען שזה השטר 'האבוד' (השווה להערה 5 להלן). ואולם מסתבר שאף אם הלווה זוכר את התאריך המדויק של השטר המקורי, לא יגבה המלווה אלא מתאריך השטר החדש מחשש לקנוניה ולהפסד לקוחות. השווה אל בבלי ב"מ יב ע"ב - יג ע"ב.

4 'ואיוד' כתיב פונטי במקום ואיבד (=ונאבד), השווה לדברי אפשטיין, דקדוק, עמ' 18 והערה 71.

5 אם המלווה יגבה על־פי השטר השני, יצטרך הלווה לשמור אותו אצלו, ואם המלווה יוציא אחר כך את השטר המקורי וינסה לגבות בו, ישמש סעיף זה הוכחה לביטול השטר המקורי. לחלופין, אם יבוא המלווה לגבות על־פי השטר המקורי ויתכחש לקיומו של השטר השני או יטען שאבד, יצטרך הלווה לשמור על השטר המקורי או על הקבלה, ואז לא יוכל המלווה לגבות עוד פעם על־פי השטר השני, מאחר שמצוין בו במפורש שאינו אלא תחליף לשטר המקורי, האבוד.

{פ}אן לם יכן אלמקתרץ֯ מ֯ע֯[תרפא בדלך] ליכן א֯לש֯ה֯ו֯ד֯ קד וקפו עלי אן אלש֯טר קד א֯ת֯ל֯[ף] ב֯א֯ן֯ א..... אלנהר או (סרק) [כ֗רק] או אמתחא או מ֯א אשבה דלך פאן כאן קד קרוה מן קבל אן יתלף פליכתבון (להמא) [לה מא] קד עלמו ויכתבו .לה ויקום ללמק(ת)רץ {מקאם} אלשטר לקול אלקדמא מי שנמחק שטר חובו מעמיד עליו עדין ובא לבית דין ובית דין עושין לו ק֯י֯ו֯ם איש פל⸢וני⸣ בן איש פל⸢וני⸣ נמחק שטרו ביום פל⸢וני⸣ ופל⸢וני⸣ ופל⸢וני⸣ עדיו פיכת֯[בו] אלשהוד דכר אלזמאן ואלמכאן ואלשכץ אלמק֯[רץ֯] תם יקולון אתרמינא בהדי פל⸢וני⸣ בר פל⸢וני⸣ והוה בידיה שטרא ניסח֯יה כן [וכן] אן כאנו קד חפט֯ו אלנסכה כלהא ואלא פעיונה[א] תם יקולון ד֯ח֯ת֯י֯מין עליה פל⸢וני⸣ ופל⸢וני⸣ וקמנא על חתימות ידיהון וא..ן [ ].ניהן א֯ן֯ כ֯אנ֯ו֯ י֯ע֯ר֯פ֯ו֯

כטו֯ט֯הם ואלא פלא יסאוי שיא [מתל ד]ל֯ך

קאלו ואב֯י֯ד מניה בנ֯הרא [א]ל֯כ֯ת֯אב אלאול

וא‹ן› (סרק) [כ֗רק] [ ] פ֯י֯ביין א֯ן ‹ל֯א֯

י֯מ֯כ֯ן֯› ירגע [ ] כל אימת֯י֯ [...]

---

6 בכתב־היד כתוב כאן ולהלן 'סרק' (=נגנב) אולם מסתבר שצריך לומר 'כ֗רק' (=נקרע).

7 בדפוסי המשנה רק 'ועושין', ונוסחים רבים אחרים גורסים 'והן עושין'. ראו ד"ס לב"ב קסח ע"א, אות ח.

8 במשנה מדובר על בית דין בלבד, אך הגאון מרחיב דין זה ומאפשר אף לעדים לכתוב למלווה שטר חלופי בתנאי שזיהו את חתימות העדים שחתמו על השטר המקורי (ראו להלן, הערה 9), היינו לולא אבד השטר היו יכולים להעיד על החתימות בבית הדין (ראו בבלי

ואם אין הלווה מסכים לכך, אבל העדים עמדו על כך שהשטר נשחת שכן [נפל] לנהר או נקרע[6] או נמחק או כיוצא בזה, ואם קראו אותו לפני שנשחת, יכתבו לו את מה שהם יודעים ויכתבו [ ], ו(שטר זה) יעמוד למלווה במקום השטר (המקורי), כמאמר הקדמונים 'מי שנמחק שטר חובו מעמיד עליו עדין ובא לבית דין ובית דין עושין[7] לו קיום: "איש פלוני בן איש פלוני נמחק שטרו ביום פלוני, ופלוני ופלוני עדיו"' (ב"ב י:ו).[8] ויכתבו העדים את ציון הזמן והמקום והאיש המלווה, ואחר כך יאמרו 'נקלענו יחד עם פלוני בן פלוני והיה בידו שטר שנוסחו כך' – אם הם זוכרים את הנוסח כולו, ולא – (ירשמו) את ענייניו, ואחר כך יאמרו 'שחתומים עליו פלוני ופלוני, ועמדנו על חתימות ידיהם [ ]', אם הם מכירים את חתימותיהם, ולא – (שטר זה) אינו שווה דבר.[9] [ ] דוגמת זאת אמרו ואביד מניה בנהרא [ ] השטר הראשון. ואם נקרע [ ] ויבהיר שלא יוכל לחזור [ ] כל אימתי [...]

כתובות כא ע"ב). ואולם, לשטר זה, כמובן, אין מעמד של 'קיום' כמו שיש, לפי המשנה, לשטר שכותב בית הדין. ובנסיבות אלו של אבדן השטר המקורי אף ניסוח השטר שמציע הגאון שונה לגמרי מן הניסוח שבמשנה (בין היתר מפני שהמשנה מנסחת את השטר בעברית ורס"ג מביא נוסח ארמי). מאחר שהעדים נכחו בזמן שהשטר נשחת או אבד, אין חשש שהמלווה ינסה לגבות את חובו פעמיים, כבמקרה הראשון המתואר לעיל. השוו גם אל בבלי כתובות טז ע"ב.

9 שהרי ייתכן שהשטר מזויף בידי המלווה (שאולי אף ביים את 'איבוד' השטר), וכעת אין אפשרות לאשר את חתימות העדים הואיל והשטר איננו.

⟦שטר כג: שטר דמיו⟧

צ [...] אלי אן יופי מולאה תמנה לכן יגֿב אן יכתב לה עתקא מחצֿא ואדא תם דלך וצאר חׄרא אשהד למולאה במאל עלי נפסה ‹מקדאר תמנה› וכאנת צורה אלכתאב אלדי יכתבה למולאה עלי נפסה מתל שטר הלואה אלמטלק אלא אנה יזאד פ[יה סב]ב אלמאל פיקול בעד דכר אלזמאן ואלמכאן [האי]ך פל'וני' משוחרר דפל'וני' בר פל'וני' אמר לנא הוו עלי שהדי אלי אכר אלקצה והבו ליה לפל'וני' בר פל'וני' דהוה רבי מן קדמת דנא וכען תבעית מיניה ואפיק יתי לחירו על מנת דיפלחנא וטרחנא ומשלמנא ליה כך וכך זוזי דאינון דמי דילי ואצטבי בכן וכתב לי גט חירו ויהביה לדילי ((ובכן)) ‹ו›כען הא מודינא קדמיכון דאית ליה עלי כך וכך זוזי בזפו וברשו וסאיר ‹עיון ו›שרוט שטר הלואה אמא דין חאל או מווגֿל וכדלך אן רצֿי אן יכתב וכל אימת דנאפיק פליכתב בחסב דלך·

המקור לנוסח: טופס צ.

---

1 מדובר כאן על שחרור עבד שלפי שעה אינו יכול לשלם לאדונו את דמיו, אך מתחייב לעשות זאת בעתיד. נראה שהדיון בשטר זה נפתח בקביעה שבמקרה כזה אין לכתוב לעבד שטר שחרור שתוקפו מותנה באותו תשלום עתידי, מפני ששחרור עבד חייב להיעשות באופן מוחלט, וזאת בהתאם להבנה שהרי"ף מבין את הסוגיות בבבלי גטין ח ע"ב - ט ע"א וב"ב קמט ע"ב - קנ רע"א, ובייחוד את דברי רב אשי 'התם היינו טעמא משום דלאו כרות גיטא הוא' (גטין ט ע"א).

[שטר כג: שטר דמיו]

[··· ואסור לכתוב ששחרור העבד לא יושלם] עד שיפרע לאדונו את דמיו, אלא מן החובה לכתוב לו שחרור מוחלט, וכאשר נסתיים הדבר (=השחרור) ו(הוא) נעשה בן חורין, יעיד לאדונו לשעבר על עצמו (שהוא חייב לו) ממון כשיעור דמיו.[1] וצורת השטר שיכתוב לאדונו לשעבר על עצמו היא כדוגמת שטר הלוואה רגיל, אלא שיוסיף בו את סיבת (חיוב) הממון[2] ויאמר, אחרי הזכרת הזמן והמקום, 'איך פלוני, משוחרר של פלוני בן פלוני, אמר לנו: "היו עדים עליי" – עד סוף העניין[3] – "ותנו לו לפלוני בן פלוני, שהיה אדוני קודם לכן, וכעת תבעתי ממנו והוציא אותי לחירות על מנת שאעבוד ואטרח ואשלם לו כך וכך זוזים, שהם דמיי,[4] ונתרצה בכך וכתב לי גט חירות ונתנו לי. וכעת אני מודה בפניכם שיש לו עליי כך וכך זוזים בהלוואה ובנישיון"',[5] ושאר ענייני ותנאי שטר הלוואה – אם חוב (לגבייה) מידית אם (לגבייה) במועד מסוים.[6] וכן אם נתרצה לכתוב 'וכל אימת שיצא' (וגו'),[7] יכתוב בהתאם לכך.

---

2 אם כן, בעצם אין צורך לייחד למקרה זה שטר נפרד. ואולם הגאון עשה זאת, כנראה, משום שמקרים כאלה היו שכיחים למדיי וראו בהם קטגוריה מיוחדת, אם כי מצד הדין הושוו להלוואות.

3 היינו 'וקנו מיני מיעכשו וכתובו וחתומו עלאי בכל לישאני דזכואתא' (לעיל, שער ז, שורות 10–11).

4 לכאורה (כמו שהעיר אסף במאמרו 'סה"ש לרס"ג', עמ' פט, הערה 5) הלשון סותר את האמור לעיל (ראו הערה 1). ואולם כנראה צריך לפרש את הביטוי 'על מנת' כאן במשמעות 'כדי', 'למען' ולא במשמעות התנאה, השגורה בלשון חכמים.

5 ראו לעיל, שטר א, הערה 8.

6 עיינו לעיל, שטר א, שורות 22–26.

7 שם, שורות 29 ואילך, ובייחוד שורות 37–40.

⟦שטר כד: מיאון⟧

(מיאון) ואלסאדס כתאב אלאכתלאע והו שטר מיאון וליס כל מראה תכלע רג̇ולהא יכתב להא הדא לכן אליתימה אלתי תזווג̇[ת] תם תכרה רג̇ולהא פלינט̇ר חיניד אן ‹כאן› פי אמ[ר͘ה]א באב מן תלתה אבואב פלא בד להא מן גט עלי [ר]אי בעלהא כמא וצפת ואחד אלתלתה אבואב אמא א[ן] יכון אבוהא הו אלדי זווג̇הא והי צגירה פאן כרהת רגול[הא] [   ]עלו בעד מות אביהא פלא בד מן גט ואלתאני אן יכון אל[מזוו]ג̇ להא אכוהא או אמהא ען ראיהא (אלי) [עלי] אנהא קד בלגת [י"ב סנה] ונצף ויום ואחד ומא זאד עלי דלך פאנה{א} איצ̇א לא בד [להא מן גט] לאנהא בוגרת לקול אלקדמא אין בין נערות לב[גרות אלא ששה] חדשים בלבד ואלתאלת אן יכן קד נבת ל[הא   ול]ו שערתין לקולהם ‹אל מעלום› תינוקת שהב[יאה שתי שערות אינה יכולה] למאן·

פאן לם יכון ואחדה מן הדה אלג' כלל וכאן אכיהא או אמהא קד זוג̇הא והי יתומה למן כרהתה חין כברת קבל אן תבלג י"ב סנה וסתה אשהר ויום ואחד ומן קבל אן ינבת להא שער פלתחצ̇ר אלי אלחאכם ותשכו(א) ח[אלהא] פאדא אמתחנהא ווג̇דהא לם תבלג קבל אכתלאעהא כר[ק אל]צדאק וכתב להא מחצ̇ר פיחל חיניד תזויג̇הא במן שאת וליס יחתאג̇ פיה אלי אדן בעלהא כקול אל קדמא איזו היא קטנה שצריכה למאןֺ כל שהשיאתה אמה או אחיה לדעתה·

ויחוט בהדא אל ((באב)) כתאב אלמסמא גט מיאון ושטר מיאון כמסה מעאני אלזמאן ואלמכאן תם נפס אלכבר איך פלנית בת פל'וני' אתת לקדמאנא לבי דינא והכין אמרת דפלנית אמי או פל'וני' אחי אטעיאו יתי וקדישו יתי לגברא

המקור לנוסח היסוד: טופס צ.

מקור מקביל: לשורות 14 (ומן) - 32 טופס ק.

14 ומן] מן ק ׀ פלתחצ̇ר] פלתציר ק ׀ ח[אלהא]] ק 15 ווג̇דהא] פוגדהא ק ׀ כר[ק אל] צדאק] ק 16 מחצ̇ר – תזויג̇הא] מחצרא יגיז בה תזויגהא ק ׀ יחתאג̇] יחתאג ק 17 כקול אל קדמא] כמא קאלו ק ׀ שצריכה] שהיא צריכה ק ׀ שהשיאתה] שהשיאה ק 19 ויחוט] ויחט ק° ׀ ((באב))] ליתא ק ׀ אלמסמא] אלמסמי ק ׀ כמסה מעאני] מעאני ה' אולהא ק 20 פלנית] פלינתא ק ׀ פל'וני'] פלינא ק ׀ לבי] לבית ק 21 והכין] וכן ק ׀ פל'וני'] פלניא ק ׀ אטעיאו] אטעו ק

[שטר כד: מיאון]

(השטר) השישי – 'כתאב אלאכתלאע',[1] והוא שטר מיאון. לא כל אישה הממאנת באישה ייכתב לה זאת. אבל היתומה שנישאת ואחר כך מואסת באישה, אזי יש לעיין – אם היה עניינה בדרך (אחת) משלוש דרכים, אין לה מנוס מ(קבלת) גט לפי רצון בעלה, כמו שתיארתי.[2] ואחת משלוש הדרכים היא אם אביה הוא שהשיאה והיא קטנה, ואם מאסה בבעלה [ ] אחרי מות אביה, אין מנוס מגט.[3] והשנייה, אם אחיה או אמה השיאוה לפי רצונה כשכבר מלאו לה שתים־עשרה שנה וחצי ויום אחד או יותר מזה, גם (במקרה זה) אין לה מנוס מ(קבלת) גט מפני שהיא בוגרת,[4] כמאמר הקדמונים 'אין בין נערות לבגרות אלא ששה חדשים בלבד' (כתובות לט ע"א ומקבילות). והשלישית, אם כבר צמחו לה [ ] ולו שתי שערות (בלבד), כמאמרם הידוע 'תינוקת שהביאה שתי שערות אינה יכולה למאן' (נדה ו:יא).

ואם לא יהיה אחד משלושת הפגמים האלה, ואם השיאוה אחיה או אמה והיא (=בהיותה) יתומה (ו)לפני שמלאו לה שתים־עשרה שנה ושישה חודשים ויום אחד ולפני שצמח לה שער למי שמאסה בו משגדלה, תבוא אל הדיין[5] ותמחה על מצבה. ואם יבדוק אותה וימצא שלא בגרה לפני מיאונה,[6] יקרע את הכתובה ויכתוב לה זיכרון דברים, ואז יותרו נישואיה למי שתרצה.[7] ואין בו (=במיאון) צורך ברשות בעלה, כמאמר הקדמונים 'איזו היא קטנה שצריכה למאן? כל שהשיאתה אמה או אחיה לדעתה' (יבמות יג:ב).

בשטר זה, המכונה 'גט מיאון' ו'שטר מיאון', כלולים חמישה עניינים: הזמן והמקום ואחר כך גוף הסיפור – 'איך פלונית בת פלוני באה לפנינו לבית הדין,[8] וכך אמרה: "שפלונית אמי – או פלוני אחי – הטעו אותי וקידשו אותי לאדם

1 לשימוש בלשון זו בנוגע לאישה מורדת ראו לעיל, שטר טו, שורה 12 והערה 4 שם וכן אצל מ"ע פרידמן, 'פדיון', עמ' 299–300, 302.

2 לעיל בשטר טז.

3 ראו להלן, שורות 30–32 והערה 12.

4 ולכן היא עומדת ברשות עצמה, וקידושיה קידושי תורה הם. השוו, למשל, אל משנה קידושין ב:א.

5 ראו להלן, הערה 8.

6 ראו להלן, הערה 10.

7 ואפילו לקרובי 'בעלה' לשעבר. ראו משנה יבמות יג:ד.

8 הגאון מחייב מיאון בפני בית דין של שלושה. ראו משנה יבמות יג:א; בבלי יבמות קא ע"ב, קז ע"ב. הוא סבור, כנראה, שמהלך הסוגיות מנוגד לפסיקה המפורשת של רב נחמן, ולפיה די בשני עדים, אם כי ייתכן שהוא דורש בית דין לכתחילה בלבד. השוו אל סה"ש לרה"ג, מהדורת אסף, עמ' 41 והערה 6; אוצה"ג, יבמות, סימן תקכח.

חד דשמיה פל'וני' בר פל'וני' ואנא ינוקתא הויתי בההיא שעתא ולא הוה ידענא ביה וכען לא רעינא ביה ולא צבינא ביה ולית לבי צבי לאתנסבא ליה תם אנהם יכתבון אלמחנה בעד אן יצנעוהא כמא פי אלפקה פיקולון ובדקנא בה בפלנית דא ואשכחנא יתה דעדיין קטנה היא תם יסתתמ(מ)ון אל כתאב ומדאמרת פלנית דא קדמאנא [הכין כ]תבנא לה גט מיאון דין וחתמנא עליה דתישתרי ‹ביה› לכל [גבר]·

ואמא אן כאן אמהא או אכיהא קדסוהא לרגל ל[ם תסת]ערף אליה פליס תחתאג̇ אלי מיאון בתה פכיף אן כא[ן י]ק[ה]רוהא לקולהם השיאוה שלא לדעתה אינה צרי[כה למ]אן ואמא אבוהא פלה אן יקהרהא ויזווג̇הא למן [שא קב]ל בלוגהא לקול אללה עז וגל ענה את בתי [נתתי לאיש] הזה ומן חסן אלנט̇ר ללג̇מיע אן לא יזווג̇הא אלא [באכתיארהא לת]צלח אלעאקבה·

22 בההיא – ולא] לא ק° 23 וכען] כען ק ׀ ולא – ביה] ליתא ק° ׀ לאתנסבא] לאדיה ק° 24 יצנעוהא] תוקן ביד שנייה אל יסמעונהא צ ׀ ובדקנא] ובדיקנא ק 25 בפלנית] בפלינתא ק ׀ דעדיין] דעד אן ק ׀ יסתתמ(מ)ון] יכתמון ק 26 פלנית] פלינתא ק ׀ [הכין כ]תבנא] כן כתבנא ק ׀ דין] דנן ק 27 [גבר]] ק 28 כאן] כאנת ק° ׀ ל[ם תסת]ערף] לקוי ק 29 לקולהם] לקולהא (!) ק 30 יקהרהא] יקרהא ק° ׀ ויזווג̇הא] פיזוגהא ק 31 קב]ל בלוגהא] ליתא ק ׀ עז וגל] ליתא ק 32 אלנט̇ר] ליתא ק ׀ יזווג̇הא] יזוגאהא ק ׀ [באכתיארהא לת]צלח] ק

אחד ששמו פלוני בן פלוני, ואני הייתי תינוקת באותה השעה ולא הכרתי אותו, וכעת אינני רוצה בו ולא חפצה בו, ואין לבי חפץ להינשא לו".[9] ואחר כך יכתבו את הבדיקה, לאחר שעשו אותה כמו (שנקבע) בהלכה,[10] ויאמרו 'ובדקנו את פלונית זו, ומצאנו אותה שעדיין קטנה היא'. ואחר כך יסיימו את השטר – 'ומשאמרה פלונית זו לפנינו כך, כתבנו לה גט מיאון זה וחתמנו עליו (כדי) שתותר בו לכל אדם'.

ואולם אם אמה או אחיה קידשו אותה לאיש שלא הכירה אותו, אינה צריכה למאן כלל, ואם הכריחו אותה – על אחת כמה וכמה, כאמרם 'השיאוה שלא לדעתה – אינה צריכה למאן' (יבמות שם).[11] ואולם לאביה יש (רשות) להכריח אותה ולהשיאה למי שירצה לפני בגרותה, כמאמר ה' יתעלה ויתגדל על אודותיו 'את בתי נתתי לאיש הזה' (דב' כב:טז).[12] אך עצה טובה לכולם שלא להשיא אותה אלא לפי בחירתה, כדי שתהיה אחרית טובה.[13]

9 השוו לדברי בבלי יבמות קז סע"ב - קח רע"א. לכאורה מפתיע שבנוסח השטר שהגאון מביא הניסוח בנקודה זו הוא אותו הניסוח אשר לדברי רב יהודה השתמשו בו 'בראשונה', ולאחר מכן החליפוהו בניסוח 'מיאנה פלונית [...] באנפנא', כדי למנוע בלבול בין מיאון ובין גט. אולי סבר שאין מקום לחשש זה שכן נוסחו הכולל של שטר המיאון שהיה מקובל בזמנו של רס"ג היה מורחב ומפורט לעומת הנוסחים שנהגו בתקופת חז"ל. השוו אל אוצה"ג, יבמות, סימנים תקלב, תקלד (=סה"ש לרי"ב, מהדורת הלברשטם, עמ' 28 [מהדורת ריבלין, עמ' 66]); סה"ש לרה"ג, מהדורת אסף, עמ' 41; רמב"ם, משנה תורה, הלכות גירושין יא:יא.

10 לדעת הגאון, יש צורך בבדיקה זו אף שלא הגיעה לגיל שתים-עשרה, כפשוטה של המשנה שהביא לעיל (שורות 10-11), והשוו אל בבלי ב"ב קנו ע"א ואל ה"ג, מהדורת הילדסהיימר, ב, עמ' 117–118 = ה"פ, מהדורת ששון, עמ' קנג. בסעיף זה נוסח השטר שמביא רס"ג, כנראה, היה קדום ורווח (השוו אל סה"ש לרה"ג ואל משנה תורה לרמב"ם שצוינו בסוף הערה 9 לעיל), ויש בו לסייע לשיטתו, ואולם חכמים אחרים קבעו שהקטנה אף אם הביאה שערות יכולה למאן, על-פי הסוגיה בבבלי נדה מה ע"ב - מו ע"א. השוו בייחוד אל הרכבי, תשובות הגאונים, סימן עד, ועיינו באוצה"ג, יבמות, סימנים תקכג-תקכו.

11 לשיטת הגאון, אפילו הסכימה הקטנה להינשא לאדם שאינה מכירה, ייחשבו נישואין אלו 'שלא לדעתה'.

12 ראו בבלי כתובות מו ע"ב.

13 ראו בבלי קידושין מא ע"א, פא סע"ב.

⟦שטר כה: מודעא⟧

[ואלסא]בע כתאב אלקהר [והו יסמי כתב מודעא וסבב{ה} (סבב)] יכפא עלי כתיר מן אלכואץ פצ̇לא עלי אלעואם ודלך אן [אלכואץ̇ יתוהמון אן] כל כלאם יקדמה אלמשהוד עליה אלי אלשהוד [פיסרה ליבטל] מא סישהד בה לכצמה ג̇איז וליס אלאמר כדלך לכן ([יכתב] ‹אנמא› כתאב‹ה› ע‹א›דתה) [אנמא הדא אלכתאב עאדתה אן יכתב] ללמקהור ליכלצה מן ג̇מיע מא סיצנעה [בעדה] ואלמקהור עלי צ̇רבין

אמא אן יכון אלמשהוד לה הודא [יצ̇רה] ויקהרה פאן כאן כדלך פליסבק אלמקהור אלי אלשהוד פיערפהם דלך ויביין ענדהם אן כצמה ק‹א›הרה חתי יכתבון דלך פי כתאב וישהדון בה ויכון גרצ̇ה כמסה מעאני אל זמאן ואלמכאן תם דכר אלשכץ̇ אלמערפהם דלך יקולון איך פל̇וני̇ בר פל̇וני̇ אמ̇ר̇ לנא הוו עלי שהדי וכתובו וחתומו והבו לי תם גרץ̇ ((אלכתאב)) אלככר דקא מסרנא מודעא קדמיכון דפל̇וני̇ בר פל̇וני̇ אית לי עליה אלפא זוזי וקא אניס לי [ב]בי שלטונא וקא אמר אי שקלת מינאי חמש מאה וכתבת לי אביזאריה ואילא לא יהבנא לך שום מידעם כען הוו שהדי דכל מה דכתבנא ליה מחמת אונסא קא עבידנא ולמחר מבטלנא ליה ותבענא ליה בדינא תם צחה אלקהר יקולון ומדקאימנא אנחנא שהדי על מימרא דפל̇וני̇ דנא וידענא דפל̇וני̇ קא אניס ליה כי היכי דאמר כתבנא ‹כתב› מודעא דנן ויהיבנא ליה דליהוי בידיה לזכו תם ימצ̇י אלמקהור פיצלח אמרה מע אלקאהר עלי מא שא אמא בראה או דין או ביע או קסמה וכלה פאסך ועלי אנה יכתב פי אלותיקה אבטאל אלמודע לא יסאוי שיא אד כלה בקהר

המקור לנוסח היסוד: טופס צ.

המקורות המקבילים: לשורות 16-1 (יקולון) טופס ק; לשורות 36-31 (שיא) טופס ת$_2$, לקוי מאוד. בתחילתו (במקום המקביל בערך לשורה 31), כנראה, כתוב: ליס פי צדרה כד ל[א] [···].

1 [ואלסא]בע] ואלכתאב אלז׳ ק ׀ [והו – (סבב)]] ק 2 פצ̇לא] פאולא ק ׀ [אלכואץ̇ – אן]] ק 3 [פיסרה ליבטל]] ק ׀ סישהד] ישהד ק 4 ג̇איז] גאיזא ק ׀ כדלך] כדאך ק 5-4 [אנמא – יכתב]] ק 6 צ̇רבין] צ̇רבין ק 7 כדלך] כדאך ק 8 ויביין] ויבין ק 9 דלך] + לה ק ׀ גרצ̇ה כמסה] גרץ̇ אלכתאב ה׳ ק 10 פל̇וני̇ בר פל̇וני̇] פל׳ בר פל׳ ק 11 עלי] עלאי ק ׀ ((אלכתאב))] ליתא ק 12 דפל̇וני̇ בר פל̇וני̇] דפל׳ בר פל׳ ק 13 [ב]בי שלטונא] בשליטא ק ׀ אמר] אמא ק 14 מידעם] מידי ק ׀ מה דכתבנא] מאי דכתיבנא ק 15 קא] הוא דקא ק ׀ מבטלנא] מבטילנא ק

[שטר כה: מודעא]

ה(שטר) השביעי – 'כתאב אלקהר', והוא מכונה 'כתב מודעה'. ונסיבותיו אינן ידועות לרבים מן הנכבדים,[1] ולהמון – לא כל שכן, היינו הנכבדים סבורים (בטעות) שכל דיבור שיקדים זה שמעידים עליו לעדים וילחש לו (=לאחד העדים) שיבטל את מה שיעיד עליו לבעל דינו – מותר, ואין העניין כך, אלא נוהגו של שטר זה שייכתב רק לאנוס, לחלצו מכל מה שיעשה אחריו (=אחרי שטר המודעה). והאנוס הוא בשני אופנים:
(האחד,) שזה שמעידים בעבורו הנהו מכריח אותו (=את זה שמעידים עליו) ואונס אותו. ואם כך היה, יקדים האנוס אל העדים ויודיעם זאת ויבהיר להם שבעל דינו אונס אותו כדי שיכתבו זאת בשטר ויעידו בו (=בשטר). ומטרתו חמישה עניינים: הזמן והמקום ואחר כך הזכרת האדם המודיעם זאת – יאמרו 'איך פלוני בן פלוני אמר לנו: "היו עדים עליי וכִתבו וחִתמו ותנו לי"', ואחר כך מטרת ההודעה – 'שאני מוסר מודעה לפניכם, שפלוני בן פלוני יש לי עליו אלף זוזים, והוא אונס אותי בבית השלטון ואומר: "אם תיקח ממני חמש מאות (זוזים) ותכתוב לי אביזאריה – (מוטב), ואם לא, אינני נותן לך שום דבר". כעת היו עדים שכל מה שאני כותב לו מחמת האונס אני עושה, ולמחר אני מבטל אותו (=את השטר) ותובע אותו בדין'. ואחר כך אימות האונס – יאמרו 'ומשעמדנו אנחנו העדים על מאמרו של פלוני זה וידענו שפלוני אונס אותו כמו שאמר, כתבנו שטר מודעה זה ונתנו לו, שיהיה בידיו לזכות'.[2] ואחר כך ילך האנוס ויסדר את ענייניו עם האונס כמו שירצה – אם בשובר או בהלוואה[3] או במכירה או בחלוקה, והכול בטל.[4] ואפילו יכתוב בשטר את ביטול המודעות, אין (זה) שווה דבר שכן כולו באונס.[5]

1 בניגוד לעמי הארץ.
2 ראו להלן, הערה 4 (וסוף השטר).
3 השוו לדברי בבלי ב"ב מז ע"ב.
4 ראו בבלי ב"ב מ ע"א-ע"ב: בעסקות שבהן מקבל המתחייב תמורה, כגון מכירה, יש צורך להוכיח לעדי המודעה את קיומו של האונס (כמובא להלן, בסוף השטר). לעומת זאת, במקרים של מתנה וכדומה אין צורך בהוכחה כזאת אלא 'גלויי מילתא בעלמא היא'.
5 בעניין זה נחלקו הגאונים, ומהם יש הסוברים שביטול המודעות מועיל, אפילו נעשה בהשפעת הלחצים שבגינם נמסרה המודעה מלכתחילה. ראו תשובות רב נטרונאי, מהדורת ברודי, עמ' 530-531 והערה 4.

ואמא אן יכון אלמשהוד לה לם יצ̇(ט)ר לכן אלמשהוד עלי נפסה הו אלמצ̇טר לביע ‹או לבראה› או לאסבאב מן ג̇התה הו או למטאלבה סלטאן לה או לדהוב ספר או לכוף מות מרץ̇ ‹כטר› או מא אשבה דלך פיסבק ויערף אלשהוד כ[מא יער]פהם עליה פיכתבון לה הדא אלכתאב עלי מא אצף [הוו סהדי דקא מסרנ]א מודעא קדמיכון דשלטונא קא אניס [יתי לזבו]ני [לארעאי לפל'וני'] בר פל'וני' [ופלוני אמר לי] אי מזבנת לה לדילי בכן וכן זוזי זבינגא [לה ואנא] לא זאגי לי מלזבונהא כען הוו סהדי דכל מה [דכתבנ]א ליה מחמת אונסא ולמחר ‹מ›בטילנא ליה ותבענא ליה [בדי]נא תם יכתבון צחה̇ אלקהר ויקולון ומדקאימנא [אנחנא] סהדי על מימרא דפל'וני' דנא בר פל'וני' וידענא ביה דאונסיה [אונס] גמור הוא וסאיר אלוצף אלא אן הדא אלבאב אלתאני [א]ן כתב לה אלמשהוד עליה ללמשהוד לה כדלא באונס ולא בטעות פקד בטל אלמודע פכיף אן כתב לה אבטאל אלמודע צחיח אללהם אלא אן יכתב לה כתאבא מרסלא לא ידכר פי אולה כדלא באונס ולא פי אכרה אבטאל אלמודעי פאנה חיניד בחג̇ה מא סבק פי כתאבה ינקץ̇ אלשרא ואל ביע ואלבראה ואמא אן לם יכתבו אלשהוד אננא וקפנא עלי מא דכרה פלאן מן אלקהר אמא מן אלמשהוד לה או מן גירה פלם יסאוי כתאב אלמודע שיא לקול אלקדמא כל מודעא דלא כתיב בה ידענא ביה באונסיה דפלניא ‹‹דאונסא הוא›› לאו מודעא הוא·

31 ולא] לא ת$_2$ 32–33 אלמודע^2 – אבטאל] ליתא, השמטה מחמת הדומות ת$_2^{\circ}$

6 השוו אל שטרות יב-יג לעיל; בבלי קידושין מט סע"ב - נ ע"א; ב"ב קמו סע"ב - קמז רע"א.

7 מקביל לצירוף השגור בלשון התלמוד 'לא סגי (ל־) דלא', ראו למשל בבלי כתובות צה ע"ב, קג ע"ב; כריתות יג ע"ב.

8 ראו לעיל, הערה 4.

(והאחר,) שזה שמעידים בעבורו אינו אונס, אולם זה שמעידים עליו הוא עצמו האנוס למכירה או לשובר או לנסיבות (אחרות) – (אם) מצד עצמו אם לדרישת השלטון ממנו אם ליציאה למסע אם מחשש למוות, מחלה, סכנה[6] או כיוצא בזה. יקדים ויודיע לעדים מה שיודיעם עליו, ויכתבו לו שטר זה כמו שאתאר: 'היו עדים שאני מוסר מודעה לפניכם, שהשלטון אונס אותי למכור את שדי לפלוני בן פלוני, ופלוני אמר לי: "אם אתה מוכר אותו לי בכך וכך זוזים, אני קונה אותו", ואין לי ברירה[7] אלא למכרו. כעת היו עדים שכל מה שאני כותב לו מחמת האונס (הוא), ולמחר אני מבטל אותו (=את השטר) ותובע אותו בדין'. ואחר כך יכתבו את אימות האונס ויאמרו 'ומשעמדנו אנחנו העדים על מאמרו של פלוני בן פלוני וידענו בו שאונסו אונס גמור הוא'[8] ושאר התיאור. אולם בסוג השני הזה, אם כתב זה שמעידים עליו לזה שמעידים בעבורו 'שלא באונס ולא בטעות', כבר ביטל את המודעה, ואם כתב לו ביטול מודעות אמִתי – על אחת כמה וכמה.[9] אכן כן, אלא אם כן יכתוב לו שטר סתמי, ולא יזכיר בתחילתו 'שלא באונס' ולא בסופו ביטול המודעות, כי אז מכוח מה שהקדים בשטר (המודעה) שלו יבטל את הקנייה ואת המכירה ואת השובר. אבל אם העדים לא יכתבו 'אנו עמדנו על האונס שהזכירוֹ פלוני' – מפאת זה שמעידים בעבורו או מפאת זולתו[10] – שטר המודעה אינו שווה דבר, כמאמר הקדמונים 'כל מודעא דלא כתיב בה "ידענא ביה באונסיה דפלניא"[11] – לאו מודעא הוא' (ב"ב מ סע"א-רע"ב).

---

9 ההנחה היא, כנראה, שאף אם צד שלישי (כגון השלטון) אונס מישהו למכור את נכסיו וכיוצא בזה, אין הוא עומד על כך שהאנוס יבטל את מודעותיו בזמן המכירה. אי לכך ביטול כזה ייחשב לוויתור מרצון (שלא כבמקרה הראשון, שבו הזוכה בעסקה הוא האונס את המתחייב, ראו לעיל, שורות 19–20).

10 כנראה, רצונו לומר שבשני המקרים המתוארים – בין שהזוכה בעסקה הוא האונס בין שמקור האונס אחר – חייבים העדים לציין שהאונס ידוע להם בבירור ולא לסמוך על הצהרת מוסר המודעה בלבד.

11 בדפוסי התלמוד 'אנן ידעינן ביה באונסא דפלניא'. השוו אל ד"ס על אתר, אות ב; ה"ג, מהדורת הילדסהיימר, ב, עמ' 460.

⟦שטר כו: ביטול מודעי⟧

ואל תאמן כתאב אבטאל אלמודעי אלמחץ֗ והו יסמא ביטול מודעי ואנמא קלת אלמחץ֗ אנה ליס מצ֗מום אלי כתאב אכר לכנה כתאב בראסה·

פאן כאן מסר מודעא עלי כצמה פיריד אן יבטלהא אמא לאנה ארצ֗אה או לגיר דלך פליכתב אלזמאן ואלמכאן ואלאשכאץ תם בעד אלגרץ֗ קולהם והבו ליה לפל֯וני֯ בר פל֯וני֯ מחמת דהוה מסרית מודעא עליה וכען הוו עלי סהדי וקנו ממני כמא הו מוצוף וכל מודעי ותנאי ומודעי דמודעי ומודעי דנפקי מיגו מודעי עד סוף כל מודעי די מסירין לי עליה בטילין אינון [מעכשי]ו קדמיכון בכל לישאני [ד]אמור [רבנן] דמ֯בטילין [בהון כל מודעי ותנ]אי תם אלאכלאץ [ואלקנין]·

המקור לנוסח היסוד: טופס צ.

המקור המקביל: לשורות 3 (אמא) - 8 (דאמור) טופס ת$_2$, לקוי מאוד.

4 דלך] + [ב]תיה ת$_2^{\circ}$ 5 לפל֯וני֯ בר פל֯וני֯] לפל׳ בר פל׳ ת$_2^{\circ}$ 6 ממני] מני מעכשו ת$_2$ | דנפקי] דנפקין ת$_2$

[שטר כו: ביטול מודעי]

(השטר) השמיני – ׳כתאב אבטאל אלמודעי אלמחץ̇ (=הנפרד)׳, והוא מכונה ׳ביטול מודעי׳. ואולם אמרתי ׳הנפרד׳ רק משום שאינו מצורף לשטר אחר, אלא הוא שטר בפני עצמו.

אם מסר מודעה על בעל דינו ורוצה לבטלה – אם מפני שריצהו אם מסיבה אחרת[1] – יכתוב את הזמן ואת המקום ואת האנשים ואחר כך את המטרה, כאמרם ׳ותנו לו לפלוני בן פלוני מחמת שמסרתי מודעה עליו, וכעת היו עדים עליי וקנו ממני׳ כמו שמתואר,[2] (ובהמשך) ׳וכל מודעות ותנאים ומודעות למודעות ומודעות היוצאות מתוך מודעות, עד סוף כל המודעות המסורים לי עליו, בטלים הם מעכשיו בפניכם בכל הלשונות שאמרו חכמים שמבטלים בהן כל המודעות והתנאים׳.[3] ואחר כך הכנות והקניין.[4]

1 השוו אל הכתוב לעיל בשטר כה, שורות 6–23 ובייחוד 21–23. אם מקור האונס חיצוני או הוא צד שלישי ולא הצד הזוכה בעסקה, ההחלטה לבטל את המודעה לא תנבע מהתפייסות בין שני הצדדים.

2 היינו ׳מיעכשו וכתובו וחתומו עלאי בכל לישאני דזכואתא והבו ליה לפלוני בר פלוני מחמת דבצבו נפשי קא מודינא קדמיכון [...]׳. ראו לעיל, שער ז, שורות 10–13.

3 זה נוסח קדום שרווח בתקופת הגאונים. השוו לשורות 27–30 בשטר טז לעיל ולהערה 13 שם; אל סה״ש לרה״ג, מהדורת אסף, עמ׳ 7 והערה 5, עמ׳ 19 והערה 3; ח״ג, מהדורת וולפנזון ושניאורסון, סימנים יב-יג ואל המקבילה שפרסם אסף, מספרות הגאונים, עמ׳ 133–134.

4 נראה שסעיף הקניין נזכר כאן בהתאם לניסוח לעיל ׳וקנו ממני׳ (שורה 6), אף על פי שקניין זה, כנראה, מיותר מבחינה הלכתית (השוו לשורות 26–27 בשטר טז לעיל ולהערה 12 שם).

〚שטר כז: קיום שטר〛

כ [...] [ומדאתו] פל'וני' ופל'וני' ואחוו קדמנא חתמות ידיהון ואמרו דנא הי חתמות ידנא ואן כאן שאהדא שהדא עלי כטוטהם פליכתבון ומדיאתא פל'וני' ופל'וני' ואשהידו על חתמות יד פל'וני' ופל'וני' אשר(י)נוהי וקימנוהי כדחזי ואן כא(נו)[ן] אלקיום בחצרה רייס כתב צדרה ב[חסב] דלך·

ח ויגוז אן ישהד אקרב[א אל]שהוד עלי כטוטהם לקול אלקד[מא] נאמן אדם לומר זה כתב ידו של אבא זה כתב ידו של רבי וזה כתב ידו של אחי ולא יגוז אן ישהד אקרבא אחד אלשאהדין עלי כט אלשאהד אלאכר מתלא אקול כראובן ושמעון שאהדין פמאת ראובן לא ישהד בן שמעון ואכר עלי כט ראובן לאנה תחצל ג' ארב‹א›ע אלשהאדה בקול אכוין לקולהם פי אכר אלקצה קא נאפיק נכי רובעיה דממונא אפומא דאחי וכדלך לא ישהד שמעון ואכר עלי כט ראובן אללהם אלא אן יכון כט שמעון מעלומא פליסתגנא ען שהאדתה לכ(נ)[ט]ה תקבל מע אכר ל(פ)[כ]ט̇ ראובן או יכתב נטירהא פי רקעה צג̇ירה פתקאס (ע)[א]ליהא ויסתגנא בדלך איצ̇א ען שהאדתה לנפסה כק'ולהם' כתב חתימות ידיה (עלויה) אחספא ושדי ליה בבי דינא דחזו ליה ומקיימי ליה ואנמא קלת רקעה צג̇ירה לילא יכון פיהא סעה פיזאד עליה פיהא פוק כטה·

ולא יגוז אלקיום אלא בג' לקולהם קיום שטרות בשלש{ה} וליס בהם חאגה אלי קראה נפס אלכתאב לקו'להם' וה(רצ)[דינ]ין חותמין אף על {פי} שלא קראוהו לאנהם אנמא ישהדו באן הדה כטוט אלשהוד פקט·

המקורות לנוסח היסוד: לשורות 1–4 טופס כ; לשורות 5–19 טופס ח.

המקורות המקבילים: לשורות 5–15 (לילא) טופס כ; לשורות 12 (לכט̇) – 19 טופס ש.

6 לומר] לאמר כ | של רבי] שלרבי כ | וזה – אחי] ליתא כ 7 יגוז] ליתא כ 8 בן] ליתא כ 9 ג'] תלתה כ | לקולהם] לקו כ 10 נכי רובעיה] נכיי רבעיה כ | אפומא] פומיה כ 11 אלא] ליתא כ | פליסתגנא] פללאס[תגנ]א כ 12 ל(פ)[כ]ט̇] לפט̇ה (!) ש | או] אן כ | נטירהא] נט̇ירהא כ 13 (ע)[א]ליהא] כ | כק'ולהם'] כמא קאלו כ בקולהם ש 14 חתימות] חתמות ש | (עלויה) אחספא] אחספא כ עלאוי חספא ש | ושדי] ושאדי כ | בבי] בבית ש | ומקיימי] במקיימי (!) ש 15 צג̇ירה] ליתא כ 18 וה(רצ)[דינ]ין] והרציין (!) ש | {פי}] ש

[שטר כז: קיום שטר]

[...] 'ומשבאו[1] פלוני ופלוני והראו לפנינו את חתימת ידיהם ואמרו: "זו היא חתימת ידינו"' – ואם היו שני עדים שהעידו על חתימותיהם, יכתבו 'ומשבאו פלוני ופלוני והעידו על חתימות ידי פלוני ופלוני' – 'אישרנו אותן וקיימנו אותן כראוי', ואם היה הקיום בנוכחות 'ראש', תיכתב תחילתו בהתאם לכך.[2]

ומותר שיעידו קרובי העדים על חתימותיהם, כמאמר הקדמונים 'נאמן אדם לומר "זה כתב ידו של אבא, וזה כתב ידו של רבי, וזה כתב ידו של אחי"' (כתובות ב:י).

ואסור שיעידו קרובי אחד משני העדים על חתימת העד האחר. אומר, למשל, שראובן ושמעון עדים ומת ראובן – לא יעידו בן שמעון ואחר על חתימת ראובן, משום ששלושת רבעי העדות מושתתים על מאמר שני אחים,[3] כאמרם בסוף הסוגיה[4] 'קא נאפיק נכי רובעיה דממונא אפומא דאחי' (ב"ב נז ע"א). וכן לא יעידו שמעון ואחר על חתימת ראובן, אכן כן, אלא אם כן חתימת שמעון ידועה, ואז עדותו על חתימתו (שלו) מיותרת, (ועדותו) עם אחר על חתימת ראובן מתקבלת, או יכתוב דוגמתה (של חתימת שמעון) בפתק קטן ותושווה (חתימתו על השטר) אליה, וגם כך עדותו (של שמעון) לעצמו נעשית מיותרת, כאמרם 'כתב חתימות ידיה אחספא ושדי ליה בבי דינא דחזו ליה ומקיימי ליה' (כתובות כא ע"א). ואולם אמרתי 'פתק קטן' רק כדי שלא יהיה בו רווח ויוסיפו בו (הודאה מזויפת) מעל חתימתו.[5]

ולא יותר הקיום אלא בשלושה, כאמרם 'קיום שטרות בשלשה' (ב"ב מ ע"א). ואין להם (=לדיינים) צורך לקרוא את השטר עצמו, כאמרם 'והדינין חותמין אף על פי שלא קראוהו' (כתובות קט רע"ב), משום שהם מעידים רק שאלה חתימות העדים.

1 להשלמת החלק החסר בראש נוסח הקיום השוו את סה"ש לרה"ג, מהדורת אסף, עמ' 45 ואת סה"ש לרי"ב, מהדורת הלברשטם, עמ' 6 (מהדורת ריבלין, עמ' 34).

2 נראה שרצונו לומר, שבתחילת נוסח הקיום מציינים את סוג בית הדין המאשר את השטר, ואם זה בית דינו של הגאון, למשל, ישתנה הנוסח בהתאם. השוו אל סה"ש לרה"ג, מהדורת אסף, תחילת עמ' 45; הרכבי, תשובות הגאונים, סימן תקנה (אישור שטר בבית הדין של רס"ג עצמו).

3 לאו דווקא, שהרי בנסיבות שמתאר הגאון מדובר על אב ובנו. הוא נגרר כאן אחרי הנוסח התלמודי, המובא בהמשך דבריו. ואולם השוו אל שינויי הנוסח לשורה 8 לעיל.

4 מילולית 'בסוף הסיפור', אך נדמה שהגאון משתמש בביטוי זה ובדומים לו במשמעות של 'במסקנת הסוגיה', והדבר רומז לחשיבות המיוחדת של 'מסקנא' בהכרעת ההלכה. ראו לעיל במבוא, סעיף ז.

5 כמבואר בתלמוד כתובות כא ע"א.

⟦שטר כח: בירורין⟧

{ואלכתאב אלי׳} כתאב אלאכתיאר והו שטר בירורין ומעניה אן ירתצׄו אלאתנין בתאלת פיכתבון אלזמאן ואלמכאן ואלאשכאץ אמרו לנא הוו עלנא סהדי וקנו מיננא וסאיר אלקול דאצטבינא ברעות נפשנא וקבילנא עלנא פל׳וני׳ בר פל׳וני׳ ופל׳וני׳ בר פל׳וני׳ או תלתה ושוינא יתהון דיאני עלנא בדינא דכן וכן יצפון נפס אלחכם וכל מאי דפסקין עלנא נקבל על נפשנא בין לזכו בין לחובה תם {אל}אכלאץ ואלקנין·

פאדא הם פעלו דלך אן {קטע} עליהם כמא יגב או כמא יגוז פקד לזמהם ואן כאן כמא לא יגוז פהו פאסד לקול אלקדמא טעה בדבר משנה חוזר בשקול הדעת אינו חוזר פאן קאל (ק‹י›אל) [קאיל] פמא אלדי נפע{ה}ם במא כתב להם פאקול נפעהם לכי יכון אראד קאבץׄ אלמאל בגיר חכם לא ילזמה גרמה לקו׳להם׳ למר זוטרא אי קבלוך עלויהו לא תשלים ואילא זיל שלים ואמא אן כאן קאבץׄ אל מאל מליא חצׄירא פירדה ואיצׄא לאן אלסת חואדת אלדי אלחאכם עליהא באלכיאר והי אלמסמאה שודא דדיאני כמא הו משרוח פי אלפקה אדא אכתאר אלמקבולין מנהא מא שאו כאן (וכאן) דלך ואגבא·

המקור לנוסח היסוד: טופס ח.

המקור המקביל: טופס ש.

1 {ואלכתאב אלי׳}] ש ׀ ומעניה] ומענאה ש 1–2 אן – אלאתנין] וירתצׄו אלאתנאן ש 3 סהדי] שהדי ש ׀ מיננא] מננא ש ׀ נפשנא] נפשאנא ש 4 פל׳וני׳[1] – פל׳וני׳[3]] פב"פ ופב"פ ש ׀ דיאני] דיאנא ש 5 אלחכם] אלחוכם ש ׀ עלנא] עלינא ש ׀ נפשנא] נפשאנא ש 6 לזכו] ז[כות] ש ׀ {אל}אכלאץ] ש 7 דלך] דאלך ש ׀ {קטע}] ש ׀ או כמא] וכמה ש 8 לקול אלקדמא] לקולהם ש ׀ בשקול] בשיקור ש 9 פאן – [קאיל]] פאי אלאן בדאך ש ׀ נפע{ה}ם] ש 10 ילזמה] ילזמהם ש 11 למר] ליתא ש ׀ עלויהו] עליהו ש 12 חצׄירא פירדה] חאצׄרא פלירדה ש ׀ אלסת חואדת] לאסת אלחואדת ש 13 עליהא] פיהא ש 14 כאן – דלך] פאן כׄאן דאלך ש

[שטר כח: בירורין]

השטר העשירי – 'כתאב אלאכתיאר', והוא שטר בירורין. ועניינו – אם הסכימו השניים על שלישי,[1] יכתבו את הזמן ואת המקום ואת האנשים – 'אמרו לנו: "היו עדים עלינו וקנו מאתנו" ושאר הדיבור,[2] 'שחפצנו ברצון עצמנו וקיבלנו עלינו את פלוני בן פלוני ופלוני בן פלוני' – או שלושה – 'ועשינו אותם דיינים עלינו בדין כך וכך', ויתארו את גוף המשפט (נשוא הדיון) – 'וכל מה שיפסקו עלינו נקבל על עצמנו, בין לזכות בין לחובה', ואחר כך הכנות והקניין.[3]

אם עשו כך ואם פסקו עליהם כמתחייב או כמותר, הרי (זה) מחייב אותם, ואם היה (הפְּסק) כמו שאסור (לפסוק), הריהו בטל, כמאמר הקדמונים 'טעה בדבר משנה – חוזר, בשקול הדעת – אינו חוזר' (סנהדרין לג רע"א). ואם יאמר האומר 'במה הועיל להם מה שכתב להם?', אוֹמַר שהועיל להם בכך שאם הורה לגבות את הממון שלא כדין, לא יהיה חייב (הדיין) לשלמו, כאמרם למר זוטרא 'אי קבלוך עלויהו – לא תשלים, ואילא – זיל שלים' (שם ה רע"א). ואולם אם גבה (הדיין) את הממון בצורה מלאה בפועל – יחזירנו.[4] ועוד (הועיל בכך שב)ששת המקרים אשר הדיין יכול לבחור בהם, והם הנקראים 'שודא דדיאני' כמו שמפורש בהלכה[5] – אם בחרו (הדיינים) המקובלים מהם (=המקובלים על בעלי הדין) מה שרצו, הרי זה מחייב.

1 כלומר אם שני בעלי הדין מסכימים למנות אדם שלישי בתור דיין שיכריע במחלוקתם, ואולם בהמשך מדובר על מינוי שניים או שלושה דיינים. השוו למשנה סנהדרין ג:א. ייתכן שהנוסח כאן אינו מדויק או שהוא רומז לאפשרות שיסכימו הצדדים למינוי דיין יחידי. אף בהמשך השטר (שורות 7 ואילך) נראה שמדובר בדיין יחיד, והשוו אל בבלי סנהדרין ו ע"א.

2 ראו לעיל, שער ז, שורות 10–13.

3 ראו בבלי סנהדרין כד ע"ב, שם נאמר שאם קנו מידו אינו יכול לחזור בו, גם אם הדיין פסול מעצם הדין, כגון שהוא קרוב משפחה של אחד הצדדים. לכאורה לדעת רס"ג יש צורך בקניין כדי לחייב את הצדדים, גם אם אין למצוא פסול בדיינים שמינו, אך אפשר גם שהקניין נכלל בכל מקרה 'לשופרא דשטרא' בלבד.

4 נראה שכוונת הגאון היא לשאול: מה התועלת במינוי דיין מוסכם על שני הצדדים כאשר דינו אינו דין, אם דן בניגוד להלכה? תשובתו הראשונה היא, שאף במקרה כזה המינוי מועיל שכן הדיין לא יצטרך לשלם לצד שניזוק מחמת טעותו כל עוד לא נטל ונתן ביד, בהתאם למהלך סוגיית התלמוד בבבלי סנהדרין לג ע"א–רע"ב ולמסקנתה.

5 ראו בבלי קידושין עד רע"א והנסמן שם. כנראה, ההבנה שמבין הגאון את 'שודא דדיאני' היא שבמקרים האלה הדיין יכול להכריע באופן שרירותי (למחלוקת הראשונים בשאלה זו ראו, למשל, רש"י ותוספות שם), אך זכות זו ניתנת לדיין בלבד, ובלי הסכמת הצדדים למינויו לא יהיה תוקף להכרעת אדם שלישי בכגון זה.

⟦שטר כט: פסק דין⟧

{ואל}כתאב {אלי״א} פצל אל קצֿא והו אלמסמי פסק דין ושרחה אן אלמרתצֿא בהם אדא קטעו אלחכם וסאם אחד אלכצמין כתאב מא חכמו בה וגב אן יגיבוה אלי דלך פיכתבון אלזמאן ואלמכאן ואלאשכאץֿ איך פל׳וני׳ בר פל׳וני׳ {ופלוני בר פלוני} קריבו לקדמנא לדינא וטען פל׳וני׳ על פל׳וני׳ כן וכן ושאלניה לפל׳וני׳ ואהדר כן וכן ואן כאנת אלמסאיל קד תרדדת בינהמא מרארא כתירא חכוהא כלהא פאדא אסתתמוהא וכאן הנאך שהוד חכו מא שהדו בה תם קאלו ופסקנא דינא על פל׳וני׳ הכן והכן יצפון מא אלזמוה חתי יברהנון עלי מא חכ{מ}ו בה מן אלפקה פיקולון דהכן אמרו רבנן כן וכן פאדא אסתופו אלחגה כתבו מה דהוא קדמנא אמרנא ויהבנא לפל׳וני׳ אן כאן פל׳וני׳ וחדה או לפל׳וני׳ ופל׳וני׳ אן אשתרכא פיה׃

מתלא כאן ראובן אדעי עלי שמעון מאיה דרהם פאנכרהא שמעון פגא לוי ויהודה פשהדא עליה בכמסין פחכם עליה אן ידפע אלכמסין ויחלף עלי [א]לבאקי פיכתב טען ראובן על שמעון דאית ליה עליה מאה זוזי [וש]אלניה לשמעון ואמר דלית ליה עליה מ‹י›די ואמרנא ליה לראובן [אית לך] שהדי ואמר אין ואיתי פל׳וני׳ ופל׳וני׳ וסהידו על שמעון באנפוהי דאית ליה לראובן עליה נ׳ זוזי ופסקנא דינא על שמעון דמשלם לראובן חמשין זוזי ומשתבע ליה על חמשין (לע) זוזי אחריני דהכין אמרו רבנן תני ר׳ חייה מנה לי בידך והלא או׳מר׳ אין לך בידי כלום ועדים מעדים עליו שיש ‹לו› עליו נ׳ נוטל את החמשים ומשביעין אתו על השאר לא תהא הודאת פיו גדולה מעידות עדים מקל וחומר אלמא כיון דאילו אודי בנ׳ וכפר בחמשין הוה

המקור לנוסח היסוד: טופס ח.

המקור המקביל: טופס ש.

1 {ואל}כתאב – פצל] ואלכתא‹ב› אלי״א פצֿל ש ׀ אלמסמי] אלמסמא ש ׀ אן] ליתא ש 2 כתאב] כתבה ש ׀ בה וגב] יגב ש 3 דלך פיכתבון] דאלך פיכתבו ש 3–4 פל׳וני׳ – פלוני}] פ׳ו׳פ׳ ש 4 פל׳וני׳[2, 3]] פ׳ ש 5 לפל׳וני׳] לפ׳ ש 6 מרארא] ליתא ש 7 הכן והכן] בכן וכן ש 8 חתי יברהנון] תם יברהינון ש ׀ חכ{מ}ו] ש ׀ דהכן] דהכין ש 9 פאדא] ליתא ש ׀ מה דהוא] ומא דהוה ש 10 פל׳וני׳] ליתא ש 11 כאן] אקול אן ש ׀ אדעי עלי] אדעא על ש ׀ מאיה] ק׳ ש 12 פשהדא] שהדא ש ׀ בכמסין] בנ׳ ש 13 על] עלי ש ׀ מאה] ק׳ ש 14 עליה] עלאי ש 15 וסהידו] ושהידו ש 16 ופסקנא – זוזי] ליתא ש 17 חמשין] נ׳ ש° ׀ חייה] חיה ש 18 או׳מר׳] ליתא ש ׀ מעדים] מעידין ש 20 עדים] עידים ש ׀ בנ׳] בחמשין ש ׀ בחמשין] בנ׳ ש

[שטר כט: פסק דין]

השטר האחד־עשר 'פצל אלקצֹא', והוא מכונה 'פסק דין', ופירושו – אם (הדיינים) המוסכמים[1] פסקו את הדין ואחד מבעלי הדין דרש שטר (המתאר את) מה שפסקו בו, חייבים להיענות לו בזאת. ויכתבו את הזמן ואת המקום ואת האנשים – 'איך פלוני בן פלוני ופלוני בן פלוני באו לפנינו לדין, וטען פלוני על פלוני כך וכך, ושאלנו את פלוני והשיב כך וכך'. ואם השאלות חזרו ביניהם פעמים רבות, יספרו את כולן. ולכשיסיימו והיו (=ואם היו) שם עדים, יספרו מה העידו עליו, ואחר כך יאמרו 'ופסקנו את הדין על פלוני כך וכך' – יתארו את מה שחייבו אותו בו עד שיביאו אסמכתא לפסיקתם מן ההלכה ויאמרו 'שכך אמרו החכמים: כך וכך'. ולכשיסיימו את ההוכחה יכתבו 'מה שהיה לפנינו ציווינו ונתנו[2] לפלוני' – אם היה פלוני לבדו, או 'לפלוני ופלוני' – אם שניהם שותפים בו (=בפסק הדין).[3]

למשל, אם ראובן תבע משמעון מאה דרהמים, ושמעון כפר בהם (=בדרהמים), ובאו לוי ויהודה והעידו עליו בחמישים, ופסקו עליו (=על שמעון) שישלם חמישים ויישבע על השאר, יכתבו 'ראובן טען נגד שמעון שיש לו עליו מאה זוזים, ושאלנו את שמעון ואמר שאין לו עליו כלום, ואמרנו לו לראובן: "יש לך עדים?" ואמר: "כן", והביא את פלוני ופלוני והעידו על שמעון בפניו[4] שיש לו לראובן עליו חמישים זוזים. ופסקנו דין על שמעון שישלם לראובן אותם חמישים זוזים ויישבע לו (=לראובן) על חמישים זוזים אחרים, שכך אמרו חכמים "תני ר' חייה: 'מנה לי בידך', והלא (=והלה) אומר: 'אין לך בידי כלום', ועדים מעדים עליו שיש לו עליו נ', נוטל את החמשים ומשביעין אתו על השאר. לא תהא הודאת פיו גדולה מעידות עדים מקל וחומר" (ב"מ ג ע"א). משמע, כיוון שאילו הודה בחמישים וכפר בחמישים היה

1 הגאון מסתמך בתיאורו על האמור בשטר הקודם, שהדיינים נבחרים בהסכמת הצדדים. קשה להניח שרצונו לומר שרק בנסיבות אלו יוכלו בעלי הדין לדרוש פסק דין כתוב ומנומק (השוו אל בבלי סנהדרין ל ע"א). מסתבר יותר שאכן, ברוב המקרים הדיינים נבחרו בהסכמת הצדדים, ודברי רב סעדיה מכוונים למציאות השכיחה הזאת (השוו לשטר לו, הערה 1).

2 נראה שהכוונה לנתינת הפסק הכתוב, אך אפשר לפרש גם שהכוונה לחפצים שאותו אדם זוכה בהם לפי פסיקה זו.

3 רצונו לומר, כנראה, שאם אין הכרעה מוחלטת לטובת אחד הצדדים, יהיה כל אחד מהם מעוניין לקבל העתק של פסק הדין.

4 חשוב לציין זאת משום שאסור לקבל עדות שלא בפני בעל הדין (פרט למקרים מיוחדים), ראו בבלי ב"ק קיב סע"א-ע"ב. ולדעת פוסקים מסוימים (ראו, למשל, כסף משנה לרמב"ם, משנה תורה, הלכות עדות ג:יא) אם עבר בית הדין על הוראה זו, אין תוקף לפסיקתו.

מחויב שבועה דאמרו רבנן מודה מקצת [טענה] ישבע הם הכין כיון דאיכא שהדי בנ׳ משתבע על נ׳ אחריני בגזירתא בספר תורה·

{פ}אן כאן ראובן אדעי עלי שמעון [ק׳ דרהם] פאנכרהא שמעון פלמא גֿא שאהדין שהדא עליה בהא [אקר] בה אנה אקתרצֿהא ואדעי אנה קצֿאהא מא לו לם יגחד לכאן קולה מקבולא מע ימינה אלא אן אד גֿחד לא {תקבל} ימינה בל יחלף [כצמה] ויאכד ויכתב כמא צדרת פי אלאול חתי ינתהי אלי ושהידו [על שמ׳עון׳] באנפוהי דאית ליה לראובן עליה מאה זוזי וכיון דאשה[ידו] הדר שמעון ואמר דפרעת{י}ה לראובן אלין מאה זוזי {ופסקנא דינא [על שמ׳עון׳ למפרעי]ה לרא׳ובן׳ אלין ק׳ זוזי} ב[שבועא] דהכין אמרו רבנן אמר רבה בר {בר} חנה אמ׳ר׳ ר׳ יוחנן מנה [לי בידך] והלא או׳מר׳ אין לך בידי ועדין מעידים עליו שיש לו וחוזר ואומר פרעתי הוחזק כפרן לאותו ממון דאילו לא כפר {הוה} משתבע (ו)[ד]פרעי[ה] ופקע השתה דכפריה לא יכיל לאש{ת}בועי(ה) דהא איחשיד על ה[דין] ממונא ומשום הכין משתבע ראובן בגזירתא דלא פרע ושקיל דהוה ליה שכנגדו חשוד על השבועה·

21 מחויב] מחיב ש 22 בנ׳] בחמשין ש ׀ נ׳] חמשין ש 23 אדעי] אדעא ש ׀ שמעון[1,2] שמ׳ ש ׀ גֿא] גא ש 24 שהדא] שהידא ש ׀ בה] בהא ש ׀ אנה קצֿאהא] ליתא ש 25 גֿחד] גחד ש ׀ {תקבל}] ש 28 הדר] ביה ש ׀ שמעון] שמ׳ ש ׀ דפרעת{י}ה] ש ׀ מאה] ק׳ ש 28–29 {ופסקנא – זוזי}] ש נשמט מחמת הדומות ח 29–30 אמר רבה] אמ׳ ראבא ש 30 {בר}] ש ׀ ר׳] רב ש ׀ בידי] + כלום ש 31 ועדין] ועידין ש ׀ עליו] אתו ש ׀ וחוזר ואומר] וחזר ואמר ש 32 דאילו] דאי ש ׀ {הוה}] ש ׀ (ו)[ד]פרעי[ה]] ופרעיה ש ׀ השתה] השתא ש 33 לאש{ת}בועי(ה)] לאש‹ת›בועי ש ׀ איחשיד] אחשיד ש 34 ושקיל] ושאקיל ש

מחויב שבועה, שהרי אמרו חכמים "מודה מקצת טענה – יישבע", אף כאן[5] כיוון שיש עדים על חמישים, יישבע על החמישים האחרים בגזירתא בספר תורה[6]'.
או אם ראובן תבע משמעון מאה דרהמים, ושמעון כפר בהם (=בדרהמים), וכאשר באו שני עדים והעידו עליו בזאת הודה שלווה אותם וטען שפרע אותם, מה שאילולא הכחיש, היה דיבורו מקובל (יחד) עם שבועתו. אולם מאחר שהכחיש (בתחילה) אין שבועתו מתקבלת, אלא יישבע בעל דינו וייטול, וייכתב כמו שהקדמתי בתחילה (=בתחילת השטר), עד שיגיע אל 'והעידו על שמעון בפניו שיש לו לראובן עליו מאה זוזים, וכיוון שהעידו, חזר שמעון ואמר שפרעתי לראובן אותם מאה זוזים, ופסקנו את הדין על שמעון לפרוע לראובן אותם מאה זוזים בשבועה, שכך אמרו חכמים "אמר רבה בר בר חנה אמר ר' יוחנן: 'מנה לי בידך', והלא (=והלה) אומר: 'אין לך בידי', ועדין מעידים עליו שיש לו וחוזר ואומר פרעתי, הוחזק כפרן לאותו ממון" (ב"מ יז רע"א),[7] שאילולא כפר, היה נשבע שפרעו ונפטר. עכשיו שכפר אינו יכול להישבע, שהרי נחשד על ממון זה, ומשום כך יישבע ראובן בגזירתא[8] שלא פרע, וייטול, שהינו "שכנגדו חשוד על השבועה"'.[9]

5 'הם הכין' = כמו כן, בלשון הגאונים 'הם' = אף, גם, כנראה בהשפעת הפרסית. ראו סוקולוף, מילון ארמית בבלית, עמ' 384-385.
6 כלומר, יישבע בתחליף לשבועת התורה (ראו לעיל, שטר א, הערה 16) וכשהוא מחזיק ספר תורה. ראו בבלי שבועות לח סע"ב; ליבזון, 'גזירתא וחרם', בייחוד עמ' 106-110.
7 יש כמה שינויים קטנים בנוסח המימרה של ר' יוחנן לעומת נוסחי התלמוד. לחסרון המילה 'כלום' שבנוסחי התלמוד השוו את ה"ג, מהדורת הילדסהיימר, ב, עמ' 358, שינויי נוסח לשורה 34.
8 ראו לעיל, הערה 6.
9 ראו משנה שבועות ז:א, ד.

〚שטר ל: דיאתיקי〛

ש ואלכתאב אלי"ב שטר דיאתיקי והו וציה אלצחיח יכתב צדדהא כצדד מתנת בארי ותכון אלהבה וכל שי יוצי בה מעלק בקול מעכשיו לאחר מיתא ויקול יהבית ליה לפ⌐לוני⌐ במתנה ארעא או ביתא מיהידאנא לאחר מיתא דילי ויסתותק בגמיע תותק מתנת בארי ויכון פי אכירהא קנין פתכון עלי אנהא ליס במתגאיזה מן מתנת בארי אלא בזיאדה מן הידנאנא לאחר מיתא דילי מרדודא חכמה כלה אלי הדא אלמענא פאן מאת וגבת ומהמא הו חי פלא שי יגב מנהא ופי דאלך קולין אלאולין הכותב נכסיו לבנו לאחר מותו {האב} אן יכול למכור מפני שכתובין לבן והבן אין יכול למכור מפני שהן ברשות האב וקאלו איצֿא הכותב נכסיו לבניו צריך שיכתב מהיום ולאחר מיתה ויסמי אלכתאב דיאתיקי דא תהא למקם ולהיות·

המקור לנוסח היסוד: טופס ש.

המקור המקביל: לשורות 7 (קולין) - 10 טופס ק, מטושטש.

7 {האב}] ק 8 אן] אין̊ ק ׀ לבן] לבנו ק ׀ שהן] שהין ק 9 איצֿא] איצא ק ׀ שיכתב] שיכתוב ק 10 דיאתיקי] שטר דיאתיקי כמא קאלו איזו ה[י]א דיאתי̊[קי] ק ׀ למקם ולהיות] תהי למיקם ולח̊יות ק

[שטר ל: דיאתיקי]

השטר השנים־עשר – 'שטר דיאתיקי', והוא צוואת הבריא. ייכתב ענינו כעניין מתנת בריא, והמתנה וכל דבר שיצווה עליו[1] תלויים במאמר 'מעכשיו ולאחר מיתה'. ויאמר 'נתתי לו לפלוני במתנה שדה או בית מעכשיו לאחר מיתתי', ויחוזק בכל חיזוקי מתנת בריא, ובסופו יהיה קניין. אף שאינו שונה ממתנת בריא לבד מהוספת 'מעכשיו ולאחר מיתתי' יהיה כל דינו מתבסס על עניין זה – שאם מת, מחייב, וכל עוד הוא חי, אין מתחייב ממנו דבר. ובזה (נאמרו) שני מאמרי הראשונים 'הכותב נכסיו לבנו לאחר מותו – האב אין יכול למכור מפני שכתובין לבן, והבן אין יכול למכור מפני שהן ברשות האב' (ב"ב ח:ז), ואמרו גם 'הכותב נכסיו לבניו צריך שיכתב מהיום ולאחר מיתה' (שם).[2] והשטר מכונה 'דיאתיקי' – 'דא תהא למקם ולהיות'.[3]

1 לא לגמרי ברור מה רצה הגאון לכלול בביטוי זה מלבד מתנות. השוו למה שכתבנו לעיל בהערה 3 לשטר יג. ריבלין (משנת הנחלות, עמ' 159–161) דן בתוכנו של שטר זה על־פי פרסומו הראשון אצל בן־ששון, 'סה"ש לרס"ג', עמ' 250–251.

2 ראו משנה ב"ב ח:ז, והשוו אל בבלי ב"ב קלה ע"ב.

3 ראו תוספתא ב"ב ח:י ומקבילות. כיוון שהמילה 'דיאתיקי' היא יוונית (ראו במילונים) ושפה זו לא הייתה ידועה בבבל, גם לא בתקופת הגאונים, ברייתא זו, כנראה, הובנה בבבל כהסבר לשוני, ראו למשל הרכבי, תשובות הגאונים, עמ' 374.

⟦שטר לא: טירפא⟧

ואלכתאב אלי״ג כתאב טירפא והו כתאב אלרד ושרח קצתה אן אלבאיע צׄיע(ת)ה לה מרסלא פמחכום באן אלדרך מא ידרך אלמשתרי עליה פכיף
ו אן פצח בה וכנת קד קדמת אן מן כאן לה דין עלי צאחבה בשטר תם באע אלמקתרץׄ צׄיעה לה פללמקרץׄ א[ן] יתסלמהא מן יד אלמשתרי בחכם אדא לם יכון ללמקתרץׄ מא יקצׄיה מינה פא[ד] אתסלמת מן יד אלמשתרי עלי מא וצפתה פלה אן ירגע ללבאיע (ביע) פיאכוד מנה דראהמה אלתי דפע אליה חין אשתרא מנה אלצׄיעה פאלחאכם אלדי יחכם עליה באלתסלים הו יכתוב לה כתאב אלרד אע̇נ̇י̇ טרפא ·

ועיונה(י) ה׳ אלזמ̇א̇ן̇ ואלמ̇כ̇א̇ן̇ ואלגרץׄ אתא לבי דינא פל̇ו̇נ̇י̇ בר פל̇ו̇נ̇י̇ {יענון אלמקרץׄ והנפק שטרא על פ[ל]̇ו̇נ̇י̇ בר פל̇ו̇נ̇י̇} יעני אלמקתרץׄ אלדי הו {אל}באיע ללצׄיעה באלפא זוזי ואשתר קדמנא ההוא שטרא ואמרנא ליה למפרעיה ולא קיבל עליה או {אן} לם יכון לה פיכתבון {ולא} אשתכח ל{י}ה מידי למפרעיה ותבע פל̇ו̇נ̇י̇ יע̇נ̇י̇ אלמקרץׄ {למיכתב טירפא ואשכחנא [דשטריה] דפל̇ו̇נ̇י̇ יענון אלמק(ת)רץׄ} כתוב בניסן מתלא {ו}שטר זביני דז(מ)[ב]ן פל̇ו̇נ̇י̇ יע̇נ̇י̇ אלמשתרי לארעא פלנית כתיב באייר ופסקנא דינה על פלוני לשלומיה להא ארעא ביד פל̇ו̇נ̇י̇ דהכין אמרו רבנן המלוה את חבירו בשטר גובה מנכסין משועבדים ושילמה פל̇ו̇נ̇י̇ הא ארעא (א)לפל̇ו̇נ̇י̇

המקורות לנוסח היסוד: לשורות 1–3 (מן) טופס ש; לשורות 3 (כאן) – 25 טופס ו.

המקורות המקבילים: לשורות 1–25 טופס ק, מטושטש במקצת; לשורות 4–12 (קיבל), 21 (ובברא) – 25 טופס ש; לשורות 16 (ביד) – 20 (למגבא) טופס ת$_2$, לקוי מאוד.

1 אלבאיע] אלב‹א›יע ק 2 צׄיע(ת)ה] מטושטש ק | לה] + ביעא ק 3 וכנת קד] וקד כנת ק | בשטר] בשרט ק 4 פללמקרץׄ] פללמקתרץׄ ק | יתסלמהא] יתסלמה ק | אדא] אד ק 5 יכון] יך ק | יקצׄיה] ליתא ק | מינה] מנה ק | פא[ד]] פאדא ק לקוי ש | אתסלמת] תסלמת קש | מא] ליתא ק 6 וצפתה] וצפת קש | ללבאיע – פיאכוד] עליה פי אכד ש מטושטש, אבל נראה קרוב לנוסח הפנים ק | דפע] דפעהא קש 7 אשתרא] אשרתי ש לקוי ק | יכתוב] יכתב קש 8 כתאב] ליתא ש | אלרד] אלרגעה ק | טרפא] טירפא קש 9 ה׳] + מעאני ש | ואלגרץׄ] תם אלגרץׄ קש | אתא] אתה ק | לבי] לקדמאנא [לבי] ק [לדקמנ]א לבית ש | פל̇ו̇נ̇י̇ – פל̇ו̇נ̇י̇] פל׳ בר פל׳ ק פ׳ בפ׳ ש 10 {יענון – פל̇ו̇נ̇י̇}] ק השמטה מחמת הדומות וש 11 {אל}באיע] ק | שטרא] שטארא ש | ליה] + לפ׳ קש 12 קיבל] קביל קש | {ולא}] ק° | ל{י}ה] ק 13 מידי] מידיי ק° | פל̇ו̇נ̇י̇] פל׳ ק | יע̇נ̇י̇] יענון ק 13–14 {למיכתב – אלמק(ת)רץׄ}] ק 15 דז(מ)[ב]ן פל̇ו̇נ̇י̇] ליתא ק | יע̇נ̇י̇] יׄענון ק 16 להא] ליה ק | פל̇ו̇נ̇י̇] + באלפא דזוזי ק פל׳ ת$_2$ | חבירו] חברו ת$_2$ 17 מנכסין] מנכסים קת$_2$° | ושילמה] ושלמה ק | פל̇ו̇נ̇י̇] פל׳ ק לפ[ל]׳ ת$_2$ | הא] להא ק | (א)לפל̇ו̇נ̇י̇] לפל׳ ק° לקוי ת$_2$

[שטר לא: טירפא]

השטר השלושה־עשר – 'שטר טירפא', והוא 'כתאב אלרד'. ופירוש עניינו שהמוכר את שדהו סתם, הדין הוא שהאחריות – מה שהקונה יהיה אחראי לו – (חלה) עליו (=על המוכר), ואם פירש אותה (=את האחריות), על אחת כמה וכמה.[1] וכבר הקדמתי (ואמרתי) כי מי שהיה לו חוב בשטר לחברו ואחר כך מכר הלווה את שדהו רשאי המלווה לגבותו בדין מיד הקונה, אם אין ללווה מה שיפרע ממנו. ואם גבה מיד הקונה כמו שתיארתי, רשאי (הקונה) לחזור אל המוכר וליטול ממנו את כספו ששילם לו כשקנה ממנו את השדה, והדיין הפוסק עליו ב(עניין) הגבייה יכתוב לו 'כתאב אלרד' (=שטר חזרה), כלומר טירפא.[2] ועניניו חמישה: הזמן והמקום והמטרה – 'בא לבית דין פלוני בן פלוני', כלומר המלווה, 'והוציא שטר על פלוני בן פלוני', כלומר הלווה, שהוא מוכר השדה, 'באלף זוזים, ונתקיים בפנינו אותו השטר,[3] ואמרנו לו (=ללווה) לפרעו, ולא קיבל עליו', או אם לא היה לו (הסכום), יכתבו 'ולא נמצא לו דבר לפרעו, ותבע פלוני', כלומר המלווה, 'לכתוב טירפא. ומצאנו שהשטר של פלוני', כלומר המלווה, 'כתוב בניסן', למשל, 'ושטר המכירה, שקנה פלוני', כלומר הקונה, 'שדה פלוני, כתוב באייר.[4] ופסקנו דין על פלוני (=הקונה) למסור את השדה הזה ביד פלוני (=המלווה), שכך אמרו חכמים "המלווה את חבירו בשטר גובה מנכסין משועבדים" (ב"ב י:ח), ומסר פלוני שדה זה לפלוני'.

1 בלשון התלמוד 'אחריות טעות סופר'. השוו לשורות 16–19 בשער ז לעיל ולהערה 6 שם.

2 שיטה זו של רס"ג, ששטר הטירפא נכתב בעיקר לטובת הקונה שנטרפו נכסיו (השוו לשורה 13 להלן בשטר זה) ולא לטובת המלווה הבא לטרפם, עוררה תמיהה אצל חכמים אחרים. ראו את דברי בן־ששון ('סה"ש לרס"ג', עמ' 251, הערה לשורה 23) המפנה בין השאר אל סה"ש לרי"ב, מהדורת הלברשטם, עמ' 53 (מהדורת ריבלין, עמ' 111). מסתבר ששיטת הגאון מתאפשרת בגלל גרסת התלמוד שהייתה לפניו (ראו להלן, הערה 6), ואולי יתרונה שהמלווה יוכל לגבות בלא עיכובים, וכך תימנע נעילת דלת בפני לווים. השוו, למשל, אל בבלי ב"ב קעה ע"ב.

3 כלומר, השטר זכה לקיום (=לאישור) לאחר שנבדקו חתימות העדים. השוו לשטר כז לעיל. לכאורה רס"ג סבור שאף המודה בשטר שכתבו צריך לקיימו (ראו בבלי שבת עח ע"ב – עט ע"א ואת המקבילות שצוינו בשולי העמוד שם), אך ייתכן שהזכיר כאן את המקרה הפשוט והשכיח.

4 שהרי מובן מאליו שאין השיעבוד חל על נכסים שנמכרו לפני שהמוכר לקח את ההלוואה.

תם ידכרון וגוב אלרגעה עלי אלבאיע פיקולו ו[תב]ע (ממנא) [מיננא] פל׳ונ׳י דנן למיכתב ליה טרפא באלפא זוזי על פל׳ונ׳י יענון אלבאיע וכתבנא ליה הדין כתבא למגבא אלפא זוזי על דמיהא {ד}הא ארעא מן פל׳ונ׳י מן שפר ארג נכסין וקנינין וממון דאית לי{ה} תחות כל שמיא בביתא ובברא

תם ידכרו[ן] אנהם כרקו אלשטר נפסה למא כאן הדא אל[כ]תאב מקא[מה] פיקולון [וקר]עניה ל(ל)[ה]הוא שטרא דאלפי זוזי ומה דהוה קדמאנא כתבנ[א] וחתמנא לקו׳להם׳ {כל טירפא} דלא כת{י}ב ביה וקרענא לשטרא (דטרפא) [לאו טירפא] הוא׳

18 פל׳ונ׳י] פל׳ ק לקוי ת$_2$ 19 טרפא] טירפא קת$_2$ ׀ זוזי] דזוזי ק ׀ אלבאיע] + פיקולון ותבע מיננא פל למיכתב ליה טירפא באלפא דזוזי על פל׳ יענון אל באיע כפל בטעות מחמת הדומות ק 20 למגבא] + ביה ק למ̊י̊ג̊[בא] ת$_2$ ׀ זוזי] דזוזי ק ׀ על – {ד}הא] דמיהה̊י̊א ק ׀ פל׳ונ׳י] פל׳ ק ׀ מן] ומן כל ק 21 וקנינין וממון] וקנין ק ׀ לי{ה}] ק° ׀ ובברא] ובׂבארא ש 22 אלשטר] אלשטאר ש ׀ כאן הדא] צאר̊ו̊ ק 23 [וקר]עניה] וקרע מה ק ׀ דאלפי] דאלפא ש ׀ זוזי] דזוזי קש ׀ ומה] מה ק ׀ קדמאנא] קדמנא קש 24 כתבנ[א] וחתמנא] ליתא ק ׀ לקו׳להם׳] לקול אלאולין ק°ש ׀ {כל טירפא}] ק ליתא ש ׀ ביה] ב‹י›ה ש ׀ וקרענא] ....קרענא ק וקרעניה ש 24–25 לשטרא (דטרפא)] לשטארא ש 25 [לאו טירפא]] קש

ואחר כך יזכירו את חיוב החזרה למוכר ויאמרו 'פלוני זה תבע מאתנו לכתוב לו על פלוני', כלומר (על) המוכר, 'טירפא ב(סכום של) אלף זוזים, וכתבנו לו שטר זה (כדי) לגבות מן פלוני אלף זוזים דמי אותו שדה, מן מיטב מחמד נכסיו וקנייניו וממון שיש לו תחת כל השמים, בבית ובחוץ'.[5]

ואחר כך יזכירו שהם קרעו את השטר גופו (=שטר המכירה) משום שהשטר הזה (=הטירפא) הוא במקומו ויאמרו 'וקרענו את השטר ההוא של אלף זוזים, ומה שהיה לפנינו כתבנו וחתמנו', כאמרם 'כל טירפא דלא כתיב ביה "וקרענא לשטרא"[6] – לאו טירפא הוא' (ב"ב קסט ע"א).

5 לנוסח כאן השוו את השורות 20-19 בשער ז לעיל.

6 בנוסחי התלמוד הידועים נוספה כאן המילה 'דמלוה', ולעת עתה לא מצאנו עוד עדות לגרסת הגאון, המאפשרת לו לפרש שכותבים את שטר הטירפא לקונה, ואם כן, השטר שצריך לקרוע הוא שטר המכר. השוו להערה 2 לעיל.

⟦שטר לב: אדרכתא⟧

ש ואלכתאב אלי"ד כתאב אלחאק והו יסמי אדרכתא והו עלי צֿרבין אחדהמא בסיט וסבבה אן ‹מן› וגב עליה אדא מאל ולם יכרג מנה כתב עלי מאלה הדא אלכתאב (פרוב מה) [פרבמא] כאן דאלך מן יומה ורבמא כאן בעד ל' יומא והו אכתר מא יכון כמא שרח פי כתאב אלפקה ואלאכר מרכב והו אן אלמשתרי אדא כתב לה טירפא עלי אלבאיע פלם ירד (ע)[א]ליה אלתמן כתב עלי מאלה כתאב אלחאק מעניה אן יכון מא לחקה מן עקארה יתעלק ב(י)ה חתי יסתופי מנה ועיון הדא אלכתאב ו' הלאך אלה' {אלתי} הי אגראץֿ טירפא ואלו' אן יזידון פיקולון ובתר כן תבאעיה פ˺לוני˹ יענון אלמשתרי לפ˺לוני˹ יענון אלבאיע לאהדורי ליה אלין אלפא דזוזי ולא אהדר ליה מידי ותבע למכתב ליה כתב אדרכתא דנן דכל מאי דמדרך ליה תחות כל שמיא תפיס לי{ה} עד דמפרע מניה {אלין אלפא זוזי} וידכרון דכר תכריק כתאב {אל}טירפא אלי מא בעד הדא אלקול פיכתבון וקרעניה לההוא טירפא דאלפא זוזי לקולהם כל אדרכתא דלא כתיב בה קרעניה לטירפא לאו אדרכתא היא·

המקור לנוסח היסוד: טופס ש.

המקורות המקבילים: לשורות 1–14 טופס ו, לקוי; לשורות 1–5 (אלמשתרי) טופס ק; לשורות 1 (כתאב) – 5 (אלמשתרי) טופס ת$_2$, לקוי מאוד; לשורות 6 (מא) – 14 טופס כ.

1 ואלכתאב אלי"ד] ואלי"ד ק ׀ אלחאק] אלחק ו אלאלחאק ק°ת$_2$° ׀ והו – אדרכתא] ויוסמא אדכרתא ו ׀ יסמי] יסמא שטר ת$_2$ ׀ והו] + יכון ק 2–3 הדא אלכתאב] הדי אלכתב ו 3 [פרבמא]] ת$_2$ רבמא ו לקוי ק ׀ דאלך] דלך ק ׀ בעד] מן [בעד] ת$_2$ ׀ יומא] יום ק 4 שרח] משרוח ק 5 ואלאכר] ואלב' ו ׀ טירפא] טרפא ו ׀ ירד] ירוד ו° 6 (ע)[א]ליה] ו° ׀ כתב] + לה ו 7 ב(י)ה] וכ 7–8 הלאך – אגראץֿ] [ ] אלה' כאגראץֿ ו אוליך אלה' אלתי הי אגראץ כ 8 {אלתי}] כ לקוי ו ׀ פיקולון] ויקולו[ן] ו ׀ תבאעיה פ˺לוני˹] תבעיה פל' כ 9 לפ˺לוני˹ יענון] לפ' יע' ו ׀ ליה אלין] לה אילן ו ׀ אלפא דזוזי] זוזי אלפא כ 10 ותבע] + מיננא כ לקוי ו ׀ כתב] [ש]טר ו כתבא כ ׀ דמדרך] דמדריך כ 11 לי{ה}] כ ׀ מניה] מינה ו מיניה כ ׀ {אלין – זוזי}] וכ ׀ וידכרון] וי‹ד›כרון כ 12 מא] ליתא ו ׀ וקרעניה] וקרענא ו ׀ לההוא] ההוא ו° 13 טירפא] טרפא ו ׀ לקולהם] לקו' ו ׀ כל] ליתא ו ׀ כתיב] כתב ו ׀ קרעניה] קרעיניה ו קרענא ליה כ ׀ לטירפא לאו] לטרפא לא ו

[שטר לב: אדרכתא]

השטר הארבעה־עשר – 'כתאב אלחאק', והוא מכונה 'אדרכתא'. והוא (ייכתב) בשני אופנים: האחד משניהם פשוט, ונסיבותיו – מי שחייב לשלם ממון ולא יוּצָא (=ייגבה) ממנו, ייכתב על ממונו השטר הזה. וזה יכול להיות מאותו היום ויכול להיות אחרי שלושים יום, והוא השכיח יותר,[1] כמו שמפורש ב'כתאב אלפקה' (='ספר ההלכה').[2]

והאחר מורכב,[3] והוא שהקונה – אם נכתב לו טירפא על המוכר[4] ו(המוכר) לא החזיר לו את הכסף, ייכתב על ממונו (של המוכר) כתאב אלחאק, ופירושו שמה שיושג מקרקעותיו יהיה תלוי בו (=בקונה) עד שיגבה ממנו.[5] ענייני השטר הזה שישה: אותם החמישה שהם מטרת הטירפא, והשישי – שיוסיפו ויאמרו 'ואחרי כן תבעוֹ פלוני', כלומר הקונה, 'את פלוני', כלומר את המוכר, 'להחזיר לו אותם אלף זוזים, ולא החזיר לו דבר, ותבע (מן הדיינים) לכתוב לו שטר אדרכתא זה, שכל מה שבשליטתו תחת כל השמים תפוס לו[6] עד שייפרע ממנו אותם אלף זוזים'. ואחרי המאמר הזה יזכירו את דבר קריעת שטר הטירפא ויכתבו 'וקרענו את הטירפא ההוא של אלף זוזים', כאמרם 'כל אדרכתא דלא כתיב בה "קרעניה לטירפא" לאו אדרכתא היא' (ב"ב קסט ע"א).

1 ראו בבלי ב"ק קיב ע"ב. מדברי התלמוד יוצא לכאורה שבמקרה הרגיל כותבים את האדרכתא רק כעבור תשעים יום. אם אין לפנינו טעות סופר, קשה לפרש את שיטת הגאון. אמנם רב האיי גאון קובע שאם גובים מלקוחות, אפשר לכתוב אחרמתא אחרי שלושים יום בלבד (ראו ספר העיטור, מהדורת מאיר יונה, א, נב ע"א; בתרגום המודפס של ספר המקח והממכר המובא באוצה"ג, ב"ק, סימן רפג, חל שיבוש במקום זה), אך מלשונו של רס"ג משתמע שדבריו נוגעים למקרה שבו גובים מן החייב עצמו.

2 ראו לעיל במבוא, סעיף ג.

3 כלומר, השטר מסתעף במקרה זה משטר טירפא שקדם לו. השוו אל הערה 1 לשטר לג להלן.

4 בהתאם לשיטת רס"ג, ראו לעיל, הערה 2 לשטר לא.

5 יש לתרגם את השם הארמי 'אדרכתא' בערך 'השלטה', וטבעי להסביר שהשטר נקרא כך משום שהוא משליט את בעליו על נכסי החייב. השוו אל סה"ש לרי"ב, מהדורת הלברשטם, עמ' 4 (מהדורת ריבלין, עמ' 30), וראו בהערה הבאה. אולם אפשר לטעון שמבחינת הקונה הדורש את כתיבתו זה שטר 'תפיסה', בהתאם לשם הערבי שרס"ג נותן לו, 'כתאב אלחאק'.

6 מן הניסוח הזה משתמע שהשטר נקרא 'אדרכתא' מפני שהוא נוגע לכל הנכסים שבשליטת החייב ('דמדרך ליה'). ראו בהערה 5 לעיל.

⟦שטר לג: שומא⟧

ואלה״י כתאב אלאקתצאץ והו שטר שומא ומענאה מה יקומה אלחאכם מן עקאר מן לא יקבל אלחכם פיד{פ}עוה אל(א)[י] אלמחכום לה והו יכון איצׄא עלי צׄרבין אחדהמא בסיט יכתב עלי מן אעתאץ פי כל חכם בעד אלאדרכה ואלתאני מרכב תרכיבין ודלך אדא לחק אלמשתרי אל{ד}י כתב {לה} אדרכתא בע(ׄץ)[ד] טירפא עיקרא ללב{א}יע רגע אלי א{ל}חאכם חתי יקתץ לה מן ת[לך] אלצׄיעה או אלדאר במקדאר דרהמה ויכתבהא לה ויסלמהא אליה פיכתבון הדׄה ו׳ עיון אלתי פי אדרכתא ויגעלון אלז׳ ובתר כן אתא פ׳לוני׳ יענון אלמשתרי ואמר (דאזבינית) [דאשכחית] ליה לפ׳לוני׳ ארעא פל׳נית׳ ותבע למישם ליה מיניה (ו)כשיעור זוזיה ושדרנא מן בית דינא אינאשי דבקיין בשומה ושמו ליה בשיעור זוזיה כן וכן בדיני בארעא דבינונית ואלין מצראנה וידכרון אלחדוד כלהא ואחיתנא לפ׳לוני׳ דנן דתהא שרירא וקיאמא בידיה וביד ירתיה בתריה לעלם ולית רשותא לכל אנש דיאתי מחמת פ׳לוני׳ לערערא עליה וידכרון דכר תכריק שטאר אדרכתא אלי אכר הדא אלקול פיקולון וקרענא לשטארא ד(אקראנא) אדרכתא [לקולהם כל שומא דלא כתיב ביה קרענא לאדרכתא לאו שומא הוא]·

המקור לנוסח היסוד: טופס ש. ייתכן שחסרה פסקה קצרה בסוף נוסח השטר.

המקור המקביל: לשורות 1–7 (אדרכתא) טופס כ.

1 ואלה״י] ואלי״ה כ 2 פיד{פ}עוה אל(א)[י]] כ ׀ לה] + אלמחכום לוה כ 4 אל{ד}י] כ ׀ {לה}] כ 5 בע(ׄץ)[ד]] כ ׀ עיקרא] עקארא כ ׀ ללב{א}יע] כ ׀ רגע] תעלק בה וצארו כ ׀ א{ל}חאכם] כ 6 דרהמה] דראהמה כ ׀ אליה] ליתא כ 7 הדׄה – עיון] תלך אלו׳ אלעיון כ

[שטר לג: שומא]

(השטר) החמישה־עשר – 'כתאב אלאקתצאץ', והוא שטר שומא, ועניינו מה (=החלק) שיעריך הדיין מן הקרקעות של מי שלא קיבל (עליו) את הדין וימסור (אותו הדיין) לידי מי שפסק לטובתו. ואף הוא יהיה בשני אופנים: אחד מהם פשוט – (השטר) ייכתב אחרי האדרכתא על כל סרבן במשפט.[1] והשני מורכב משני הרכבים, והם: אם הקונה שנכתב לו (שטר) אדרכתא אחרי טירפא השיג קרקע של המוכר, יחזור אל הדיין כדי שיקצוב לו מן השדה ההוא או מן החצר (חלק) כשיעור הדרהמים שלו ויכתבנו לו וימסרנו לו. ו(הדיינים) יכתבו את אותם ששת העניינים שבאדרכתא ויעשו (=ויוסיפו) את השביעי: 'ואחרי כן בא פלוני', כלומר הקונה, 'ואמר שמצאתי לו לפלוני שדה פלוני, ותבע לשום לו ממנו כשיעור זוזיו. ושלחנו מבית הדין אנשים הבקיאים בשומה, ושמו לו בשיעור זוזיו כך וכך, בדין בקרקע בינונית,[2] ואלה מצריו', ויזכירו את כל המצרים.[3] 'והורדנו את פלוני זה (=הקונה) (לתוך הקרקע) שתהיה שרירה וקיימת בידיו וביד יורשיו אחריו לעולם, ואין רשות לאף אדם הבא מחמת פלוני לערער עליו'.[4] ויזכירו את קריעת שטר האדרכתא בסוף המאמר הזה, ויאמרו 'וקרענו את שטר האדרכתא', כאמרם 'כל שומא דלא כתיב ביה קרענא לאדרכתא – לאו שומא הוא' (ב"ב קסט ע"א).

1 כלומר, מי שמוטל עליו לשלם בעקבות דין כלשהו ואינו עושה זאת אף לאחר שנכתבה עליו אדרכתא (ראו לעיל, שטר לב). מקרה זה נחשב 'פשוט' לעומת המקרה הבא, ובו שטר השומא הוא השלישי בסדרה (אחרי הטירפא והאדרכתא). ואולם לשיטת הגאון נראה שאף שטר זה אינו 'פשוט' ממש. השוו להערה 3 לשטר לב לעיל.
2 כדינו של בעל חוב, ראו משנה גטין ה:א (ומקבילות רבות).
3 השוו לשורות 5–13 בשטר ג לעיל.
4 השוו לשורות 7–9 בשטר ו לעיל.

⟦שטר לד: פיקדון⟧

ו ואלי״ו כתאב אלודיעה [והו שטר פקדון] וקד יחתאג אלי כתבה לנפס אלודיעה פידכר א{ל}זמאן ואלמכאן ואל{א}שכ[א]ץ [איך אמר ל]נא פל˹וני˺ אל(א)[י] אכר אלקול דקבלית מיניה כן וכן זוזי פוקדנא או דינרי או מאני ותנסב ות[ביי]ן וקבלית עלי דנטר{נא} [י]תהון כאורח נטור ·

ולעל טֿאן יטֿן אן אלודיעה ליס מן שאנהא תכתוב להא שטר פקדון פאדכ(כ)[ר]ה קול אלאולין המפקיד אצל חבירו בשטר ואלחאגה אלעטֿמה אן יכון בינהם איסתתנא בכלאף מא תוגבה אלסנה לזיאדה או לנקצאן פאן דאלך באלחרי אן יחתאג אלתבת פאמא אלנקצאן פכמן ישהד ללחאפטֿ באוגרה אלא יגרמה שי וללחאפטֿ[·] בלא אוגרה אלא יסתחלפה פיכתבון בחסבה ודאלך קול אלחכ˹מים˺ מתנה שומר חינם להיות פטור משבועה והשואל להיות פטור מלשלם ואמא אלזיאדה פכמן ישהד עלי חאפטֿ בלא אוגרה אן יגרם כל מא יצֿיע פיכתבון איצֿ{א} בחסבה {וילזם} לקו˹להם˺ ומתנין על שומר חנם להיות כשואל ולא יחתאגון אלי אלקנין לקו˹להם˺ אפילו לא {קנו} מידו ·

המקור לנוסח היסוד: טופס ו.

המקור המקביל: טופס ש, לקוי בשורות 1–3.

2 א{ל}זמאן] ש ׀ ואל{א}שכ[א]ץ] ש ׀ אל(א)[י]] מטושטש ו לקוי ש 3 פוקדנא] פיקדונא ש ׀ דינרי] כן וכן דנארי ש ׀ ותנסב] ותכטב ש 4 ות[ביי]ן] ש ׀ וקבלית עלי] וקבי[ל] עליה ש ׀ דנטר{נא}] לנטארא ש ׀ נטור] ניטור ומה דהוה קדמנא הנוסח משמש בשטרות בית דין, הבאתו כאן כנראה שיבוש ש 5 אלודיעה] אלודעיה ש ׀ תכתוב] אן יכתב ש ׀ פקדון] פיקדון ש 6 אלאולין] אלחכמ׳ ש ׀ בשטר ואלחאגה] בשטאר ואלחאגא ש ׀ אלעטֿמה] אלעטֿמי ש 7 בינהם איסתתנא] בינה מא אסתתני ש ׀ אלסנה] אלאחכאם ש 8 אלתבת] אלי תבת ש ׀ ישהד] ישהיד ש ׀ באוגרה] באגרה ש 9 שי] שיא ש ׀ אוגרה] אגרה ש ׀ אלא] אן לא ש ׀ יסתחלפה] יסתחלוה ש° 10 אלחכ˹מים˺] אלקודמא ש ׀ חינם] חנם ש 11 חאפטֿ] אלחאפטֿ ש ׀ בלא אוגרה] באלאגרה (!) ש 12 איצֿ{א}] ש ׀ {וילזם}] ש 13 אלקנין] קנין ש ׀ אפילו] ואפילו ש ׀ {קנו}] ש

[שטר לד: פיקדון]

(השטר) השישה־עשר – 'כתאב אלודיעה', והוא שטר פיקדון, ויש צורך בכתיבתו לעצם הפיקדון.[1] ויזכיר את הזמן ואת המקום ואת האנשים – 'איך אמר לנו פלוני' עד סוף המאמר,[2] 'שקיבלתי ממנו כך וכך זוזים בפיקדון' – או 'דינרים' או 'כלים' – ויתוארו ויוערכו – 'וקיבלתי עליי שאשמור אותם כדרך שמירה'.
ושמא יחשוב החושב שאין מדרך הפיקדון שייכתב לו שטר פיקדון,[3] אזכיר לו את מאמר הראשונים 'המפקיד אצל חבירו בשטר' (ב"ב ע ע"א). והצורך הגדול (בכתיבת שטר זה) הוא אם הותנה ביניהם (משהו) בניגוד למה שמחייבת המסורת – תוספת (עליו) או גריעה (ממנו) – וזה צריך אישור על אחת כמה וכמה.[4] ובאשר לגירעון – כמי שיעיד לשומר שכר שלא יחייב אותו לשלם דבר ו(כמי שיעיד) לשומר חינם שלא יחייב אותו להישבע – יכתבו בהתאם לכך, וזה מאמר החכמים 'מַתְנֶה שומר חינם להיות פטור משבועה והשואל להיות פטור מלשלם' (ב"מ ז:י). ובאשר לתוספת – כמי שיעיד על שומר חינם שיחייב (אותו) לשלם כל מה שיאבד – גם כן יכתבו בהתאם לכך ויחויב, כאמרם 'ומתנין על שומר חנם[5] להיות כשואל' (ב"מ צד ע"א), ולא יצטרכו לקניין, כאמרם 'אפילו לא קנו מידו' (שם).[6]

1 השוו להערות 3–4 להלן.
2 ראו לעיל, שער ז, שורות 9–13.
3 נאמר בספרא (מהדורת פינקלשטיין, עמ' 212–213 [דבורא דחובה]) שהמפקיד אצל חברו דווקא אינו רוצה שאחרים ידעו על כך (כדי לא להזמין את הגנבים?), ולכן אינו מעמיד עדים על עסקה זו (ברייתא זו מובאת גם בחיבור אחר של רס"ג, ראו ברודי, חיבורים הלכתיים, עמ' 216–219 והערה 172).
4 לדעת רס"ג יש תועלת בכתיבת שטר כזה אפילו במקרה הרגיל, כי הוא פוסק ש'המפקיד אצל חבירו בשטר צריך להחזיר לו בשטר ולא תתקבל שבועתו' (אוצה"ג החדש, ב"ב, סימן תז, והשוו לסימנים תה-תו שם).
5 בדפוסי התלמוד 'ומתנה שומר שכר'. גרסת הגאון ידועה ממקורות רבים, ראו ד"ס לב"מ צד ע"א, אות ר.
6 הגאון פוסק כר' יוחנן נגד שמואל בהתאם לכלל שבא כבר בתלמוד (בבלי עירובין מז סע"ב). כנראה, הביא הלכה זו כדי להסביר מדוע אינו מזכיר את סעיף הקניין בסוף השטר.

⟦שטר לה: הודאה⟧

ש ואלז״י כתאב אלאקראר והו שטר הודאה קד קדמנא אן מן אקר בחצ̇רה שאהדין אן לצאחבה עליה מאל(ה) לזמה אלכרוג מנה בעד אן יקול אחדהמא אתם עדיי פנביין ההונא ונקול ולכן לא יכתב עליה כתאבא באלמאל לילא יסתדרך אלמסתדין מנה ומן קבל אן יביע איצ̇א תכם צ̇יעתה אלא אן יקנא מנה או יכון פי מגלס וחד אלמגלס אן יעידו מוצ̇עא ויגתמעון פיה ויבעתון וראה רסולא וי[חצ̇ר]וה פיקר בחצ̇רתהם לקולהם אכר אלתחציל עד דקב(י)עי דוכתא ומשדרי שליחא ומיתו ליה לא כתבינן הודאה לאן אלאמר אדא גרי הדא אלמגרי (ב)[כ]אן אלמקר ח‹י›ניד מעתרפא באנה קד אבאח פי מאלה אלאסתדראך ·

פיכתבון דכר אלזמאן ואלמכאן תם יקולון במותב תלתה הוינא וקבענא דוכתא לדינא דפ̇לוני̇ ופ̇לוני̇ ושדרנא של‹י›חא בתר פ̇לוני̇ ואיתיניה וטען עלאוהי פ̇לוני̇ אלפא דוזי ואודי ליה בהון דאיתנון עליה פאן כאן צ̇מן רדהא אליה פי וקת בעינה או מתי טאלבה בהא ד[כר]ו דאלך פי אלכתאב כמא ידכרוה פי שטר הלואה ואלא כתבה מרסלא כמא וצפת ותממה בקול ומה דהוה קדמנא ·

המקור לנוסח היסוד: טופס *ש*.

המקור המקביל: טופס ו.

1 ואלז״י] ואלי״ז ו | אלאקראר] אלקרר ו° | והו – הודאה] כתוב פעמיים ולקוי ו | בחצ̇רה] [בחצ̇ר]ת ו 2 אלכרוג] + לה ו 3 עדיי] עדי ו 4 איצ̇א] אד̇ ו° 5 פיה] ליתא ו 6 רסולא] רסול ו | וי[חצ̇ר]וה] ויחצ̇ר ו | בחצ̇רתהם] בחצר[תהם] ו | לקולהם] לקו׳ ו | דקב(י)עי] מטושטש ו 7 ומיתו] ומיתי ו | הודאה] ליתא ו° | גרי] גרא ו 8 אלמגרי] אלמגרא ו | (ב)[כ]אן] ו | מעתרפא] מעתפא ו 10 אלזמאן – יקולון] אלזמ׳ ואלמכ׳ פיקולון ו | תלתה] תלתא ו° 11 דפ̇לוני̇ ופ̇לוני̇] ד̇פל׳ [ופל׳] ו | פ̇לוני̇] פל׳ ו 12 פ̇לוני̇] פל׳ ו | דאיתנון] דאיתנן ו° 13 ד[כר]ו] ו 14 ידכרוה] ידכרונה ו° | כתבה] כתאבא ו 15 קדמנא] קדמאנא ו

[שטר לה: הודאה]

(השטר) השבעה־עשר – 'כתאב אלאקראר', והוא שטר הודאה. כבר הקדמנו[1] (ואמרנו) שמי שהודה בנוכחות שני עדים שיש לחברו ממון עליו צריך להוציא (=לגבות) ממנו (=מן החייב) אחרי שיאמר אחד מהם 'אתם עדיי'. ונבאר כאן ונאמר: אולם לא ייכתב שטר על הממון (=החוב שהודה בו) כדי שלא ישועבד הלווה בגינו (=בגין השטר), ואף לפני שימכור ייפגע (ערך) שדהו,[2] אלא אם כן קנו ממנו או שתהיה (ההודאה) במושב (בית דין). והגדרת המושב היא שיקבעו מקום ויתכנסו בו וישלחו אחריו שליח ויביאוהו ויודה בנוכחותם, כאמרם בסוף הסוגיה[3] 'עד דקבעי דוכתא ומשדרי שליחא ומיתו ליה לא כתבינן הודאה' (סנהדרין כט ע"ב). שהרי אם כך נהגו בעניין, המודה במקרה זה יודע שהתיר לשעבד את ממונו.

ויכתבו את ציון הזמן והמקום ואחר כך יאמרו: 'במושב שלושה היינו, וקבענו מקום לדין של פלוני ופלוני. ושלחנו שליח אחר פלוני והבאנוהו, וטען עליו פלוני אלף זוזים והודה לו בהם שהם עליו'. ואם התחייב להחזירם לו במועד מסוים או כשיתבעם ממנו, יזכירו זאת בשטר כמו שמזכירים זאת בשטר הלוואה,[4] ואם לא, יכתבו אותו סתם, כמו שתיארתי, ויסיימו אותו במאמר 'ומה שהיה לפנינו' (וגו').[5]

1 לעיל, שער ד, שורות 4–12.
2 כנראה, רצונו לומר שלא ייכתב השטר כדי שלא יתחייב המודה באחריות נכסים (כדין מלווה בשטר, ראו משנה ב"ב י:ח), וערך נכסיו ייפגע.
3 השוו לדברינו לעיל בהערה 4 לשטר כז.
4 לעיל, שטר א, שורות 22–26. ואולם ייתכן גם שאדם יודה שהוא חייב סכום מסוים לחברו בלי שיהיה מוכן להתחייב שיחזיר אותו במועד מוגדר או כשיידרש לעשות זאת.
5 השוו לשורות 15–16 בשטר ח לעיל.

〚שטר לו: שימוש〛

ח [ואלי״ח] כתאב אלמחצ̇ר והו יסמי שימוש ושרחה אן אלג׳ אלמכתארין אלדין קד כתב להם שטר בירורין קד יסמעון כלאם אלכצמין תם (תם) לא ימכנהם [פ]צ̇ל אלקצ̇א בינהמא מן וקתה לוגוה בינה‹מ›א קול אחד אלכצמין אן לה שהודא וחאדת יחדת עלי אחד ג׳ אחכאם פמנעה ען אסתתמאם אלחכם וחאג̇ה (אלחאכם) [אלאחכאם] או אחדהם אלי אסתעמאל פכרה ליקף עלי מא יג̇ב ולח̇וק וקת קריאת שמע או אלצלוה פאן ואחד מן הדה אלד׳ חדת פקטע אלמג̇לס באלצ̇רורה פיג̇ב אן יתבת מא ג̇רי ללכצם מן אלמנאצ̇רה ואדא בלג̇ו פי כלאמהם פי כתאב [אלמחצ̇]רא חצ̇רא ללחכם פי אלכלאם אלתאני וג̇דה מחפו[ט̇]א׃

וי‹נ›בגי א[ן א]מתל אמתאלא למא יכתבונה באן אמראה דאת בעל באעת [צ̇י]עה להא (הם) [תם] מאתת פת‹נ›אט̇ר בעלהא ואלמשתרי בחצ̇רה חאכם ובלג̇ו פי מנאט̇רתהם אלי חאל מא תם אוקפתהם אחד אלמוקפאת אלתי דכרנאהא פיכתבון דכר אלזמאן ואלמכאן ואלאשכאץ̇ תם יקולון את(ו)[א] לקדמנא לדינא פל˹וני˺ יענון אלבעל וטען על פל˹וני˺ דאית ליה בידיה ארעא דאיתה לפלונית אנתתיה דנחת נפשה ושאלניה [לפ˹לוני˺ וא]מר דזבנתה מינה מיזבן והא אית בידיי שטרא והנפק [קדמנא] שטרא וכתיב ביה דזבנה להדא ארעא מינה באלפא דזוזי [וחזינ]ן שטרא ואמרנא ל{י}ה (מחמת) [מחיבת] לאהדורה להא ארעא לפל˹וני˺ בעלה [דה]כין אמרו רבנן האשה שמכרה נכסי מלוג בחיי בעלה ומתה [הבע]ל מוציא מיד הלוקחות׃

פאן כאן סבב (סבב) אלתאכיר אנה אדעי אן אלבעל קד אג̇אז שראה ולה שהוד יחצ̇רון אליומין כתבו ואמר פל˹וני˺ דנן דאית לי שהדי וקנו מן הדין פל˹וני˺ בעלה דאי סגי לה מאי דזבנת אינתתיה לדילי ולמחר מ{י}תינא ל(כ)[ה]ון׃

ואן כאן סבבה עארץ̇ ערץ̇ לאחדהם פליכתבון (ובנו) [ובגו] הלין מילי אתא שליטא ואנסיה לפ˹לוני˺ {או} ואחדתיה אישתא או מא אשבה דלך׃

המקור לנוסח היסוד: טופס ח.

המקורות המקבילים: לשורות 1–4 (עלי) טופס ו, לקוי מאוד; לשורה 1 (עד ׳ושרחה׳) טופס ש.

1 [ואלי״ח]] וש | אלמכתארין] אלמכתרין ו 1–2 אלדין קד] אלדי ו 3 [פ]צ̇ל] ו
4 יחדת] אן יחדת ו

[שטר לו: שימוש]

(השטר) השמונה־עשר – ׳כתאב אלמחצ̇ר׳, והוא מכונה ׳שימוש׳, ופירושו – אם שלושת הנבחרים (לדיינים) אשר נכתב להם שטר בירורין[1] שמעו את דברי בעלי הדין ואחר כך לא יכלו לפסוק את הדין ביניהם באותו הזמן מסיבות (מסוימות), ביניהן דבר (=טענת) אחד מבעלי הדין שיש לו עדים, מקרה שקרה לאחד משלושת הדיינים ומונע אותו מלסיים את המשפט, צורך הדיינים או אחד מהם להרהר כדי לפסוק כראוי או הגעת זמן קריאת שמע או תפילה[2] – אם קרה אחד מארבעה אלו, בהכרח נקטע מושב (בית הדין) וצריך לרשום את הדין והדברים שהיו בין בעלי הדין. ואם מסרו את (תוכן) דיונם בשטר השימוש ויובא (השטר) לדיין בדיון השני, ימצא אותו (=את מהלך הדיון הראשון) שמור.

ומן החובה שאביא דוגמאות למה שיכתבו: אשת איש מכרה שדה שלה ואחר כך מתה. בעלה והקונה התווכחו בנוכחות דיין והגיעו בוויכוחם למצב מסוים, ואחר כך עיכב אותם אחד העיכובים שהזכרנו. יכתבו את ציון הזמן והמקום והאנשים, ואחר כך יאמרו ׳בא לפנינו לדין פלוני׳, כלומר הבעל, ׳וטען על פלוני שיש לו בידיו שדה שהיה של פלונית אשתו שנפטרה. ושאלנו את פלוני (=הקונה) ואמר: ״קניתיו ממנה בקנייה, והרי יש בידי שטר״. והוציא לפנינו את השטר, וכתוב בו שקנה שדה זה ממנה באלף זוזים. וראינו את השטר ואמרנו לו: ״אתה חייב להחזיר את השדה הזה לפלוני בעלה״, שכך אמרו חכמים: ״האישה שמכרה נכסי מלוג בחיי בעלה ומתה, הבעל מוציא מיד הלוקחות״ (כתובות נ ע״א ומקבילות)׳.

אם הייתה סיבת הדחייה (של פסק הדין) שהוא (=הקונה) טען שהבעל התיר לקנותו ו(יש) לו עדים שיבואו מחר, יכתבו ׳ואמר פלוני זה: ״יש לי עדים שקנו מפלוני זה בעלה, אשר נאות למה שמכרה לי אשתו, ולמחר אביא אותם״׳.[3]

ואם הייתה סיבתה (של הדחייה) מקרה שקרה לאחד מהם, יכתבו ׳ובמהלך הדברים האלה בא השליט ואנס את פלוני׳ או ׳אחזו חום׳ או כיוצא בזה.

1 ראו לעיל, שטר כח. זאת, כנראה, המציאות השכיחה שדברי הגאון מכוונים אליה. השוו לשטר כט, הערה 1.

2 לכאורה אינו מתיישב עם משנת שבת א:ב, שם נאמר שאם התחילו בדין, אין מפסיקים לתפילה. אפשר שרס״ג מתכוון למקרה שאם לא יפסיקו, יעבור זמן התפילה. ראו בבלי סוכה לח ע״א.

3 במקרה כזה יהיה תוקף למכירה, ראו בבלי ב״ב נ ע״א.

ואן כאן סבבה מואפאה וקת אלצלאה פיכתבון מטא עדן קרית שמע או תפלה ופסק{נ}א·

ואן כאן סבבה אן אלמשתרי טאלב ברד אלתמן (ע)[א]ליה ואן אלבעל קאל לא ילזמני ולם יכן פצ̇ל אלקצ̇א מ̊עד̊א ענד אלחאכם פי וקתה דאך פאכרה לנט̇ר פיה הל יגב [ ] אלתי [ ] ליה אם לא ואקול והדא עלי [ ] פיכתבון ואמר פל'וני' דנן יענון אלמשתרי נהדר לי פל'וני' דנן [אלפא] דזוזי דיהבית לאיתתיה ואנא מהדרנא לחה{י}א ארעא [וא]מר פל'וני' דלא מהדרנא ליה שום מידי ואנחנא דיאני אצטריכנא לעיוני שפיר אי מחויב הדין פל'וני' לאהדורי לפ'לוני' אלפא דזוזי או לא ואחרנא לפסוק דינא עד דמעיינן בה·

פאן הדה אלארבעה ...אן̊ אתבעה וכתבנא אלן מלי דאישתמשו בהון קדמנא ואחיתנא בבית דינא למהוי להכין·

ואמא דפע פצל אל חכם מן מג̇לס אלי מג̇לס מן גיר סבב מן הדה אל ד׳ או מא הו פי ג̇נסהם פלא יחל לאנה ענוי הדין·

ואם הייתה סיבתה שהגיע זמן התפילה, יכתבו 'הגיע זמן קריאת שמע או תפילה והפסקנו'.

ואם הייתה סיבתה שהקונה תבע להחזיר לו את הדמים, והבעל אמר: 'אין זה מחייב אותי', ופסק הדין לא היה מוכן אצל הדיין באותו הזמן, ו(הדיין) דחה אותו (=את הדיון) כדי לעיין בו אם חייב [הבעל להחזיר את הדמים] אם לאו,[4] ואני אומר שזאת [ ], יכתבו 'ואמר פלוני זה', כלומר הקונה, '"יחזיר לי פלוני זה את אלף הזוזים שנתתי לאשתו, ואני אחזיר את השדה ההוא", ואמר פלוני (=הבעל): "אינני מחזיר לו שום דבר". ואנחנו הדיינים הצטרכנו לעיין היטב אם מחויב פלוני זה (=הבעל) להחזיר לפלוני את אלף הזוזים או לא. ודחינו את פסיקת הדין עד שנעיין בו'.

ואם ארבעה אלו [יפורטו], יבוא אחר כך 'וכתבנו דברים אלו, שהשתמשו בהם לפנינו, והנחנו בבית הדין להיות ל(צורך) כך'.

ואולם דחיית פסק הדין ממושב למושב (של בית הדין) בלי אחת מארבע הסיבות האלה או מה שהוא ממינן אסורה משום שהיא 'עִנוי הדין'.[5]

4 שאלה זו הייתה שנויה במחלוקת (בין ישיבות סורא ופומבדיתא?) בתקופת הגאונים. ראו אוצה"ג, כתובות, סימנים שלז-שמה.

5 ראו, למשל, משנה אבות ה:ח.

⟦שטר לז: מחאה⟧

כ ושרח אלי"ח אלכת(א)ב אלאכירה אלקלילה אלוגדאן ועלי אן כלהא יחתאג אליה{א} אולהא כתאב אלשכוי והו יסמי שטר מחאה ואלאצל פיה {אן} סכני דאר או אסתגלאל צ̇יעה ג' סנין בחצרה מאלכהא והו ממסך יוגבהא ללסכאן או אלמסתגל לנקל אלסלף פי קואעד אל{א}חכאם חזקתו שלוש שנים מיום ליום וקאלו אינה חזקה עד שתהא עמו במדינה פאן לם יכן אלמאלך ממסכא בל הודא ישכו אן אלסכאן תגלב עלי עקארה פשכואה דלך יפסד סכני אלסכאן וכיף ישכו יקול בחצרה אתנין אן פלאנא קד גצבני עקארי אנא מטאלב לה בה גיר תארך לה·

פיכתב אלאתנאן דכר אלזמאן ואלמכאן תם אלשכץ̇ ואלפעל אתא לקדמנא פל̇ו̇ני̇ בר פל̇ו̇ני̇ ומחי ביד פל̇ו̇ני̇ בר פל̇ו̇ני̇ וכן אמר דפל̇ו̇ני̇ דנן גזליה לביתא דילי או לארעא דילי דאילין מצראנה אן כאן קד חדהא ואלא פיקנע

המקור לנוסח היסוד: טופס כ.

המקור המקביל: טופס ח.

1 ושרח] והדא שרח ח | אלכת(א)ב אלאכירה] ליתא ח | אלקלילה] אל קיללה ח | אן] המילה תלויה ח 2 אליה{א}] ח | אלשכוי – יסמי] אלשכירות(!) ויסמא ח | מחאה] + אעני חזקה ח | {אן}] ח | סכני] סכנת ח 3 דאר] דארא ח | מאלכהא] מאלך° להא ח | יוגבהא] יוג̇בהא ח 4 או – לנקל] אלמסגל ולנקל ח | קואעד – שלוש] פואׄקדׄ אל אחכאם חזקתן של שלש ח 5 יכן] יכון ח | ממסכא] ממסא ח 6 סכני] סבב ח 7 פלאנא] פל' ח | גצבני] גצ̇בני ח | אנא] ואנא ח 8 גיר] ג̇יר ח 9 דכר] דנן ח | אלשכץ] אלשכץ̇ ח 10 פל̇ו̇ני̇ בר פל̇ו̇ני̇] פל' בר פל' ח | ומחי – פל̇ו̇ני̇[4]] ליתא ח 11 דילי[2] – מצראנה] דאילו מצרנה ח

---

1 על־פי המשניות המובאות להלן. הגאון אינו נכנס לפירוט ההבדלים בין סוגים שונים זה מזה של שדות וגידולים ולא למחלוקות בין התנאים בנושא, אלא הוא מנסח באופן כללי את העולה מסוגיות התלמוד (בבלי ב"ב לו ע"ב), שהחזקה בשדה חייבת להתבסס על אכילת היבול במשך שלוש שנים, וראו מה שכתבנו לעיל, עמ' 40–41. כוונת רס"ג במילה 'בחצרה' (שהוראתה המילולית 'בנוכחות') לא לגמרי ברורה. לכאורה, מסוגיית התלמוד

[שטר לז: מחאה]

ביאור שמונה־עשר השטרות האחרונים הנדירים – אם כי יש (לציבור) צורך בכולם. הראשון שבהם – 'כתאב אלשכוי', והוא מכונה 'שטר מחאה', ועיקרו שמגורים בבית או איסוף יבול בשדה (במשך) שלוש שנים בנוכחות בעליהם והם שותקים מזכים בו (=בנכס) את הדייר או את אוסף היבול,[1] לפי מסורת הקדמונים בעיקרי הדינים[2] – 'חזקתו שלוש שנים מיום ליום' (ב"ב ג:א), ואמרו 'אינה חזקה עד שתהא[3] עמו במדינה' (ב"ב ג:ב). ואם הבעלים אינו שותק אלא הוא מוחה (וטוען) שהדייר השתלט על קרקעו, מחאתו זו מבטלת את מגורי הדייר. וכיצד ימחה? יאמר בנוכחות שניים[4] 'שפלוני גזל ממני את קרקעי, אני תובע אותה ממנו (ו)לא מרפה ממנו'.[5]

ויכתבו השניים את ציון הזמן והמקום ואחר כך את האדם ואת המעשה – 'בא לפנינו פלוני בן פלוני ומחה נגד פלוני בן פלוני, וכך אמר: "פלוני זה גזל את ביתי או את שדי, ואלה מצריו" – אם תיחם אותו, ואם לא, יספיק

(שם לח סע"א - לט ע"ב) ברור שאין צריך למחות בפני המחזיק ממש, וכך משתמע אף מן המובאה שלהלן, 'עד שתהא עמו במדינה'. ייתכן מאוד שלדעת רס"ג די שהמוחה באותה ה'מדינה', כפשוטה של המשנה וכהסברו של רב (שם לח סע"א-רע"ב), 'סתם יהודה וגליל כשעת חירום דמי'.

2 הכינוי הזה אינו שגרתי כלל. נראה, שהגאון רוצה לומר שהמשפט שהוא מביא בהמשך הוא דין יסודי, ויתר דיני החזקה מסתעפים ממנו. ואכן, המשפט הזה הוא ראשון ומרכזי בפרק שלם במשנה (בבא בתרא פרק ג) שיוחד לַנושא.

3 בדפוסי המשנה: 'שיהא', והכוונה היא שיהיו הבעלים באותה המדינה שהנכס נמצא בה. לפי גרסת הגאון, המקוימת אף בכתב־יד קויפמן של המשנה, יש לפרש שתהא החזקה באותה המדינה שהבעלים נמצאים בה (מבחינת התוכן, כמובן, זה היינו הך). השוו להערה 1 לעיל.

4 בהתאם לפסיקת רבא בשם רב נחמן (בבלי ב"ב לט סע"ב, וראו שם סע"א-ע"ב) ולדיוק של סתם התלמוד (שם לח ע"ב).

5 ראו בבלי ב"ב לח סע"ב - לט רע"א, 'אמר רב זביד: פלניא גזלנא הוא – לא הויא מחאה; פלניא גזלנא הוא [...] ולמחר תבענא ליה בדינא – הויא מחאה'.

אלדכר פקט והידאנא לא יכילנא ליה דאלאמא הוא לידעו רבנן דאנא קאימנא בתבעותיה ולמחר תבענא ליה בדינא ומה דהוה קדמנא ·

וליס יחתאג פי כל סנה אן ישכו הדה אלשכיה לכן פי כל ג׳ סנין כרה חתי לא תמצ̇י ללסכאן ג׳ סנין צאפיה לקולהם צריך למחות בסוף כל שלוש ושלוש ·

12 והידאנא לא] והידנא לא ⟨קא⟩ ח ׀ דאלאמא – לידעו] ואלא מדידעי ח
13 בתבעותיה] לתבע..יה ח 14 אן] ליתא ח ׀ אלשכיה] אלשכוה ח 15-14 כרה – סנין] ליתא, השמטה מחמת הדומות ח

הציון (של הנכס) בלבד[6] – ״וכעת אינני יכול לו, שהוא אַלָּם. ידעו החכמים שאני עומד בתביעה (שלי) אותו,[7] ולמחר אני תובע אותו בדין״. ומה שהיה לפנינו׳ (וגו׳).[8]

ואין צורך שימחה מחאה זו בכל שנה אלא פעם אחת בכל שלוש שנים, כדי שלא יחלפו לדייר שלוש שנים נקיות, כאמרם ׳צריך למחות בסוף כל שלוש ושלוש׳ (ב״ב לט סע״ב).

6 כנראה, ההנחה היא שדי במחאה זו כדי להזהיר את המחזיק, ואפילו יש בידיו קרקעות מספר שהיו קודם לכן ברשות המוחה, עליו לשמור את שטרות המכר של כולם (ראו בבלי ב״ב כט ע״א) או לספק הוכחות אחרות לבעלותו. בדברי רב זביד (ראו לעיל, הערה 5), לפי דפוסי התלמוד, בנוסח המחאה באות המילים ׳דנקיט לה לארעאי בגזלנותא׳, אך מסתבר שמילים אלו אינן מקוריות (ראו למשל ד״ס על אתר, אות ה; ה״ג, מהדורת הילדסהיימר, ב, עמ׳ 459, שינויי נוסח לשורה 70). ואולם אפילו בנוסח זה לא נאמר שצריך לזהות באופן מדויק את הנכס שמדובר בו.

7 ראו לעיל, הערה 5.

8 רס״ג מביא כאן רק את תחילת הנוסחה, ראו לעיל, שטר ח, שורות 15–16 והשוו לשטר לה, שורה 15.

⟦שטר לח: פסוס⟧

ואלכתאב אלב׳ כתאב אלגא והו יסמי שטר פסֿוס ומענאה הבה גזויה מֿןֿ אלזמאֿ[ן] אכתר מֿא יחתאג אלי הדא אלפעל ללמרֿה אלתי תריד אן תתזוג ולהא עקאר תתכוף אן יסתגרֿקהם אלבעל תם [י]פארקהא (פי כתב) [פיכתב] בעצה לאנסאן מן אהלהא לֿעֿסֿר סנין או (א)לז׳ או למא שאת פאן חדת {א}ל[פר]אֿק חצלת עלי דלך אלעקאר ענד תקצ[י אלמדה] ולם יגז אן תשהד לדלך אלקריב בגמיע עקארהא פאן אשהדת פהו פאסך כמא קאלו המברחת כל נכסיה מבעלה לא עשתה כלום ולכן תשהד לה בבעץ עלי מא וצפנא· ותכון אגראץ אלכתאב עיון מתנת בארי {עלי מא קֿדֿ[מנא] וליקאל פיהא דיהבית ליה לפ˺לוני˹ ארעא פל˺נית˹ לשבע שנין או לעשר שנין ופי כל מוצֿע יקאל פיהא {פי} כתאב מתנת בריא} לעלם או לעלמי˺ן˹ וגעל מכאנה פי הדֿ[א] אלכתאב לעשר שֿנין (או [לש]בע סנין) או לשבע שנין פאן דלך גא[י]זֿ כמא קאל קֿדֿמֿאונא הרוצה שתבריח נכסיה מבעלה כותבתן לאחר (לאחדֿ)

המקור לנוסח היסוד: טופס כ.

המקורות המקבילים: לשורות 1–15 טופס ח, לקוי במקצת; לשורות 2 (תתזוג) - 15 טופס פ, לקוי במקצת.

1 ואלכתאב אלב׳] ואלתאני ח | אלגא] אל ילגא ח | יסמי] ליתא ח | ומענאה] מעניה ח 2 אכתר] ואכתר ח | יחתאג] יחתאג̇ ח | ללמרֿה – תריד] למראה ח | תתזוג] תתזוג̇ ל[רגלֿ] ח 3 תתכוף] ותתכוף ח | יסתגרֿקהם] יסתגרקה חפ | אלבעל] ליתא ח | [פיכתב]] ותכתב ח פתכתב פ 4 לאנסאן] לאנסן חפ | לֿעֿסֿר] לעשר פ לקוי ח | (א)לז׳] לסבע חפ | או] סנין ח 5 {א}ל[פר]אֿק] חפ | ולם יגז] וליס יגוז חפ 6 פאסך] פאסד ח | המברחת] מברחת ח 7 ולכן] לכן ח | בבעץ] בבעץ̇ חפ° 8 אגראץ] אגראץ̇ פ | בארי] בריא ח 8–10 {עלי – בריא}] ח 8 קֿדֿ[מנא] וליקאל] קדמת ולכן יקל פ 9 לפ˺לוני˹] לפל׳ פ | פל˺נית˹] פלנ׳ פ 10 יקאל פיהא] קיל פ | {פי}] פ | בריא}] בארי פ | וגעל] יגעל פ (ואולי גם ח) 11 שֿנין] ליתא ח | (או – סנין)] ליתא ח | שנין] ליתא חפ | שנין] ליתא ח 11–12 כמא – קֿדֿמֿאונא] לקול אלקדמא ח 12 כותבתן] תֿכתבם ח

1 כלומר ׳אמנה׳. השם שאול מיוונית, ראו ליברמן, תוספתא כפשוטה, נשים, עמ׳ 325, והספרות שצוינה שם על תוספתא כתובות ט:ב. הברייתא הזאת שבתוספתא מקבילה לברייתא שבבבלי כתובות עט ע״א אשר רס״ג מביא להלן לקראת סוף השטר, והשוו לאמור בהערה 5 להלן. בבבלי ׳שטר פסוס׳ הוא כינוי לשטר המברחת.

[שטר לח: פסוס]

(השטר) השני – 'כתאב אלגא', והוא מכונה 'שטר פסוס',[1] ועניינו מתנה זמנית. לרוב נזקקים לפעולה זו (בעבור) אישה המבקשת להינשא ו(יש) לה קרקעות, והיא חוששת שבעלה ישתלט עליהם ואחר כך ייפרד ממנה (=יגרש אותה). תכתוב חלק ממנה (=מן הקרקע שברשותה) לאדם ממשפחתה לעשר או לשבע שנים – או לכמה (זמן) שתרצה – ואם קרה הפירוד (=הגירושין), תקבל את הקרקע ההיא עם תום התקופה (שקבעה).[2] ואסור לה להעיד לקרוב ההוא על כל קרקעותיה – ואם העידה (על כל קרקעותיה), הרי הוא (=השטר) בטל, כמו שאמרו[3] 'המברחת כל נכסיה מבעלה, לא עשתה כלום' – אך תעיד לו (=למקבל המתנה) על חלק (מקרקעותיה) כמו שתיארנו.[4]
ומטרות השטר הן ענייני מתנת בריא, כמו שהקדמנו (ואמרנו), וייאמר בו 'שנתתי לו לפלוני שדה פלוני לשבע שנים או לעשר שנים'. ובכל מקום שייאמר בו בשטר מתנת בריא 'לעולם' או 'לעלמין' יבוא במקומו בשטר זה 'לעשר שנים' או 'לשבע שנים', וזה מותר, כמאמר קדמונינו 'הרוצה שתבריח נכסיה מבעלה כותבתן לאחר

2 ברגיל הבעל אוכל פֵּרות מנכסי המלוג של אשתו ואף יכול למנוע את מכירתם לאחרים (ראו משנה כתובות ו:א, ח:א). אם אישה העומדת להתחתן רוצה להציל מקצת מנכסיה משליטת בעלה, היא יכולה לעשות זאת על־ידי הקנאה פיקטיבית בתנאים מסוימים לאחרים (בדרך כלל, אם כי לא בהכרח, מבני משפחתה). השוו אל בבלי כתובות עח סע"ב - עט ע"א וראו להלן, הערות 4, 6.

3 נראה שכוונת הגאון לניסוח בתר־תלמודי כמו הניסוח בה"פ, מהדורת ששון, עמ' סא = ה"ג, מהדורת הילדסהיימר, ב, עמ' 545.

4 הסוגיה הבאה בבבלי כתובות עח ע"ב - עט ע"א מבחינה בין הכותבת מקצת נכסיה לאחר ובין הכותבת את כל נכסיה לאחר. במקרה השני נאמר שיש לקרוע את שטר המתנה. הפירוש שרווח בתקופת הראשונים היה שבמקרה זה ההברחה מועילה, וקורעים את השטר כדי שלא יוכל מקבל המתנה להחזיק בה, אפילו אם לא צוין בו במפורש שהמתנה היא רק 'לכשאני רוצה' (השוו, למשל, אל דברי רש"י על אתר ואל דברי רמב"ם, משנה תורה, הלכות זכיה ומתנה ו:יב). בניגוד לפירוש הזה הבין רס"ג, בעקבות מסורת קדומה (ראו הערה 3 לעיל), שבמקרה זה אין תוקף להברחה.

מהיום לכשאני רׄוׄצה ועלי הדא אלאצל אן לם תחד אלמרה {אלמדה} [לכנה]א כתבת לה דיהבית ליה לפל֯וני֯ ארׄעא פלונית במתנה מן יומא דנן ועד זמן דבעיאנא לה פגאיז וכדלך יבדל מכאן כל לעלם בהדא אלמקאל·

13 אלמרה] אלמראה **ח** ׀ {אלמדה} [לכנה]א] **ח** 'אלמדה' נשמטה מחמת הפלוגרפיה **כפ**
14 דיהבית] ויהבת **ח** ׀ לפל֯וני֯] לפ' **ח** לפל' **פ** ׀ פלונית] פל' **ח** פלנית **פ** ׀ ועד] ועדי **ח**
15 פגאיז] גאיז **ח** ׀ מכאן – לעלם] כלל עולם **ח**

מהיום לכשאני רוצה' (כתובות עט רע"א).[5] ולפי העיקרון הזה, אם האישה לא תגדיר את התקופה אלא תכתוב לו (סתם) 'נתתי לו לפלוני שדה פלוני במתנה מיום זה עד זמן שאדרוש אותו', הרי זה מותר.[6] וכן יוחלף כל 'לעלם' במאמר הזה.[7]

5 ניסוח חופשי של שיטת חכמים בברייתא (ראו לעיל, עמ' 40–41). הגאון משלב בדברי רשב"ג את ההגבלה של החכמים, ועיינו בגרסת הבבלי בכתובות שם.

6 מסתבר שלהבנת רס"ג משמעות 'לכשאני רוצה' היא שהמתנה תקפה מיד, ואולם הנכסים יחזרו לאישה בזמן שתתבע אותם, מעין מתנה על מנת להחזיר (לשיטות הראשונים בעניין זה ראו ליברמן, תוספתא כפשוטה, נשים, עמ' 325–326). קל וחומר שמתנה מעין זו המוגבלת מראש לתקופה מוגדרת תקפה ומועילה. ואולם לא ברור מה ראה הגאון לציין אפשרות זו, שאינה נזכרת בברייתא ויש בה חסרונות ברורים מבחינת המברחת.

7 כלומר במקרה זה יש להחליף את הביטויים 'לעלם' או 'לעלמין' בכל היקרויותיהם בנוסח שטר המתנה הרגיל (לעיל, שטר יא) בביטוי 'עד דבעינא ליה'. השוו לשורות 9–11 לעיל.

⟦שטר לט: פסקאתא⟧

ח ו{אלכתאב} אלתאלת כתאב אל תעריס והו יסמי שטר פסקאתא והדא אלכתאב יתבת באסבאב ג׳ אלאול יגתמע אב לאבן ואב(ן) לאבנה פיכטב אחדהמא ולד אלאכר וינעם לה ויקול כל ואחד הודא {אדפע} לולדי כדי וכדי ואלב׳ אן יתם תקדיס הדא אלשכץ להדא אלשכץ כאצה ואלג׳ אן יכון בינהמא שהוד פאדא אגתמעת הדה אלג׳ פקד לזם אבי אל גלאם אן ידפע לאבנה {ואב(ן)[י] אל[צ]ביה אן ידפע לאבנתה} מא חדה כל ואחד מנה{מ}א בלא קניין לקול אלקדמא כמה אתה נותן לבנךְ כך וכך ולבתךְ כך וכךְ עמדו וקדשו קנו הן הן דברים הנקנין באמירה·

פיכתבון אלכתאב בדכר אלזמאן ואלמכאן ואלאשכאץ איך פל׳וני׳ בר פל׳וני׳ אמר קדמנא לפ׳לוני׳ בר פל׳וני׳ דנסבית ליה לפ׳לוני׳ ברי לפ׳לנית׳ ברתך ואמר הן ואמר פל׳וני׳ דיהבית ליה לברי {כן [וכן] זוזי ואמר פלוני דיהיבנא לה לברתאי} כן וכן מאני לבושא וכסויא ותכשיטין או דרתא או ארעא ואן כאנת בחדוד פ(י)ליחדוהא ועל דעתא דהני מילי קדשה פל׳וני׳ יענון

המקור לנוסח היסוד: טופס ח.

המקורות המקבילים: לשורות 1–17 טופס פ, לקוי במקצת; לשורות 1–2 (באסבאב) טופס כ.

1 ו{אלכתאב}] כפ ׀ אלתאלת] אלג׳ כפ ׀ אל תעריס] אלתעריס כפ° ׀ יסמי] ליתא כפ° 3 אלאכר] אלאכֿר פ ׀ {אדפע}] פ° ׀ וכדי] ליתא פ ׀ ואלב׳] ואלתאני פ 4 להדא אלשכץ] ליתא פ 5 אל גלאם] אלגֿלאם פ 5–6 {ואב(ן)[י] – לאבנתה}] פ 6 מנה{מ}א] פ 7 אלקדמא] אלאולין פ ׀ קנו] וקנו פ 9 ואלאשכאץ] תםֿ אלשכצין פ ׀ פל׳וני׳[1,2] פל׳ פ 10 לפ׳לוני׳] לפ׳ פ ׀ פל׳וני׳] פל׳ פ ׀ דנסבית] דמנסבת פ ׀ לפ׳לוני׳] לפל׳ פ 11 הן ואמר] 〈אין ואֿמר〉 פ ׀ דיהבית] דיהיבנא פ 11–12 {כן – לברתאי}] פ 12 וכן] כן פ 13 פ(י)ליחדוהא] פֿלֿ[ ] פ ׀ דעתא – מילי] דעתה דהלין מלי פ

[שטר לט: פסקאתא]

השטר השלישי – 'כתאב אלתעריס', והוא מכונה 'שטר פסקאתא'. והשטר הזה יתקיים ב(הצטרפות) שלוש נסיבות: הראשונה, שאב לבן ואב לבת יתכנסו ואחד מהם יבקש להשיא (לילדו) את ילדו של האחר, ו(הלה) ייענה לו, וכל אחד יאמר 'הנה אני נותן לילדי כך וכך'. והשנייה, שיושלמו קידושי האדם הזה לאדם הזה דווקא.[1] והשלישית, שיהיו עדים בין שניהם.[2] ואם הצטרפו שלוש (הנסיבות) האלה חייבים אבי הנער לתת לבנו ואבי הנערה לתת לבתו מה שקבע כל אחד מן השניים בלא קניין, כמאמר הקדמונים 'כמה אתה נותן לבנך? כך וכך, ולבתך? כך וכך. ועמדו וקדשו – קנו. הן הן דברים הנקנין באמירה' (מו"ק יח ע"ב ומקבילות). ויכתבו את השטר בציון הזמן והמקום והאנשים – 'איך פלוני בן פלוני אמר בפנינו לפלוני בן פלוני: "אני לוקח לו, לפלוני בני, את פלונית בתך",[3] ואמר (אבי הבת): "כן". ואמר פלוני: "אני נותן לו לבני כך וכך זוזים", ואמר פלוני: "אני נותן לבתי כך וכך כלי לבוש וכסות ותכשיטים או חצר או קרקע"' – ואם היו בְּמְצָרִים, יגדיר אותם[4] – 'ועל דעת דברים אלו קידש פלוני', כלומר

1 למעט המקרה המתואר במשנה כתובות ו:ב, 'הפוסק מעות לחתנו ומת חתנו, אמרו חכמים: יכול הוא שיאמר (לַיָּבָם): לאחיך הייתי רוצה לִתֵן, ולך אי אפשי לִתֵן'.

2 נראה שרצונו לומר כי נוכחות עדים חיונית בקניין זה. הסכם שנעשה אך ורק בין שני הצדדים לבין עצמם ובלא עדים אין לו תוקף מחייב. אם אמנם זאת כוונתו, לא ברור מה הוא המקור להלכה זו. ואולי פסק כך משום המילים 'עמדו וקדשו' שבדברי רב המובאים בהמשך, והקידושין חייבים להיערך לפני עדים (ראו בבלי קידושין סה ע"ב).
חשוב לציין שהגאון מתעלם מעוד הגבלות בירושלמי לדין זה של 'דברים הנקנים באמירה' (כתובות כט ע"ג [טור 980, שורות 22-49 במהדורת האקדמיה ללשון העברית]), ופוסקים רבים הביאו אותן (ראו, למשל, תוספות לכתובות קט ע"א, ד"ה תשב; רמב"ם, משנה תורה, הלכות אישות כג:יד ומגיד משנה על אתר). כנראה, רס"ג סבור שמלשונו הסתומה של הבבלי אפשר להבין שהלכות אלו אינן מקובלות עליו (ראו לעיל, עמ' 39-42).

3 ביטויים כאלה מצויים בכמה מקומות, אף שלפי ההלכה אין אדם יכול להשיא אישה לבנו (השוו למשנה קידושין ב:ו). ייתכן שצירופי לשון אלו הם שרידים מתקופה קדומה יותר. השוו לבר' כא:כא, כד:ב-ז.

4 כלומר, אם הבטיחו נכס מסוים, יש לציין את מצריו כנהוג בשטרות (השוו לשורות 5-13 בשטר ג לעיל ולמקומות אחרים). ואולם ייתכן גם שהבטיחו לתת בית או שדה כלשהו, ורק בשלב מאוחר יותר יבחרו את הנכס המסוים שיינתן.

אל אבן לברתיה דפל˹ני˺ ובתר דקדשה תבעו מננא למכתב מאי דפסק ביניהון וכתבנא וחתמנא ויהבנא להון דליהוי בידיהון לזכו ·

פכיף אן שרט אחדהמא ואשהד ואקנא מן נפסה או כתב באמרה פי שטר כתובה פאנה לאזם ·

14 מננא] מֿיננא פ ׀ דפסק ביניהון] [ד]פסקו לב[ניהון?] פ 15 דליהוי] דלהוי פ
16 ואקנא — נפסה] ואקני מנה פ

הבן, 'את בתו של פלוני, ואחרי שקידשה ביקשו מאתנו לכתוב מה שנפסק ביניהם, וכתבנו וחתמנו ונתנו להם (כדי) שיהיה בידיהם לזכות'.

ועל אחת כמה וכמה אם התנה אחד מן השניים והעיד (עדים) והקנה מעצמו או שנכתב לפי מצוותו בשטר הכתובה, הרי זה מחייב.[5]

5 הדין שהאב יכול לפסוק לבנו או לבתו על־ידי אמירה בלבד יש בו חידוש גדול. על אחת כמה וכמה ברור שההורים יכולים לחייב את עצמם בדרכים אחרות, כגון בשיעבוד הנעשה על־ידי קניין. האפשרות השנייה שמציע הגאון אינה ברורה כל כך: האם רצונו לומר שרישום הבטחת האב בכתובה מחייב אותו גם בלי שיקנו ממנו? השוו אל הדינים של 'הפוסק מעות לחתנו' שנשנו בדיני הכתובה, כגון משנה כתובות ו:ב־ד ומקבילות.

⟦שטר מ: פשרה⟧

ואלראבע כתאב אלצלח והו שטר פשרה הדא אלכת‹א›ב עלי אן כתיר מן אלנאס יסתעמלונה באלדאים פאנ(ה)[א] אנמא אחצינאה פלבעידי אלוגוד {לאנה} לא יליק באלחאכם אלא כדלך לאן אלחאכם לא ירא אלצלח אלא בחית תתכאפי אלחגתין ללכצמין מתלא אקול כשטר ובראה תאריכהא יום ואחד וכמן (איצׄא) [אוצי] מן מאלה לפל̇וני̇ פוגד שכצאן יסמיאן כדלך או מא אשבה דלך פאן אלחכם יוגב חיניד אלצלח בינהמא ועלי מא מאתל פי אל תלמוד פי שתי ספינות ושני גמלים·

פאדא אצלח בינהמא פליקנא מנהמא ויכתב דכר אלזמאן ואלמכאן {ואלאשכאץ} תם {יחכי מא} דאר בינהמא מן אלמנאטׄרה פיקאל מתלא והנפק פל̇וני̇ שטר (אביזאריה) על פל̇וני̇ {באלפא זוזי} דזמניה ביום פל̇וני̇ והנפק פל̇וני̇ {שטר אביזאריה על פל̇וני̇ דזימניה ביום פלוני} כי זמניה דשטרא ובדקנא ולא אשכחנא לאכרועי הי מיניהון דקדים וכל חד וחד קא אמר דכתבא דחבריה קדים ועבדנא ביניהון פשרה על מאתן זוזי או מא כאן וקנינא מנהון דאצטבו בהכין ואחילו להדדי כל דהוה בינתהון וסאיר רסום אביזאריה מא כלא נסבית וקבלית ומא אשבה הדא אלמעני·

המקור לנוסח היסוד: טופס ח.

המקור המקביל: טופס פ, לקוי במקצת.

1 ואלראבע] ואלד׳ פ ׀ כתיר] כתירא פ 2 פאנ(ה)[א]] פאנה פ ׀ פלבעידי] פי אלבעידי פ 3 {לאנה}] פ ׀ יליק באלחאכם] יקע באלחכם פ ׀ אלחאכם] אלחכם פ° ׀ ירא] ירי פ 4 אלחגתין] אלחגתׄאן פ ׀ תאריכהא] תאריכהמא פ 5 [אוצי]] פ ׀ לפל̇וני̇] לפלו׳ פ ׀ כדלך] כדאך פ 6 מאתל] ו̇[ ]ממתל פ 7–6 אל תלמוד] אלתלמוד פ 9 {ואלאשכאץ}] פ° ׀ {יחכי מא}] פ 10–9 והנפק – (אביזאריה)] והנפיק פלוני שטרא פ 10 {באלפא זוזי}] פ° ׀ דזמניה] ד̊זימניה פ 11 והנפק] והנפיק פ ׀ {שטר – פלוני}] פ ׀ זמניה] זימניה פ 12 מיניהון] מיניהו פ 13 אמר] אמ׳ פ ׀ דכתבא] דכ̊ת̊‹א›בא פ ׀ ביניהון] בינתהו פ 15 נסבית וקבלית] נסיב̊י̊ת וקבילית פ

[שטר מ: פשרה]

(השטר) הרביעי – 'כתאב אלצלח', והוא שטר פשרה. שטר זה, אף שאנשים רבים משתמשים בו בתכיפות, בכל זאת מניתיו עם (השטרות) הנדירים מפני שלא יתאים לדיין אלא כך (=לעתים רחוקות).[1] שהרי הדיין לא יראה את הפשרה (ראויה) אלא כאשר טענות שני בעלי הדין שקולות – אומַר, למשל, כשטר ושובר שתאריכיהם (חלים) באותו היום או כמי שציווה ממונו לפלוני ונמצאו שני אנשים הקרויים כך או כיוצא בזה – ואז הדין מחייב את הפשרה בין שניהם, כמודגם בתלמוד ב(עניין) שתי ספינות ושני גמלים.[2]

ומשעשה פשרה בין שניהם יקנה משניהם,[3] ויכתוב את ציון הזמן והמקום והאנשים, ואחר כך יספר על הוויכוח שהתנהל בין שניהם, וייאמר, למשל, 'והוציא פלוני על פלוני שטר (חוב) של אלף זוזים שזמנו ביום פלוני, והוציא פלוני שטר אביזאריה על פלוני שזמנו ביום פלוני כזמנו של שטר (החוב), ובדקנו ולא מצאנו (אפשרות) להכריע איזה מהם קודם. וכל אחד ואחד אומר שהשטר של חברו קודם,[4] ועשינו ביניהם פשרה על מאתיים זוזים' – או מה שיהיה – 'וקנינו מהם שנתרצו בכך, ומחלו זה לזה כל מה שהיה ביניהם', ושאר נוהגי האביזאריה מלבד 'לקחתי וקיבלתי' ומה שדומה לעניין הזה.[5]

1 כאן נרמזת התלבטות בנוגע לאופי הספר וקהל היעד שלו. בכמה מקומות רס"ג מדגיש שספרו נועד לציבור רחב יחסית ולאו דווקא לדיינים, אך שטר זה מסווג בין השטרות הנדירים משום שהדיין אמור להשתמש בו לעתים רחוקות בלבד. האם הגאון רואה בשימוש הנפוץ בפשרות תופעה הנובעת מבורות? ראו לעיל, עמ' 10.

2 בבלי סנהדרין לב ע"ב (תוספתא ב"ק ב:ח). במקום אחר (סנהדרין ו ע"ב - ז רע"א) נחלקו תנאים בשאלה באילו נסיבות מותר או ראוי לדיין לחפש פשרה במקום להכריע על־פי הדין, ולפי מסקנת הסוגיה שם על הדיין להציע לבעלי הדין בתחילת הדיון לבחור בין דין לפשרה. אך הגאון, כנראה, ממעיט בחשיבותה של הצעה זו.

3 ראו בבלי סנהדרין ו סע"א, 'והלכתא פשרה צריכה קנין'.

4 אילו היה ברור ששטר ההלוואה קודם, היה האביזאריה מבטל אותו, ולחלופין, אילו היה ברור שהאביזאריה קודם, בוודאי אין הוא נוגע לשטר ההלוואה, ולכן אפשר לגבות על־פי שטר זה.

5 אין לכתוב את הסעיפים שנאמר בהם כי הכותב קיבל מן החייב את המגיע לו, שכן בנסיבות המתוארות לא קיבל הכותב דבר, ולפי טענתו מגיע לו אף יותר ממה שהוא עתיד לקבל. יש להסתפק בקביעה שכל אחד מן הצדדים מוותר על דרישותיו המקוריות שמעבר לפשרה שסוכמה ביניהם. השוו לסוף שטר מא.

⟦שטר מא: מחילה⟧

ואלכאמס כתאב אל צפח והו שטר מחילה הדא יכון עלי צ̇רבין אמא צפח עןשי מעלום כצפח אלשפיע ען שפעתה ואלולי ען ולאֹוֹתה [פאן] דלך מעלומה גיר ואקע פיהא שך יכתב דכר אלזמאן ואל מכאן ואלאשכאץ דאחילית גבי פל˺וני˹ {מילתא פלונית} ולית לי למהדר למתבעיה בגוה ואלאכלאץ ואלקנין·

ואמא (אלצפה) [אלצפח] עו שי {גיר} מעלום כאנה וארת יתהם כלטא מוריתיֹה במאל פתלזמהם לה ימין תם יסאל פיצפח ענהם פקד יקע פי כתבת הדא אלשך מן אגל אנה אנמא {אן} יצפח עו אלימין {או עו אלמאל פאן צפח עו אלימין} פליכתב דאחילית גביה שב{ו}עה דהוה מחויב לי מן דינא לאשבועי על עבידתיה דאבי או דאחי פאד {כתב} עלי הדה אל ג̇הה תם טהר אלמאל עליה בעד דאלך פלה אן יטאלבה לאנה אנמא והב לה ימינא לא מאלא ואן צפח עו אלמאל פליכתב דאחילית גביה כל מה דהוה קא תבענא ליה בגויה מחמת אבי או אח{י} פאדא כתב עלי הדה אלגהה תם טהר עליה אלמאל לם יכון לה אן יטאלבה לאנה קד והב לה נפס אלמאל ועלי אלחאלין ג̇מיעא יכת˺בון˹ מחילה גמורה שרירא וקיימא וסאיר אלתותק אלדי פי שטר אביזאריה מא כלא נסבית וקבלית וסאיר מענאה·

המקור לנוסח היסוד: טופס ח.

המקור המקביל: לשורות 1–12 (גביה) טופס פ, לקוי במקצת.

1 ואלכאמס] ואלה׳ פ ׀ אל צפח] אלצ̇פח פ 2 ולאֹוֹתה] ולאיתה פ 3 ואל מכאן] ואלמ[כאן] פ 4 {מילתא פלונית}] פ° ׀ ואלאכלאץ] ואלאשכאץ (!) פ 6 [אלצפח]] צפח פ ׀ {גיר}] פ° 7 מוריתיֹה] מורותה פ 7–8 כתבת – אלשך] [כת]בה הדא אלכתאב שך פ 8 אנמא] אמא פ ׀ {אן}] פ 8–9 {או – אלימין}] פ נשמט מחמת הדומות ח 9 מחויב] מ̇ח̇יב פ 10 עבידתיה] עבידתא פ ׀ דאחי] + או סאיר אלמורות פ° ׀ פאד] פאדא פ ׀ {כתב}] פ ׀ אל ג̇הה] אלגהה פ 11 דאלך] דלך פ ׀ יטאלבה] יטאלב פ

[שטר מא: מחילה]

(השטר) החמישי – 'כתאב אלצפח', והוא שטר מחילה. זה יהיה בשני אופנים: או מחילה על דבר ידוע, כמחילת בעל המצר על מצרנותו או של בן החסות על מה שבחסותו,[1] ו(מחילה) זו ידועה ואין בה ספק – יכתוב את ציון הזמן והמקום והאנשים, (ואחר כך יכתוב) 'שמחלתי לפלוני דבר פלוני ואין לי לחזור לתבוע אותו בגינו', והכנות והקניין.[2]

או מחילה על דבר לא ידוע, כגון שהוא יורש החושד באנשים שהיו מעורבים עם מורישו בממון וחובה עליהם להישבע לו, ואחר כך יתבקש (למחול) וימחול להם. וייתכן שייפול ספק בכתיבת (מחילה) זאת – אם מחל על השבועה בלבד או על הממון. אם מחל על השבועה, יכתוב 'שמחלתי לו שבועה שהיה מחויב לי לפי הדין להישבע על מעשי אבי או אחי'. ואם כתב באופן זה ואחר כך התברר (חיוב) הממון עליו (=על החשוד), יכול (היורש) לתבעו, משום שמחל לו על שבועה בלבד, לא על ממון. ואם מחל על הממון, יכתוב 'שמחלתי לו כל מה שתבעתי אותו בגינו מחמת אבי או אחי'. ואם כתב באופן זה ואחר כך התברר (חיוב) הממון עליו, לא יוכל לתבעו, משום שכבר מחל לו על עצם הממון.[3] ובשני המצבים גם יחד יכתוב 'מחילה גמורה, שרירה וקיימת' ושאר החיזוקים שבשטר אביזאריה מלבד 'לקחתי וקיבלתי' ושאר ענייניו.[4]

1 כוונת הגאון אינה נהירה כל צורכה. ייתכן שמדובר בזכות קדימה הניתנת לקרובי משפחה ולשותפים, בדומה לזכות המצרנות הניתנת לשכנים. השוו לדברי הבבלי 'האי מאן דאחזיק ביני אחי וביני שותפי [...] ואי משום דינא דבר מצרא' (ב"מ קח ע"א).

2 ראו את דברי הבבלי שם בנוגע לוויתור על זכות המצרנות: 'והלכתא צריך למקנא מיניה'.

3 השוו לתשובת רס"ג המובאת אצל הרכבי, תשובות הגאונים, סימן תקנא ולמקורות שצוינו שם.

4 השוו למה שכתבנו בהערה 5 לשטר מ לעיל. הסופר הפסיק כאן באמצע השורה וקישט את שארית השורה. אם אין כאן טעות סופר, יש להבין את 'וסאיר מענאה' כלשון נרדפת לביטוי 'ומא אשבה הדא אלמעני' שרס"ג השתמש בו בסוף שטר מ לעיל.

⟦שטר מג: איגרת ביקורת⟧

כ [···] אלי אן [ב]אלגדאה ובאלעשי או ס׳ יומא פי אלאתנין ופי כל יום כמיס מנהא בא[לגדאה] ובאלעשי ויקול[ו] אלצׄיעה אלפלאׄניה קד [···] [···] מן בית דין כתאבא גריצה [ ] תם הו.. אלכתאב אלדי דפעת אלציע[ה] תם יקול ואכריזנא עלה ל׳ יומי או ס׳ יומי בתרי ובחמשה ואמרנא ארעא פל[ני]תא [ ]יוא והכי דיהבו בא[ ] הא ליה [ ] ויזׄ[ב]וׄן על [מ]נת [ ]היב לאינ[תתיה]ע[ ] דׄביתׄאׄ ואתא פל׳וני׳ וזבנה ושלים אילין [זוזי] בבית דינא ויכתבון לה מן עיון [ ] ותאיק שטר מכירה מאׄ וׄלה ופי דלך [קאלו] [אל]קדמא בא להכריז [רצופים שלשים בשני וב]חמשיׄ ששים ◦

המקור לנוסח היסוד: טופס כ.

כתב־יד אחר: שייכות טופס ת מפוקפקת מאוד, וראו לעיל, עמ׳ 44 והערה 159 שם.

[שטר מג: איגרת ביקורת][1]

[···] עד אשר [ ] בבוקר ובערב או שישים יום בימי שני ובכל יום חמישי מהם בבוקר ובערב, ויאמרו 'שדה פלוני [···]'[2]
[···] מבית דין שטר שמטרתו [ ] ואחר כך [ ] השטר אשר נמסר (?) השדה, ואחר כך יאמר 'הכרזנו עליו שלושים יום יום' או 'שישים יום בשני ובחמישי, ואמרנו: "שדה פלוני [ ] וכך שנתנו [ ] לו [ ] ויקנה על מנת שייתן לאשתו[3] [ ] של הבית ובא פלוני וקנה אותו, ושילם זוזים אלו בבית הדין"'. ויכתבו לו מענייני [ ] שטרות שטר מכירה [ ],[4] ועל כך אמרו הקדמונים 'בא להכריז רצופים – שלושים, בשני ובחמישי – שישים' (ערכין כב רע"א).

1 שטר זה נכתב כאשר בית הדין מוכר נכסי יתומים כדי לפרוע את חובותיהם (בכללם כתובת האלמנה), ראו משנה כתובות יא:ה ובבלי כתובות ק ע"ב. והשוו אל סה"ש לרי"ב, מהדורת הלברשטם, עמ' 15–16 (מהדורת ריבלין, עמ' 49–50), ואל המובא בטופס **ת** (=בן־ששון, 'סה"ש לרס"ג', עמ' 265–267), שאולי קשור לנוסח רס"ג בשטר זה, אם כי אינו תרגום מדויק שלו.

2 ראו את דברי הבבלי 'בא להכריז רצופים – שלשים, בשני ובחמישי – ששים' (ערכין כב רע"א).

3 ראו את דברי הבבלי 'כל הרוצה ליקח יבא ויקח על מנת ליתן לאשה בכתובתה ולבעל חוב בחובו' (ערכין כא סע"ב).

4 נראה שהכתוב כאן 'מאׄ וׄלה' טעות סופר, וצריך לומר או 'מא כלא' (=פרט ל־) או 'כולה' (=כולו). בגלל מצבו הלקוי של השטר קשה להכריע בין האפשרויות האלה ולהשלים את החסר.

⟦שטר מד: מינוי אפוטרופוס⟧

[ואלכתאב אלח׳ כתאב אלוכיל]אתי לליתאמי והו שט[ר אפוטו]רפא אדא נ[ז]ע לליתאמי מ[נאז]עה [?]עְקאר[ ]רתْ פליס יגוז ללחאכם אן [ ]תْג להם ולכנה ימْ[נא ל]הם וכילא ויסתגירה פהמْא בנכת אלאחכאם ומסתורא [ ]מן לם יקבל עליה סמאתא קט וכדלך רבמא נצבוה ליביע מא יחתאג אלי קצֿא תמנה (פיכתבה) [פי כתבה] או פי קות פיכתבון לה כתאבא ידכרון אלזמאן ואלמכאן ויצדרון בכבר אלרגל אלמתופא ומן כלף מן ולד [ ] אלי קות או אלי קצֿא [ויקולון וחז]ינן דצריכין יתמי לאפוטרפא דאזיל ודאין ב[הדי בעלי דין] דילהון או ד[מ]זבין מאי {ד}איצ[טריך] מ[זו]בוניה ב{ד}קינא בגברא ואשכחניה [לפלוני] בר׳ פל׳וני׳ דגברא [זרי]זא הוא ידע לה[פוכי] בזכואתא דיתמי וגברא מהימנא הוא דלא איתרע עליה בגזלנותא ולא קבל עליה שמתא דרבנן וכיון דאתברר לנא דאית ביה כל הלין מילי אוקימניה אפוטורפא ליתמי והימיניה אכל מאי [...]

המקור לנוסח היסוד: טופס כ.

כתב־יד אחר: שייכות טופס **ת** מפוקפקת מאוד, וראו לעיל, עמ׳ 44 והערה 159 שם.

2 [?]עְקאר[ ]רתْ] ייתכן שיש חסר לפני האות עי״ן

[שטר מד: מינוי אפוטרופוס]

השטר השמיני – 'כתאב אלוכילאתי[1] לליתאמי', והוא שטר אפוטורפא. כשנטענת על היתומים טענת קרקעות [ ], אסור לדיין ל[טעון] בעבורם, ואולם הוא ימנה להם אפוטרופוס, ויחליפנו,[2] מבין בפרטי הדינים ונקי מדופי [ ], מי שלא קיבל עליו שמתא כלל.[3] וכן ייתכן שימנוהו כדי שימכור את מה שצריך כדי לפרוע בדמיו כתובה או מזון.[4] ויכתבו לו שטר ויזכירו את הזמן ואת המקום. ויתחילו בסיפור על האיש הנפטר והילדים שהשאיר [ויסבירו את הצורך במכירה] בשביל מזון או פירעון, ויאמרו 'וראינו שהיתומים צריכים לאפוטרופוס שילך וידון עם בעלי דינם' או 'שימכור את מה שצריך למכרו. וחיפשנו אדם ומצאנו את פלוני בן פלוני, שהוא אדם זריז ויודע להפוך בזכויות היתומים,[5] והוא אדם מהימן שלא נטענה(?) עליו גזלנות ולא קיבל עליו "שמתא דרבנן" (=חרם של החכמים). וכיוון שהתברר לנו שיש בו כל הדברים האלה מינינו אותו אפוטרופוס ליתומים, והאמנו לו בכל מה [...][6]

1 בקטע שהגיע לידינו מדובר במינוי אפוטרופוס ליתומים מטעם בית הדין כשלא מינה להם המנוח אפוטרופוס לפני מותו, ואיננו יודעים אם רס"ג עסק אף באפשרות האחרת שהמנוח מינה ליתומים אפוטרופוס לפני מותו. השוו אל סה"ש לרה"ג, מהדורת אסף, עמ' 49-51 ואל סה"ש לרי"ב, מהדורת הלברשטם, עמ' 6-8 (מהדורת ריבלין, עמ' 35-38).

2 כנראה, מדובר כאן על האפשרות שיצטרכו להחליף את האפוטרופוס, אם אינו ממלא כראוי את התפקיד המוטל עליו. ראו בבלי גטין נב ע"ב. אפשרות אחרת היא שרצונו לומר שהדיין יכול למנות אפוטרופוס שידאג במקומו לטובת היתומים (הצעת צופיה לסמן).

3 בהתאם לדברי רב אשי בבבלי ב"מ ע סע"א, המובאים בתור מסקנת הסוגיה.

4 הגאון מבחין בין מינויים למטרות למיניהן, ובכל מקרה יש לנסח את השטר בהתאם לסמכויות שמעניק בית הדין לאפוטרופוס. השוו אל סה"ש לרה"ג, מהדורת אסף, עמ' 49-51.

5 בהתאם לדברי אביי בבבלי כתובות קט ע"ב.

6 בתלמוד נפסקה ההלכה שאפוטרופוס שמינהו בית דין חייב להישבע (בבלי גטין נב סע"ב), ואולם התפתח נוהג להעניק נאמנות לאפוטרופוס כזה ולפוטרו משבועה. ראו סה"ש לרה"ג, מהדורת אסף, עמ' 50, הערה 11, והשוו לשטר יג, הערה 6.

⟦שטר מו: הפותקי⟧

י [···] מינה אילין זוזי וידסֹהֹ ....אֹ וידכר [אן לם ידר]ך עלי סאיר מאלה וסאיר אלותאיֹרֹ [פאן כאן הדא אלע]קאר באקיא פלא יגוז ללמקר[ץ] אן יסתופי אלא מנה לק͏ׄולהם͏ׄ היכ[י] דאמי הפותקי דאמאר ליה לא יהא לך פירעון אילא מזו·

ואלצֹרב אלאכר מא יקף אלאנסאן מן עקארה עלי גירה רתֹתֹה ומא הו יקול הדא לפל͏ׄוני͏ׄ ובעדה {לפלאן} פיכתב דיהבית ליה לפל͏ׄוני͏ׄ ארעא פלונית במתנה אמא מתנת בארי או מתנת [שכיב] מרע ובתריה יהבתה לפל͏ׄוני͏ׄ במתנה ובתריה יהבתה לפל͏ׄוני͏ׄ ב[מתנה] לכלהם שרוט ותחקק אלמתנה [ ] מן א... א[ ] אלצֹיעה [לקולהם אין] לראשון אי[לא אכילת פירות בלבד פאדא תעדי אלאול] פבאע פקד מצֹי מא צנעה איצֹא [לקולהם אין לשיני אלא] מה ששיר הראשון בלבד הדא אלקול אדא כאנו גֹרבא ואמא אן יכון כאן אלאול הו וארת לה פלא חק ללתאני מעה ולא בעדה כמא קאלו אם ראשון ראוי לירשו אן לשיני במקום ראשון כלום·

המקור לנוסח: טופס י.

---

1 אם הקריאה אלותאיֹרֹ נכונה, לא ברורה המשמעות המדויקת של מילה זו בהקשרה. לכאורה רצונו לומר שאין אופן שבו יוכל הנושה להיפרע אלא מן הנכס שיוחד לצורך זה. ואולם אמירה זו נראית חזרה על האמירה שלא ייפרע משאר ממונו.

2 לפי הסוגיה בבבלי גטין מא ע״א, יש הבדל של ממש בין ׳אפותיקי׳ (סתם) ובין האומר ׳לא יהא לך פרעון אלא מזו׳ (המכונה בלשון הראשונים ׳אפותיקי מפורש׳). ואולם מסתבר שההבדל בין שני המקרים הוא רק אם האפותיקי כבר אינו קיים, אך כשהוא קיים יש לגבות ממנו דווקא. ועיינו שם היטב. נראה שלפנינו ניסוח חופשי או גרסה שונה במקצת של בבלי ב״ק צו ע״א או ב״מ סו ע״ב.

[שטר מו: הפותקי]

[···] 'ממנה זוזים אלו' [ ], ויזכיר שלא יהיה שיעבוד על שאר ממונו ו(לא ב)שאר האופנים.[1] ואם נשאר שדה זה, אסור למלווה לגבות אלא ממנו, כאמרם 'היכי דאמי הפותקי? דאמאר ליה לא יהא לך פירעון אילא מזו'.[2]
והאופן האחר הוא שאדם יעמיד מקרקעותיו אצל אחר בדרך הירושה ושיאמר 'זה לפלוני ואחריו לפלוני',[3] ויכתוב 'שנתתי לו לפלוני שדה פלוני במתנה' – אם מתנת בריא אם מתנת שכיב מרע[4] – 'ואחריו נתתיו לפלוני במתנה, ואחריו נתתיו לפלוני במתנה' – לכולם תנאים ותתקיים המתנה. [ואין לראשון למכור את] השדה [או להשחית אותו], כאמרם 'אין לראשון אילא אכילת פירות בלבד'. אך אם עבר הראשון ומכר, מה שעשה – עשוי גם כן, כאמרם 'אין לשיני אלא מה ששיר הראשון בלבד' (ב"ב קלז רע"א).[5] מאמר זה (נכון), אם היו שניהם זרים (=הראשון אינו קרוב של הנותן), אך אם הראשון הוא יורש שלו (=של הנותן), אין זכות לשני אתו ולא אחריו, כמו שאמרו 'אם ראשון ראוי לירשו, אֵן לשיני במקום ראשון כלום' (ב"ב קכט ע"ב, קלג סע"א).[6]

3 צריך עיון מדוע סיפח הגאון לשטר אפותיקי עוד דין שאינו מזוהה אתו בתלמוד. כנראה, דימה את זכויות המקבל השני לזכויות המלווה באפותיקי: בשני המקרים הנכס נמצא בינתיים ברשות אדם אחד, אך צפוי שיעבור בעתיד לרשות אדם אחר, והדבר עשוי להגביל את יכולת הבעלים הנוכחיים להשתמש בנכס כרצונם (השוו להערה 5 להלן).

4 במקורות התלמודיים העוסקים במתנה כזאת לא נאמר במפורש אם הנותן בריא או הוא שכיב מרע. מן ההקשר בפרק השמיני של מסכת בבא בתרא נראה שמדובר בעיקר בסוג של צוואה, אך הגאון אינו מגביל את האפשרות לתת מתנה מסוג זה לשכיב מרע דווקא. בעניין זה נראה שיש הסכמה כללית בין הפוסקים (ראו, למשל, את סיכום הדעות בבית יוסף על טור חושן משפט, סימן רמח, אות א).

5 כשיטת רשב"ג, המקובלת על האמוראים, עיינו שם. ופירשו שם שמכירתו תקפה רק בדיעבד, אך מלכתחילה אסור לראשון למכור, ועליו להסתפק באכילת הפֵּרות. המילה 'בלבד' חסרה בדפוסי התלמוד, אך נמצאת בעדי נוסח אחרים, ראו ד"ס על אתר, אות כ.

6 מאחר שזכות המקבל הראשון נתפסת כאן כזכות ירושה ולא כמתנה, 'וירושה אין לה הפסק', ראו בבלי ב"ב קלג סע"א-רע"ב. נראה, שלדעת הגאון דין זה חל אף על מתנת בריא, שלא כשיטת הרמב"ם, למשל (משנה תורה, הלכות זכיה ומתנה יב:ה). השוו להערה 4 לעיל.

⟦שטר מז: זכות⟧

ואלי״א כתאב אלאסתיג̇אב והו שטר זכותא וסבבה מא כנת קדמת דכרה אן אלמאל ואלכרתי (אלדי) לא ימלכהא אלמוהובה לה מן אלואהב אלא בכלה מן ארבעה אמא אן יקבצ̇ה איאהא באלמעלום או יוצי לה בהא והו עליל עלי מא וצפת או יצ̇מהא אלי [עקאר וימלכה] בה איצ̇א או [אן קבצה לרגל אכר יס]תוגבהא לה פאד[א פעל דלך יקא]ם קבץ̇ אלמנצוב [מקאם קבץ̇ אלמוהובה לה ואנמא יח]תיג אלי כתבה [   ] אנהא כאנת [מעדלה] ללמוהובה לה לא מקבוצ̇ה פליכתב דכר אלזמא˹ן˺ ואלמכא˹ן˺ ואלשכץ̇ תם אלגרץ̇ אמר לנא פל˹וני˺ הוו עלאי שהדי {וכתובו וחתומו} והבו לפל˹וני˺ יעני ללמסתוג̇ב דצביתי ברעות נפשי ואמשיכית ליה אלפא זוזי(ה) בידיה ואמרית ליה זכי בהון לפל˹וני˺ יענון אלמוהוב לה דיהבית ליה מעכשו במתנה מתנת בארי וכן עבד פל˹וני˺ דנן ומשכינון לאילין זוזי (וממן) [ומטן] לידיה וזכא בהון לפל˹וני˺·

ואן [כ]אן אלתכוף מן עטפה אל ואהב או ורתתה אקנע הדא אלקול ואן כאן אל תכוף מן אלמסתוג̇ב איצ̇א פליזיד פיה ואף פל˹וני˺ בר פל˹וני˺ אודי קדמנא דקבילינון לאילין זוזי מן יד פל˹וני˺ וזכא בהון פל˹וני˺ במתנה·

וליס יחתאג̇ מן אחדהמא אלי קנין פאן אסתט̇הר עלי אלמסתוג̇ב בקנין או בצ̇מאן דרך ישרח דלך [ואן כאן אלשהוד] חצ̇[רו] דפע אלמאל צדרו [בה יהב קדמנ[א פל˹וני˺ לפ˹לוני˺ כין וכין זוזי] או מאני או מא כאן·

המקור לנוסח היסוד: טופס י.

המקורות המקבילים: לשורות 5 (יקאם) - 15 (פל˹וני˺[1]) טופס **ת**$_1$, לקוי מאוד; לשורות 9 (דצביתי) - 18 טופס **ש**$_1$, לקוי במקצת; לשורות 10 (מעכשו) - 18 טופס **א**, לקוי בשורות 10-13, וממנו שאובות ההשלמות בשורות 17-18.

7 [מעדלה]] **ת**$_1^{\circ}$ | ללמוהובה] ללמה̊[   ] **ת**$_1$ 8 ואלשכץ] ואלא[שכאץ] **ת**$_1$ | {וכתובו **ת**$_1$ | וחתומו}] לקוי **ת**$_1$ 9 דצביתי – נפשי] [ד]צב׳ **ש**$_1^{\circ}$ | ואמשיכית ליה] אמשיכת ליה לפ׳ **ש**$_1$ | זוזי(ה)] **ש**$_1$, דזוזי **ת**$_1$ 10 בהון – ליה] ליתא **ש**$_1$ | מעכשו] מיעכשו **א** מעכשיו **ש**$_1$ 11 במתנה] + זו **ש**$_1$ | בארי] בריא **ש**$_1$ | פל˹וני˺] פל׳ **אש**$_1$ | לאילין] להה̊לין **ש**$_1$ | [ומטן]] ליתא **ש**$_1$, לקוי **את**$_1$ 12 וזכא] וזכה **ש**$_1$**ת**$_1$, לקוי **א** | לפל˹וני˺] ליתא **ש**$_1^{\circ}$ 13 ואן – אלתכוף] פאן כאף אלתכויף **ש**$_1$ | עטפה] עט̇פה **ש**$_1^{\circ}$ | אל ואהב] אלואהב **אש**$_1$ 14 אל תכוף] אלתכוף איצ̇א **א** אלתכויף **ש**$_1$ | אלמסתוג̇ב] אלמסתוגב **ש**$_1$ | איצ̇א] ליתא, אבל ראו גרסת טופס **א** לעיל בראש השורה **אש**$_1$ | פליזיד] פליזידו **א** | פל˹וני˺ בר פל˹וני˺] פל׳ ב׳ פל׳ **א** פב״פ **ש**$_1$ 15 דקבילינון] דקבלנון **ש**$_1$ | לאילין] לאלין **א** | מן יד] מיד **ש**$_1$ | פל˹וני˺] פל׳ **אש**$_1$**ת**$_1$ | וזכא] וזכה **ש**$_1$ | פל˹וני˺] פל׳ **אש**$_1$ 16 קנין] קינין **א** | אסתט̇הר] אסתצ̇הר **ש**$_1$ | אלמסתוג̇ב] אלמסתוגב **ש**$_1$ | בקנין] בקינין **א** 17 ישרח] פלישרך(!) **ש**$_1$ 18 פל˹וני˺] **יש**$_1$ | לפ˹לוני˺] ב׳ פל׳ **א** לפל׳ **ש**$_1$ | כין וכין] כן וכן **ש**$_1$

[שטר מז: זכות]

(השטר) האחד־עשר – ׳כתאב אלאסתיגאב׳, והוא שטר זכות, וסיבתו מה שכבר הקדמתי והזכרתי,[1] שמקבל המתנה לא ירכוש את הממון והכלים מן הנותן אלא באחד מארבעה אופנים: או שימסור לו אותם בידוע (=בפועל), או שיצווה לו אותם כשהוא חולה, כמו שתיארתי, או שיצמיד אותם לקרקע ויזכה אותו בה (=בקרקע) גם כן, או שימסרם לאדם אחר שיזכה בהם בעבורו. ואם עשה כך, תבוא גביית הממונה במקום גביית מקבל המתנה.[2] ואולם יש צורך בכתיבתו (של השטר) [כדי שישמש הוכחה] ש(הגבייה) הייתה מיועדת למקבל המתנה (ו)אינה תפוסה (לממונה). ויכתוב את ציון הזמן והמקום והאדם ואחר כך את המטרה – ׳אמר לנו פלוני: ״היו עדים עליי וכִתבו וחִתמו ותנו לפלוני״׳, כלומר לזוכה, ׳״שחפצתי ברצון עצמי וגרמתי לו למשוך אלף זוזים בידו, ואמרתי לו: זכה בהם לפלוני״׳, כלומר למקבל המתנה, ׳״שנתתי לו מעכשיו במתנה, מתנת בריא״. וכך עשה פלוני זה ומשך את הזוזים הללו, והגיעו לידו, וזכה בהם לפלוני׳.

ואם היה חשש מצד הנותן או יורשיו, מספיק המאמר הזה. ואם היה חשש גם מן הזוכה, יוסיף בו (בשטר) ׳ואף פלוני בן פלוני הודה בפנינו שקיבלם, את הזוזים הללו, מיד פלוני, וזכה בהם פלוני במתנה׳.[3]

ואין צורך בקניין אף לא באחד מהם.[4] ואם הטיל על הזוכה קניין או ערבות באחריות, יפרש זאת.[5] ואם העדים נכחו ב(זמן) מסירת הממון, ירשמו בתחילתו ׳לפנינו נתן פלוני בן פלוני כך וכך זוזים׳ או ׳כלים׳ או מה שהיה.

1 לעיל, שטר יא, שורות 22–29 והערה 9 שם.

2 לדין זכייה לצד שלישי ראו, למשל, משנה גטין א:ו, בבלי ב״ב קלח ע״א.

3 במקרה הראשון חוששים שהנותן ירצה לחזור בו או שיורשיו ידרשו את המתנה בחזרה לאחר מותו, במקרה השני חוששים שמא ינסה הזוכה להחזיק במתנה ולטעון שזכה בה לעצמו ולא לאדם שלישי.

4 שהרי ברגע שקיבל הזוכה את המתנה בעבור המקבל, כבר זכה בה המקבל (חוץ מן האפשרות שכאשר ישמע על כך מקבל המתנה יסרב לקבלהּ). ראו את המקורות שצוינו בהערה 2 לעיל. אי לכך אין צורך לחייב לעתיד את הנותן ואת הזוכה, ואין צורך אפוא לקנות מהם.

5 למרות האמור לעיל, ייתכן שיידרשו מן הזוכה עוד ערבויות כדי למנוע כל אפשרות שינסה להחזיק במתנה (השוו להערה 3 לעיל), ואם הוא מתחייב בקניין להעביר את המתנה למקבל או מטיל על נכסיו שיעבוד המבטיח שיעשה כך, יש לציין זאת בשטר.

⟦שטר מח: איטרא⟧

א ואלכתאב אלי"ב כתאב איטרא ותפסירה כתאב אלחפט̇ יכתב הדא אלכתאב לחאל מן חאלין אחדהמא אדא תופי מתופי פכלף עקארא ולם יוצי הו אלי וצי ולם יגד אלחאכם איצ̇א מן יקבל אלתוכיל לליתאמי פליד‹פ›ע אלחאכם אלעקאר אלי רגל יכון תחת ידה מחפוט̇א לליתאמי לא עלי אנה וצי ויכתב עליה כתאבא עיונה ד׳ אלזמא⌈ן⌉ ואלמכא⌈ן⌉ תם אלחאדתה דשכיב פל⌈וני⌉ ב⌈ר⌉ פל⌈וני⌉ ושבק יתמי ושבק ארעא ותדכר [חד]ודהא ואישתדלנא לאקומי אפיטרו[פס]א ולא איתרמי תם אלחפט̇ [ופקדנא ית פל⌈וני⌉ בר פל⌈וני⌉ דתהא ארעא תחות ידיה דנאטר לה עד דמיתרמי א]פטורפא [וכן עבד ושדרנא עימיה שלי]חא ואחיתנ̊י̊ה [לגוה לפום מאי דאמר ולא י]גוז אן יכון [הדא אלמתסלם קריבא] לליתאמי אלא גריב [לק⌈ולהם⌉] אין מורידין קרוב לניכסי קטן ואלב׳ אן יכון רגלאן ישתריאן וישתריטאן אן יסתג̇להא כל ואחד מנהמא סנה לתפריק אלסנין חתי לא י[ס]תגלהא כל ואחד ג׳ סנין מתואלייה פיפסד חוזהא לק⌈ול⌉ אלקד⌈מא⌉ שלש שנים שאמרו רצופות חתי אן מנאזעא לו נאזעהמא

המקור לנוסח היסוד: טופס א.

המקורות המקבילים: לשורות 1–21 טופס ש$_1$, לקוי; לשורות 1–11 (ישתריאן) טופס י, לקוי מאוד; לשורות 4 (אנה) - 16 (ויצפון) טופס ת$_1$, לקוי מאוד.

1 ואלכתאב אלי"ב] ואלי"ב ש$_1$ לקוי, נראה כנוסח הפנים י ׀ כתאב] כתב י ׀ איטרא] נטארא ש$_1$ 2 אחדהמא] ליתא ש$_1$ ׀ מתופי] מסתופא י מן תופי ש$_1$ ׀ פכלף] וכלף ש$_1$ ׀ הו אלי] בה ש$_1$ 3 אלחאכם איצ̇א] [אל] חאכם איצ̇א י איצ̇א אלחאכם ש$_1$ ׀ אלתוכיל לליתאמי] אלתוכל לליתאמא ש$_1$ ׀ פליד‹פ›ע] פלירגיע י° ׀ אלחאכם] אל חאכם י + איצ̇א מ̇ן יקב̇לה אשגרה מן השורה הקודמת ש$_1$ 4 אלי – יכון] וכאן ש$_1$ ׀ לליתאמי] לליתאמא ש$_1$ ׀ לא] ליתא ש$_1$° ׀ וצי] וצל אליה אלא עלי אנה וצי ש$_1$ 5 כתאבא] כתאב ש$_1$ ׀ אלזמא⌈ן⌉] אלזמ׳ ש$_1$ ׀ ואלמכא⌈ן⌉] ואלמכא׳ י ואלמכ׳ ש$_1$ 5–6 פל⌈וני⌉ ב⌈ר⌉ פל⌈וני⌉] פל׳ ש$_1$ 6 ותדכר] וידכר ש$_1$ 6–7 לאקומי אפיטרו[פס]א] לאוקומי בה אפטר̊ו̊פ̊א̊ י לאוק̇[ומי] אפיטר׳ ליתמי ש$_1$ 7–8 אפיטרו[פס]א – דמיתרמי] ליתא, השמטה מחמת הדומות ונותר: [ ]רופא ת$_1$ 7 אלחפט̇] [אל] חפט̇ י 7–8 [ופקדנא – דמיתרמי] ש$_1$ (השלמנו במקום לקוי: [בר פל⌈וני⌉ דת]הא) 8 דנאטר] דנטר י ׀ א]פטורפא] אפיט׳ ש$_1$ ׀ [וכן] ת$_1$ 8–9 עבד – שלי]חא] ש$_1$ 9 ואחיתנ̊י̊ה] ואחתיניה ש$_1$ ׀ [לגוה לפום] ש$_1$ת$_1$° ׀ מאי – ולא] ת$_1$ 'מאי' תוקן מן 'מה' בידי הסופר ׀ אן – אלמתסלם] [אן] י̇כון הדא̇ [ ] י הדא̇ אלמתסלם יכון ש$_1$ לקוי ת$_1$ 10 קריבא]] ש$_1$ ׀ לליתאמי] ליתא ש$_1$ ׀ אלא] אילא ת$_1$ ׀ גריב] גריבא ש$_1$ת$_1$ ׀ [לק⌈ולהם⌉]] ש$_1$ ׀ קטן] קטון ש$_1$ 11 יכון] + הדא אלמתסלם ש$_1$ + הדא [ ] ת$_1$ (כנראה אשגרה משותפת בשני הטפסים) ׀ רגלאן] רגל או ש$_1$° ׀ וישתריטאן] [ו]ישתרטאן ת$_1$ 11–12 סנה – חוזהא] ליתא ת$_1$° 12 חוזהא] + מן ש$_1$° 13 לק⌈ול⌉ – שלש] לקו׳ ג ת$_1$ ׀ מנאזעא] מנאזע ש$_1$

[שטר מח: איטרא]

השטר השנים־עשר – 'שטר איטרא',[1] ופירושו 'כתאב אלחפט''. שטר זה נכתב באחד משני מצבים: אחד מהם – אם הנפטר נפטר והשאיר קרקעות ולא ציווה לאפוטרופוס, ואף הדיין לא מצא מי שיקבל (עליו) את האפוטרופסות ליתומים, ימסור הדיין את הקרקע לאדם שתחת ידו תהיה (הקרקע) שמורה בעבור היתומים לא בתורת אפוטרופסות, ויכתוב עליו שטר שענייניו ארבעה: הזמן והמקום ואחר כך המקרה – 'שפלוני בן פלוני נפטר והשאיר יתומים והשאיר שדה' – ויוזכרו מצריו – 'והשתדלנו להעמיד אפוטרופוס ליתומים ולא נמצא', ואחר כך השמירה – 'ומינינו את פלוני בן פלוני שיהיה השדה תחת ידו, שישמור עליו עד שיימצא אפוטרופוס, וכך עשה, ושלחנו אתו שליח והורדנוהו לתוכו,[2] לפי מה שאמר'. ואסור שזה שמוסרים לו יהיה קרוב של היתומים, אלא (צריך שיהיה) זר, כאמרם 'אין מורידין קרוב לניכסי קטן' (ב"מ לט סע"א).[3]

והשני – אם שני אנשים יקנו (נכס) ביחד ויתנו ביניהם שכל אחד מהם יאכל את הפֵּרות שנה (לסירוגין), כדי להפריד בין השָנִים כך שאף אחד לא יאכל פֵּרות שלוש שנים רצופות ותוּפַר החזקה, כמאמר הקדמונים 'שלש שנים שאמרו – רצופות' (ב"ב כט ע"א),[4] כך שאם ייאבקו מאבק (משפטי),

1 מקור השם, כנראה, אכדי (ראו קאופמן, השפעות אכדיות, עמ' 50-51 ואת הספרות שצוינה שם בהערה 92). לעתים השם שובש ל'נטרא' או 'נטירא', כנראה, בידי סופרים שגזרו את השם מן הפועל הארמי הנפוץ 'נטר', המתאים מבחינת העניין לתוכנו של השטר.

2 נראה שמדגישים כי הנאמן ירד לנכסים במצוות בית הדין כדי למנוע אפשרות שיטען בעתיד כי החזיק בנכסים על מנת לזכות בהם לעצמו או שקנה אותם מן הנפטר וכיוצא בזה.

3 ניסוח חופשי במקצת של דברי התלמוד שם, 'אמר רב הונא: אין מורידין קרוב לנכסי שבוי ולא קרוב לנכסי קטן [...]'. ראו לעיל, עמ' 40-41.

4 בדפוסי התלמוד הנוסח הוא 'שלש שנים שאמרו הוא שאכלן רצופות', אך המילים 'הוא שאכלן' חסרות בנוסחים רבים (ראו ד"ס על אתר, אות ה).

לם יגוז להמא אלאחתגאג בחוז ג׳ סנין אללהם אלא אן יכתבו כתאב חפט̇ בינהמא פגעלו צדדה אלזמא˹ן˺ ואלמכא˹ן˺ ואלאשכ˹אץ˺ תם אלגרץ̇ דזבננא ארעא פלונית מן פלוני במצרונה ויצפון חדודהא ואיצטבינן דכל חד מינן אכל פירה חדא שתא כען הוו עלנא שהדי וקנו מיננא מעכשו וכתובו וחתומו עלנא והבו לנא דקא מודיננא קדמיכון דהאי ארעא כד איתה בידא דכל חד מינן בשתא דידיה נטורא הוא לחבריה ומעתדא למהוי ביד חבריה שתא דבתרה וכל חד מינן שליחות חבריה קא עביד תם אלקינין לקו˹להם˺ אי כתבו איטרא (לא̊) האויא חזקה מאי טעמ[א] איטרא קאלא אית ליה׃

14 אלא] אילא ת$_{1}$ 15 פגעלו] פיגעלון ש$_{1}$ ׀ אלזמא˹ן˺ – אלגרץ̇] אלזמ׳° ואלמכ׳ ואלא̊ש̊׳ תם אלגרץ ש$_{1}$ 16 פלונית – במצרונה] פל׳ ש$_{1}$ ׀ ויצפון] פליצפון ש$_{1}$ (ואולי גם ת$_{1}$) 16–17 ואיצטבינן – חדא] ורצינ̊ן̊ כל אחד אכל פירא חד ש$_{1}$ 17 עלנא – עלנא] עלי סהדי וקנו מננא וכת׳ וח̊ת׳ ש$_{1}$ 18 מודיננא] מודינא ש$_{1}$ ׀ דהאי] דהא ש$_{1}$ 19 הוא] חד ש$_{1}$ ׀ ומעתדא] ומיעתדא ש$_{1}$ ׀ ביד חבריה] בידא דחבריה ש$_{1}$ 20 אלקינין] אלקנין ש$_{1}$ ׀ לקו˹להם˺] לקו׳ ש$_{1}$ ׀ איטרא] נטרא ש$_{1}$ 21 (לא̊)] ליתא ש$_{1}$ ׀ האויא] הויא ש$_{1}$ ׀ איטרא] נטרא ש$_{1}$ ׀ קאלא] קלא ש$_{1}$

לא תותר להם הטענה של חזקת שלוש שנים. אכן כן (=החשש הזה קיים), אלא אם כן יכתבו שטר שמירה (=איטרא) בין שניהם,[5] ויעשו (העדים) את ענייניו: הזמן והמקום והאנשים ואחר כך המטרה – 'שקנינו שדה פלוני מפלוני במצריו' – ויתארו את מצריו – 'ונתרצינו שכל אחד מאתנו יאכל פֵּרותיו שנה אחת. כעת היו עדים עלינו וקנו מאתנו מעכשיו, וכִתבו וחִתמו עלינו ותנו לנו (את השטר) שאנו מודים בפניכם ששדה זה, כשהוא ביד כל אחד מאתנו בשנה שלו, הוא שומר (את השדה) לחברו, ו(השדה) עתיד להיות ביד חברו בשנה שלאחריה, וכל אחד מאתנו עושה את שליחות חברו', ואחר כך הקניין, כאמרם 'אי כתבו איטרא האויא חזקה. מאי טעמא? איטרא, קאלא אית ליה' (ב"ב כט ע"ב).[6]

5 השוו לשטר לז לעיל. העניין מבואר בסוגיה שבבבלי ב"ב כט ע"ב: השותפים השתמשו לסירוגין בנכס המשותף כדי למנוע מכל אחד מהם אפשרות לטעון שהחזיק בו שלוש שנים רצופות, והוא אפוא רכושו הבלעדי. אולם רבא קבע שבמקרה כזה אין חזקתם מצטרפת כלפי צד שלישי, העשוי לטעון שלא ראה צורך למחות משום שאף לא אחד ניסה להשתמש בנכס שלו שלוש שנים רצופות, אלא אם כן כתבו איטרא (בדפוסי התלמוד 'עיטרא') המעיד שהם משתמשים בנכס כשותפים. השוו אל אוצה"ג החדש, ב"ב, סימנים קעו (עמ' 121), רעא.

6 בדפוסי התלמוד נמצא רק 'אבל כתוב עיטרא – קלא אית ליה'. כנראה, הייתה לגאון גרסה מורחבת שהסבירה את תוצאותיו של שטר זה – שחזקת שני השותפים מצטרפת (ראו לעיל, הערה 5). לעת עתה לא מצאנו עוד עדות לנוסח כזה.

⟦שטר מט: שלישות⟧

ש$_1$ [ואל]י״ג כתאב אלתוסט והו שטר שלישות ויסמא כתאב אל תעדיל פבסיט אלׄכׄ[ו]ל הדא אלכת׳אב׳ באן עדל שי על יד ואסט אמא לירדׄה מתא מא טולב מנה פיכתב דאשלש פל׳וני׳ על ידי פל׳וני׳ זוזי ומאני עלי מא הו [די]להוי תחת ידיה עד דתבעאׄיׄון פל׳וני׳ או פל׳וני׳ ואמא לישתרי בה שיא לאבנׄתׄה עקארא פליכתב למזבן בהון ארעא לפל׳ונית׳ ומדרכׄה אן יעדל אלכצמאן מאלא עלי יד אלואסט[ה ו]ירתצׄון בה פיכתבון בעדל אלשליש (לפל׳וני׳) וקימנוה פל׳וני׳ ופל׳וני׳ {לפ׳לוני׳} יענון אלואסט במימריה כתרין סהדי דכל דאמ[ר] דאית ליה לפל׳וני׳ חד מנהון בהדין ממונא שקיל לפום מאי דאמר

ת$_1$ ויחתאג אלקנין בינהם תם אקול הדא אדא כאן אלואסׄטה מקבולא קולה פי אלמאל אלדי יעדלה ענדה [אלכצמאן] לקו׳להם׳ ‹ו›שליש נאמן משנ‹י›הם פׄ[לׄם] יׄחתאג אלי כתא׳ב׳ אׄנמא קולה מצ[דק]להׄ תכון עליה [ ] ענדה [ ] עליה בינה[ ]אׄשתׄא[ ] כׄתירה דׄ[ ]ה פאנה בעדׄ מׄן אלתצד[י]קׄ [ ] בׄאמן אלע[ ]הׄ תוׄהם דלך·

המקורות לנוסח היסוד: לשורות 1–9 (בינהם) טופס ש$_1$; לשורות 9 (תם) – 13 טופס ת$_1$.

המקורות המקבילים: לשורה 1 (עד ׳אלתוסט׳) טופס א; לשורות 1–9 (בינהם) טופס ת$_1$, לקוי מאוד; לשורות 9 (תם) – 10 (לקו׳להם׳) טופס ש$_1$, לקוי.

1 [ואל]י״ג] ואלכתאב אלי״ג א לקוי ת$_1$ 2 לירדׄה – טולב] אן ירדה מתי ט[ ] ת$_1$ 3 עלי מא] על מה ת$_1$ 4 דתבעאׄיׄון] [דתבע] יתהון ת$_1$ | פל׳וני׳[1,2] פל׳ ת$_1$ 5 פליכתב למזבן] פיכתב איצׄ למזב[ן] ת$_1$ | אלכצמאן] אלכצמין ת$_1$ 6 בעדל] בעד(!) ת$_1$ | (לפל׳וני׳)] פ. פל׳ ת$_1$ 7 סהדי] שהדי ת$_1$ 8 לפל׳וני׳] לפל׳ ת$_1$ | שקיל] שקל ת$_1$ | מאי] מה ת$_1$ 9 אלקנין] אולי יש לקרוא אלי קנין ש$_1$ | בינהם] [בינ]המא ת$_1$ | אלואסׄטה] ליתא ש$_1$ | קולה] קולוה ש$_1$ 10 יעדלה] יׄעדׄלו ש$_1$ | [אלכצמאן]] ש$_1$

[שטר מט: שלישות]

(השטר) השלושה־עשר – 'כתאב אלתוסט', והוא שטר שלישות ומכונה 'כתאב אלתעדיל'. ופשט הדברים: שטר זה (ייכתב) כשהושלש דבר בידי שליש או כדי להחזירו כאשר ייתבע ממנו, ויכתוב 'שהִשליש פלוני ביד פלוני זוזים וכלים' – לפי מה שהיה – 'שיהיו תחת ידו עד שיתבע אותם פלוני או פלוני', או כדי לקנות בו דבר־מה, (לדוגמה) שדה לבתו, ויכתוב 'לקנות בהם קרקע לפלונית'.[1] ומדרכו[2] (של עניין זה) שישלישו שני בעלי הדין ממון בידי שליש שהם שבעי רצון ממנו, ויכתבו בהשלשה (ביד) השליש[3] 'פלוני ופלוני האמינו לפלוני', כלומר לשליש, 'בדיבורו כמו (ל)שני עדים, וכל מה שיאמר (השליש) שיש לפלוני – אחד מהם – בממון הזה, ייקח (הלה) לפי מה שיאמר'. ויש צורך בקניין ביניהם. ועוד אומֵר כך: כאשר יש שליש, דברוֹ מקובל ב(עניין) הממון אשר השלישו אצלו שני בעלי הדין, כאמרם 'ושליש נאמן משניהם' (גטין סד רע"א), ואין צורך בשטר, אבל דיבורו נאמן [ ]יהיה עליו [ ] אצלו [ ] עליו ראיה[4] [ ] הרבה [ ] שהרי הוא, אחרי ההסכמה [ ] נאמנות [ ] סבר כך (בטעות).

1 הגאון מונה מקרים שונים זה מזה שאדם עשוי להפקיד כספים בידי אחר על מנת שיעשה בהם שימוש מוגדר. למקרה האחרון ראו משנה כתובות ו:ז.

2 במקור כתוב כנראה 'ומדרכה', ונראה שיש פה שאילה מן העברית (בערבית צריך לומר 'סבילה', כמו לעיל בשטר א, שורה 23 ולהלן בשטר נ, שורה 1). אפשרות אחרת היא שיש לקרוא 'ומדרבה' ולתרגם באופן דומה.

3 זה, כנראה, המקרה הנפוץ של שלישות: שני בעלי דין שאיש מהם אינו מוכן להאמין לזולתו נותנים את אמונם באדם שלישי, והם מפקידים בידיו נכסים או מסמכים. לדוגמה, אם הלווה פרע חלק מחובו ואינו רוצה שהשטר המקורי יישאר בידי המלווה והוא ייאלץ להסתפק בשובר על הפירעון החלקי, יכולים שני הצדדים להפקיד את השטר בידי שלישי, אשר יחזיר אותו ללווה משישלם את יתרת החוב. השוו לשטר נד להלן, בייחוד לשורות 3–5.

4 בגלל הליקויים הרבים אי אפשר לשחזר במדויק את דברי הגאון. ואולם, כנראה, רצונו לומר שהשלישי נאמן בכל מקרה, ואינו צריך להביא ראיה לדבריו (בהתאם לנוסח השטר ולדברי הבבלי בגטין המובאים לעיל). השוו לדברי הבבלי בסנהדרין לא סע"א–רע"ב.

〚שטר נ: רגיעה〛

ואלי״ד כת[אב] רגיע[ה] ותפסירה כֿתֿא͏ּב͏ּ אלנואיב סביל[ה א]ן [ ] אהל אלדא[ר] אלי וגובהם [ ] או את[ ]יום יום בעינה[ ]תם ילזמונה למן [ ]כלאם פיֿ מא בינהם [ ] ואן כאן פי מגלס [יכתבון אלזמ]אן ואלמכאן ואל[אשכ]אץ [תם אלגרץ דאצטבי]נא ברעות נפשא[נא ו]עבדנא רגיעה בינתאן דכל [ח]ד מינן אית {ליה} חד יומא ב[שבא בשוקא] וישרחון יום פל[וני] לפל[וני] ויום פל[וני] לפל[וני] ולית רשו[תא לכל חד] מינן למעבד ביומא דחבריה ומן דעביד ביומ[א דחבריה] אית עליה כן וכן עלי מא יתפקון עליה ולא בוד מן אן יחד לדלך אלאתפאק חדֿ[ ] אמא אלי סנה ואמא אלי ה׳ סניֿ[ן] [ ] פי אלכתא͏ּב͏ּ ואל[ ]הדא אלכתא͏ּב͏ּ פיֿ [רשאין] השותפין לע[שות רגיעה ב]יניהן [ ] וה.ושאה[ ]ןֹתיו אֿחהֿ[ ] [ ]ךֿ מן שק. ואלפראד מן אֿ[ ]עֿה ויכוֿן [ ] פלתקבל שהאדה לאן אל...עֿ אדא נֿא [ ].ק פיכון דל[ך] אלשה[אדה] [···]

המקור לנוסח: טופס $ת_1$.

13 וה.שאה[ ]ןֹתיו] אין רווח ברור בין נו״ן סופית שקריאתה מסופקת ובין האות שלאחריה

[שטר נ: רגיעה]

(השטר) הארבעה־עשר – שטר רגיעה,[1] ופירושו 'כתאב אלנואיב'. דרכו: אם [ ] אנשי החצר [ ] לחייב אותם [ ] או [ ] 'יום יום בעינו' [ ]אז יחייבו אותו, את מי [ ]דיבור במה שביניהם [ ], ואם היה במושב[2] [ ] יכתבו את הזמן ואת המקום ואת האנשים ואחר כך את המטרה – 'שחפצנו ברצון עצמנו ועשינו רגיעה בינינו, שלכל אחד מאתנו יש יום אחד בשבוע בשוק' – ויפרשו 'יום פלוני לפלוני ויום פלוני לפלוני' – 'ואין רשות ל(אף) אחד מאתנו לעשות ביום של חברו. ומי שעושה ביום של חברו, יש עליו (עונש) כך וכך', לפי מה שיסכימו עליו. ואין מנוס מלקבוע להסכם הזה קצבה, אם לשנה אם לחמש שנים[3] [ ] בשטר, וה[חכמים הזכירו את?] השטר הזה ב(אמרם) 'רשאין השותפין[4] לעשות רגיעה ביניהן' [ ] והיחיד מן [ ] ויהיה [ ], ועדותו תתקבל משום ש[ ], והעדות הזאת תהיה [...]

1 הסכם רוטציה (כמשמעות השם המקביל בערבית), השוו אל סה"ש לרי"ב, מהדורת הלברשטם, עמ' 89–90 (מהדורת ריבלין, עמ' 170–172). האטימולוגיה של 'רגיעה' אינה נהירה כל צורכה. לניסיונות להסבירה ראו ליברמן, תוספתא כפשוטה, ב"מ, עמ' 323.

2 ראו בבלי ב"ב ט רע"א, שם נקבע שאם יש במקום 'אדם חשוב', אין בני העיר רשאים לערוך הסכמים מעין אלה בלא הסכמתו או השתתפותו.

3 מקור הדרישה הזאת אינו מחוור. אצל הברצלוני בא בשטר הרגיעה הנוסח 'מיומא דנן ולעלם' (סה"ש לרי"ב, מהדורת הלברשטם, עמ' 90 [מהדורת ריבלין, עמ' 171]).

4 נראה שרס"ג מצטט מתוספתא ב"מ יא:כה, אך כל נוסחי התוספתא גורסים '(ה)נחתומין' ולא 'השותפין' (ראו תוספתא, מהדורת ליברמן, ה, עמ' 126). אף מבחינה עניינית קשה ליישב את הנוסח 'השותפין', שהרי לכאורה השותפים אינם מתחרים ביניהם אלא מתחלקים ברווחים (אך השוו אל בבלי ע"ז כב ע"א), וייתכן שחל שיבוש בכתב־היד שלפנינו.

⟦שטר נב: קבלנות בקר⟧

ב$_{1}$ [···]ן וכל רווחא דהאוי מן אילין תורי {נפלג בשוה וכל הפסדא דהאוי מן אילין תורי} בביסיא אש[לים ליה] כוליה ומאי דהאוי מנהון בלא ביסיא אשלים ליה [פל]גו דמיה ואלאכלאץ ואלקנין ומן אסתטהר באלקנין מנהמא [ג]מיעא פהו אפצֹל· ולא יגוז אן יקום בדלך {אלגנם} ואלמאעז ולא כדֿמא [ל]לא רד לה ובאלחרי אלתיאב וסאיר אלמתאע ולא יגוז איצֹא א[ן ת]על אלדרך עלה עלי אלמדפוע אליה פאי ואחד מן הדה אלב׳ כאן רבאא לקו˹להם˺ ז״ל אין מקבלין צאן ברזל מישראל מפני ש[הוא] ריבית·

ותפסיר ביסיא תואני·

המקור לנוסח: טופס ב$_{1}$.

---

1 שטר זה משקף הסדר שבו אדם מוסר את שוריו לאדם אחר שיטפל בהם (ויגדל אותם אם הם צעירים), וכנראה ישכיר אותם לעבודה בשדות של אחרים, כדי ששניהם יתחלקו ברווחים. יש לשער שבמקרה זה השותף הפעיל רשאי לקבל חצי מן הרווח ולשאת בנטל של חצי ההפסד שכן מלבד עלייה אפשרית או צפויה בערך השוורים עצמם הוא נהנה מהכנסה שוטפת מהשכרתם, השוו לשורות 15-23 בשטר ט לעיל ולהערות 4-5 להלן. ראו תוספתא ב״מ ה:י, ׳שכך הוא כותב לו: אם תמות (בכוסיא) [בביסיא] אשלם כולה, שלא (בכוסיא) [בביסיא] אשלם פלגא׳. אם הבהמה מתה בגלל פשיעת השותף הפעיל (ראו להלן, הערה 4), הוא חייב בכול כדין כל שומר שפשע, ואם היא מתה שלא באשמתו, שני השותפים מתחלקים בהפסד כפי שמתחלקים ברווח, אם יהיה.

2 כלומר, אפשר להסתפק בקניין מן השותף הפעיל בלבד, מאחר שהבהמות בחזקתו. ואולם עדיף לקנות גם מן הבעלים כדי למנוע טענה אפשרית שמסר את הבהמות לחברו כשומר בלבד וכדומה.

[שטר נב: קבלנות בקר]

[...׳] וכל רווח שיהיה מן השוורים האלה נחלק בשווה, וכל הפסד שיהיה מן השוורים האלה בביסיא אשלם לו את כולו. ומה שיהיה מהם (הפסד) שלא בביסיא אשלם לו חצי דמיו׳,[1] והכנות והקניין. ועדיף להטיל קניין על שניהם גם יחד.[2]

ואסור לָשום בזה את הכבשים והעזים ואת העבדים[3] משום שאין להם תשואה,[4] ועל אחת כמה וכמה (אין לָשום את) הבגדים ואת שאר הכלים. ואסור גם שתוטל האחריות על זה שנמסרים לו (בעלי החיים), שהרי כל אחד משני אלה הוא ריבית, כאמרם ז״ל ׳אין מקבלין צאן ברזל מישראל מפני שהוא ריבית׳ (ב״מ ה:ו).[5]

פירוש ׳ביסיא׳ – פשיעה.[6]

3 ייתכן שרס״ג הוסיף את האיסור של שומת עבדים בגלל הזכרת ׳עבדי צאן ברזל׳ במקורות, כגון משנה יבמות ז:א-ב (ראו להלן, הערה 5).

4 בשני המקרים האלה על השותף הפעיל לשאת בהוצאות הטיפול בנשוא ההסכם, ואין הוא זוכה לתמורה מיוחדת על ההוצאות הללו אלא למחצית הערך המוסף בלבד. לכן רואים בהוצאותיו תשלום בעד האפשרות שניתנה לו להשתמש בממון של שותפו, ותשלום כזה אסור מדין ריבית (השוו לשטר ט לעיל ולהערות 5-6 שם).

5 מקור האיסור הראשון בברייתא המובאת בבבלי ב״מ סח ע״ב, ׳אין שמין לא את העזים ולא את הרחלים ולא כל דבר שאינו עושה ואוכל למחצה׳. המשנה המובאת כאן משמשת מקור לאיסור השני, שהרי המאפיין את עסקת ׳צאן ברזל׳ הוא שהמקבל אחראי אם יאבדו הבהמות, אף שלא באשמתו (השוו להערה 1 לעיל), ולכן הצאן כאילו עשוי ברזל. השוו לדברי פלק, ׳צאן ברזל׳ ולדברי אופנהיים, ׳צאן ברזל׳. השוו אל אוצה״ג החדש, ב״מ, סימן שמב.

6 ׳ביסיא׳ במשמעות ׳פשיעה׳ מתבררת מן ההקשר, מן ההשוואה למילה המקבילה בסורית (ראו ליברמן, תוספתא כפשוטה, נזיקין, עמ׳ 214-215) וממסורת הגאונים (ראו אוצה״ג, ב״ק, סימן שיג).

⟦שטר נג: אמנה⟧

ואל י״ז שטר אמנה וה[ו] כתאב אלתקליד ומענאה אן יכון אלמכתוב לה מקלדא בׄ[ינהׄ] ובין רבה אלא יאכד בטאהרה אלא כמא קד אסר ע[נה מתלא] אקול כמן יצׄמן לצאחבה דרכא פלא יקנע אלמצׄמון [לה אלי] אן יכתב לה עלי נפסה ק׳ דרהם ויכתב לה דינא בר[אסה   ] אן אלמצׄמון ענה אלדרך אן הו טאלבה פעליה אן ידפע [לה?] פאן לם יתם אלדאפע דפע אלמאל אליה ואן לם יטׄהר אלשהוד הדה אלשריטה פכתבו שטר עלי אלטׄאהר ודפעוה [כמא] אמרו פלא גנאח עליהם·

פאן טׄהרו עלי דלך לם יג[וזו א]ןׄ יכתבוה מרסלא אלא אן ירדו אלאסתתני פיה א(ל)[מ]א אן יכתב[ו] וידפעוה ענדהם הם פאדא כאן כדלך {לא} יכתבו פי צדר[ה] והבו ליה לפל˹וני˺ בר פלו˹ני˺ ולא פי אכרה ויהבנא ליה לפ˹לוני˺ [ב˹ר˺ פ˹לוני˺] [א]ל[א] יכתבון עיון דלך אלכת{א}ב כלהא מא כלא הדה אלנכתה [ומן ר]אה יכרג בהדה אלצורה עלם אן עליה אסתתני·

המקור לנוסח: טופס $ב_1$.

---

1 כנראה, כוונת הגאון היא שהמלווה אינו מסתפק בערבות רגילה ודורש שיכתבו שטר המחייב במישרין את הערב כאילו הוא עצמו לווה ממנו, אך המלווה מבטיח לא לממש את השטר אלא אם כן לא ישלם הלווה במועד. הגאון רוצה לומר, כנראה, שבמקרה כזה מותר לעדים לכתוב את השטר (בכפוף לאמור בפסקה הבאה) למרות הסוגיה בבבלי כתובות יט רע״ב, שנאמר בה כי שטרי אמנה 'לא ניתנו ליכתב', והם נחשבים לעוולה.

[שטר נג: אמנה]

(השטר) השבעה־עשר – שטר אמנה, והוא 'כתאב אלתקליד', ועניינו שתהיה בין זה שנכתב לו (השטר) ובין בעליו (של השטר) אמנה שלא ינהג (מקבל השטר) לפי משמעותו המילולית אלא לפי (משמעותו) הסמויה. אומַר, למשל, כמי שיערוב לחברו באחריות – (אם) זה שערבים כלפיו (=למלווה) לא יסתפק בכך (=בערבותו) אלא (ידרוש) שיכתוב לו (הערב) מאה דרהמים על עצמו ויכתוב לו (שטר) חוב בפני עצמו, [ויוסכם] שזה שערבים בעבורו באחריות (=הלווה) – אם הוא (=המלווה) תובע אותו, עליו (=הלווה) לשלם לו (=המלווה), ואם לא ישלים המשלם (=הלווה), יימסר הממון (מן הערב) אליו (=למלווה). ואם התנאי הזה אינו גלוי לעדים, יכתבו שטר לפי הגלוי (להם) וימסרוהו כמו שציוו (אותם), ואין עליהם חטא.[1]

ואם ידעו על כך (=על התנאי), אסור שיכתבוהו (=את השטר) סתם אלא אם כן יציינו בו את התנאי, או (ש)יכתבוהו ויניחוהו אצלם.[2] ואם כך היה, לא יכתבו (לא) בתחילתו 'ותנו לו לפלוני בן פלוני' ולא בסופו 'ונתנו לו לפלוני בן פלוני', אלא יכתבו את ענייני השטר הזה כולם למעט הפרט הזה. ומי שרואה אותו (=את השטר) יוצא בצורה הזאת יודע שהוא מותנה.[3]

---

2 במקרה כזה יוכל העד לדאוג שהשטר לא יימסר אלא אם כן התקיים התנאי, והעדים יהיו מעין שלישים (השוו לשטר מט לעיל). מסתבר שלדעת רס"ג בנסיבות כאלה לא יחול האיסור להחזיק שטר אמנה (ראו בבלי כתובות יט ע"א-ע"ב, והשוו לב"ב מט ע"א) בגלל אותו פיקוח של העדים ואולי בעיקר בגלל ניסוחו של שטר כזה, המלמד על אופיו הייחודי כמו שיוסבר בהמשך.

3 ייתכן שאפילו יצא השטר מתחת ידי העדים, הם לא יהיו נאמנים לומר שהוא שטר אמנה אלמלא רמז נוסח השטר עצמו לדבר (השוו לדברי הבבלי בכתובות יט סע"א-רע"ב ובסנהדרין לא סע"א-רע"ב). אפשר גם שהגאון מוסיף דרישה זו כדי להתיר לכתחילה את כתיבתו (השוו להערה 1 לעיל).

〚שטר נד: סמפון〛

{ואלכתאב אל}י״ח סנפון ויקאל סמפון ותפסירה רקעה ומענאה ואצפה וסבבה אדא מא עדׄדׄאן גמאעא [אלי?] ואסטה עלי שריטה או שראיט פינבגֹי אן י[כתב (לה?)] רקעה ידכר פיהא אלזמאן ואלמכאן ואלאשכאץ תם [א]לג[רץׄ] דאחית פלו˹ני˺ על יד פל˹וני˺ שטרא פלו˹ני˺ דהוה פריע פלגיה דמ[תי] דפרע ליה פל˹וני˺ שארא קרע ליה או מא אשבה דלך {והדא} אלרקעה לא א[חצי?]ה בצֹרובהא מן כתרה·

פליכתב הֹאדׄתה יׄחׄצׄרׄ אסתחקאקהא וליס באלצֹרורה יחת[אג] אלקנין פיהא פמתי מא כרגֹת מע אלשטר א[סתעמ]ל בה[א] לקול אלסנה (ז״ל) אם יש עמהן סמפו(נ)ן יעשה מה [שב]סמפון·

וקד תגוז איצֹא בלא שהוד לקו˹להם˺ ז״ל סמפון [שי]ש עליו עדים יתקיים בחותמו אין עליו עדים ויוצא [מת]חת ידי של[י]ש כשר·

כמלת אלי״ח כתאבא אל[קלילה אל]די פי אלנזלה אׄלׄתאלתה מן אלוגוד באלתקוׄםׄ או מן אלח[אגה ו]כמלת בהא ארבעה וכמסין כתאבא·

המקור לנוסח: טופס ב$_1$.

[שטר נד: סמפון]

השטר השמונה־עשר – סנפון, ומכונה (גם) ׳סמפון׳,[1] ופירושו פתק, ועניינו תיאור, ונסיבתו – כששני אנשים נותנים בנאמנות לשליש על־פי תנאי או תנאים צריך לכתוב לו (=לשליש) פתק,[2] ובו יוזכרו הזמן והמקום והאנשים ואחר כך המטרה – ׳שהניח פלוני אצל פלוני שטר פלוני שהוא פרוע למחצה, וכאשר יפרע לו פלוני את השאר, יקרע אותו׳ או כיוצא בזה. ופתק זה – לא אמנה את סוגיו בגלל ריבוָים.

יכתוב סיפור המביא את זכויותיהם. ואין הכרח שיזדקק בו (=בפתק) לקניין. וכל אימת שיצא (הפתק) עם השטר, יפעלו על־פיו, כמאמר המסורת ׳אם יש עמהן סמפון, יעשה מה שבסמפון׳ (ב״מ א:ח).

והוא מותר (=תקף) אף בלי עדים, כאמרם ז״ל ׳סמפון שיש עליו עדים – יתקיים בחותמו, אין עליו עדים ויוצא מתחת יד שליש – כשר׳ (ב״מ כא רע״א, סנהדרין לא רע״ב).[3]

תמו שמונה־עשר השטרות הנדירים, אשר הם בדרגה השלישית לפי תכיפות קיומם ולפי נחיצותם, ותמו בכך חמישים וארבעה שטרות.

1 המילה יוונית ומשמעה הסכם צדדי או תנאי הנוגע לעסקה עיקרית. ראו גולאק, ׳סימפון באירוסין׳ (ציין לו ליברמן, תוספתא כפשוטה, נזיקין, עמ׳ 146–147).

2 המשתמע מן האמור כאן שאין כותבים סמפון אלא במסגרת של שלישות, ובעצם היה אפשר לספח שטר זה לשטר מט לעיל. השוו לאמור בהערה 3 להלן. במקורות חז״ל מצאנו זכר לשטר מעין זה ואף בלא קשר לשלישות (ראו, למשל, משנה ב״ב י:ז), ואף מצאנו שימוש במונח ׳סמפון׳ בכגון זה (ראו את המקורות שציין גולאק, שם, עמ׳ 126, ובייחוד ירושלמי ב״מ ח ע״א [טור 1217, שורות 20–27 במהדורת האקדמיה ללשון העברית]).

3 הגאון מצטט, כבמקומות אחרים, בדילוג (ראו לעיל, עמ׳ 40–41). לפי תיאורו נראה שאין זה חידוש גדול שהסמפון כשר אף בלי עדים, מאחר שמדובר בסמפון היוצא מתחת ידי שליש, והשליש ממילא נאמן אף בלא סמפון (השוו לשטר מט לעיל ולהערה 4 שם).

⟦נספח: שטרות הציבור⟧

ואמא אלעשרה [כת]ב אלדי קלת אני אתי באסמאיהא פקט לא בעיו[נהא תח]ד̊ בהא אלרייסא מכצוצין ואנמא כאן קצדי תערף̊ אלעאמה מא תצ̇טרהם אלחאגה אליה כאצה מן חדה [אל]שהאדה וכתב אלותאיק ואמא מא ינפרד בה אלרי[סא] פ̊ל̊א והדא שרח דלך אדא הם עקדו לרייס ריאסה כתבו מנוי ואדא כלעו כתבו עיבו{ר}י ואדא סנו סנה חסנה כתבו תקנתה {ואדא סמכו כתבו מסמיך} ואדא תואצפו כתבו עיניאני ואדא אנפדו חאכמא כתבו פ[תקא דדיאנותא] [...]

המקור לנוסח: טופס $ב_1$.

---

1 ראו לעיל, שער ח, שורות 15-16.

2 לכאורה הכוונה למינוי נציגים מקומיים מטעם הישיבה או ראש הגולה או להדחתם (השוו אל ברודי, גאונים, עמ׳ 60, 74). אפשר שנכללו כאן כתבי מינוי והדחה אף לראשי ישיבה (השוו, למשל, אל אגרת רש״ג, מהדורת לוין, עמ׳ 104-105). השוו אל סה״ש לרי״ב, מהדורת הלברשטם, עמ׳ 131-132 (מהדורת ריבלין, עמ׳ 229-231).

[נספח: שטרות הציבור]

באשר לעשרת השטרות שאמרתי כי אביא את שמותיהם בלבד ולא את ענייניהם המיוחדים לראשים בלבד[1] – כוונתי הייתה רק ללמד את הציבור הרחב מה שהצורך מזקיק אותו (=את הציבור) אליו במיוחד בגדרי העדות וכתיבת השטרות, אבל לא את מה שמיוחד לראשים בלבד, וזה פירושו: אם מחליטים על מינוי ראש, כותבים מינוי; אם מדיחים, כותבים עיבורי;[2] אם מנהיגים מנהג טוב, כותבים תקנתא;[3] אם מסמיכים, כותבים מסמיך; אם מתארים, כותבים עניאני; אם שולחים דיין, כותבים פתקא דדיאנותא [...][4]

---

3 לא ברור בדיוק באיזה סוג של 'תקנה' מדובר. מסתבר שתקנות פורמליות של גאונים, האמורות לחייב את כלל הציבור היהודי, היו נדירות מאוד (ראו ברודי, 'תקנות הגאונים'). ואולם לעתים נודע על 'תקנות' מקומיות (ראו, למשל, אוצה"ג, עירובין, סימן קמב) או על מנהגים שהנהיגו הגאונים במערכות המשפט שהיו בשליטתם (השוו אל ברודי, שם, עמ' 288-283), ואפשר שכוונת הגאון להנהגות מעין אלה.

4 לעניין פתקא דדיאנותא עיינו אצל הרכבי, תשובות הגאונים, סימן קפ. את יתר השטרות אפשר להשלים על־פי ספר השטרות של ר' יהודה הברצלוני, התלוי כאן בבירור בספרו של רס"ג (ראו לעיל בעמ' 6–7, 22–23), אם כי במקצת השטרות הברצלוני לא היה בטוח בהגדרתם האמִתית, אולי בגלל הקיצור הנמרץ שנקט הגאון. הברצלוני מתאר את 'כתב עניני' כמין זיכרון דברים בעקבות החלטה זו או זו של מנהיגים. ראו סה"ש לרי"ב, מהדורת הלברשטם, עמ' 131–135 (מהדורת ריבלין, עמ' 228–233). השטרות החסרים בסוף הרשימה הם: האריה (תמיכה בחכם או בבעל דין), חזקה (בנכס? במשרה?), שריאתא (היתר – של דבר שנהגו בו איסור? של אישה שנאסרה על אדם מסוים?), שליחותא (זימון לדין? מינוי שליח בית דין?). השוו למה שכתב גרונר, 'ספרי הלכה שלגאונים', עמ' 31–32; ראו בן־ששון, 'מינויים' והשטרות שם בעמ' 235–240.

בשולי המהדורה

בגניזה שרד רק עמוד אחד ואף הוא לקוי ובו רוב המפתח לספר השטרות. רצף הדיון בשער השמיני בטפסים א ול$_1$ מלמד שהמפתח לא נכלל בחיבורו של רס״ג. כנראה, אחד המשתמשים בחיבור הוא שהכין את המפתח. בגלל הטעות בשם 'שטר שכירות' במקום 'שטר שכוי' (ראו להלן, הערה 1) סביר להניח שהקטע שבידנו הוא העתקה ולא נכתב בידי מכין המפתח עצמו. לא ברור היכן כותב הקטע שילב את המפתח או התכוון לשלבו – האם בפרק השמיני? ואם אמנם כן, האם בתחילת הדיון בשטרות או בסופו? בצדו השני של הדף נמצא רישום לקוי של שם הבעלים: [ ] בר הלל נין רב [ ].

⟦מפתח לשטרות הספר⟧

[ ] נׄדׄ כתאב:
[תנקסם תלתה אגזא · △ אלגזו אלאו]ל עדדה יׄחׄ ואולה [שטר חוב]
[ויקאל הלואה ויקאל יזיפתא · בׄ שט]ר פיצוי ויקאל אביזארי[ה:]
[גׄ משכנתא · דׄ ערבותא · הׄ קבלנותא · וׄ] זביני ביתא:
[זׄ זביני ארעא · חׄ שטר פולגנא דאחי ·] טׄ שטר שותפותא:
[יׄ שטר פולגאנא · יׄאׄ מתנת באר]י · יׄבׄ מתנת שכיב מרע:
[יׄגׄ שטר צואה · יׄדׄ שטר הרשאה] ויקאל אורכְ[תָ]א: טׄוׄ כתובה:
[יׄוׄ גט · יׄזׄ גט חליצה · יׄחׄ כתובת יבמין ·] הדא אחצא אלגזו אלאול ·
[תם אלגזו אלאול · △ נחצי אלגזו אלבׄ אל]אול מנה שטרא דְמִירַכְּסַא ·
[בׄ כ]תובה דְמִירַכְּסַא · גׄ מכירת עבֶד ויקאל זְבִינֵי עבדא ·
דׄ שטר שִחְרור ויקאל גט שִחרור · הׄ שטר על דָמָיו · וׄ גט מיאון:
זׄ שטר מודעא · חׄ ביטול מודעֵי · טׄ קיום השטרות · יׄ שטר
בֵּירוּרין · יׄאׄ פסק דין · יׄבׄ דְוָאֹתִיקֵי · יׄגׄ טירפא · יׄדׄ אַדְרַכְּתָא:
טׄוׄ שומָהָ · יׄוׄ פיקדון · יׄזׄ הודאה · יׄחׄ שטר שימוש: △
תם אלגזו אלתאני · △ נחצי אלגזו אלגׄ אולה שטר שכִירות:
והוּ יסמי מַחָאָהָ · בׄ שטר פיסוס · גׄ פסקאתא · דׄ פשרה:
הׄ [מחי]לה והו נועין · וׄ פרוסביל · זׄ אגרת בִקֹרֶת · ויקאל בקָרת:

המקור לנוסח: כ״י קיימברידג' T–S K 3.33. תכונות הדף דומות לתכונותיו של טופס ר. רוב ההשלמות הן על־פי שמות השטרות המפורשים הנזכרים בפתיחת הסעיפים של השער השמיני (לעיל, עמ' 114 ואילך) ומקצתן על־פי הדיונים ששרדו בקטעי השטרות וההתייחסות אליהם בשערי הספר או על־פי נוסחאות בעמוד זה עצמו.

[מפתח לשטרות הספר]

[ ] נ׳ד׳ שטרות המחולקים לשלושה חלקים. החלק הראשון מספרו י״ח והראשון שבו שטר חוב וייקרא הלוואה וייקרא יזיפתא, ב׳ שטר פיצוי וייקרא אביזאריה, ג׳ משכנתא, ד׳ ערבות, ה׳ קבלנות, ו׳ זביני ביתא, ז׳ זבינא ארעא, ח׳ שטר פולגנא דאחי, ט׳ שטר שותפותא, י׳ שטר פולגאנא, י״א מתנת בריא, י״ב מתנת שכיב מרע, י״ג שטר צוואה, י״ד שטר הרשאה וייקרא אורכתא, ט״ו כתובה, י״ו גט, י״ז גט חליצה, י״ח כתובת יבמין. זה מניין החלק הראשון. נשלם החלק הראשון. נמנה את החלק השני. הראשון שבו שטרא דמירכסא, ב׳ כתובה דמירכסא, ג׳ מכירת עבד וייקרא זביני עבדא, ד׳ שטר שחרור וייקרא גט שחרור, ה׳ שטר על דמיו, ו׳ גט מיאון, ז׳ שטר מודעא, ח׳ ביטול מודעי, ט׳ קיום השטרות, י׳ שטר בירורין, י״א פסק דין, י״ב דואתיקי, י״ג טירפא, י״ד אדרכתא, ט״ו שומה, י״ו פיקדון, י״ז הודאה, י״ח שטר שימוש. נשלם החלק השני. נמנה את החלק השלישי. הראשון שבו שטר שכוי[1] והוא ייקרא מחאה, ב׳ שטר פיסוס, ג׳ פסקאתא, ד׳ פשרה, ה׳ מחילה והוא שני סוגים, ו׳ פרוסבול, ז׳ אגרת בקרת וייקרא בקרת,

1 במקור ׳שכירות׳ וצריך להיות ׳שכוי׳ (כדלעיל, עמ׳ 222–223). נראה כי המעתיק סבר ש׳שכוי׳ הוא קיצור המילה ׳שכירות׳ ומכאן הטעות בשם השטר.

[ח̇ שטר אוקומי אפטור]פא · ט̇ אגרת מזון · י̇ שטר הפתקי:
{י̇א̇ שטר זכותא · י̇ב̇ שטר איטרא · י̇ג̇ שלישות · י̇ד̇ רגיעה:
ט̇ו̇ (?) · י̇ו̇ קבלנות צאן ובקר · י̇ז̇ שטר אמנה · י̇ח̇ סנפון ·}

18 אוקומי אפטור]פא] ההשלמה על־פי התיקון בשולי העמוד.

ח׳ אגרת אוקומי אפטורפא, ט׳ אגרת מזון, י׳ שטר הפתקי, י״א שטר זכותא, י״ב שטר איטרא, י״ג שלישות, י״ד רגיעה, ט״ו (?)[2], י״ו קבלנות צאן ובקר, י״ז שטר אמנה, י״ח סנפון.

2 שמו של שטר ט״ו בחלק השלישי – הוא שטר נא במניין השטרות במהדורה – אינו ידוע לפי שעה.

רשימת הקיצורים הביבליוגרפיים

—

מפתחות

רשימת הקיצורים הביבליוגרפיים

אברמסון, במרכזים ובתפוצות = ש' אברמסון, במרכזים ובתפוצות בתקופת הגאונים: פרקים בתולדות הגאונות וראשות הגולה בארץ ישראל ובבבל ותולדות חכמים במצרים ובאפריקה הצפונית מיוסדים על כתבי יד הגניזה, ירושלים תשכ"ה

אברמסון, 'מן המקור הערבי' = ש' אברמסון, 'מן המקור הערבי של ספר "המקח והממכר" לרב האיי גאון', תרביץ, כ (תש"ט), עמ' 296–315

אברמסון, עניינות = ש' אברמסון, עניינות בספרות הגאונים: מחקרים בספרות הגאונים ותשובותיהם שבדפוס ובכתבי־יד, ירושלים תשל"ד

אברמסון, פיר"ח לתלמוד = ש' אברמסון, פירוש רבנו חננאל לתלמוד, ירושלים תשנ"ה

אגרת רש"ג, מהדורת לוין = אגרת רב שרירא גאון מסדרת בשני נוסחאות נוסח ספרד ונוסח צרפת, מהדורת ב"מ לוין, חיפה תרפ"א

אוברמאייר, בבל היהודית = J. Obermeyer, *Die Landschaft Babylonien im Zeitalter des Talmuds und des Gaonats: Geographie und Geschichte nach talmudischen, arabischen und andern Quellen*, Frankfurt a.M. 1929

אולשובי־שלנגר, 'המסורת המשפטית הקראית' = י' אולשובי־שלנגר, 'הכתובות הקראיות מן הגניזה: מקורה של המסורת המשפטית הקראית', תעודה, טו (תשנ"ט), עמ' 127–144

אולשובי־שלנגר, כתובות קראיות = J. Olszowy-Schlanger, *Karaite Marriage Documents from the Cairo Geniza: Legal Tradition and Community Life in Mediaeval Egypt and Palestine*, Leiden – New York – Köln 1998

אופנהיים, 'צאן ברזל' = A. L. Oppenheim, 'A Note on *ṣôn barzel*', *IEJ*, 5 (1955), pp. 89–92

אוצה"ג = אוצר הגאונים: תשובות גאוני בבל ופירושיהם על פי סדר התלמוד, בעריכת ב"מ לוין, א-יג, חיפה-ירושלים תרפ"ח-תש"ג

אוצה"ג החדש, ב"ב = אוצר הגאונים החדש – מסכת בבא בתרא: מקורות מדפוסים ומכתבי יד ערוכים לפי סדר התלמוד, בעריכת י' ברודי, כ' כהן וי"צ שטמפפר, ירושלים תשע"ז

אוצה"ג החדש, ב"מ = אוצר הגאונים החדש – מסכת בבא מציעא: מקורות מדפוסים

ומכתבי יד ערוכים לפי סדר התלמוד, בעריכת י' ברודי, כ' כהן וי"צ שטמפפר, ירושלים תשע"ב

אוצה"ג לסנהדרין = אוצר הגאונים למסכת סנהדרין: תשובות ופירושים, בעריכת ח"צ טויבש, ירושלים תשכ"ז

אורבך, חז"ל: אמונות ודעות = א"א אורבך, חז"ל: פרקי אמונות ודעות, ירושלים תשכ"ט

אלדר, 'תורת הקריאה' = א' אלדר, 'תורת הקריאה במקרא', תרביץ, נד (תשמ"ה), עמ' 225–243

אלוני, הספרייה היהודית = נ' אלוני, הספרייה היהודית בימי הביניים: רשימות ספרים מגניזת קהיר, בעריכת מ' פרנקל וח' בן־שמאי ובהשתתפות מ' סוקולוב (אוריינס יודאיקוס, סדרה א, כרך ג), ירושלים תשס"ו

אלקין, 'שטרי אישות' = ז' אלקין, 'שטרי אישות קראיים בארץ־ישראל ובמצרים במאות י"א–י"ב: בין משפט להיסטוריה', חיבור להשלמת חובות המסלול הישיר לדוקטורט, האוניברסיטה העברית בירושלים, תשנ"ז

אסף, מספרות הגאונים = ש' אסף, מספרות הגאונים: תשובות הגאונים ושרידים מספרי ההלכה מתוך כתבי־יד של ה'גניזה' ומקורות אחרים, ירושלים תרצ"ג

אסף, 'סה"ש לרס"ג' = ש' אסף, 'ספר השטרות של רב סעדיה', בתוך: רב סעדיה גאון: קובץ תורני־מדעי, בעריכת י"ל פישמן [מימון], ירושלים תש"ג, עמ' סה–צז, תרעד–תרעו

אסף, 'שלשה ספרים נפתחים' = ש' אסף, 'שלשה ספרים נפתחים לרב שמואל בן חפני', סיני, יז (תש"ה), עמ' קיג–קנה

אסף, תקופת הגאונים = ש' אסף, תקופת הגאונים וספרותה: הרצאות ושיעורים, בעריכת מ' מרגליות, ירושלים תשט"ו

אפטוביצר, 'שטרות' = V. Aptowitzer, 'Formularies of Decrees and Documents from a Gaonic Court', *JQR*, NS 4 (1913–1914), pp. 23–51

אפשטיין, דקדוק = י"נ אפשטיין, דקדוק ארמית בבלית, בעריכת ע"צ מלמד, ירושלים - תל־אביב תשכ"א

אפשטיין, מחקרים = י"נ אפשטיין, מחקרים בספרות התלמוד ובלשונות השמיות, תרגמה צ' אפשטיין, בעריכת ע"צ מלמד, א, ירושלים תשמ"ד

אפשטיין, פירוש הגאונים = פירוש הגאונים לסדר טהרות, מהדורת י"נ אפשטיין, בעריכת ע"צ מלמד, ירושלים - תל־אביב תשמ"ב

אשל, 'מסמכים' = H. Eshel, 'Documents of the First Jewish Revolt from the Judean Desert', in: A.M. Berlin & J.A. Overman (eds.), *The First Jewish Revolt*, London – New York 2002, pp. 157–163

אשל וקלונר, 'מסמך נישואין' = א' אשל וע' קלונה, 'אוסטרקון ארמי ובו מסמך נישואין אדומי ממרשה משנת 176 לפנה"ס וזיקתו לכתובה היהודית', תרביץ, סג (תשנ"ד), עמ' 502-485

אשתור, 'מחירי ספרים' = א' אשתור, 'מחירי ספרים בתעודות הגניזה', תרביץ, לג (תשכ"ד), עמ' 223-214

באואר ומייסנר, 'שטר' = H. Bauer & B. Meissner, 'Ein Aramäischer Pachtvertrag aus dem 7. Jahre Darius' I', *Sitzungsberichte der Preussischen Akademie der Wissenschaften Phil.-Hist. Kl.*, 31 (1936), pp. 414–424

ביכלר, 'הכתובה' = א' ביכלר, 'הכתובה אצל יהודי צפון אפריקה בתקופת הגאונים, ויחסי קהילות אפריקה עם יהדות בבל וארץ ישראל', שנתון המשפט העברי, יא-יב (תשמ"ד-תשמ"ו), עמ' 55-89 [תורגם ממאמרו A. Büchler, 'La Ketouba chez les Juifs du Nord de l'Afrique à l'époque des Gueonim et les relations des communautés africaines avec la Babylonie et la Palestine', *REJ*, 50 (1905), pp. 145–181 ועודכן בידי מערכת השנתון]

בלאו, י', דקדוק = י' בלאו, דקדוק הערבית־היהודית של ימי הביניים[2], ירושלים תש"ם

בלאו, י', התהוות = J. Blau, *The Emergence and Linguistic Background of Judaeo-Arabic: A Study of the Origins of Middle Arabic*[2], Jerusalem 1981

בלאו, י', מילון = י' בלאו, מילון לטקסטים ערביים־יהודיים מימי הביניים, ירושלים תשס"ו

בלאו, ל', גט = L. Blau, *Die jüdische Ehescheidung und der jüdische Scheidebrief: Eine historische Untersuchung*, I–II, Budapest 1911–1912

בן־שמאי, 'חלוקת המצוות' = ח' בן־שמאי, 'חלוקת המצוות ומושג החכמה במשנת רס"ג', תרביץ, מא (תשל"ב), עמ' 170-182

בן־שמאי, 'כלאם' = H. Ben-Shammai, 'Kalam in Medieaval Jewish Philosophy', in: D. F. Frank & O. Leaman (eds.), *History of Jewish Philosophy*, London – New York 1997, pp. 115–148

בן־ששון, 'מינויים' = מ' בן־ששון, 'מינויים בכירים: משרות, תארים וטכסים בקהילות ישראל באגן הים התיכון בימי הביניים', ספר היובל ליעקב טירקל – פרקי הגות, עיון ומשפט, בעריכת א' ברק, ק' כרמית־יפת וא' רובינשטיין, ירושלים תש"ף, עמ' 217-240

בן־ששון, 'מקורות ספרד' = מ' בן־ששון, 'מקורות לתולדות קהילות ישראל בספרד במאה הי"ד', בתוך: גלות אחר גולה: מחקרים בתולדות עם ישראל מוגשים לפרופסור חיים ביינארט למלאת לו שבעים שנה, בעריכת א' מירסקי, א' גרוסמן וי' קפלן, ירושלים תשמ"ח, עמ' 284-336

בן־ששון, 'משפחה' = מ' בן־ששון, 'משפחה בתקופת שינויים: עיון במפגש הלכה ומציאות בצפון אפריקה עם עדות חדשה על דונש בן תמים', ספונות, כ (תשנ"א), עמ' 51–69

בן־ששון, 'סה"ש לרס"ג' = מ' בן־ששון, 'שרידים מספר העדות והשטרות לרב סעדיה גאון', שנתון המשפט העברי, יא–יב (תשמ"ד–תשמ"ו), עמ' 135–278

בן־ששון, קהילה = מ' בן־ששון, צמיחת הקהילה היהודית בארצות האסלאם: קירואן 800–1057[2], ירושלים תשנ"ז

בנואה ואחרים, מערות מרבעאת = P. Benoit et al. (eds.), *Les Grottes de Murabba'ât*, I (DJD, 2), Oxford 1961

בנעט, 'ספרייה' = ד"צ בנעט, 'ספרייתו של רופא במצרים בימי הרמב"ם (מסמך מן הגניזה)', תרביץ, ל (תשכ"א), עמ' 171–185

בר־אשר סיגל, 'דקדוק הארמית הבבלית' = E. A. Bar-Asher Siegal, 'Can the Grammar of Babylonian Aramaic Be Used in Evaluating the Language of the Zohar, and If So, How?', *Kabbalah: Journal for the Study of Jewish Mystical Texts*, 37 (2017), pp. 7–28

ברודי, גאונים = י' ברודי, ציון בין הפרת לחידקל: עולמם של גאוני בבל, ירושלים תשע"ו

ברודי, חיבורים הלכתיים = י' ברודי, חיבורים הלכתיים של רב סעדיה גאון, ירושלים תשע"ה

ברודי, 'כתובה' = י' ברודי, 'כתובת אישה מדברי תורה ומדברי סופרים', בתוך: נטיעות לדוד: ספר היובל לדוד הלבני, בעריכת י' אלמן, א"ב הלבני וצ"א שטיינפלד, ירושלים תשס"ה, חלק עברי, עמ' 37–53

ברודי, 'ספרות הגאונים' = י' ברודי, 'ספרות הגאונים והטקסט התלמודי', מחקרי תלמוד, א (תש"ן), עמ' 237–303

ברודי, רב סעדיה גאון = י' ברודי, רב סעדיה גאון, ירושלים תשס"ז

ברודי, 'תקנות הגאונים' = י' ברודי, 'כלום היו הגאונים מחוקקים?', שנתון המשפט העברי, יא–יב (תשמ"ד–תשמ"ו), עמ' 279–315

ברויאר, 'כריתות' = Y. Breuer, 'The Babylonian Aramaic in Tractate *Karetot* according to MS Oxford [Bodl. Heb. b. 1]', *Aramaic Studies*, 5/1 (2007), pp. 1–45

ברונשוויג, מחקרים = R. Brunschvig, *Études d'islamologie*, I–II, Paris 1976

ברוקלמן, לקסיקון = K. Brockelmann, *Lexicon Syriacum*[2], Halle 1928

ג'אחט', כתאב אלחיואן = עמר בן בחר אלג'אחט', כתאב אלחיואן, מהדורת עבד בן אלסלאם הארון, א, מצרים [קהיר] 1938

גויטיין, האסלאם = ש״ד גויטיין, האסלם של מוחמד: כיצד התהוותה דת חדשה בצל היהדות, ירושלים תשט״ז

גויטיין, חברה = S. D. Goitein, *A Mediterranean Society: The Jewish Communities of the Arab World as Portrayed in the Documents of the Cairo Geniza*, I–VI, Berkeley – Los Angeles – London 1967–1993

גויטיין, ׳מוחמד׳ = S. D. Goitein, 'Muhammad's Inspiration by Judaism', *JJS*, 9 (1958), pp. 149–162

גויטיין, מוסדות = S. D. Goitein, *Studies in Islamic History and Institutions*, Leiden 1968

גויטיין, ׳משפט יהודי ומוסלמי׳ = S. D. Goitein, 'The Interplay of Jewish and Islamic Laws', in: B. S. Jackson (ed.), *Jewish Law in Legal History and the Modern World* (JLA supp., 2) Leiden 1980, pp. 61–77

גולאק, אוצה״ש = א׳ גולאק, אוצר השטרות, ירושלים תרפ״ו

גולאק, השטרות בתלמוד = א׳ גולאק, השטרות בתלמוד לאור הפפירוסים היווניים ממצרים ולאור המשפט היווני והרומי, ערך והוסיף הערות ר׳ קצוף, ירושלים תשנ״ד

גולאק, ׳סימפון באירוסין׳ = א׳ גולאק, ׳סימפון באירוסין לפי התלמוד הירושלמי׳, תרביץ, ה (תרצ״ד), עמ׳ 133-126

גולדשטיין, ׳שטר המכר הסורי׳ = J. A. Goldstein, 'The Syriac Bill of Sale from Dura Europus', *JNES*, 25 (1966), pp. 1–16

גיל, א״י = מ׳ גיל, ארץ־ישראל בתקופה המוסלמית הראשונה (1099-634), א-ג, תל־אביב תשמ״ג

גיל, ישמעאל = מ׳ גיל, במלכות ישמעאל בתקופת הגאונים, א-ד, ירושלים 1997

גיל, ׳רב אהרון׳ = מ׳ גיל, ׳רב אהרון הכהן גאון בן יוסף ובניו עלי ואברהם׳, ספונות, טז (תש״ם), עמ׳ 23-9

גינצבורג, גאוניקה = L. Ginzberg, *Geonica*, I–II, New York 1909

גלה, ׳מקורות חדשים׳ = M. J. Geller, 'New Sources for the Origins of the Rabbinic Ketubah', *HUCA*, 49 (1978), pp. 227–245

גרונר, ׳ספרי הלכה שלגאונים׳ = צ׳ גרונר, ׳מספרי הלכה שלגאונים׳, עלי ספר, טו (תשמ״ח-תשמ״ט), עמ׳ 35-31

גרינפלד, ׳פִּסקת המגן׳ = J. C. Greenfield, 'The "Defension Clause" in Some Documents from Naḥal Ḥever and Naḥal Ṣe'elim', *Revue du Qumrân*, 15 (1992), pp. 467–471

דגן, ארמית עתיקה = R. Degen, *Altaramäische Grammatik der Inschriften des 10–8. Jh. v. Chr.*, Wiesbaden 1969

דוד, 'גט' = י' דוד, 'הגט ונוסחאותיו על פי תעודות מהגניזה ומקורות אחרים', עבודת מוסמך, אוניברסיטת תל־אביב, תשנ"ב

דוד, 'גירושין' = י' דוד, 'הגירושין בקרב היהודים על פי תעודות הגניזה ומקורות אחרים', עבודת דוקטור, אוניברסיטת תל־אביב, תש"ס

דוזי, מילון = R. P. A. Dozy, *Supplément aux dictionnaires arabes*, I–II, Leiden 1881

ד"ס = רנ"נ ראבינאוויטץ, ספר דקדוקי סופרים, א-טז, מינכן תרכ"ח-תרנ"ז

ד"ס לגיטין (פלדבלום) = מ"ש פלדבלום, דקדוקי סופרים – מסכת גיטין, כולל שנויי גירסאות והערות לכל המסכת על פי כתבי יד של המשנה והגמרא וקטעי כ"י מגניזת מצרים וספרי הגאונים והראשונים, ניו יורק תשכ"ו

ד"ס ליבמות (ליס) = מסכת יבמות עם שינויי נוסחאות מתוך כתבי־היד של התלמוד ועם השוואות להבאות מהגמרא בחז"ל, גאונים וראשונים (תלמוד בבלי עם שינויי נוסחאות בשם "דקדוקי־סופרים־השלם", יבמות), בעריכת א' ליס, א-ד, ירושלים תשמ"ג-תשנ"ו

ד"ס לכתובות (הרשלר) = מסכת כתובות עם שינויי נוסחאות מכתבי־היד של התלמוד ועם השוואות להבאות מהגמרא בחז"ל, גאונים וראשונים ועם מסורת הש"ס השלם (תלמוד בבלי עם שינויי נוסחאות בשם "דקדוקי־סופרים־השלם", כתובות), א-ב, בעריכת מ' הרשלר, ירושלים תשל"ב-תשל"ז

דרורי, ראשית המגעים = ר' דרורי, ראשית המגעים של הספרות העברית עם הספרות הערבית במאה העשירית, תל־אביב 1988

האן ושייבר, 'מספר השטרות לרס"ג' = י' האן וא' שייבר, 'שני קטעים מספר השטרות לסעדיה גאון מגנזי קויפמן', תרביץ, כה (תשט"ז), עמ' 323–330

האנט ואדגר, פפירוסים נבחרים = A. S. Hunt & C. C. Edgar, *Select Papyri*, I, London 1932

ה"ג, מהדורת הילדסהיימר = ספר הלכות גדולות, מהדורת ע' הילדסהיימר, א-ג, ירושלים תשל"ב-תשמ"ז

הופטיזר ויונגלינג, מילון = J. Hoftijzer & H. Jongeling, *Dictionary of the North-West Semitic Inscriptions*, I–II, New York – Leiden – Köln 1995

הופקינס, 'מסמך קדום' = S. Hopkins, 'The Oldest Dated Document in the Geniza?', in: S. Morag, I. Ben-Ami & N. A. Stillman (eds.), *Studies in Judaism and Islam Presented to Shelomo Dov Goitein on the Occasion of His Eightieth Birthday by His Students, Colleagues and Friends*, Jerusalem 1981, pp. 83–98

הילדסהיימר, תשובות רס"ג = E. E. Hildesheimer, *Reconstruktion eines Responsums des R. Saadja Gaon zum jüdischen Gesellschaftsrecht*, Frankfurt a.M. 1926

הירשפלד, 'גניזה' = H. Hirschfeld, 'The Arabic Portion of the Cairo Geniza at Cambridge (Fourth Article): Further Saadyāh Fragments', *JQR*, OS 16 (1904), pp. 290–299

הלכות ראו, מהדורת שלוסברג = ספר הלכות פסוקות או הלכות ראו המיוחסות לתלמידי רב יהודאי גאון, מהדורת א"ל שלאסבערג, ורסיי תרמ"ו

ה"פ, מהדורת ששון = ספר הלכות פסוקות לרב יהודאי גאון זצ"ל, מהדורת ס' ששון, ירושלים תשי"א

הרכבי, חדשים גם ישנים = א"א הרכבי, חדשים גם ישנים: מקורות ומחקרים בתולדות ישראל ובספרותו, ירושלים תש"ל (דפוס צילום)

הרכבי, תשובות הגאונים = א"א הרכבי, זכרון לראשונים וגם לאחרונים, חלק ראשון, מחברת רביעית: זכרון כמה גאונים וביחוד רב שרירא ורב האיי בנו והרב יצחק אלפאסי, ברלין תרמ"ז

השגות רב מבשר, מהדורת צוקר = מבשר הלוי בן נסי אלבגדאדי, כתאב אסתדראך אלסהו אלמוגוד פי כתב ראס אלמתיבה אלפיומי (השגות על רב סעדיה גאון), מהדורת מ' צוקר, ניו יורק תשט"ו

ווייס, התהוות התלמוד = א' ווייס, התהוות התלמוד בשלמותו, ניו יורק תש"ג

וידה, 'עיונים ברס"ג' = G. Vajda, 'Quelques remarques en marge de la seconde rédaction du Commentaire de Saadia Gaon sur le livre de Job', *REJ*, 135 (1976), pp. 157–168

וייס, 'שטרות' = G. Weiss, 'Formularies (Shetarot) Reconstructed from the Cairo Geniza', *Gratz College Annual of Jewish Studies*, 2 (1973), pp. 29–42; 3 (1974), pp. 63–76; 4 (1975), pp. 69–76

וקין, מסמכים = J. A. Wakin, *The Function of Documents in Islamic Law: Chapters on Sales from Ṭaḥāwī's* Kitāb al-shurūṭ al-kabīr, Albany 1972

זונדרמן, 'פרסית בינונית' = W. Sundermann, 'Mittelpersisch', in: R. Schmitt (ed.), *Compendium Linguarum Iranicarum*, Wiesbaden 1989, pp. 138–164

זוסמן, 'כתבי־יד ומסורות־נוסח' = י' זוסמן, 'כתבי־יד ומסורות־נוסח של המשנה', דברי הקונגרס העולמי השביעי למדעי היהדות, כרך ג: מחקרים בתלמוד, הלכה ומדרש, ירושלים תשמ"א, עמ' 215–250

ח"ג, מהדורת וולפנזון ושניאורסון = ספר חמדה גנוזה, מהדורת ז"ו וואלפינזאהן וש"ז שניאורזאהן, ירושלים תרכ"ג

טאובנשלג, משפט הלניסטי = R. Taubenschlag, *The Law of Greco-Roman Egypt in the Light of the Papyri, 332 B.C. – 640 A.D.*, I–II, New York – Warsaw 1944–1948

טייחידור, 'שתי תעודות סוריות' = J. Teixidor, 'Deux documents syriaques du IIIe siècle après J.-C. provenant du Moyen Euphrate', *Comptes-rendus de séances de l'année 1990 de l'Académie des Inscriptions et Belles-Lettres*, Paris 1990, pp. 144–163

טייחידור, 'תעודה סורית' = J. Teixidor, 'Un document syriaque de fermage de 242 après J.-C.', *Semitica*, 41–42 (1993), pp. 195–208

טיקוצינסקי, תקנות = ח' טיקוצינסקי, תקנות הגאונים (תרגם וערך מ' חבצלת), ירושלים - ניו יורק תש"ך

יגור, 'זהות דתית' = מ' יגור, 'זהות דתית וגבולות קהילתיים בחברת הגניזה (מאות 13-10): גרים, עבדים, מומרים', עבודת דוקטור, האוניברסיטה העברית בירושלים, תשע"ח

יודוביץ', 'קומנדה' = A. L. Udovitch, 'At the Origins of the Western Commenda: Islam, Israel, Byzantium?', *Speculum*, 37 (1962), pp. 198–207

יודוביץ', שותפות = A. L. Udovitch, *Partnership and Profit in Medieval Islam*, Princeton 1970

ירדני, תעודות צאלים = ע' ירדני, תעודות נחל צאלים, באר שבע תשנ"ה

ירון, משפט הפפירוסים = R. Yaron, *Introduction to the Law of the Aramaic Papyri*, Oxford 1961

ירושלמי (מהדורת האקדמיה ללשון העברית) = תלמוד ירושלמי יוצא לאור על פי כתב יד סקליגר 3 (Or. 4720) שבספריית האוניברסיטה של ליידן עם השלמות ותיקונים בצירוף מבוא מאת י' זוסמן, ירושלים תשס"א

כאן, 'שטרות מוסלמיים' = G. Khan, 'The Pre-Islamic Background of Muslim Legal Formularies', *Aram*, 6 (1994), pp. 192–224

כאן, תעודות ערביות = G. Khan, *Arabic Legal and Administrative Documents in the Cambridge Genizah Collections*, Cambridge 1993

כהן, משפט יהודי ורומי = B. Cohen, *Jewish and Roman Law: A Comparative Study*, I–II, New York 1966

לואיס, תעודות יווניות = N. Lewis (ed.), *The Documents from the Bar Kokhba Period in the Cave of Letters: The Greek Papyri* (JDS, 2), Jerusalem [1989]

לוין, גנזי קדם = גנזי קדם: מאסף מדעי לתקופת הגאונים, בעריכת ב"מ לוין ובהשתתפותו, א-ו, חיפה-ירושלים תרפ"ב-תש"ד

לוין, 'ספר השותפות לרשב"ח' = ב"מ לוין, 'ספר השותפות לרב שמואל בן חפני', בתוך: לוין, גנזי קדם, ו, עמ' 41-62

ליבזון, 'גזירתא וחרם' = ג' ליבזון, 'גזירתא וחרם סתם בתקופת הגאונים ובראשית ימי הביניים', עבודת דוקטור, האוניברסיטה העברית בירושלים, תש"ם

ליבזון, 'ה"גזירתא" בתקופת הגאונים' = ג' ליבזון, 'ה"גזירתא" בתקופת הגאונים ובראשית ימי הביניים', שנתון המשפט העברי, ה (תשל"ח), עמ' 79-154

ליבזון, 'חרם סתם' = ג' ליבזון, '"חרם סתם" בתקופת הגאונים ובראשית ימי־הביניים', שנתון המשפט העברי, כב (תשס"א-תשס"ד), עמ' 107-232

ליבזון, 'משפט משווה' = ג' ליבזון, 'משפט משווה יהודי־מוסלמי – תולדות המחקר ובעיותיו', פעמים, 62 (תשנ"ה), עמ' 42-81

ליבזון, 'שטר שימוש' = ג' ליבזון, '"שטר שימוש בית דין" (מחצ'ר) אצל רס"ג ובגניזה וה"מחצ'ר" המוסלמי', גנזי קדם, ה (תשס"ט), עמ' 99-163

ליברמן, תוספתא כפשוטה = ש' ליברמן, תוספתא כפשוטה: באור ארוך לתוספתא, א-י, ניו יורק תשט"ו-תשמ"ח

מאן, יהודים = J. Mann, *Jews in Egypt and in Palestine under the Fāṭimid Caliphs: A Contribution to Their Political and Communal History, Based Chiefly on Genizah Material Hitherto Unpublished*, I–II, London 1920–1922 (repr. with supplement and with S. D. Goitein's preface and reader's guide, New York 1970)

מאן, מקורות = J. Mann, *Texts and Studies in Jewish History and Literature*, I–II, Cincinnati 1931–1935

מאן, 'רס"ג' = J. Mann, 'A Fihrist of Sa'adya's Works', *JQR*, NS 11 (1920–1921), pp. 423–428

מבוא התלמוד לרשב"ח, מהדורת אברמסון = פרקים מן ספר 'מבוא התלמוד' לרב שמואל בן חפני גאון סורא, מהדורת ש' אברמסון, ירושלים תש"ן

מופס, עיונים = Y. Muffs, *Studies in the Aramaic Legal Papyri from Elephantine*, Leiden 1969

מורגנשטרן, 'הארמית הבבלית' = מ' מורגנשטרן, 'הארמית הבבלית היהודית בתשובות הגאונים: עיונים בתורת ההגה, בתצורות הפועל, בכינויים ובסגנון', עבודת דוקטור, האוניברסיטה העברית בירושלים, תשס"ב

מורשת, לקסיקון הפועל = מ' מורשת, לקסיקון הפועל שנתחדש בלשון התנאים, רמת־גן תשמ"א

מחזור ויטרי, מהדורת הורוויץ = מחזור ויטרי לרבינו שמחה אחד מתלמידי רש"י, מהדורת ש' הורוויץ, ברלין תרנ"ד

מילגרם, 'הילכתא' = J. Milgram, 'Methodological Musings on the Study of "Kelalei Pesak": "Hilkheta ke-Rav be-Issurei ve-khi Shemuel be-Dinei"', *JJS*, 61 (2010), pp. 278–290

מירון, הדין המוסלמי = י' מירון, הדין המוסלמי בראייה השוואתית, ירושלים תשס"א

מירון, 'נקודות מפגש' = Y. Meron, 'Points de contact des droits juif et musulman', *SI*, 60 (1984), pp. 83–117

מלטר, רס"ג = H. Malter, *Saadia Gaon: His Life and Works*, Philadelphia 1921

מקדיסי, מוסדות לימוד = G. Makdisi, *The Rise of Colleges: Institutions of Learning in Islam and the West*, Edinburgh 1981

מקנזי, 'הערות' = D. N. Mackenzie, 'Notes on the Transcription of Pahlavi', *BSOAS*, 30 (1967), pp. 17–29

מרגליות, הלכות א"י = מ' מרגליות, הלכות ארץ ישראל מן הגניזה, ירושלים תשל"ד

סגל, 'צפון מסופוטמיה' = J. B. Segal, 'The Jews of North Mesopotamia before the Rise of Islam', in: J. M. Grintz & J. Liver (eds.), *Studies in Bible Presented to M. H. Segal by His Colleagues and Students*, Jerusalem 1964, pp. 32*–63*

סגרט, ארמית עתיקה = S. Segert, *Altaramäische Grammatik, mit Bibliographie, Chrestomathie und Glossar*, Leipzig 1975

סה"ש לרה"ג, מהדורת אסף = ספר השטרות לר' האי בר' שרירא גאון, יו"ל ע"פ כ"י לנינגרד ואוכספורד, מהדורת ש' אסף, מוסף התרביץ, שנה א, ספר ג, ירושלים תר"ץ

סה"ש לרי"ב, מהדורת הלברשטם = ספר השטרות להרב הנשיא רבינו יהודה בר' ברזילי הברצלוני ז"ל, יצא לאור לראשונה על פי כתב יד אקספרד, מהדורת שז"ח האלברשטאם, ברלין תרנ"ח

סה"ש לרי"ב, מהדורת ריבלין = ספר השטרות להרב הנשיא רבנו יהודה ב"ר ברזילי על פי כתב יד אוקספורד, מהדורת י"י ריבלין, בני ברק תשע"ג

סולוביצ'יק, 'שטר בספר העיטור' = ח' סולוביצ'יק, 'שטר בספר העיטור: פרק סמוי בתולדות ההלכה', תרביץ, מא (תשל"ב), עמ' 313–324

סוקולוף, מילון ארמית בבלית = M. Sokoloff, *A Dictionary of Jewish Babylonian Aramaic of the Talmudic and Geonic Periods*, Ramat-Gan – Baltimore 2002

סידור רב שלמה בר נתן, תרגום קרויזר = סידור רבינו שלמה ברבי נתן, תרגום מערבית בצירוף הערות ש׳ חגי [קרויזר], ירושלים תשנ״ה

סידור רס״ג, מהדורת דודזון, אסף ויואל = סידור רב סעדיה גאון, מהדורת י׳ דודזון, ש׳ אסף וי׳ יואל, ירושלים תש״א

סיראט ואחרים, כתובת קלן = C. Sirat et al., *La Ketouba de Cologne: Un contrat de mariage juif à Antinoopolis*, Opladen [1986]

ספר האמונות והדעות לרס״ג, מהדורת קאפח = ספר הנבחר באמונות ובדעות (האמונות והדעות) לרבנו סעדיה בן יוסף פיומי זצ״ל, מקור ותרגום, מהדורת י׳ קאפח, ירושלים תש״ל

ספר הירושות לרס״ג, מהדורת מילר = ספר הירושות עם יתר המכתבים בדברי ההלכה בערבית ובעברית ובארמית לרבינו סעדיה גאון בן יוסף הפיומי, מהדורת י׳ מיללער, פריז תרנ״ז

ספר העיטור, מהדורת מאיר יונה = ספר העיטור לרב יצחק [בן אבא מארי ממרסליא], מהדורת מאיר יונה, ניו יורק תשט״ז (הרמיזות ע״א-ע״ד הן לעמודות בכל דף)

ספר מתיבות, מהדורת לוין = מתיבות: תלמוד קטן לסדר מועד, נשים ונזיקין (קונטרסים מכתבי־יד הגניזה ופסקאות מספרי הראשונים) ונלוה לו ספר חפץ לתלמוד, סדר מועד ונשים, נזיקין וקדושים, מהדורת ב״מ לוין, ירושלים תרצ״ד

ספרא, מהדורת פינקלשטיין = ספרא דבי רב, והוא ספר תורת כהנים, מהדורת א״א פינקלשטין, ב, ניו יורק תשמ״ג

סקלר, רשב״ח = D.E. Sklare, *Samuel ben Ḥofni Gaon and His Cultural World: Texts and Studies*, Leiden – New York – Köln 1996

ע״ז, מהדורת אברמסון = תלמוד בבלי: מסכת עבודה זרה כתב יד בית המדרש לרבנים בניו יורק, מהדורת ש׳ אברמסון, ניו יורק תשי״ז

ערוך השלם = ח״י קאהוט (עורך), ספר ערוך השלם[2], א-ח, וינה תרפ״ו

פגיס, שירת החול = ד׳ פגיס, חידוש ומסורת בשירת החול העברית: ספרד ואיטליה, ירושלים 1976

פולמר, ארמית = M.L. Folmer, *The Aramaic Language in the Achaemenid Period: A Study in Linguistic Variation*, Leuven 1995

פורטן, יהודים מיב = יהודים מיב וארמים מסון (המאה החמישית לפה״ס): חמישים תעודות ארמיות עם תרגום עברי ואנגלי, ערך ותרגם מחדש ב׳ פורטן בהשתתפות י׳ גרינפלד, ירושלים תשמ״ה

פורטן וירדני, תעודות ארמיות = ב׳ פורטן וע׳ ירדני, אוסף תעודות ארמיות ממצרים העתיקה, א-ה, ירושלים 1986-1999

פחרי, פילוסופיה מוסלמית = M. Fakhry, *A History of Islamic Philosophy*, New York 1970

פינס, פילוסופיה = ש' פינס, תולדות הפילוסופיה היהודית, א: מפילון עד הרמב"ם (רשימות לפי הרצאות, בעריכת י' איגרא), ירושלים תשל"ג

פירושי רס"ג לבראשית, מהדורת צוקר = פירושי רב סעדיה גאון לבראשית, מהדורת מ' צוקר, ניו יורק תשמ"ד

פישר, שטרות תלמודיים = L. Fischer, *Die Urkunden im Talmud*, Berlin 1912

פלק, 'צאן ברזל' = ז' פלק, '"צאן ברזל" בתלמוד', תרביץ, כו (תשי"ז), עמ' 287-291

פרידמן, מ"ע, 'חוזים' = M. A. Friedman, 'Contracts: Rabbinic Literature and Ancient Jewish Documents', in: *The Literature of the Sages*, II, ed. Sh. Safrai et al., Assen 2006, pp. 423–460

פרידמן, מ"ע, 'כתובות קראיות' = מ"ע פרידמן, 'על יחס הכתובות הקראיות לכתובות הארץ ישראליות מן הגניזה', תעודה, טו (תשנ"ט), עמ' 145-157

פרידמן, מ"ע, 'כתובת צ"א' = מ"ע פרידמן, 'כתובת אשה מדברי תורה או מדברי סופרים: על הכתובה בצפון אפריקה ויחסה למנהגי בבל וארץ־ישראל', שנתון המשפט העברי, יא-יב (תשמ"ד-תשמ"ו), עמ' 91-97

פרידמן, מ"ע, נישואין = M. A. Friedman, *Jewish Marriage in Palestine: A Cairo Geniza Study*, I–II, Tel-Aviv – New York 1980–1981

פרידמן, מ"ע, 'פדיון' = M. A. Friedman, 'The Ransom-Divorce: Divorce Proceedings Initiated by the Wife in Mediaeval Jewish Practice', *IOS*, 6 (1976), pp. 288–307

פרידמן, ש"י, 'הערות' = ש"י פרידמן, 'שלוש הערות בדקדוק ארמית בבלית', תרביץ, מג (תשל"ד), עמ' 58-69

קאופמן, השפעות אכדיות = S. A. Kaufman, *The Akkadian Influences on Aramaic*, Chicago 1974

קוטשר, 'ארמית' = י' קוטשר, הערך 'ארמית', אנציקלופדיה עברית, ה, ירושלים - תל־אביב תשכ"א, טורים 959-969

קוטשר, מחקרים = י' קוטשר, מחקרים בעברית ובארמית, בעריכת ז' בן־חיים, א' דותן וגב"ע צרפתי (הביא לדפוס מ' בר־אשר), ירושלים תשל"ז

קוטשר, ערכי מילון = ערכי המלון החדש לספרות חז"ל, א, בעריכת י' קוטשר, רמת־גן תשל"ב

קוק, סור מרע = M. A. Cook, *Forbidding Wrong in Islam: An Introduction*, Cambridge – New York 2003

קימרון, ארמית מקראית = א׳ קימרון, ארמית מקראית, ירושלים תשנ״ג
קיסטר, מחקרים = מ״י קיסטר, מחקרים בהתהוות האסלאם, תרגום מאנגלית א׳ אמיר, ירושלים תשנ״ט
קרוס, ׳פפירוס שומרוני׳ = F. M. Cross, ‘Samaria Papyrus 1: An Aramaic Slave Conveyance of 335 B.C.E. Found in the Wâdī ed-Dâliyeh’, *Eretz-Israel*, 18 (1985), pp. 7–17
רבינוביץ, המשפט העברי = J. J. Rabinowitz, *Jewish Law: Its Influence on the Development of Legal Institutions*, New York 1956
רוזנטל, ארמית מקראית = F. Rosenthal, *A Grammar of Biblical Aramaic*[6], Wiesbaden 1995
ריבלין, ׳טופסי שטרות׳ = י׳ ריבלין, ׳טופסי שטרות בש״ס כתב־יד מינכן׳, שנתון המשפט העברי, כ (תשנ״ה-תשנ״ז), עמ׳ 348-281
ריבלין, ירושה = י׳ ריבלין, הירושה והצוואה במשפט העברי, רמת־גן תשנ״ט
ריבלין, ׳מודעה וביטול מודעה׳ = Y. Rivlin, ‘Moda‘ah and Bittul Moda‘ah (Notification and Its Cancellation) in Jewish Law’, in: *The Boston 2004 Conference Volume*, ed. E. Dorff, special issue, *Jewish Law Association Studies*, 16 (2007), pp. 213–225
ריבלין, משנת הנחלות = י״י ריבלין, משנת הנחלות: דיני ירושה וצוואות[2], בני ברק תשע״ה
ריבלין, ׳נוסחת הנאמנות׳ = י׳ ריבלין, ׳נוסחת הנאמנות בשטרות: היקפה ותוקפה׳, בתוך: ספר זיכרון לד״ר צבי בצה, בעריכת מ׳ צפור ומ׳ אביעוז, גיליון מיוחד, מחקרי מורשתנו – עיוני מחקר במדעי היהדות והחינוך, ב-ג (תשס״ד), עמ׳ 207-189
ריבלין, ׳פסוקא דגיטא׳ = י׳ ריבלין, ׳פסוקא דגיטא וביטול מודעא׳, סידרא: כתב עת לחקר ספרות התורה שבעל־פה, [גיליון מיוחד] מוקדש לכבודו של מייסד סידרא ועורכו הראשון פרופ׳ צבי אריה שטיינפלד, בעריכת ד׳ הנשקה, כד-כה (תש״ע), עמ׳ 439-427
ריבלין, ׳צוואות׳ = י׳ ריבלין, ׳צוואות וענייני ירושה בהלכה היהודית על־פי תעודות מהגניזה הקהירית׳, א-ב, עבודת דוקטור, אוניברסיטת תל־אביב, תשמ״ו
ריבלין, ׳קובץ נוסחי שטרות׳ = י׳ ריבלין, ׳קובץ נוסחי שטרות מצפון אפריקה׳, בתוך: אסופות: ספר שנה למדעי היהדות, בעריכת מ׳ בניהו, יד, ירושלים תשס״ב, עמ׳ קיג-קכד
ריבלין, שטרי אליסאנה = י׳ ריבלין, שטרי קהילת אליסאנה מן המאה האחת־עשרה, רמת־גן תשנ״ה

ריבלין, 'שטרי מחזור ויטרי' = י' ריבלין, 'שטרי מחזור ויטרי: קווים מאפיינים', בתוך: רש"י ובית מדרשו, בעריכת א' כהן, רמת־גן תשע"ג, עמ' 233-205

ריבלין, 'תיקון שטרות' = י' ריבלין, 'תיקון שטרות לבעל אורחות חיים', קבץ על יד, יח (כח) (תשס"ה), עמ' 288-223

ריבק, 'לשון נדרים' = S. Rybak, 'The Aramaic Dialect of Nedarim', Ph. D. Dissertation, Yeshiva University, 1980

שו"ת הרמב"ם, מהדורת בלאו = תשובות הרמב"ם[2], מהדורת י' בלאו, א-ד, ירושלים תשמ"ו

שטרן, 'ירושלים שבארץ אשור' = מ' שטרן, 'ירושלים שבארץ אשור בקטע מחיבורו של ההיסטוריון אסיניוס קוודראטוס', ציון, מב (תשל"ז), עמ' 297-295

שטרן, 'ספר הגלוי' = ש"מ שטרן, 'קטע חדש מספר הגלוי לר' סעדיה גאון', מלילה, ה (תשט"ו), עמ' 147-133

שטרן, 'שטר' = S. M. Stern, 'Sheṭār Abēzārih', *JJS*, 15 (1964), pp. 141–147

שע"צ = ספר שערי צדק: תשובות הגאונים, בעריכת ח' מודעי, סלוניקי תקנ"ב

תא־שמע, זרחיה הלוי = י"מ תא־שמע, רבי זרחיה הלוי בעל המאור ובני חוגו: לתולדות הספרות הרבנית בפרובאנס, ירושלים תשנ"ג

תבורי, 'התקופה הפרסית' = י' תבורי, 'התקופה הפרסית בעיני חז"ל', מלאת, ב (תשמ"ד) עמ' 77-65

תוספתא, מהדורת ליברמן = תוספתא ע"פ כתב יד ווינה ושנויי נוסחאות מכתב יד ערפורט, קטעים מן הגניזה ודפוס ויניציאה רפ"א, מהדורת ש' ליברמן, א-ה, ניו יורק, תשט"ו-תשמ"ח

תערה"ש = ש' קרויס ואחרים, תוספות הערוך השלם להרב חנוך יהודה קהוט ז"ל, וינה תרצ"ז

תשובות הגאונים, מהדורת מרמרשטיין = תשובות הגאונים מכ"י אדלר ובודליין ועוד, מהדורת א' מרמרשטיין, דעווא (דווה, רומניה) תרפ"ח

תשובות רב נטרונאי, מהדורת ברודי = תשובות רב נטרונאי בר הילאי גאון[2], מהדורת י' ברודי, ירושלים תשע"א

BSOAS = *Bulletin of the School of Oriental and African Studies*

DJD = Discoveries in the Dead Sea Desert

EI = *Encyclopaedia of Islam*[2], ed. P. Bearman et al., Leiden 2007

HUCA = *Hebrew Union College Annual*

IEJ = *Israel Exploration Journal*

IOS = *Israel Oriental Studies*

JDS = Judean Desert Studies

JJS = Journal of Jewish Studies

JLA supp. = The Jewish Law Annual, Supplement

JNES = Journal of Near Eastern Studies

JQR = Jewish Quarterly Review

REJ = Revue des études juives

SI = Studia Islamica

מפתח כתבי־היד

המפתח מסודר לפי סדר אל"ף־בי"ת של שמות הערים שבהן שוכנים הספריות והאוספים שכתבי־היד אצורים בהם. מתחת לשם הספרייה או האוסף וקיצוריהם בא פירוט כתבי־היד לפי סימניהם. אחרי הסימן בא מספר העמוד שכתב־היד נזכר בו. אחרי מספר העמוד שנזכר בו כתב־יד המשמש במהדורה צוין בסוגריים מרובעים הטופס שכתב־היד שייך אליו.

4 T–S NS 308.64
[א] 46 T–S NS 308.106
[ל] 47 T–S NS 312.41

Cambridge, The Jacques Mosseri Genizah Collection (now on loan to Cambridge University Library) = Mosseri

[ג] 46 I 48
[ל] 47 VI 243.4
[נ] 48 VII 44

Jerusalem, The National Library of Israel (formerly The Jewish National and University Library, Jerusalem) = NLI

[ת] 48 Heb. 8° 1496

Manchester, The John Rylands Library, The University of Manchester = JRL

[ל] 47 B 2844
[ת$_2$] 48 B 7062

New York, Elkan Nathan Adler Collection, Jewish Theological Seminary of America Library = ENA

[ו] 47 957.19
[ל$_1$] 47 962.10
[כ] 47 2040.1
[י] 47 2445.40–41
[ל$_1$] 47 2881.1
[א] 46 3349.4
[כ$_1$] 47 3789.3

Oxford, Bodleian Library = Bodl.

93 MS. Heb. c 17 fol. 94
[ס] 48 MS. Heb. d 48 fols. 30–31
[ש] 48 MS. Heb. d 62 fol. 47
[ז] 47 MS. Heb. d 80 fols. 27–28
[ח] 47 MS. Heb. e 98 fol. 34

Pairs, Alliance Israélite Universelle = AIU

[ג$_1$] 46 IIIB 12
[ע] 48 IIIB 69
[א] 46 IXa 51

St. Petersburg, Russian National Library = RNL

[פ] 48 (לשעבר) Firkowitch II 1017

מפתח המקורות

תנ"ך

ספרות חז"ל

משנה

תוספתא

ספרא (מהדורת פינקלשטיין)

תלמוד ירושלמי

תלמוד בבלי

ספרות בתר־תלמודית[1]

אוצר הגאונים

ברודי, חיבורים הלכתיים של רב סעדיה גאון

הלכות גדולות (מהדורת הילדסהיימר)

הלכות פסוקות (מהדורת ששון)

1 לא נרשמו חיבורים שהוזכרו פעמים בודדות.

2 לפי מספרי העמודים במהדורת הלברשטם, מספרי העמודים במהדורת ריבלין צוינו בסוגריים.

מפתח השטרות

במפתח זה רשומים שמות כל השטרות המובאים במהדורה ובכללם כינוייהם האחרים וכן שמות של השטרות החסרים בה ונזכרים רק במבוא ובנספח ובהערותיו. כמו כן מובאים שמות אחדים של שטרות מספרי שטרות אחרים.

המפתח מסודר לפי סדר האל"ף־בי"ת של שמות השטרות ושל כינוייהם האחרים אם בעברית, אם בארמית, אם בערבית בצורתם המקוצרת (בלא המילים 'שטר', 'כתב' או 'כתאב אל'). יוצאים מכלל זה מקצת שטרות החסרים במהדורה אשר משמם המלא מופנה הקורא אל שמם המקוצר וכן שטרות ששמם בלא ההגדרה 'שטר' לפניו עשוי להטעות. שמותיהם המקוצרים של השטרות הבאים בגוף המהדורה ניתנים ככתבם בכותרותיהם, ובעיולים אלו רשומים גם כינוייהם האחרים.

אלה פרטי העיולים וסדרם: בעיולים המרכזיים שמפורטים בהם כינויי השטר האחרים ניתנים תחילה שמות נרדפים של השטר בעברית, שלאו דווקא באים בגוף השטר, ובהמשך שמותיו בארמית ובערבית בצורתם המקוצרת וכנתינתם בפתיחתו. מעיולים שהם כינויי השטרות מופנה הקורא אל העיול המרכזי. בסוגריים מרובעים מובאת הפניה אל מספרו הסידורי של השטר ואל מְפתחי הדיון בו. בסוגריים עגולים מובא מספרו הסידורי של שטר חסר שעניינו ידוע. מספרי העמודים מפנים לאזכורי השטרות עצמם, אם בשמותיהם אם במספרם הסידורי, לדיונים בהם או בנושאים הקשורים בהם.

לא פירטנו את מספרי העמודים המפנים לשמות השטרות המרוכזים ב'מפתח שטרות הספר' הבא בשולי המהדורה, ועיינו שם, עמ' 262–265.

מפתח נושאים ושמות

במפתח זה לא צוינו עיולים שהובאו במפתחות האחרים: חיבורים ומחבריהם שהובאו במפתח המקורות, ענייניהם המרכזיים של השטרות שהובאו במפתח השטרות.

FOREWORD

The *Book of Testimonies and Legal Documents* is one of a number of pioneering monographs on legal topics written in Judeo-Arabic by Seʿadyah ben Joseph. The most elaborate and likely the last of these monographs, it was composed in Baghdad in 926, two years before the author was appointed Gaon (head of the academy) of Sura. Like most of the monographs composed by Seʿadyah and several later Geonim, this work was virtually lost when the intellectual center of the Jewish world shifted to the European lands, in which knowledge of Arabic was very rare. For a millennium it was known only from occasional mentions or citations, or paraphrases in later rabbinic literature. Since the discovery of the Cairo Genizah at the end of the nineteenth century, a number of scholars have published fragments of the work. The current edition supersedes all of these publications and includes many previously unpublished fragments. We estimate that we have succeeded in reconstructing eighty-five to ninety percent of the entire work. Our edition includes an introduction, a critical apparatus and an annotated Hebrew translation.

The work itself comprises a preface, eight chapters and a brief appendix. The first four chapters concern the laws regulating testimony in general, while the last four deal with the writing of legal documents, which may be considered a form of written testimony. The final chapter is subdivided into fifty-four sections, each devoted to the text of a particular type of legal document and the rules associated with it. The appendix lists the names and purposes of ten types of documents that the author chose not to include in his work, because their use was restricted to high officials in their administration of public affairs. In keeping with ancient tradition, the texts of the documents are in Aramaic, although the author assumes that the spoken language of those who write them is Arabic. As is usual in works of this sort, biblical and rabbinic sources in the original Hebrew or Aramaic are embedded within Seʿadyah's Judeo-Arabic composition.

We hope this edition will help restore Seʿadyah's groundbreaking work to its rightful place in the study of rabbinic literature.

Menahem Ben-Sasson and Robert Brody

July 2020

TABLE OF CONTENTS

ISBN 978-965-208-233-6

©

The Israel Academy of Sciences and Humanities, 2021

Typesetting: Judith Sternberg
Printed in Israel at Caspit Press Ltd., Jerusalem

THE BOOK OF TESTIMONIES AND LEGAL DOCUMENTS

by

SE‘ADYAH BEN JOSEPH GAON

Edited and translated

by

MENAHEM BEN-SASSON AND ROBERT BRODY

האקדמיה הלאומית הישראלית למדעים
المجمع الوطني الإسرائيلي للعلوم والآداب
THE ISRAEL ACADEMY OF SCIENCES AND HUMANITIES

PUBLICATIONS OF THE ISRAEL ACADEMY
OF SCIENCES AND HUMANITIES

SECTION OF HUMANITIES

THE BOOK OF TESTIMONIES AND LEGAL DOCUMENTS
BY SE'ADYAH BEN JOSEPH GAON